CARA A CARA

RODRIGO SANTOS

CARA A CARA

Uma história de música e superação.

COM RICARDO PUGIALLI

NEUTRA
EDITORA

BELO HORIZONTE, 2015

Copyright © 2015. Todos os direitos reservados.
É proibida a reprodução total ou parcial, por quaisquer meios, sem a expressa anuência dos autores e da editora.

Coordenação geral:
Barral Lima

Projeto gráfico:
Flávia Mello

Revisão:
Anna Maria Moura Costa de Castro Santos

Revisões adicionais:
Gislene M.B.L. Felipe da Silva

Seleção de imagens:
Rodrigo Santos e Ricardo Pugialli

Tratamento de imagens:
Paula Portella e Ricardo Pugialli

Foto da capa:
Daryan Dornelles

Produção executiva:
Rodrigo Brasil

Gestão de projetos:
Tatiana Delucca

Assessoria Jurídica:
Geraldo José Barral Lima

Diretor comercial:
Eduardo Caetano Pirri Moreira

Diretora executiva:
Vania Pirri

www.neutraeditora.com
Tel: (31) 99573-1130

Dados Internacionais de Catalogação na Publicação (CIP)
(eDOC BRASIL, Belo Horizonte/MG)

S237c
    Santos, Rodrigo.
        Cara a cara: uma história de música e superação / Rodrigo Santos, Ricardo Pugialli. – Belo Horizonte (MG): Neutra, 2015.
        400 p. : 16 x 23 cm

        ISBN 978-85-68620-06-9

        1. Músicos – Brasil - Biografia. 2. Santos, Rodrigo - Autobiografia. I. Pugialli, Ricardo. II. Título.

CDD-927.8164

Dedico este livro aos meus filhos Leo e Pedro, e principalmente à minha mulher, Patricia, que sempre acreditou em mim e se mostrou uma guerreira incansável e uma companheira inseparável. Um anjo na minha vida. Te amo!

AGRADECIMENTOS

Agradecimentos especiais: Barral; Luiz Paulo Assunção; Ricardo Pugialli; Frejat; minha mãe, Anna Maria; Cezar Delano; Marcos Suzano; Decio Cruz; Rodrigo Bianchinni; Daryan Dornelles e a todos os parceiros (as) e artistas que contribuíram pra confecção deste livro, com seus carinhosos depoimentos e maravilhosas histórias: Pedro Henrique Moura Costa; Alexandre Saieg; Alonso Cunha, Jorge Valladão, Kadu Menezes, Ricardo Palmeira, Marcelo Serrado, André Estrella; Bruno Araújo, Lu LumYX Araújo, Moska; Nani Dias; Linneu Jr.; Selvagem Big Abreu; Avellar Love; Leandro Verdeal, Leo Jaime; Lobão; os "Barões" Fernando Magalhães, Guto Goffi, Duda Ordunha, Maurício Barros, Peninha, e Dé Palmeira; Humberto Barros; Nilo Romero, Marcelinho da Costa; Billy Brandão; Fábio Almann; Roberto Freitas; Sergio Serra; Paula Toller, George Israel; Bruno Fortunato, Pedro Paulo Carneiro; Evandro Mesquita; Mauro Sta Cecília; Zélia Duncan; Ney Matogrosso, Sergio Dias, Pepeu Gomes; Luis Carlini, Leoni; Dado Villa Lobos, João Barone, Rui Mota, Sérgio Brito, Branco Mello, Nando Reis, Rick Ferreira, Manno Goes, Bruno Levinson, Isabella Taviani; Juba; Billy Forghieri; Guilherme Fiúza; Bruno Gouveia, Carlos Coelho, Serginho Trombone, Milton Guedes, Marco Túlio, Felipe Cambraia, Maurinho Nastacia, Rodrigo Suricato, Rodolfo Krieger, Flavia Couri, Lelo Zaneti, Tchello, Alec Haiat, Mauro Berman, Chris Pitman, os baixistas que me influenciaram a ser músico, Liminha, Dadi, Arnaldo Brandão, Didi Gomes e Sergio Magrão; os mestres Danilo Caymmi, Moraes Moreira, Erasmo Carlos, Roberto Menescal e Andy Summers;

Ao Jaderson, Susana Biazetto, Ana Cristina, Marília, Cristina e Luci. Vocês são muito especiais, assim como todo o grupo centrovidense;

A meu pai, Renato. Onde quer que esteja, pai, acho que consegui fazer a minha parte. Passarei para meus filhos tudo que aprendi com você. A arte de fazer o bem;

À minha mãe, que além de revisar o livro, me deu oportunidade de trocar altas ideias de madrugada. Muito divertida essa parte. Esse livro trouxe muitas lembranças e histórias engraçadas. Minha mãe segurou uma barra. Foi guerreira. E conseguiu ver as vitórias dos três filhos a tempo;

Aos meus irmãos, Renato e Anna, de quem sempre fui fã. Saímos juntos dessa! Ufa!! Rs.

Ricardo Pugialli gostaria de agradecer a: minha esposa Monique e minhas filhas Mila e Gabi, sem vocês não seria possível. A Denilson Monteiro, pelo incentivo e conselhos. A Luiz Roberto Zamith, pela amizade e confiança incondicionais. E a você, Rodrigo Santos, pelo exemplo, pela parceria, pela dedicação e generosidade em repartir tantos momentos de sua vida e carreira.

PREFÁCIO

É uma alegria poder falar do Rodrigo, mais conhecido como Rodrigo Santos do Barão Vermelho.

É com muita alegria que posso falar desse "novo Rodrigo", focado, com um trabalho solo consistente registrado em cada um dos discos que gravou, e que está percorrendo essa estrada dura de construir o seu lugar na música brasileira. Essa pessoa adorável tem um senso de amizade, do coletivo, de equipe que foi um elemento fundamental para que se encaixasse de forma tão justa no Barão Vermelho em 1992. Eu, Guto Goffi e Rodrigo já nos conhecíamos há algum tempo quando cogitamos chama-lo para o lugar do Dé, em 1990. Ele era um baixista excelente, era parecido conosco, mas não quisemos arrumar briga com o Lobão, com quem o Rodrigo tocava na época.

Naquele momento nós optamos pelo Dadi, um cara maravilhoso, que nós assistimos tocar quando éramos garotos, da plateia e com quem tivemos ótimos tempos, mas quando ele nos disse que tinha sido convidado pra tocar com Caetano, um sonho pessoal, só o que queríamos dessa vez era o Rodrigo e o convite foi direto, feito e aceito.

Alegria geral!!!!!

O convívio foi como um time deve ser, muito tempo junto, enfrentando desafios, ultrapassando obstáculos, brigando todos a mesma briga. Rodrigo tem este espírito de equipe que é fundamental para uma banda. Quando a gente jogava bola junto ele tinha esse mesmo espírito. Músico excelente, compositor idem, acabamos fazendo algumas músicas em parceria, assim como também passamos por muitas situações difíceis juntos.

Hoje ele está longe daquele lado da vida com que todos nós convivemos desde que ele entrou para o Barão em 1992, até resolver parar de usar drogas em 2005. No início isso não nos causava problemas, mas com o decorrer do tempo ele foi se tornando "incansável", não parava nunca, se tornou compulsivo, criando dificuldades por conta do seu estado, e se transformou em uma preocupação para todos nós. A festa parava, e só ele continuava colocando sua vida e a nossa em risco. A coisa chegou ao ponto em que não dava mais pra nós todos assistirmos passivos; certa vez ele quase morreu num voo com a banda, ali veio o nosso momento de "Basta"!

Alguém tinha que dar um jeito nele, todos nós nos preocupávamos muito com isso, então, sem querer, num misto de acaso e sorte, nós conseguimos quebrar o código secreto dele, sem saber disso. Nós convocamos uma reunião do grupo onde o intimamos a se tratar de maneira formal, com acompanhamento médico, para um quadro óbvio de dependência química, que poderia vir até a ser uma internação temporária se isso fosse necessário para ele se recuperar, mas sempre ressaltando que ele podia ficar absolutamente tranquilo, que sua substituição também seria temporária, e o seu retorno ao grupo aconteceria assim que ele estivesse pronto. Logo depois do ultimato que demos a ele, ao qual ele reagiu de maneira previsível negando o problema, fomos até a Pati, sua esposa, para falar da situação e ali ele perdeu a proteção dela. Ele ficou furioso quando ligamos para ela, mas a gente morria de medo de acontecer alguma coisa com ele. Em outras vezes aconteceu o contrário, a Pati falava com ele e ele vinha para nosso lado; até do irmão Renato ele perdeu a proteção, pois a Pati ligou para este também, para falar da decisão da banda em dar esta "dura" para o Rodrigo se tratar. Aí ele concordou que precisava de ajuda, e o Centro Vida foi superpositivo para ele.

Ele encontrou outros objetivos na vida, ligados ao trabalho e à família. Esta reabilitação foi muito positiva. Ele agora está superprodutivo, trabalhando sem parar, saudável.

Um novo Rodrigo, mas sempre o mesmo cara adorável e companheiro que veio somar ao Barão como músico, e a nós, como parceiro. Valeu, Rodrigo, parabéns!

Roberto Frejat

PRÓLOGO

28 de julho de 2005. Na Inglaterra, Paul McCartney recebe seus convidados no Studio 2 de Abbey Road, para o especial "Chaos & Creation At Abbey Road", onde ele compôs uma música no estúdio, junto com a plateia, como se estivesse brincando. Foi o ponto alto do especial.

No Brasil, eu brincava com a minha música e com a minha vida.

Na estrada com o Barão Vermelho desde a "volta da banda" em 2004, dois shows chamaram a atenção: em Teresópolis no dia 29, e em Petrópolis, no dia 30 desse mesmo mês de julho de 2005. Foi uma dobradinha. Eu, minha mulher e meu filho, e todos do Barão e suas famílias, fomos para um hotel "bem legal" em Teresópolis. Depois do primeiro show (e de muita bebida), eu queria pegar droga. Contra a vontade de todos, que já estavam indo para o hotel, fui sozinho de carro até Petrópolis, às 3 da manhã, tentar arrumar por lá.

Lembro muito do Mauricio, Frejat, Guto, Fernando e Peninha tentando me demover da ideia. Minha mulher também, mas ela sabia que eu ia acabar indo, pois já tinha feito isso outras vezes. Nesta época eu fazia isso direto.

Minha mulher e meu irmão já estavam muito preocupados com minha saúde. Conversavam sobre como me ajudar. E, claro, no Barão todos também estavam. Era consenso que eu precisava me tratar.

Não achando nada em Petrópolis, segui dirigindo. Quando parei para beber uma cachaça com mel no Nucrepe, em Itaipava, antes de descer para o Rio, encontrei com meu velho amigo

Marcelinho da Costa. Marcelinho conhecia o Frejat, em cuja turnê ele havia tocado, e ligou para ele, perguntando o que eu estava fazendo ali, totalmente "descaralhado", etc. Preocupado, ainda tentou me convencer a voltar para o hotel. Claro que não ouvi, dei-lhe um abraço e segui para o Rio. Eu tinha todos os contatos dos motoboys da Rocinha. Cheguei em casa às 5 da manhã e já corri para o telefone. Liguei para todos, e ninguém atendeu. Por ironia do destino, nessa madrugada não ia rolar *"delivery"*.

Já eram 6 da manhã, e eu estava exausto. Dormi até às 9 horas, acordei e decidi voltar logo a Teresópolis, buscar minha mulher e meu filho, e seguir para alcançar Petrópolis antes do meio-dia, pois era a hora em que o ônibus-leito do Barão ia chegar. Eu não queria ouvir gracinhas ou dar margem para comentários. Sai de casa com uma garrafa de vinho no banco do carona.

Consegui chegar antes e dormi umas duas horas. Quando acordei, resolvi dar um mergulho na piscina. Alguns "barões" estavam almoçando e me olharam de tal jeito, de cima a baixo, que isso me marcou.

> *Não consegui esquecer aqueles olhares. Mas eu fingia que estava tudo bem, me enganando que nada havia acontecido e fui para o meu mergulho.*

Depois almocei com a família no Trutas do Rocio, onde bebi mais uma cachacinha e umas cervejas. Voltei ao hotel "na boa", e o show de noite foi tranquilo. Bebemos no Nucrepe depois do show, juntos. Eu achava que estava tudo bem quando chegamos em casa, no domingo. Mas não estava.

Ainda no domingo, minha mulher, Patricia, soube que na reunião de segunda-feira iam me dar um ultimato para eu me tratar. Telefonou para meu irmão, Renato, contando do ultimato sobre as drogas e pedindo que ele entrasse em contato com o Dr. Jaderson, diretor do Centro Vida — clínica de tratamento de dependência química, na qual ele e minha irmã se trataram. Renato estava "limpo" havia 6 anos, e minha irmã já completara 12 anos sem drogas. Renato me ligou perguntando o que tinha acontecido. Desconversei, disse que estava tudo bem. Meu irmão foi categórico avisando que eu ia dançar do Barão, porém não escutei. Mas quando Frejat ligou mais tarde dizendo que tinha uma reunião de trabalho na segunda, é claro que desconfiei. Mas a ficha já tinha caído na minha cabeça. Eu precisava parar!

Claro que eu desconfiei... A reunião era sobre mim...

E veio a reunião do Barão na segunda pela manhã. Na verdade, um ultimato: ou eu parava com tudo e me tratava, ou estava fora do Barão Vermelho. Claro que aceitei o ultimato e fui para casa. Mas resolvi "me despedir", uma última vez, uma última doideira. Cheirei e bebi até às 4 da manhã e só fui dormir às 7 horas.

Só que uma gravação inesperada quase pôs tudo a perder. Às 9 da manhã o telefone tocou sem parar, sem que eu conseguisse forças para atender. Era o DJ Memê, chamando para gravar um *rock* da Rita Lee para a Rádio Cidade.

Ele sempre chamava a gente, eu, Barone, Frejat, George Israel, Mauricio ou o Humberto, para fazer essas versões e tentar entrar na Rádio Rock. Só que eu não atendi à secretária eletrônica. Os vários recados do Memê ficaram em minha secretária por mais de um ano.

Então quem ligou dessa vez foi Frejat, e acabei atendendo, com voz ainda de ressaca. Frejat esbravejou: *"De novo? A reunião foi ontem!!"*. Com a sensação de uma bigorna caindo em minha cabeça, junto com uma culpa horrorosa, eu então respondi: *" Cara, não desmarca a gravação não!! ... não sei o que está acontecendo comigo, realmente preciso de ajuda, eu vou me tratar"*. E realmente consegui gravar à noite, com todos.

Eu já estava cansado. *"O que está acontecendo comigo? Este final de semana foi a "gota d'água"! Eu tenho que parar!"*

Depois da gravação, liguei para meu irmão e pedi o telefone do Dr. Jaderson, que o havia tratado. Ele só poderia atender no sábado. Era terça, e tinha 2 *shows* do Barão quarta e quinta, na Região dos Lagos. Desde essa terça eu não bebi nunca mais e ainda falei para os garçons que serviam caipirinha de graça num restaurante da Rua das Pedras, em Búzios: *"Parei de beber"*.

Nesse momento eu parei DE VEZ. Nunca mais bebi nem me droguei.

O Dr. Jaderson salvou minha vida.

INTRODUÇÃO RÁPIDA

Nasci no Rio de Janeiro, em família de paulistas e mineiros. Meus avôs, Lycurgo de Castro Santos, paulista de Guaratinguetá, e Henrique de Moura Costa, mineiro de Barbacena, eram médicos. Minha avó materna, Alice, era professora aposentada, e minha avó paterna, Celina, era poetisa e escritora de peças teatrais.

A geração dos meus pais, geração do "pós-guerra", estava vivendo este momento turbulento do país, pré-golpe. Meu pai, Renato Luiz de Castro Santos, era engenheiro civil/naval, e já trabalhava na construção de navios pelo estaleiro EMAQ. Era uma época de suposto crescimento, agora com o país dominado pelo golpe e pela ditadura, silenciado pela censura, e cuja esperança era o futebol bicampeão do mundo.

Minha mãe, Anna Maria, fez Línguas Neolatinas na PUC e, mais tarde, Faculdade de Fonoaudiologia na Estácio. Cuidava dos filhos; meu irmão, minha irmã, e eu chegando. Segundo seu relato, a família morara em Cosme Velho até 1963. Eram ela, meu pai, meus irmãos Renato e Anna Beatriz, minha avó Alice e a Babá Inácia. Quando a casa foi desapropriada para passagem do Rebouças, meus pais compraram a casa da rua Icatu, no Largo dos Leões, Humaitá.

A família se mudou em 1963, meus irmãos foram estudar no São Patrício, e o tempo começou a esquentar por causa da política: Jango no poder, militares "furiosos", até o golpe de 1º abril de 1964, quatro dias antes do meu nascimento.

1964

Desde março o Brasil está "pegando fogo". Um comício no Rio de Janeiro, pelas Reformas de Base, reúne 250 mil pessoas na Central do Brasil no dia 13, onde discursam o presidente João Goulart, Leonel Brizola e Miguel Arraes. Quatro dias depois veio a resposta de São Paulo, com a "Marcha da Família com Deus Pela Liberdade", totalmente contra o presidente. No dia 26 de abril, a gota d'água: uma rebelião de marinheiros no Rio de Janeiro. Em Juiz de Fora, um grupo de civis e militares decide derrubar o presidente João Goulart, no dia 28 de março. No dia 31, as tropas do general Mourão Filho marcham para o Rio de Janeiro.

Em abril, acontece o esperado: o II Exército junta-se às tropas mineiras e seguem para o Rio, ao mesmo tempo que Miguel Arraes é preso em Recife. As rádios Mayrink Veiga e Nacional formam a "Rede da Legalidade" e conclamam o povo a resistir ao golpe. Um grupo de populares tenta invadir o Clube Militar, e o prédio da UNE fica em poder dos estudantes, todos fiéis a Jango.

A resposta dos militares é imediata, com a ocupação das redações dos jornais O Globo, Jornal do Brasil e Tribuna da Imprensa, por fuzileiros navais, o fechamento das duas rádios "rebeldes" e o incêndio do prédio da UNE. João Goulart foge para Porto Alegre, Brizola ensaia uma resistência junto com o III Exército, mas logo ambos fugiriam do país. Jango queria evitar o "inútil derramamento de sangue".

O AI-1 foi logo instituído, cassando os direitos políticos de 14 deputados e passando para a reserva 122 oficiais das Forças Armadas. Na Rádio Nacional foram afastados diversos jornalistas, novelistas e apresentadores, como Paulo Gracindo, Dias Gomes, Mário Lago e Oduvaldo Viana. Castelo Branco é o novo Presidente do Brasil.

5 de abril: Can't Buy Me Love domina as paradas inglesas e americanas.

No Brasil, eu vim ao mundo, em tempos conturbados.

Minha mãe lembra que a clínica onde nasci era no Rio Comprido, e eles ficaram com muito medo de não chegar a tempo, pois muitas ruas estavam bloqueadas pelo Exército, com tanques nas esquinas.

O Rio em si era lindo, trânsito bom, praias na Zona Sul ainda possíveis no fim de semana, e as de São Conrado e Barra maravilhosas, vazias e limpas. Já o clima geral das pessoas era de muito medo, era ditadura, ninguém estava seguro, todos os direitos estavam suspensos.

Ao final do meu primeiro mês de idade, uma complicação: a vacina BCG, aplicada em mim no berçário da maternidade onde nasci, pertencia a um lote contaminado e me causou tuberculose ganglionar. Até descobrirem o que era, quase morri. A sorte foi que o pediatra da família, atento a tudo que acontecia, ligou meu caso ao de outra criança que lá aparecera, na mesma semana, com o mesmo problema, nascida no mesmo dia e na mesma maternidade. Foi descoberto então o lote de vacinas contaminadas que infectou várias crianças. E lá estava eu com um problemão a resolver. Na verdade, meus pais.

Durante os dois primeiros anos de minha vida, eu fui criado com redobrado cuidado. Não podia pegar sol, e a recomendação era ficar em casa, na Rua Icatu, ou em Samambaia, Petrópolis, na casa de campo da família.

Minha mãe fala que eu era o queridinho da vovó Alice, que me protegia sempre dos irmãos, que tinham ciúme. Babá Inácia, que trabalhara a vida toda para a minha família, já era velhinha e estava cega, mas também me adorava. Quando eu era bebê ela ficava no jardim, balançando o carrinho para eu pegar ar puro (sol não podia).

A casa de Samambaia tem história. Anteriormente uma fazenda, pertencera ao meu bisavô materno, homem de posses, mas viciado em jogo. No passado, havia um vagão especial para os fazendeiros ricos no trem que descia de Petrópolis para o Rio, e ali a jogatina comia solta. Durante um desses jogos meu bisavô apostou a fazenda da Samambaia e perdeu. Um primo nosso, que assistira à cena, na intenção de poupar tal desgosto à minha bisavó, resgatou a dívida. O bisavô apostou de novo, e de novo perdeu a fazenda, agora de vez. A família conservou só a casa no terreno da antiga cocheira, e a casa no terreno vizinho, onde existira a venda dos colonos. No passar dos anos meus pais unificaram ambas as casas e acrescentaram outro terreno vizinho, onde passou a ser a casa de hóspedes.

Samambaia foi a base de quase todas as férias e fins de semana até meus 11 anos, mais ou menos, quando conheci Búzios e Arraial d'Ajuda, na Bahia.

Minha mãe diz que eu tenho um pouco de cada família, os Moura Costa e os Castro Santos. As famílias tinham em comum o gosto pela música. Eu teria herdado esse gosto, e mais o senso de humor e o espírito crítico dos Moura Costa, o talento para o futebol do meu bisavô Henrique, e o gênio alegre e afetivo dos Castro Santos.

1969

O ano em que os Beatles começavam sua despedida. Discos do grupo, como os compactos Get Back, The Ballad of John & Yoko e Something, e os LPs Yellow Submarine e Abbey Road, dividiam as prateleiras com os discos Give Peace a Chance, Cold Turkey e o LP Live Peace in Toronto, todos de John Lennon.

Asterix nos Jogos Olímpicos: Rodrigo e os esportes?

Enquanto o tempo passava, meu complicado quadro de saúde foi melhorando; quando cresci um pouco, comecei a desenhar e a jogar futebol.

Duas coisas que comecei a fazer cedo: desenhar e jogar futebol. Aos 5 anos eu já jogava bola com os amigos da rua e da escola. Mas de uma maneira geral eu era bem tímido.

Em 1969, aos 5 anos apenas, eu já demonstrava habilidade para o futebol. A rua em que eu morava, a Icatu, era uma ladeira íngreme, e aprendi a driblar "para cima". Velocidade e habilidade tinham de ser aliadas para vencer o adversário e a ladeira. Com isso, quando eu jogava "no plano", minha técnica era apurada. Cheguei a fazer um teste no América F.C. Mas fazia as minhas "vítimas" também: os portões das garagens, que a gente usava como gol. Um deles era o portão da Dona Dorotéa, uma vizinha, que reclamava sempre.

O futebol na casa lá em cima da minha rua talvez tenha sido a coisa mais fantástica de minha infância e adolescência. Várias gerações se encontraram ali; o campo era no meio de uma floresta, isolado, com uma fonte de água entre quatro casas da mesma família, com entrada por todas elas. Lá foi o local em que mais joguei bola na vida, entre os 5 e os 25 anos de idade. Todos os que iam jogar eram do mundo do *surf*, das galeras das praias, da música, dos colégios Padre Antônio Vieira e São Patrício (onde eu e meus irmãos estudávamos); era talvez o campo mais disputado do Rio de Janeiro. A formação era 4 na linha e 1 no gol, o piso era de terra, havia o cheiro das árvores, da fonte de água e das outras folhagens da floresta; ali todos se encontravam depois da praia para jogar umas cinco horas de futebol sem parar.

> *Aos 10 anos eu jogava com a galera do meu irmão, que tinha 14,15, 16... E jogava com a minha galera também, então era futebol o dia inteiro. Foram umas três gerações que vi jogar ali ao mesmo tempo. Como o campo era pequeno, rolava muita gente esperando terminar os "3 gols ou 15 minutos". Então umas trinta pessoas ficavam do lado de fora, esperando a vez. Dependendo da geração ou da mistura de pessoas, muitos esperavam fumando maconha. Era gente de toda a Zona Sul carioca, que na verdade era um ovo na época. Todos conheciam todos. O Rio era bem menor.*

Nesse mesmo ano de 1969, meu pai me levou ao Maracanã para assistir ao jogo Brasil e Paraguai. Foi a primeira vez em que isso aconteceu. Mais tarde passei a ir com meu irmão e seus amigos.

Ao mesmo tempo, acontecia o até hoje considerado maior festival da história do rock: o *Festival de Woodstock*, onde se apresentariam

alguns daqueles que viriam a ser meus ídolos: Crosby, Stills, Nash and Young, Jimi Hendrix, Santana, Joe Cocker. Outra lembrança marcante desse ano foi escutar no rádio a música *"Help!"*, dos Beatles, e já achar aquele som legal. Mas ainda não seria dessa vez que o "bichinho da música" ia me morder.

Assisti em casa, com toda a família, à chegada do primeiro homem à Lua. Todos juntos em volta do televisor preto e branco. Loucura total! Inacreditável. Alguns duvidavam. A mais incrédula era a Babá Inácia, que morava com a família desde o nascimento da minha mãe e dos meus tios e estava cega há alguns anos. Ela dizia: "Não vejo e não creio. É tudo invenção, só quem mora lá é o meu São Jorge". Assisti também à reprodução da cena da casa da minha vó Celina, e lá também alguns não acreditavam no que viam. Eu fiquei fascinado com aquela cena dos astronautas fincando a bandeira americana na cratera lunar. E pensava também em como Hergê havia desenhado tão bem os livros do Tintim Rumo à Lua e Explorando a Lua. Os dois livros foram lançados na década de 1950! Isso bem antes de o homem pisar lá. Com todos os detalhes. Fascinante. E agora, mais incrível ainda. Diante de nossos olhos, era real. A Lua estava mais próxima de nós. Não sei quanto aos meus parentes, mas a minha cabeça estava, com certeza, no mundo da Lua.

1970

O fim: Os Beatles lançaram Let It Be no mesmo momento em que Paul anunciava sua saída do grupo, divulgando seu primeiro LP solo: McCartney. Ringo veio com seu disco Sentimental Journey; John com o LP John Lennon Plastic Ono Band. E George surpreendeu o mundo com seu triplo All Things Must Pass

Aos 6 anos, assisti à final da Copa de 1970 na casa de meu avô Lycurgo. Meu avô materno, Henrique de Moura Costa, tinha sido jogador do Botafogo no tempo do futebol amador, pelos anos de 1920. Mas não o conheci em vida. Quem sabe, se o tivesse conhecido, eu teria sido Botafogo em vez de Flamengo. Não, isso seria impossível. Meu pai e meu irmão eram Flamengo o suficiente para não deixarem isso acontecer. Uma coisa era certa, todos gostavam de futebol em minha casa; os jogos de botão e futebol no Lagoinha (clube em Santa Tereza, Rio de Janeiro), além dos jogos na Rua Icatu e na casa da avó dos meus primos, em Cosme Velho, eram uma constante. Juntava muita gente.

Entretanto, na final da Copa de 1970, eu ainda não havia despertado para a magia do futebol. Na casa do meu avô, toda a família reunida à frente de um grande televisor preto e branco, papéis picados para jogar pela janela do prédio, morteiros e bandeiras do Brasil. Saía gol atrás de gol, e eu não estava nem aí, ficava brincando pela casa.

Mas lembro da felicidade de todo mundo ali. Me jogavam pro alto, etc. Eu jogava bola, já havia ainda ido ao Maracanã, sem me envolver

ainda com a paixão do futebol. Isso aconteceria aos meus 10 anos, na Copa de 74.

Preocupados com a possibilidade de minha excessiva introspecção vir a me prejudicar, meus pais decidiram me colocar em terapia infantil. Fiz terapia dos 7 aos 11 anos. Não gostava muito, mas ia toda semana com minha mãe, e reconheço que foi importante: eu desenhava muito, brincava com jogos, coisas rotineiras na terapia infantil. Com certeza isso ajudou a melhorar minha timidez e a dispensar qualquer "artefato" ou "muleta" de proteção, como o meu *"security blanket"*, semelhante ao do Linus do *Charlie Brown*.

Por ser o futebol elemento catalisador de "turmas", e pelo fato de jogar bem, sempre fui incluído em todas as peladas, da escola à turma de rua. Também me desenvolvi para outros esportes: *surf*, *skate*, natação nos clubes Flamengo e Piraquê, e também atletismo, nas pistas do Clube de Regatas do Flamengo.

Fiz, durante meses, salto em altura, salto em distância, salto triplo e corridas de 50 e 100m rasos, regados a treinamentos exaustivos nas arquibancadas de concreto da Gávea, num sol de meio-dia. Eu era leve, magro e rápido, qualidades que se afirmaram também no squash, no qual fui bicampeão carioca da "B" e fiquei entre os cinco melhores do Rio. Isso para mim foi solidificando – mesmo antes do primeiro violão – a minha autoconfiança no quesito competição.

1971

Os Beatles não existiam mais. Mas os quatro integrantes tiveram vários discos lançados no Brasil neste ano: My Sweet Lord e What Is Life (compactos George; Mother (compacto John); Another Day (compacto Paul); Power to the People (compacto John); Ram (LP Paul); It Don't Come Easy (compacto Ringo); Imagine (compacto e LP John); Bangla Desh (compacto George); Uncle Albert-Admiral Halsey (compacto Paul); e Imagine (compacto John).

No Brasil saiu um LP dos Beatles, uma coletânea chamada Beatles Forever

Vim de uma família normal, estruturada, com muitos primos, a casa de Petrópolis sempre cheia. Ao mesmo tempo, como a geração anterior havia sido muito rígida na criação dos filhos, meus pais, meus tios e tias, também influenciados pelos anos 1970 e uma maneira nova de viver em sociedade, digamos que afrouxaram um pouco as amarras na educação e criação dos filhos, adotando uma postura mais liberal. Fomos mais livres. Até porque meus pais eram intelectuais, e a maioria das pessoas que frequentavam a minha casa era ligada a literatura, música, economia, etc. A frequência variava a cada fim de semana, em Petrópolis. Muitas visitas, tanto das pessoas à casa de Samambaia, quanto nossas à casa dos amigos, em Nogueira, Correas, Itaipava, Três Rios.

Os fins de semana em que a família inteira subia para Petrópolis eram os momentos que ficavam na minha lembrança, menino irrequieto e criativo, que queria mais.

Nessa época meu pai já se tornara diretor de um dos seis maiores estaleiros do país, o EMAQ, direcionado não só à construção de navios, mas também à futura construção de locomotivas. Fui a muitos "batizados" de navios.

Era grandioso aquele mundo pra mim. O navio enorme, a garrafa quebrando, as pessoas aplaudindo a inauguração de uma construção, um navio cargueiro gigantesco. Era interessante.

Meu pai adorava receber as pessoas em casa e tinha prazer em dar aulas da história do *Jazz* e do *Blues* para todos, sempre nos fins de semana, às vezes também em casa dos meus tios. Fazia uso de anotações e ilustrava as aulas tocando LPs numa vitrolinha. Era um aficionado entendedor e ouvinte desses gêneros, e também da música de cinema, dos filmes musicais de Hollywood, com Gene Kelly, Fred Astaire, etc. Ouvíamos muito Chico Buarque, Pat Boone, Sinatra, Louis Armstrong, Duke Ellington, Benny Goodman, Chet Baker, Ella Fitzgerald, Billie Holiday, Sarah Vaughan e tantos outros. Eu ia sempre com meu pai à loja de discos Modern Sound, que até recentemente ficava em Copacabana; de início só fazendo companhia, e mais à frente para comprar meus próprios LPs de rock e música instrumental.

Uma vez por semana amigos, familiares e quem quisesse ir lá em casa no Rio, todos se deliciavam com as aulas do meu pai.

Já em Petrópolis, o *hobby* do meu pai era montar o projetor e passar filmes na parede, sendo o "programador dos filmes", com a sala apagada e a parede iluminada. Ao fundo, aquele barulhinho do filme rodando, às vezes travava, às vezes o som pifava, mas era divertidíssimo. As sessões incluíam, entre outros, *Era uma vez no Oeste* com Henri Fonda e Charles Bronson (meu pai adorava *westerns* e filmes de guerra), *Desafio das águias*, com Richards Burton e Clint Eastwood, e *Planeta dos Macacos*, o original. Meu pai também tinha uma câmera super 8 e filmava tudo em Samambaia.

Não existia videocassete ainda, então esse era o programa para reunir a família em peso.

Esse *glamour* da casa de Petrópolis tinha também o *glamour* normal de todas as reuniões em casas de campo, com jantares e bastante família e amigos, vinhos, cerveja, *fondue*, *whisky*, tios que bebiam mais, tios que bebiam menos, tios que fumavam maconha, tios que nem pensavam nisso, e entre outras coisas, uma linda reunião de pessoas diversas e divertidas. Gostava muito daquilo, das cerimônias dos jantares, com um bando de gente à mesa, das conversas, dos papos, e até o ritual de um simples *Cointreau* degustado após o jantar era sedutor pela importância do período.

Às vezes também rolavam baseados, meus irmãos também fumavam, e apesar de, em princípio, isso não ser tolerado em casa por meus pais, estes faziam um pouco de vista grossa, uma vez que estávamos vivendo a cruenta época da ditadura, e era mais seguro fazer isso na proteção do lar. Meu irmão "shapeava" pranchas de *surf* na garagem da casa da Icatu, sempre queimando um baseado com a galera.

A garagem era um capítulo à parte: um amontoado de pranchas, parafina, instrumentos musicais, máquina de lavar roupa... e até o carro de minha mãe, por incrível que pareça.

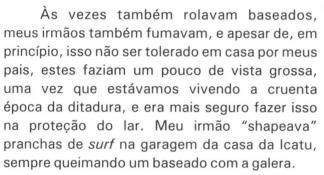

1972

Em fevereiro foi lançado no Brasil o LP Wild Life, o primeiro do grupo Wings, de Paul McCartney. Em dezembro chegou ao Brasil o compacto Happy Xmas, de John Lennon.

Mas isso passou em branco na época para mim.

Aos 8 anos eu desenhava muito, fazia histórias em quadrinhos. Queria ser desenhista, totalmente influenciado pelas histórias do cartunista belga Hergé, em seus famosos livros com as aventuras de Tintim, e da dupla francesa Goscinny e Uderzo, com as histórias de Asterix e seus amigos gauleses.

Eu fazia livros de Asterix (e até do Tintim), com histórias minhas! O início era sempre parecido com o livro original, com o famoso "tudo está calmo na pequena aldeia gaulesa...". E no final sempre tinha o banquete com javalis!

Cheguei a criar e desenhar dois livros de Tintim e Asterix. Fabricava também, em caixas de isopor que sobravam dos aparelhos de som, naves e submarinos semelhantes aos dos seriados *Viagem ao Fundo do Mar* e *Terra de Gigantes*, com todos os detalhes. Montava aviões de guerra da Revell com meus primos e escrevi um livro sobre a China. O desenho era uma atividade muito introspectiva. Era meu lado lúdico e criativo, dando vazão a sentimentos numa folha de papel.

As histórias de Tintim e Asterix me ensinaram muito sobre o mundo, História Antiga, a importância do petróleo. Com o tempo fui aprendendo a conhecer as ideias e ideologias, principalmente as de Hergé, o que aguçou meu senso crítico e meu pensar.

Tia Clarice e minha mãe nos levaram, a mim e meus primos, para assistir ao desenho animado dos Beatles, o *Yellow Submarine*, no MAM.

> Lembro do calor, cheio demais, ficamos colados na parede, eu, minha mãe, ela e meus primos. Não gostei muito do desenho, queria ver os Beatles mesmo, de verdade.

Eu era muito ligado ao meu primo Pedro Guinle, o Pedrinho, principalmente nas brincadeiras com soldadinhos do "Forte Apache". Criávamos histórias, enredos, e passávamos horas nisso. Mas éramos também uns "pestinhas". Uma diversão nossa, menos lúdica e mais "marginal", tinha lugar durante as viagens, quando estávamos no banco de trás do carro dos nossos pais, e, com auxílio de um elástico, atirávamos bolinhas de papel nas pessoas paradas nos pontos de ônibus. Ou então, escondidos atrás do muro de casa, jogávamos ovos nos carros que passavam. A pior de todas era o papel higiênico molhado, com cocô de cachorro e farinha dentro, lançado nos carros. Aí, já se juntara a nós outro primo, o Pedro Henrique.

1973

Novos lançamentos dos ex-Beatles no Brasil: LP Sometime in New York City (John), Woman is the Nigger of the World (compacto John), My Love (compacto Paul), Red Rose Speedway (LP Paul), Give Me Love (compacto George), Living in the Material World (LP George). Ringo lançou o compacto Photograph e o LP Ringo. Paul e John fecharam o ano com Helen Wheels (compacto de Paul) e Mind Games (LP e compacto de John)

Mas os lançamentos mais importantes deste ano, para mim, foram os LPs duplos The Beatles 1962-1967 e The Beatles 1967-1970, dos Beatles

Um programa legal de fazer naquela época era assistir aos filmes da "Sessão Coca-Cola" no *Drive-In* da Lagoa Rodrigo de Freitas. Depois de alguns anos do bem-sucedido funcionamento do *Drive-In*[1], o empresário Ricardo Amaral criou a programação infantil à tarde, para que os pais levassem seus filhos no carro. Coca-Cola e Fanta eram servidas de graça, em copos plásticos. Ricardo Amaral costumava dizer que muitas das crianças que assistiram à "Sessão Coca-Cola" haviam sido concebidas no mesmo *Drive-In*...

1) Cinema ao ar livre, assistido de dentro dos carros, com uma tela enorme e uma pequena caixa de som, que ficava pendurada na janela. Era muito popular nos Estados Unidos.

1974

E os ex-Beatles lançam mais discos este ano. Os mais marcantes foram: Band on the Run (LP Paul); You're Sixteen (compacto Ringo); Whatever Gets You Thru the Night (compacto John com Elton John); Walls and Bridges (LP John); Only You (compacto Ringo); e Ding Dong, Ding Dong (compacto George).

O mundo das histórias em quadrinhos, dos "soldadinhos do Forte Apache", e tudo mais que povoava a minha fértil e criativa cabeça, foi amplificado com a televisão. Lembro com detalhes o momento em que chegou a primeira televisão lá em casa. Aquele universo de aventuras agora ganhava movimento!

Nossa primeira TV chegou em 1974. Era um "rádio" enorme, um móvel, com portas e uma TV dentro. Lembro do Fantástico estreando, da Vila Sésamo, do Topo Giggio, do Telequete Montilla, da Viagem ao Fundo do Mar, da Terra de Gigantes, do Perdidos no Espaço, do Túnel do Tempo e da Copa de 74 (saíamos para comprar Coca-Cola no intervalo dos jogos do Brasil), entre outras coisas.

A primeira vez em que vi TV a cores, foi um deslumbre! *Eric von Zíper e a Turma da Praia.* Estava na casa de um amigo pra fazer um trabalho escolar (pós escola). Almoçamos e antes de fazer o trabalho, não sei por que, sentei-me a uma poltrona pra ver TV. A imagem parecia em preto e branco, como havia em todas as casas q eu conhecia. Mas na verdade as cores estavam apenas "fracas". E eu estava com sono. Começou a passar a *Turma da Praia com Eric von Zipper*, e eu meio que abri um dos olhos porque gostava muito daquele seriado. Eram os surfistas contra as turmas de moto. Eric von Zipper dava um estalo com o dedo e congelava as pessoas como estátuas. E tinha muita cena na praia, provavelmente na Califórnia. Numa dessas, eu com o olho semiaberto, parecia que as coisas na tela estavam um pouco azuis, e a cara das pessoas levemente alaranjada (não sei se foi colorido artificialmente — era uma técnica da época, para transição e reapresentação, em cores, dos filmes e séries em preto e branco que já existiam, como *Terra de Gigantes* e *Perdidos no Espaço*). Fechei os olhos e abri de novo. Meio que duvidando do que eu estava vendo. Tinha cor???! Ou eu estava imaginando as cores??!? Abri bem os olhos, e lá estava na minha frente: UMA TELEVISÃO A CORES!! Eu não pude acreditar! Comecei a ver aquele seriado, maravilhado. Corrigimos a saturação da cor, e lá estava: o mar azul! As pranchas coloridas, o Eric von Zipper de roupa de couro preto-azulada. Uma loucura aquilo tudo. Antes só havia visto aquelas TVs em preto e branco em cuja tela eram colocados uns plásticos transparentes. Eram "papéis plásticos" com 3 cores (geralmente azul, vermelho e amarelo). Horrível. E muito mal feito. Agora não... era realmente uma TV a cores! E foi difícil parar de assistir à TV pra fazer o dever...rs.

Um festival marcante para a geração dos meus irmãos e um pouco para mim, foi o primeiro Hollywood Rock. O jornalista Nelson Motta idealizou o festival, para ser o "Woodstock Brasileiro". Mas o Brasil vivia a Ditadura Militar, os duros anos do general Geisel, e fazer um evento desses envolvia muita coisa. O medo paranoico dos militares com milhares de jovens juntos ouvindo aquela música alienante era algo visível. E se virasse comício comunista? O patrocínio da marca de cigarros foi o primeiro passo. Depois era necessário duelar com a Censura, para liberar as letras que seriam cantadas, o DOPS dar OK para todos os músicos, verificando fichas de cada um, os bombeiros e a prefeitura liberando o evento por escrito. Só querendo muito fazer um evento. E Nelson teve a valiosa ajuda do Erasmo Carlos, que ia se apresentar.

O Festival rolou no campo do Botafogo, no Rio. Era bem "bicho-grilo", feito com paz, amor e tecnologia de som ainda incipiente. Foi programado para acontecer em três sábados de Janeiro e um de Fevereiro. O público estimado por dia foi de 10 mil pessoas, que era o que cabia no gramado do estádio de General Severiano.

No dia 11 apresentaram-se apenas Rita Lee & Tutti-Frutti. No sábado seguinte, dia 18, o show foi aberto pelo Veludo (ex-Veludo Elétrico), e depois vieram Os Mutantes. Neste dia caiu um temporal que fez o palco desabar, sem machucar ninguém. No dia 25, tocaram O Peso, Vímana (com Lulu Santos), e O Terço em sua formação clássica, com o disco *Criaturas da Noite* ainda em fase de composição. No último dia, 1º de fevereiro, Celly Campello, Erasmo Carlos e Raul Seixas fizeram a cabeça da galera. Raul fez um discurso inflamado, anunciando a sua Sociedade Alternativa.

Todo o festival foi documentado em filme, dirigido por Marcelo França, com duas câmeras, mas só foi lançado anos depois, em VHS, com o título de "Ritmo Alucinante". Logo saiu de circulação. Um pretenso disco ao vivo também foi lançado, mas era um produto falso, com gravações de estúdio e plateia adicionada em cima.

Dezembro de 1974: Os Beatles vão mudar meus planos

Nas férias escolares de fim de ano, um fato vai mudar minha rotina de desenhista e futebolista. Meus tios compraram os discos *The Beatles 1962-1966* e *The Beatles 1967-1970*, lançados no Brasil em julho do ano anterior, e levaram para a casa de Petrópolis.

> *Na casa de Samambaia eu e meu primo Pedrinho escutávamos direto o "disco vermelho" (1962-1966). Na verdade, os adultos escutavam direto, e nós curtíamos junto. Me lembro de ouvir pela primeira vez "I Want to Hold Your Hand" e ficarmos dançando pela sala, em frente aos adultos, cantando "I waaaaana hold your haaaaaand"!!!*

Este disco foi emblemático, o "gatilho" que disparou minha veia musical. Foi muito mais marcante do que ouvir a música *"Help!"* no rádio, aos 6 anos de idade (1970).

> *O Álbum Azul (1967-1979), me dava um pouco de medo, era muito estranho, "Old Brown Shoe", "Don't Let Me Down". Eu curtia "The Ballad of John & Yoko", era "leve"; mas as outras, "Revolution", "Across the Universe", eram "pesadas". Eu não entendia.*

Para um garoto como eu, o *Álbum Vermelho* tinha ritmo mais *pop*. Era um apanhado de sucessos alegres. Eu praticamente "pirei", ouvia-o compulsivamente. Tempos depois começaria a curtir (e "pirar"), com o *Azul*. Nessa época eu ainda não sabia que os Beatles já não existiam, pensava que os discos eram lançamentos do grupo em atividade.

Na casa de tia Biti e Zé Ventura, vizinha à nossa em Samambaia, tinha um violão que vivia largado em um canto. Ninguém tocava. Só quando músicos e amigos dos meus tios apareciam por lá, e o som rolava madrugada adentro. Essa galera não instigava nada musical em mim na época. Eu queria era aprender aquelas músicas dos Beatles que meu primo e eu gostávamos de dançar e cantar pela sala, na piscina, onde pudéssemos ouvir o disco, que tocava direto, umas "dez mil vezes". Eu pegava o violão, e ficava na sala "tocando", na verdade, fazendo mímica. Os adultos sentavam, os outros primos me iluminavam com lanternas, e eu fazia minha "apresentação". Nesse meu aprendizado inicial eu "invertia o violão" para imitar Paul McCartney, o que de certa forma já era significativo.

Sou canhoto de perna, mas escrevo e aprendi a tocar com a direita.

A primeira música que aprendi foi *"Love Me Do"*, a mais fácil, de poucos acordes, bem simples. Demorei mais a gostar de músicas mais "densas" como *"We Can Work It Out"* e seus acordes menores, *"Eleanor Rigby"*, *"I Am the Walrus"*.

Eu era criança e me peguei na fase mais "pop". Estas músicas te tiram da timidez, são para cima!

Aprendi meus primeiros acordes no violão com minha tia Clarice, que era musicoterapeuta e tocava flauta. Ela e meu tio moravam na rua João Borges, na Gávea, e criaram um coral do qual meus pais faziam parte. Quando a família e os amigos ali se reuniam para os ensaios, todos cantavam, faziam harmonizações, e isso ia me pegando. Me emocionava ouvindo aqueles desempenhos. Segundo minha mãe:

Cantávamos bem direitinho, e o tio Henrique regia. Era muito divertido.

Desde pequeno eu ia muito à casa da tia Clarice. Foi ali que aprendi a andar de bicicleta sem rodinhas, aos 6 anos. A sensação do equilíbrio sem rodinhas era fantástica, uma liberdade ainda não experimentada. Mais tarde, na Icatu, eu e minha turma passamos a andar de carrinho de rolimã. Todo mundo na rua (por ser toda em ladeira) tinha o seu. Um amigo, cujo pai era dono de uma oficina de carros, tinha um, turbinado, com carcaça e volante!

Tínhamos, todos, inveja daquele carrinho, pois o nosso era tosco mesmo. Pegávamos bilhas em obras, os rolimãs, e borracha de pneu, cortávamos a borracha para fazer os freios e pegávamos madeiras das obras locais para fazer o "corpo". O corpo era uma madeira quadrada, e o eixo, uma vertical fina em linha reta. Ligadas por outra madeira em perpendicular, já com as borrachas de freios. Fazíamos direto isso.

Nossa vantagem, se é que pode se chamar assim, sobre o carrinho turbinado do nosso amigo Alberto era que os nossos podiam passar entre o poste e o muro da calçada, sem ter de desviar para a rua e voltar à calçada, portanto pegavam mais velocidade. Eu gostava da adrenalina da velocidade também. Mas isso era desculpa, pois a gente tinha mesmo era inveja daquele carrinho com volante.

O nosso volante era um barbante ligado à madeira da frente. Íamos meio corcundas, virando o barbante para esquerda e direita. Minha mãe morria de medo que a gente se "estabacasse". Meu irmão já tinha quebrado a perna por causa dos carrinhos. Ela dizia que éramos criativos "para o bem e para o mal".

Nessa mesma época também começamos a construir *skates* caseiros, mais uma vez usando as tábuas e bilhas da rua. A Icatu, por ser uma rua sem saída, que se bifurcava na parte de cima, dando origem também à rua Sarapuí, era ideal para as aventuras em alta velocidade da turma. Na parte de baixo era quase que uma vila, pois não circulavam muitos carros, havia muitas jaqueiras (o que dava a rua um cheiro particular, beirando o enjoativo, do qual tenho saudades e lembranças até hoje) e muitos passarinhos, como bem-te-vis, sabiás e andorinhas, além de cigarras com seu canto estridente que anunciava mais calor. Muitas vezes também víamos micos, gambás, ouriços-cacheiros, bichos-preguiça, e até tucanos.

Era uma rua onde todo mundo se conhecia e se agregava. Em frente à minha casa havia também uma pequena entrada, que chamávamos de "beco"; era o local onde as turmas se encontravam para bater papo, alguns para fumar maconha (uma parte da turma mais antiga, que veio influenciando a mais nova também), e dizem que às vezes até para transar. A turma se estendia ao Largo dos Leões, São Clemente, Humaitá e adjacências.

Na casa de tia Clarice nos reuníamos, eu e seu filho, meu primo Pedro Henrique, que também queria aprender violão; a gente tocava junto direto. Com cinco aulas de violão já tocávamos direitinho, pegando todos os acordes. Mas eu não conseguia fazer "pestanas".

Doíam os dedos. Eu não consegui fazer um "Fá". A "pestana" quase foi um divisor de águas para eu parar de tocar violão. Era com corda de nylon e a dificuldade era total.

Uma das fontes onde aprendíamos acordes fáceis, principalmente os dos Beatles e de Bob Dylan, eram as revistas vendidas em bancas de jornal. E as aulas com a tia Clarice, garantiram os acordes básicos, "Ré", "Lá", "Mi". Com ela, foram perto de 12 aulas.

O objetivo era tirar músicas de Bob Dylan, Joan Baez e Beatles.

Nessa altura descobri que dera sorte em encontrar uma coisa só minha, que ninguém mais tinha na família: "ser músico".

Isso não foi herdado por mim, pois ninguém tocava violão ou tinha banda na família em 1974, foi uma vontade minha (apesar de minha tia tocar flauta, e minha mãe ser afinada – ela me dizia que a música que eu mais cantava quando pequeno era "Conversa de Botequim").

Neste ano eu comecei a fazer capoeira com "Mestre Peixinho", no Santo André. Fiz até 1978.

Os tempos continuavam pesados. Minha família teve vários amigos presos, um deles morto sob tortura durante os "anos de chumbo".

Meus pais eram ferozmente contra a ditadura. Minha mãe lembra bem:

> *Durante a ditadura, em uma espécie de "resistência", escondemos aqui em casa fugitivos do Doi-Codi.*

1975

John Lennon lança #9 Dream

Ringo Starr lança Goodnight Vienna

"Por Tutatis!", estou largando o desenho!

No meu aniversário de 11 anos, quando a música "*No No No Song*", de Ringo Starr, estava em 3º lugar na Inglaterra, ganhei meu primeiro violão. Ironia ou não, essa música falava sobre largar as drogas e a bebida.

Eu pedira um violão, pois vivia pegando o do meu primo Pedrinho, que ficava na casa de Samambaia. Quando eu não ia para Petrópolis, quem quisesse fazer um "sarau" ficava sem instrumento. O violão, de início, era como uma brincadeira, mas após aprender os primeiros acordes e a famigerada pestana, que quase me fez desistir de continuar, tal a dificuldade em fazer um Fá maior, decidi que ia fazer aula com quem pudesse levar adiante meu aprendizado.

Depois das aulas da tia Clarice — e das músicas que aprendi com os amigos dos meus irmãos — eu precisava alçar novos voos no violão. Queria aprender acordes novos, ritmos diferentes e passear por outro universo, o da MPB. Nessa hora, me foi indicado um novo professor: Nilson Chaves. Excelente compositor e reconhecido até os dias de hoje, Nilson foi meu professor durante dois anos. E foi de extrema importância. Ensinou-me músicas de Gilberto Gil, Caetano Veloso, Alceu Valença, Zé Ramalho, Chico Buarque, e muitos outros. Aprendi a posicionar corretamente o violão de nylon, aprendi novos ritmos com a mão direita fazendo base (sem palheta), novos dedilhados e acordes muito mais complicados – com nona, sétima aumentada, acordes invertidos, diminutos, etc. Músicas como "Expresso 2222", "Oriente", "O Que Será Que Será" e "Mulheres de Atenas" faziam parte dos novos desafios como instrumentista. Entre os 13 e 15 anos, aprendi muita coisa, um universo completamente diferente de Beatles e Bob Dylan. A MPB entrava na minha vida através de grandes violonistas e compositores. A partir daí comecei a expandir meu horizonte musical. E a comprar novos discos, até então bem distantes da minha estante. Nilson Chaves foi muito importante na minha formação musical. Era um grande amigo da minha família. Um cara muito bacana.

Comecei a aprender a sério violão, música, me aplicando, mas não parei de desenhar. Algumas pessoas, em especial meus pais, me estimulavam a desenvolver minha aptidão para o desenho. Consideravam minhas histórias interessantes, e gostavam dos meus desenhos abstratos, não só dos quadrinhos. Eram desenhos modernos e sem linha definida, livres, coloridos, formas variadas. Meus pais os mostraram depois a um importante chargista italiano, Francesco Tullio Altan, o Keko, que chegou a me convidar para fazer um curso com sua equipe de desenho profissional na Itália. Isso, aos meus 10 anos. Minha introspecção me levava à arte.

Ele viu o meu "traço" e queria que eu fosse para lá. Claro que, com essa idade, nem eu quis ir, nem meus pais deixariam, portanto deixamos a decisão mais pra frente. Ele era e ainda é um chargista de primeira linha na Itália. Além de tudo, já pintara em mim a paixão da música. O Álbum Vermelho dos Beatles foi o responsável por isso!

Lembro de uma festa na casa de Samambaia, onde alguns integrantes dos Novos Baianos "levaram um som". Rolou muita música, todos fumaram baseados, e eu, por ser muito pequeno, tive que ir dormir cedo. Mas do meu quarto dava para ouvir a música.

Naquela época, criança tinha de dormir bem cedo, então aquele canto e o barulho das conversas me embalavam a pegar no sono.

No final do ano, rolou minha primeira viagem para fora do estado. A tia Biti, que sempre trabalhara com a construção de casas e pousadas em áreas isoladas de Petrópolis ou do sul da Bahia, me levou para acampar em Arraial d'Ajuda. Fomos no fusquinha dela, eu e meu primo Pedrinho. Três dias de carro até a Bahia. Era um programão: acampar, montar barraca no *camping*, os biscoitos de maizena durante a viagem.

Foi minha primeira experiência em Arraial d'Ajuda. Outras viriam, algumas mais significativas e determinantes para a fase seguinte de minha vida.

Em Samambaia, eu e meus quatro primos também andávamos muito a cavalo e de bicicleta. Não tínhamos cavalos em casa, era "seu Agenor", o capataz de uma fazenda próxima, quem trazia os de aluguel, todos pangarés maravilhosos. A gente cavalgava horas a fio pelas montanhas da região, lá pelos lados da extinta Florália, aonde íamos sempre tomar chá em família e comprar plantas. Tinha também a buzina do cara que anunciava o sorvete de creme holandês. Essa infância "esportiva", com todos os fins de semana na Serra, deixou lembranças maravilhosas.

A casa da tia Biti em Samambaia era frequentada por alguns músicos amigos dos meus irmãos mais velhos. Um deles era Rui Motta, dos Mutantes, amigo da minha irmã, Anna Beatriz. Ela me levava para assistir aos ensaios do grupo num sítio em Nogueira. Meu irmão, Renato, também tinha muitos amigos que tocavam, cada um que chegava lá em casa era devidamente "alugado" para me ensinar ao menos uma música dos Beatles.

```
Paul McCartney lança Venus and Mars
Os Beatles e a Minha Percepção de Música
```

Convivem em mim dois lados, o bem introspectivo, artístico, individualista, e o outro mais social, esportivo, galera. Só que essas facetas se revelaram em épocas distintas. Até os 10 anos, o desenho prevalecia. O introspectivo. Entremeado de futebol e viagens para o sitio. A partir dos 11, com a entrada da música na minha vida sob a forma concreta de aulas de violão, outro universo se abriu. O da liberdade extrospectiva. Sempre fui de pensar muito, e a música me fez agir mais, sair mais do meu mundo particular. Tocar violão com vontade, pra fora. Com mais gente em volta. É como se fossem divisores de água: desenho e música. Dois universos que se completam dentro de mim, mas com funções e resultados completamente diferentes.

Quando escutei o *Álbum Vermelho* dos Beatles, eu transcendi minha fase criança e senti que se abriam para mim novas perspectivas. O *pop* me dava muita alegria. Naquele momento era o que eu precisava. Sair da timidez, ficar mais leve, pra cima. E os Beatles, nessa primeira fase 62/65, me remetem a isso sempre. Eu sou solar. Pelo menos uma parte de mim é praiana, festeira, pra cima, esportiva, cantante, com sons abertos de voz.

Já a fase 66/70, do *Álbum Azul*, me reporta a dias mais nublados, à casa dos meus tios na Gávea, com quadros modernos, tapete persa vinho escuro, e a algo indefinível, sentimentos vagos. Em vez de ir para a praia ensolarada, eu ficava no quarto tocando músicas, tirando *"Let It Be"*, *"Hey Jude"*... O *Álbum Azul* era mais melancólico que o *Vermelho*. Tenho uma face solar e outra mais "enevoada". Adoro a beleza da melancolia transformada em músicas de acordes menores. Adoro também a pressão dos acordes maiores nas músicas pra cima. É uma dualidade, mas não um cabo de guerra.

A cada música dos Beatles eu sentia uma coisa diferente. Podia ser a progressão dos acordes, as harmonias vocais, a voz doce do Paul, ou a metálica do John. Poderia ser o Harrison e seus solos bem em cima da melodia original, ou a "psicodelia" dos álbuns com músicas estranhas. Gostava de tudo. Ouvia mil vezes. Procurava todas aquelas histórias que corriam na época. Tocar o disco de trás pra frente pra ver se John falava mesmo "*I Buried Paul*", ou se era "*Cranberry Sauce*". Tudo dos Beatles me fascinava, menos "*Revolution 9*". Já me explicaram mil vezes a importância histórica daquilo, mas para mim essa música não é digerível.

Engraçado como cada música pode te remeter a lugares e emoções. "*Hey Jude*", dos Beatles, me leva de volta a uma época chuvosa. As fotos dos Beatles com guarda-chuvas em "*Rain*"... o cheiro de chuva com grama... os vocais me fazem chorar até hoje. A voz do John fazendo a "terça" grave é muito inspiradora. O coro final é simplesmente lindo, grandioso. Mas a música está vindo de uma melodia lindíssima, uma balada, a voz doce do Paul... acho que rola uma tristeza bela, uma tristeza que só o *rock* inglês tem. "*Hey Jude*" é uma música triste e bela ao mesmo tempo. "*Lei It Be*" também.

Os álbuns *Abbey Road* e *Let It Be* têm muito esse lado dos Beatles, meio "nublado", como eu sinto. Talvez porque estivesse chovendo no telhado no dia da gravação do filme *Let It Be*... ou talvez porque quando escutei esses discos pela primeira vez, me dei conta de que os Beatles estavam brigados... não voltariam mais. "*Hey Jude*" e "*Let It Be*" têm esse poder sobre mim. "*Here Comes the Sun*" e

"*Something*" também. "*The Long and Winding Road*", idem. Os discos solos de Lennon e Harrison me davam essa sensação também. "*Starting Over*," "*Imagine*", "*Jealous Guy*", "*Dark Horse*", "*Give Me Love*", "*Watching the Weels*" — eram músicas que me faziam pensar em dias cinzentos.

Em contrapartida, músicas como "*The Night Before*" me remetam diretamente ao sol. Quando eu queria começar o dia em altíssimo astral, já colocava "*The Night Before*" na vitrola. E alto. Muito alto. Os vocais invadiam minha casa. Era impressionante. Sempre foi minha música favorita do álbum *Help!*. Apesar de gostar muito de "*Help!*" e de "*You're Going to Lose That Girl*" (obra-prima), "*Night Before*" era completa, no quesito contracanto dos vocais e dos acordes maiores e menores. "*Help!*" também. Duas músicas que mudavam meu dia assim que tocavam. Transportavam-me também ao meu começo Beatlemaníaco. A cada dia eu as escutava umas dez vezes. Sempre fui compulsivo. Principalmente por Beatles.

1976

Paul lança o LP Wings at the Speed of Sound, Ringo vem com Rotogravure, e George fecha o ano com o compacto This Song.

Arraial D'Ajuda.

Em um paralelo entre alguns lugares importantes na minha trajetória, o principal – além de Petrópolis –, foi Arraial D'Ajuda. Na minha primeira viagem à Bahia, em 1976, com minha tia Biti, acampamos em Porto Seguro e visitamos Arraial. Éramos cinco num fusca estacionado no *camping*. A barraca ainda era pequena, com uma divisória separando o espaço dos adultos e das crianças. Fomos ao Monte Pascoal, e com os índios de lá trocamos camisas do Flamengo e radinhos de pilha por arco e flecha, cocar, etc. Era índio com *short* Adidas e tudo!

Se Porto Seguro era deserto, e comíamos peixe pescado na hora, esquentando no fogareiro a gás (de duas bocas), imagina Arraial D'Ajuda! Para visitar Arraial, pegamos a única balsa que existia, na qual cabiam três carros apenas. Chegando lá nos apaixonamos à primeira vista. O lugar era mágico, rústico, vazio, com quilômetros de praias desertas, uma igreja com vista de toda a praia, onde víamos o sol se pôr e a lua nascer, um campão de futebol entre as casas, onde joguei muitas vezes com o pessoal local, poucos turistas, e um paraíso natural até então desconhecido. Prometemos voltar lá um dia.

Por volta dos meus 12 anos já tocava direto, curtindo muito as músicas de Bob Dylan, em especial *"Mr. Tambourine Man"* e *"Just Like A Woman"*, apesar da "pestana no começo"! Quando li que as músicas dos Beatles eram quase todas de Lennon & McCartney, comecei a compor em dupla com meu primo Pedro Henrique.

Alonso Cunha, que também morava na Icatu, e cujo pai tocava violino pela manhã, foi o primeiro amigo que resolveu montar um núcleo de composições comigo.

> *Montei duplas diferentes, uma com Alonso e outra com o Pedro. Gostávamos de Beatles, queríamos ser John e Paul. E fazíamos nossas próprias canções, algumas boas, por sinal. Alonso tocava guitarra, uma Fender "cor de meleca"; e eu, outra guitarra, emprestada por ele. Ou violão. O irmão de Alonso, Albery, na época pintor famoso, daria o nome de nossa segunda banda, Choque Geral. E faria o cartaz do show da banda no Planetário da Gávea.*

Nessa época, minha irmã Anna Beatriz estava estudando em Londres, e fiz uma música em sua intenção, depois de receber um cartão postal em que ela dizia estar com saudades, etc. Compus uma bossa nova chamada "Anna", uma canção que todos acharam linda. Minha mãe recorda bem deste dia, principalmente da reação do nosso amigo Zuenir Ventura, presente na casa:

> *Estávamos todos em Samambaia e resolvemos escrever um cartão para Anna Beatriz, que estava na Inglaterra. Todos assinamos uma mensagem, mas você sumiu da sala e voltou mais tarde com a música "Anna" que tinha acabado de fazer para ela. Gravamos e enviamos tudo junto. Zuenir ficou encantado e, depois de ouvir outras músicas suas e do Pedro Henrique, resolveu indicar vocês dois para o "Globinho" da Paula Saldanha.*

Foi marcada a seguir uma apresentação nossa na TV Globo, no "Globinho", segmento encartado no programa *Globo Cor Especial*, que passava toda tarde, apresentado pela Paula Saldanha.

> *Eu e meu primo tocamos duas músicas que havíamos composto, uma delas era "Anna". Depois vimos na TV, foi a glória! Primeira apresentação aos 11 anos, na TV Globo!*

Saquarema viveu, em maio, a loucura da 2ª edição do Campeonato de Surfe, que escolheu um campeão para representar o Brasil no Havaí, bem com uma loucura saída da cabeça efervescente de Nelson Motta: um Festival de Rock, chamado de "Som, Sol e Surf". Programado para rolar de sexta, dia 21, até o domingo 23, o festival agitou a pacata Saquarema. Meus irmãos iam muito lá com sua turma de amigos surfistas. Durante aqueles anos de Ditadura Militar, surfistas eram vistos com cuidado pelas autoridades, pelo lance das drogas, das gírias, do sentimento de "tribo, clube fechado". Imagine agora um festival numa cidadezinha costeira, com 10 mil habitantes, lotada com 40 mil "bichos-grilo"? Tinha tudo para dar errado. Mas não foram os militares que estragaram a festa. Foi a chuva!

O festival, que ia rolar no campo do Saquarema Futebol Clube, contava com Rita Lee e seu Tutti Frutti, estouradaça com o disco *Fruto Probido*, lotado de *hits*, e que tinha acabado de gravar o *Entrada e Bandeiras*. Tinha Raul Seixas, as bandas Made in Brazil, com o disco *Jack, o Estripador*, lançado 5 dias antes, Flavio y Spirito Santo, Vímana, Bixo da Seda e Flamboyant, além de Ronaldo Resedá e da estreante Ângela Rô-Rô.

Os mochileiros chegavam aos milhares desde o meio da semana. Com tudo montado, organizado (a equipe de Rita havia chegado uma semana antes e ajudou muito a produção), equipe pronta para filmar e gravar o festival, desaba um temporal bíblico no primeiro dia, simplesmente alagando tudo e derrubando o palco. A solução foi pegar todos que iam se apresentar na sexta e colocar junto com a galera de sábado. Rita chegou só no domingo, para fechar o festival. Rolou muita droga entre todos, do público aos músicos, passando pelos técnicos, jornalistas, numa "perfeita comunhão", como era o espírito do festival. Raul Seixas fez uma apologia ao diabo e um discurso que sacudiu a multidão (li isso no número 2 da revista *Música*, de julho).

Claro que deu prejuízo: todo mundo pulou o muro, que era baixinho, pois o preço do ingresso para um dia do festival era de 20 Cruzeiros, meio caro para os mochileiros. E até hoje não rolou nem o disco e muito menos o filme do festival.

1978

Paul McCartney lança o compacto With A Little Luck

Eu fumo meu primeiro baseado!

Me lembro bem do primeiro baseado. Eu estava com 14 anos. Lá em casa, amigos dos meus irmãos, muita gente do *surf* e da música, já fumavam o tempo todo. "Shapeando" pranchas de *surf* na garagem, ou no quarto dos meus irmãos, ou no beco da rua Icatu, em frente à nossa casa. Em Samambaia, no nosso sítio, ou nas idas ao Maracanã para assistir aos jogos do Flamengo, toda aquela geração de amigos fumava. A curiosidade começou a ficar grande. Até porque eu os admirava, como um garoto de 14 anos geralmente admira os mais velhos. Não que fosse seguir seus passos, mas era tudo tão libertário, que eu me interessei. Era *rock'n'roll* anos 70, "*Flower Power*".

Enfim, estava eu em casa quando pedi um baseado aos amigos do meu irmão. Já haviam me oferecido antes, inúmeras vezes. Mas eu recusava sempre, com medo. Nesse dia tomei coragem. Estava com um amigo meu. E aprendi até a "apertar" o baseado (enrolar com seda). Fumamos durante vinte minutos, esperei acontecer alguma coisa e ... nada. Efeito nenhum. Acho que traguei errado, sem segurar a fumaça. Na verdade, o primeiro cigarro de maconha não bateu. Parecia com um cigarro Hollywood que eu havia fumado dois meses antes e não tinha gostado (nunca mais fumaria cigarro normal).

Mas o segundo baseado bateu. Estava também lá em casa. E dessa vez fiquei um pouco tonto, ri muito e achei engraçada aquela onda. Alguns amigos já fumavam, e então pra estar junto da galera e fumar de novo foi um pulo. Agora tinha a "minha" galera da maconha. Começava a me sentir mais "esperto" por participar do movimento de "liberdade pra dentro da cabeça".

O Alonso fumou seu primeiro baseado comigo, no jardim da minha casa, junto com mais um amigo.

```
Ringo Starr vem com o LP Bad Boy
Anos de adrenalina pela frente!
```

Sempre gostei de adrenalina. Fosse com os mergulhos na cachoeira do Horto ou nas cachoeiras em Petrópolis e Mauá, fosse pulando dos 10 metros da pedra de São Conrado no mar aberto, meu prazer era superar desafios e não ter medo. No *surf*, quando comecei a entrar em mar aberto para provar a meu irmão e seus amigos que eu não tinha medo de onda grande, foi um aprendizado. Depois de um tempo, eu enfrentava ondas grandes no meio da Barra ou da Prainha, sem problemas. Mas no início, quando ainda não surfava para meu prazer, mas sim para provar aos outros, foi um desafio e tanto correr aquele risco.

> *Entrava na onda no maior cagaço. Já ia para praia com isso na cabeça. E se eu fumasse um baseado, aumentava mais ainda o medo. Sabia que ao chegar à praia, não daria para não entrar no mar. Era quase que uma obrigação.*

Meu irmão foi meu mentor em esportes; por ser mais velho e ter carro me levava a todos os lugares, ao Maracanã, à praia, às quadras de *squash*. E eu fui seguindo seus passos. No *squash*, de início ficava treinando apenas nos intervalos dos jogos da galera. Entrava e batia bola. Depois entrei para o clube onde todos jogavam, o Rio Squash Clube, em Santa Teresa, e fui subindo, da categoria C até A; cheguei a ficar entre os cinco do Rio, vencendo por três vezes os campeonatos cariocas de séries diferentes. Nunca me julguei o melhor em nada disso, sempre fui muito esforçado para superar aqueles com mais técnica do que eu. Treinava 6 horas por dia, na quadra, além de algumas aulas com um instrutor irlandês, e corria, em 29 minutos, os 7 quilômetros em volta da Lagoa Rodrigo de Freitas. Também nadava 1.000 metros no clube Gávea Golf. Isso todo dia.

> *Na colônia de férias me lembro até do nome do cara que ganhou o Triathlon: Dunga. Eu fui o segundo. Era em Areal, arredores de Petrópolis, e depois de nadar num rio, teve a parte de corrida na estrada de terra, com ladeiras, onde eu tentava, tentava, mas não conseguia alcançar o tal do Dunga. Fiquei feliz de chegar bem, mas não me conformava em ter perdido.*

No *squash* eu era assim também, bem competitivo. O *ranking* do clube era até a classe D. Em meu primeiro torneio, disputei com cinco adversários para tentar subir e mudar de quadrado no *ranking* interno do clube. A cada traço que eu subia, mais motivado ficava. Os jogos eram aos sábados, às 8 horas da manhã. Fui vencendo os adversários até chegar à classe B, onde ficou mais difícil subir de traço. O *squash* era uma febre no início dos 80, no Rio e em São Paulo, e o que antes era um esporte predominantemente de ingleses, ou de uma classe mais alta da sociedade, se popularizava e ganhava muitas quadras. E o pessoal do *surf* e do *windsurf* aderiu à febre também. O resultado foi uma nova geração se misturando ao esporte. E este ficou muito mais competitivo. Cada final de *squash* que eu disputava era como se fosse a vitória da minha vida, e os adversários eram duros, em quase três horas e meia de partida, que geralmente terminava em 3 x 2.

> *Essa disputa e competição internas que eu tinha dentro de mim me levaram a muitas coisas na vida, boas ou ruins. Entrei de cabeça na compulsão por álcool e drogas. Também usei essa mesma "arma" ao contrário, para sair das drogas. No momento em que foi necessário acionar esse "leucócito", usei. Mas, para além disso, foi preciso escutar muitas pessoas e aceitar ajuda, coisa que eu não fazia antes. Depois disso usei minha obstinação.*

Enfim, seguir passos e gostar de adrenalina pode ter consequências variadas. A adrenalina de entrar num mar grande, poderia ser a mesma de subir a Pedra Bonita, de vencer um campeonato de *squash*, subir num palco e cantar, tocar para 100 mil pessoas, ou simplesmente subir um morro para pegar alguma droga. Para mim, o simples fato de dar uma volta de carro na Rocinha para que algum "avião" deixasse pela janela do carro o pacote, e depois dirigir desenfreado para casa, correndo riscos, era tão adrenalizante quanto abrir um *show* dos Rolling Stones no Maracanã. Por incrível que pareça, a cocaína pode te dominar a esse ponto.

O que causou então essa migração do *surf* e do *squash*, para a *"night"*? Bem, a partir daí eu posso dizer que, pelo fato de os jogos de campeonato se darem todos em fins de semana – datas em que comecei a fazer *shows* com João Penca, e em seguida com Leo Jaime –, aos poucos fui largando o esporte, por falta de tempo para competir e falta de motivação para novos treinos e vitórias. A música falava mais alto. Só ficou o futebol, que mantenho até hoje. Treinei no América do RJ e por pouco não fui jogador de futebol, mas acabei desistindo e não fui aos treinos seguintes dos quais participava quem passara na "peneira". Mas foi uma experiência bem interessante; fui com amigos da escola, e todos passamos no teste.

Ainda surfava, esporadicamente, quando ia para a casa de amigos em Arraial do Cabo, e também durante a semana no Rio, na Barra. Mas pra surfar tinha de estar em forma, e a rotina de shows foi me afastando disso também. A noite foi vencendo o dia, ou eu fui migrando para outras seduções. No meio disso, rolavam alguns namoros, muitas viagens, etc. Apesar de tudo, eu era ao mesmo tempo um cara caseiro. Aos 19 anos já tinha várias turmas: a do *squash*, a do futebol, a do bairro, a da praia do Country, a do *surf*, a da PUC, e a da música... E gostava de adrenalina. Não gostava de perder nem em jogo de botão, ou pingue-pongue... Como imaginar então perder pra droga e álcool? Ou aceitar que perdi? Isso era outra parte da história e iria requerer uma ajuda especializada.

```
Flamengo
```

Falando em esportes, essa foi talvez a melhor época em que um adolescente flamenguista poderia viver, pois o Flamengo era o maior time do mundo, com Zico, Júnior, Leandro, Adílio, Andrade,

Júlio Cesar, Mozer, Rondinelli, Raul, Carpegiani, Cláudio Adão e Tita. Eu estava aguardando o campeonato carioca de 1978, uma vez que o Zico se machucara na Copa da Argentina e se preparava pra voltar no estadual daquele ano. Era tão bom, mas tão bom, que resolvi voltar a desenhar. Os gols do Flamengo e seus adversários diretos, desenhei todos, de 78 a 83. Parei em 84, quando Zico foi vendido à Udinese. Impressionante a ducha de água fria na torcida do Flamengo... a magia só voltaria quando ele retornou, em 87, para ser Campeão Brasileiro. Magia. Essa era a palavra para aqueles tempos entre meus 14 e 20 anos.

As rodas de violão, nas fogueiras no Nucrepe, no Sabor de Fazenda, na praça, no campo de *motocross* de Nogueira – eram regadas ao som de "*Ventura Highway*"; "*Lonely People*", "*I need you*","*A Horse with no Name*", e "*Thin Man*" (América); "*Cowgirl in the Sand*", "*Helpless*","*On the Way Home*" e outras do LP *4 Way Street* de Crosby, Stills, Nash & Young; "*Mrs. Robinson*", "*The Boxer*", e "*Bridge over Troubled Water*" do LP *The concert in Central Park* de Simon & Garfunkel, muito som inglês (Beatles, Floyd, Stones, Police) e americano. Nas rodinhas que eu comandava, não poderia ter as músicas "Trem Azul", "Travessia" e algumas outras que eu pessoalmente achava meio chatas. Dos artistas brasileiros, eu gostava e tocava músicas de Gil, Caetano, Alceu, Zé Ramalho, Jorge Benjor, 14 Bis, a Cor do Som, Novos Baianos, Secos & Molhados, Rita Lee e Raul Seixas. De Chico Buarque eu tocava duas apenas: "Mulheres de Atenas" e " O Que Será". Outros artistas como Ivan Lins e Boca Livre, também eram homenageados em duas ou três canções. Mas 80% do repertório era internacional. Muitos vocais. Todos gostavam. E eu queria pertencer àquelas bandas.

Íamos a shows, assistimos a Peter Frampton e Earth Wind & Fire, no Maracanãzinho, e às finais dos campeonatos cariocas e brasileiros, naqueles anos em que Flamengo ganhou tudo. Tudo era motivo para sair à noite, no Clipper do Leblon, ou no "baixo" Gávea. Ou na churrascaria Plataforma.

Tudo era perfeito. Até eu experimentar cocaína aos 19 anos, em Arraial. A partir daí minha vida tomaria dois rumos: o ascendente, no qual minha história dentro da música vinha evoluindo passo a passo, dia a dia; e, ao mesmo tempo, o descendente, desencadeado pelo aumento gradativo de uso de cocaína. Ali a magia terminou. A do Flamengo e a da minha vida... E demoraria a voltar.

```
Paul McCartney lança I've Had Enough
Minha primeira banda!
```

Conheci Saieg, baterista que morava perto da minha casa, na rua de baixo, e montamos o grupo Disritmia, com repertório baseado nas canções que eu e Alonso Cunha fazíamos. Saieg hoje em dia tem uma firma de som e trabalhou, entre outros, com Marisa Monte e Paralamas do Sucesso. Juntou-se ao trio, Marcos, na guitarra. Nessa época, além de Beatles, eu escutava, nos meus discos e do meu irmão, Dire Straits; Supertramp; Stones; Peter Frampton; Neil Young; America; CSNY; o LP *Desire* de Bob Dylan, e outros. O Disrtimia ensaiava na garagem da minha casa, e depois, na cobertura do Saieg.

Alonso desenhou a logomarca "*Disritmia*" com o "R" ao contrário, e seu irmão Amílcar fez a tela de *silk-screen* para confeccionarmos as camisas.

Me lembro de tocar baixo na guitarra e fazer as linhas de "I Saw Her Standing There", enquanto cantava também. Eu e Alonso *éramos os cantores da banda, cuja formação era um quarteto*

Foi nessa época, já ensaiando bastante com o grupo, que pedi aos meus pais de presente de aniversário o meu primeiro baixo. Era réplica de um *Hofner* do Paul, só que japonês, um "toco de madeira com cordas", mas que eu amava muito. Com esse baixo, "viajei" como se fosse um Beatle. As aulas de baixo deveriam ser com alguém de peso, e fui atrás de informação para saber se ele, "o mestre", dava aulas. Sim, dava. Até então eu fora autodidata e tirava os baixos escutando os discos, mas precisava de algo a mais.

Nico Assunção foi meu professor em 10 encontros alto astral na casa dele. Depois, disse que eu podia seguir sozinho. E cá estou até hoje!

Alonso tem uma versão diferente para essa formação do Disritmia:

Eu me lembro que você começou a tocar violão um ano antes de mim. Você me vendeu o seu primeiro violão, um Gianini, com as cordas super altas, me lembro bem. Me lembro de te convidar pra fazermos um "conjunto". Eu havia começado a tocar com o Marcos Vinicius que era do meu ano no Princesa Isabel. A gente fazia o maior esporro com duas guitarras aos fins de semana, (daí ele ter sugerido Disritmia), acho que foi aí que te chamamos pra tocar baixo com a gente. Não me lembro de você ter feito baixo em guitarra emprestada, mas tenho quase certeza de que foi o Marcos que encontrou o tal Hofner japa pra você comprar.

Paul McCartney lança London Town.

Um novo universo de músicas.

A MPB estava muito chata nessa época, e a renovação ainda não viera. Queríamos de qualquer maneira ouvir bandas ou artistas de *rock*, mas as rádios não tocavam. Até que quatro delas entraram nas rádios no final dos anos 70: A Cor do Som; Roupa Nova ("Sapato Velho" e "Canção de Verão" eram músicas voltadas para o *rock* também – apesar das influências do Toto, também tinham influências de Queen); 14 BIS, representando o rock de Minas Gerais, influenciado por Dire Straits (sim, já conversei com eles sobre isso, Cláudio tinha influência de Mark Knopler); e Rádio Táxi, com influências de Missing Persons e Toto. Para nós, que tínhamos poucas opções de bandas ao final dos 70 (apenas Rita Lee, Joelho de Porco, O Terço, Mutantes e Raul Seixas), o surgimento dessas bandas foi revigorante, íamos a todos os *shows*. Eu logo teria duas bandas minhas, nessa época – uma mais progressiva, e outra mais *rock pop*. Era difícil se livrar do progressivo. Ao mesmo tempo, eu era Beatles. Aos meus 14 anos, não podia imaginar que um dia existiria uma banda chamada Barão Vermelho, e eu seria parte dela.

Depois veio o Herva Doce, e toda a leva dos anos 1980, na qual também me incluo. Mas só de ouvir 14 BIS e Cor do Som nas rádios já era um alento!!! Bacamarte representava o *rock* progressivo (que escutávamos muito ainda, no final dos 70). Os Mutantes e O Terço já estavam encerrando. Por isso, veio o 14 BIS, dissidência do Terço. E vi *shows* de todas essas bandas.

Mas as maiores mudanças em termos musicais para mim foram as novas bandas de fora que a turma de meu irmão me fez ouvir. Era uma galera do *surf*, que sempre passava de carro lá em casa, punha o som alto e deixava as portas abertas pra todos escutarem. Os Rolling Stones eram de todos. *"Jumpin' Jack Flash"*, *"Let's Spend The Night Together"*, *"Brown Sugar"* e *"Satisfaction"* me pegaram. Eu conhecia *"Angie"* também, de um compacto encartado numa revista que ensinava a tocar violão, chamada *Pop Music*, que eu colecionava mensalmente. *"Angie"* veio no compacto, além de *"It's Only Rock'n'Roll"*. Não vinha capa – desenhei a capa para um compacto só meu: os Stones vestidos de marinheiros, como no clipe da canção *"It's Only Rock'n'Roll"*. Tenho comigo até hoje.

Comecei a me interessar por Stones aos 12 ou 13 anos. E comecei pelo disco que trazia tudo, uma coletânea. Depois passei pra *Sticky Fingers*, o LP com um zíper na capa. Acabei por me tornar, anos mais tarde, um *"stone*maníaco" também. Além dos Stones, entre meus 13 e 14 anos chegaram à minha vida bandas como Lynyrd Skynyrd; Almann Brothers; Traffic; Queen; The Who; Doors; Crosby-Stills-Nash-Young; Supertramp; Peter Frampton; Fletwood Mac; Bachman Turner Overdrive; Jefferson Airplane; Wishone Ash; Focus; Simon & Garfunkel; Eagles; Renascence; ELP; Doobie Brothers; Stevie Miller Band; America; Led Zeppellin; Jetrhro Tull; John Denver; Santana; Hendrix; Jeff Beck; Yes; Pink Floyd; Genesis; James Taylor; Clash; Neil Young; Rod Stewart; Cat Stevens; Carole King; Carli Simon; Eric Clapton; Dire Straits; Santana; os discos solo dos Beatles; e vários tributos, como *The Concert For Bangladesh, No Nukes, Woodstock,* e outros.

O *rock* dos 70, em suas diversas vertentes, invadia a minha cabeça. Do progressivo ao *folk*. Enquanto explodia a *Disco Music* nos 70, eu continuava escutando todas essas bandas e mais um monte que ia chegando ao mercado. Os anos 70 foram inigualáveis.

Muito variados musicalmente. Eu absorvia tudo aquilo e detestava a *Discothèque*; John Travolta, KC and the Sunshine Band começavam a dominar o mercado. Do Jackson Five eu gostava, mas odiava o Abba (rs). Apesar de gostar de James Brown e dos *reggaes* de Jimmy Cliff, Bob Marley e Peter Tosh. A *Discothèque* passou batida por mim, não ia a boates, gostava de Petrópolis, com Neil Young e rodas de violão.

Para mim a *Disco Music* não trazia nenhuma ideologia de letras, conceitos... era música pra dançar apenas. E muito boa, por sinal. Mas eu ainda preferia "*Grease*" a "Embalos de Sábado à Noite". Achava brega a *Discothèque*. Eu era do rock. Claro que Michael Jackson foi uma exceção, e ainda incluiu o Van Halen no *Beat It*, mas no geral eu detestava tudo que soasse *Disco* americanizado. Preferia outro som. E no Brasil também. Eu continuava com Caetano, Gil, Moraes e Pepeu. Não me rendi à *Disco Funk Music*. E mantive minha posição. Ao contrário de muitos, eu não ouvia Tim Maia. Mas adorava Jorge Bem.

1979

George Harrison lança seu LP com o sucesso Blow Away

Começo a aprender a tocar guitarra e conheço Kadu Menezes

Aos 15 anos comecei a ter aulas de guitarra com Jorge Valladão (tive 3 meses de aula). Numa dessas aulas, Valladão (que também foi baixista da primeira fase da minha carreira solo) levou um baterista à minha casa, Kadu Menezes. Ambos haviam saído da Pro Arte (universidade de música onde aprenderam a tocar, e na qual Kadu também era professor). Foi o início de uma grande e fraterna amizade que dura até hoje. Ele lembra bem deste primeiro encontro:

> *Conheci o Rodrigo através do Valladão. Ele me chamou para ir à casa deste amigo a quem ele ensinava guitarra, pois ele tinha um videocassete (coisa rara naqueles dias), com fitas de som. Era na Icatu. Ele já tocava no Disritmia junto com o Saieg, baterista a quem eu dava aula.*

Paul e sua banda Wings lançam Back to the Egg

Conheço o Barão Vermelho

Mais ou menos no meio do ano, Kadu me apresentou ao Ricardinho Palmeira (tocava com ele), irmão do Dé (baixista que estava começando a tocar com Barão Vermelho e tinha banda com Kadu também). Fui apresentado ao Dé e cheguei a ter uns toques de baixo com ele. Ficamos todos amigos, e em seguida, conheci Frejat, Maurício, Cazuza e Guto.

O Disritmia estreou, e foi o meu primeiro show ao vivo, no auditório do teatro Iban, durante o Sarau do Colégio Princesa Isabel, onde eu estudava na época. O *show* contou na percussão com o Kadu, que depois substituiria Saieg na bateria. Marcos seria substituído por Valladão. Alonso lembra desse show:

> O Marcos tocou comigo no mesmo sarau, não sei se o Saieg estava nessa, acho que conheci o Kadu e Valladão nessa ocasião e pedimos pro Kadu tocar com a gente.

Outro irmão do Alonso, o pintor Albery Cunha, o artista da moda, rebatizou a banda, que passou de Disritmia a Choque Geral. Estivemos em sua casa pra fazer uma sessão de *slides* que sairiam no *Jornal Hoje*, anunciados pela Lêda Nagle, tudo arranjado por ele também.

Em seguida tocamos no colégio Virgem de Lourdes, com o Valladão e talvez com o Saieg e o Kadu.

Muitos ensaios eram lá em casa, e minha mãe lembra que faziam seu quarto tremer, mas felizmente nunca rolavam na hora do sono e não incomodavam meus pais, eles curtiam.

Quando eu estudava no Princesa Isabel, fumava maconha antes da aula, com dois amigos, integrantes do Hojerizah "pré Toni Platão". Eram o Flávio (guitarra) e o Marcelo (vocal). Me lembro de fumarmos na garagem lá de casa antes da aula – às 7 da manhã! – e seguir andando até o colégio. Nessa época, troquei com Marcelo, meu LP *Flavio y Spiritu Santo*, pelo *Tudo foi feito pelo Sol*, dos Mutantes.

Logo depois Marcelo saiu do Hojerizah, e entrou o Platão.

1980

Paul McCartney lança Coming Up

Mais Arraial

A magia do primeiro mês em Arraial ainda falava mais alto, e continuei viajando seguidamente para lá, nas férias de julho e dezembro, a fim de encontrar os amigos. Só que agora de ônibus comum. Lembro de uma temporada, aos 16 anos, a que eu fui com o Guilherme Fiúza. O lugar estava vazio, então todo mundo que fora ali a passeio acabou se conhecendo.

Eu já tocava violão. Sempre frequentávamos um bar, à noite, onde um tal de Simion tocava James Taylor, Paul Simon, Bob Dylan, Cat Stevens, e tudo aquilo que escutávamos. Não sei a sua nacionalidade, mas cantava igual a eles, o violão e a gaita eram perfeitos. Numa dessas noites o Guilherme lhe disse que eu tocava, e, claro, fui chamado ao palquinho, que era apenas uma cadeira no canto do pequeno bar. Toquei Beatles, Floyd, Emerson Lake and Palmer e outras coisas. E a galera curtiu. Simion me chamou para outras canjas depois. Eu já era fã dele. Fiquei amarradão.

Essa viagem foi marcante, daquelas em que a despedida da galera de Minas Gerais e de São Paulo foi de choradeira na balsa, ao pôr do sol. Voltei seis meses depois, e outras vezes mais.

Ao mesmo tempo entrei para uma banda instrumental-progressiva (sem nome), de Kadu e Valladão. Mas o Choque Geral continuava na ativa, e tivemos o primeiro show com o novo nome, no Planetário da Gávea. Foi o "Sob o Signo da Lua", nome da primeira música que fiz em parceria com o Alonso. Nós fizemos os ingressos, vendemos todos, e lotou o teatro. O cartaz do show foi feito pelo Albery.

Tenho a fita cassete desse show. Os solos de todos eram na música "Fio Maravilha".

Meu pai bancou as gravações de um LP do Choque Geral, um disco que acabou não saindo, as fitas ficaram guardadas. Foi gravado na Tok, e o engenheiro de som era o Nelson Nucinni (que voltei a encontrar no Barão Vermelho como técnico de PA). A banda já tinha flautista, teclado, uma vocalista feminina também, etc. Os ensaios eram na casa do Kadu.

Fizemos alguns bons *shows* com o Choque, no Emoções Baratas, onde éramos quase que fixos, e no Western Club, onde eu me lembro de ter cantado uma composição minha, "Mauá", bem numa levada estilo America: *"Vou sair do Rio / Vou acampar em Mauá / á á"*. Detalhe: eu nunca tinha ido a Mauá, e falei de cachoeiras em Maromba, e tal. Igual ao Beto Guedes, de quem diziam nunca ter ido a Lumiar quando compôs a canção (rrss).

Fui assistir aos shows do Peter Frampton no Rio, em outubro. Eu e meus amigos curtíamos cheirar lança-perfume, e um deles acabou flagrado em um dos *shows* por um guarda. Ele foi levado pelos guardas lá para cima, em uma sala. Todos nós fomos juntos, inclusive as meninas, e os caras só de *"qual é meu irmão", "joga lança no olho dele",* e só dando tapa na cara e tacando lança-perfume nos olhos dele. Saímos de lá nos sentido muito mal.

Desde os meus 12-13 anos, eu assistia a um programa na TV, o qual sempre terminava com o apresentador dizendo: *"John ligou para Paul e conversaram sobre a volta!!!"*, ou *"Vão se encontrar na casa do George!!!"*. E assim, fui alimentando esse sonho. O assassinato do Lennon acabou com as minhas esperanças sobre a volta dos Beatles. Chorei muito. Mas muito mesmo. Em compensação, o LP *Double Fantasy* de John Lennon invadia a minha vitrola e a minha vida. Uma obra-prima. Eu escutava sem parar. Mas confesso: pulava as músicas cantadas pela Yoko...

Saquarema, Petrópolis, Nogueira, Correas, Búzios, Praínha, Pepino, Arraial d'Ajuda, Arraial do Cabo, todos os lugares tinham um significado especial, mas que era alimentado pela trilha sonora que eu escutava. Misturadas a esportes como *surf*, voo livre, *windsurf*, *skate*, ao livre uso de maconha, mandrix, etc., e a barracas para acampar, aquelas músicas davam um sentido especial e lúdico à minha vida. E acho que à vida da grande maioria. Eu tinha necessidade de liberdade (embora não soubesse que ela se transformaria em prisão depois): *"Hotel California"; "Whole Lotta Love"; "Lonely People"; "Wooden Ships"; "Aqualung"; "Don't Cross the River"; "Suite Judy Blue Eyes"; "A Horse With No Name"; "Mrs. Robinson"; "Hurricane"; "Wasted on the Way"; "On the Way Home"; "Lay Lady Lay"; "Carry On"; "Show Me the Way"; "Tin Man"; "House of the Rising Sun"; "Mozambique"; "Baby I Love Your Way"; "Take It Easy"; "Confortly Numb"; "Time"; "Breath"; "The Clap"; "The Pusher"; "Rock'n Me"; "Take the Money and Run"; "Dance Dance Dance"; "Tonight's the Night"; "Teach Your Children"; "The Logical Song"; "To the Last Whale"; "Winter Town"; "Sultans of Swing"; "Carry Me"; "Guinevere"; "Just Like a Woman"; "Jokerman"; "London London"; "Chicago"; "Jet Airliner"; "School"; "Lord its Mine"; "Wild World"; "Father and Son"; "Brown Sugar"; "Stairway to Heaven"; "Ventura Highway"; "I Need You"; "Long Time Gone"; "Ohio"; "Dreams"; "You Can Go Your Own Way"; "The First Cut Is The Deepest"; "Like a Hurricane"; "Like a Rolling Stone"; "Thick As a Brick"; " Echoes"; Don't Stop"; "I Shot The Sheriff"; " Mr. Tambourine Man"; "That Smell"; "Sweet Home Alabama"; Breakfast In América";*

"The Boxer"; "Lady Jane"; "Wild Horses"; "Helpless"; "Helplessly Hoping"; "Going Back"; "My My Hey Hey"; "Just A Song Before I Go"; "Trasher"; "Is This Love"; "Moonshadow"; "Cowgirl In The Sand"; "Cortez The Killer"; "Pain It Black", "Sweet Virginia"; "Blowin' Free"; "Blowin' In The Wind"; "So Vain"; "It's Too Late"; "You've Got a Friend"; "Sugar Montain"; "Lotta Love"; "Comes a Time"; "The Chain"; "Rhianon"; "So Lonely", "Throw Down The Sword"; "Time Was"; "Listen To The Music" — e muitas outras que escutei pós-Beatles, e foram a minha trilha sonora de *surf* e das noites de garrafão de vinho e maconha. O lado da liberdade ainda se parecia com uma mistura disso tudo. Até do que eu não vi. Mas o que eu vi e ouvi veio dessa trilha sonora do rock blues folk. E tudo melhorava, com isso no ouvido! Nos lugares em que eu pegava onda, ou tocava violão, era isso. As idas às cachoeiras diversas em Petrópolis eram com essa trilha. Beatles estavam de lado um pouco. O rock mais maldito entrava firme, e o folk com vocais também.

Foi um período de muito *surf* e muitas descobertas. Os amigos como Rodrigo Bandeira, Dri Ernany, Teresa, Rodrigo da Matta, Betinho, Alexandre Serrado, Carlinhos, Marcos Lorena, Geraldo, Paulo, e muitos outros amigos do peito — viviam ao som dessas músicas. Alguns mais, outros menos. Era uma dádiva poder circular com essa trilha sonora em qualquer canto do país. Não é saudosismo barato. Era musical. Verdadeiro. *Feeling* dos compositores e de quem os escutava. Muito fortes os movimentos de Saquarema, Nogueira, etc. Estrelas no céu com diamantes!

1981

```
Lançado o compacto Woman, de John Lennon
Miquinhos e Leo Jaime na PUC
```

Nunca imaginaria, ao assistir àquele show sensacional dos João Penca e os Miquinhos Amestrados na PUC-Rio, em 1981 – o cantor ainda era o Leo Jaime –, que três anos depois eu estaria tocando com eles. Os Micos representavam pra mim o que eu via seguidamente no filme *Grease*, e em outros filmes no gênero: a turma do *rockabilly*, dos casacos de couro, do *surf*, irreverência, enfim, *rock'n'roll*. A PUC estava lotada. Eu acompanhava regularmente os shows ali e no ginásio da Gávea. Também já tinha assistido ao Leo (na época com o pseudônimo de Leo Guanabara), em uma casa que eu visitava muito, o Emoções Baratas. Eu ia a shows todos os dias, fossem instrumentais, fossem com voz. Comparecia a tudo. E nesse dia, vi os nove caras fazerem um rock de primeira.

Não só eu tocaria com os Miquinhos, mas também com o Leo. Essa mistura entre Leo e Micos permanece no meu inconsciente emocional até hoje, pois foi quase tudo na mesma época. E com ambos toquei no Estádio de Remo da Lagoa, no Teatro Ipanema e, mais tarde, durante a minha carreira solo. Se o Leo era o nosso Elvis, os Micos eram os *Beach Boys*.

Por volta dessa época meus amigos do Princesa Isabel me levaram à Rua Alice, para o famoso "ritual de passagem". Eles ficaram com as melhores "profissionais". Eu, o "estreante", fiquei com uma bem mais velha, feiosa, tipo robô: *"pá, pum,... acabou!"*.

Falou para eu me lavar em uma pia horrorosa que ficava dentro do quarto. Anos depois fiz um dos famosos *Bailes da Alice*, quando o lendário prostíbulo, chamado de Casa Rosa, se tornou um lugar de shows. Os camarins eram no andar de cima, e eu me lembrei do "quarto da iniciação".

Enquanto isso, o Choque Geral estava estagnado, alguns integrantes saíram. A banda acabou sem acabar.

No correr dos anos a casa de Samambaia foi aumentando; além da piscina agora havia sauna, quadra de *squash*, muita área para as peladas e uma casa de hóspedes. Nesta última, em cujo terreno havia um lago, eu e meus irmãos nos revezávamos para levar as respectivas turmas. Na verdade, nesse período, entre meus 17 e 26 anos, era como se a casa de hóspedes fosse só da minha turma. E havia então uma liberdade incrível. A gente ficava entre Samambaia, Correas e Nogueira. Fumávamos, cheirávamos lança-perfume. Eu não gostava muito por causa do gosto na boca. Mas nunca eram coisas tão pesadas, não rolava cocaína, ainda. Era mais "social".

1982

Paul McCartney lança Ebony & Ivory com Steve Wonder.

Mais baseados e faculdade.

Continuei fumando baseados ao longo desses anos. Parecia libertário e leve, na época, mas pra mim funcionou como porta de entrada para experimentar outras drogas. O sítio em Petrópolis era bom pra isso. Arraial d'Ajuda também. Parecia que esses lugares tinham sido feitos pra fumar maconha. Eu fumava uma ou duas vezes por semana. Uma vez subi um morro pra comprar. Com um primo meu. Eu devia estar com uns 18 anos. Foi a primeira vez em que subi morro. Certa ocasião, o baseado bateu mal. Eu não tinha passado por isso antes. Foi uma *"bad trip"*. Me lembro bem, foi na PUC.

Eu já estava na faculdade havia uns meses. Estudava Administração, o curso era à noite. Isso me permitia passear pelo parque da PUC pra fumar, ou beber, nos pilotis. Eu já ia pegar onda na praia depois de fumar, e gostava, mas algumas pessoas que conheci nessa época me apresentaram a uns baseados que bateram mal. Foi o que aconteceu na volta de um passeio pelo parque da faculdade, durante o qual eu fumara. Subi para assistir ao segundo tempo da aula. Estava com dois amigos e quando entrei no elevador não mais reconheci os caras. Pensava: *"Quem são esses? O que faço aqui na PUC? Não tô aprendendo nada!"*.

Três anos antes, outro baseado havia batido mal em Petrópolis, na casa da minha tia. Naquela ocasião eu só tinha a

Choque Geral. Deitei pra dormir e minha cabeça não parava: *"Quem sou eu? Quem são esses caras que estão na banda comigo? Eles são estranhos! Eu sou estranho!"*. Naquela noite, foi "foda" dormir...

Na PUC tive a mesma sensação, e as infinitas perguntas voltaram. Quando me olhava no espelho, doido de maconha, não me reconhecia. Imaginava minha cara vinte e cinco anos depois. O que faria da vida? Seguiria os passos do meu pai, ou continuaria na música? Era uma encruzilhada. E começou a bater mal.

Paul McCartney lança Take It Away.

Minha nova banda: Prisma.

Entrei em uma nova banda, o Prisma, com Marcelo Serrado (ator que ainda fazia escola no Tablado), André e João Estrella, Felipe Leite e Nito Lima (excelente violonista-guitarrista que toca na cena até hoje). O baixista da banda, Alexandre Moreira (BossaCucaNova), saíra, e o Marcelo e o João me chamaram.

Nessa época, tive aulas de regência e composição com o maestro Ugo Marotta. O maestro reuniu seis alunos na gravação de um LP, todos tocando violão. Eu fui um deles. Foi a primeira vez que meu nome foi registrado no disco de alguém.

Em um dos meus primeiros shows com a banda, no colégio Souza Leão, meu baixo preto só estava com 3 cordas! Mesmo assim eu fiz um solo. Na plateia estava o Sergio Serra (futuro Ultraje a Rigor), que, ao ouvir aquele solo com apenas 3 cordas, se entusiasmou: *"Este é o cara!"*. Nos tornamos grandes amigos.

Neste período bombavam as rádios Fluminense, Cidade e Transamérica no segmento rock. Tocar lá era o sonho de todos.

Um dos shows memoráveis com o Prisma foi no Sarau do Colégio São Vicente. A "bola da vez" da cena carioca eram os Paralamas do Sucesso, estourados com o compacto *Vital e sua*

Moto. Nós tocamos antes deles e depois ficamos para assistir. Eram dos estilos diferentes: eles com uma *new wave*, e nós mais para o *blues,* Stones, Dire Straits. Em razão da presença do Marcelo Serrado, que já começava a fazer nome, e por sermos todos "bonitinhos", tínhamos muitas tietes. Tocávamos em todas as festas, saraus, etc.

Mais à frente, tivemos a ideia de montar um show num teatro. O escolhido foi o Teatro da Galeria, no Flamengo. Fizemos os ingressos, o cenário, os cartazes, e, com o apoio da Cores Vivas, loja de roupas da namorada de um dos integrantes da banda, lotamos o teatro. Parecia que toda a praia de Ipanema estava lá.

O grupo veio a gravar cinco músicas autorais num estúdio caseiro. Duas delas chegaram a tocar na rádio Fluminense: "Largado" (composição de Marcelo Serrado) e "Pedra da Gávea" (composição minha).

Nessa época, as bandas mais populares do Rio eram Prisma; Front (com Kadu, Ricardinho Palmeira e Nani Dias); Desvio Padrão (de Roberto Freitas, Roberto Price, Renato Byington, e Marcus Gasparian. Marcus hoje é dono da livraria Argumento no Leblon, Roberto Price tornou-se grande fotógrafo de *surf*, e Renato Byington é quem organiza o festival Vivo Open Air); e Pedra Bonita (de Flavio Eça, Igor Leça). Lembro de ter assistido a um show do Front no Caribe – pequena casa de shows em São Conrado no Rio – pouco tempo antes, e já me impressionar com a banda.

Houve um evento no Museu de Arte Moderna aqui no Rio, uma exposição, que contava com três "performáticos" pintados e com roupas camufladas. Eu e o João éramos dois deles. Ficávamos na entrada, com violões, tocando America. Quando terminou, fomos direto para a barraca do Pepê, na Barra, onde o Prisma ia tocar, além do Desvio Padrão e do Front. Até hoje o Nani Dias se lembra de mim pintado e camuflado:

Nesse dia o Kadu deu a entender que chamaria o Rodrigo para o Front. Aí, chega ele todo pintado e camuflado! Foi um choque (rs).

Em razão dos ensaios no teatro, das aulas na CAL, etc., o Serrado sempre se atrasava ou faltava aos ensaios na casa do André e do João, e não podia participar de alguns shows. Diante da iminente impossibilidade de sua permanência na banda, o Prisma praticamente se desfez. Ainda fizemos mais uma tentativa de colocar outro cantor pra dividir os vocais comigo e com João, e ainda bombávamos nas festas, com músicas próprias também, mas a banda acabou. O público da banda me acompanha até hoje na carreira solo.

Nessa hora, pensei: *"Paro ou não paro de tocar?"*.

Em casa já rolavam uns papos de que eu deveria ser o sucessor de meu pai, que era diretor de um dos cincos maiores estaleiros do país, o EMAQ. Esta era uma opção que me apavorava, acordar cedo e ir para aquele mundo que não tinha nada a ver comigo.

```
Michael Jackson lança The Girl Is Mine, com Paul
McCartney

A grande paixão: Futebol
```

Essa era uma paixão antiga. O futebol entrou na minha vida aos 5 anos, quando comecei a jogar bola na escola e também no campinho de terra da rua Icatu. Por quatro décadas eu joguei ali. Aos 6 anos veio a Copa de 70, mas me lembro só do jogo final, que vi no apartamento dos meus avós paternos, no Flamengo. Lembro de muito papel picado caindo de todas as janelas. Aquela euforia me contaminou e me despertou o interesse pelos jogos, interesse que com o tempo se transformou em paixão absoluta.

O clima no Brasil era de ditadura, mas a seleção transmitia muita alegria ao povo. Era mágica. Gerson, Pelé, Tostão, Jairzinho, Rivelino, Clodoaldo... Me lembro dos 4x1 na Itália, na final ... e de dar voltas pela casa do meu avô, lotada de primos, tios e amigos, todos gritando com os gols. Um ano antes, em 1969, meu pai me levara pela primeira vez ao Maracanã. Foi no Brasil x Paraguai, pelas eliminatórias da Copa. O Brasil ganhou de 1x0, e foi recorde de público no Maracanã. Mais de 180 mil pessoas. E eu era um pontinho minúsculo entre elas, em cima dos ombros do meu pai.

Depois da Copa de 70, mais precisamente em 72, me lembro de um número da revista *Placar* com a foto de um novo garoto que despontava na Gávea. O Zico. O ídolo na época era o argentino Doval. Era o craque dos nossos times de botão também, destaque dos campeonatos que rolavam nas ruas Alfredo Chaves e Icatu. Aliás, era uma febre, o jogo de botão. Recortávamos os nomes das escalações dos times na *Placar* (no final da revista havia os jogos da semana com as escalações) e colávamos com fita durex no meio do botão, fosse este de galalite, ou de vidrilha. Herdei 100 botões de um amigo do meu irmão. Coloquei numa caixa de ferramentas com divisórias. Um time pra cada divisória. Eu tinha os times de Liverpool, Nothingan Forest, e outros da Europa, como o Borússia. Cheguei a ter 20 times de 10 jogadores. Os goleiros, nós fazíamos com chumbo derretido na panela e colocado dentro de uma caixa de fósforos. Ficavam pesados. Bem mais pesados que os goleiros comprados em lojas. O peso era vantagem, porque quando o adversário chutava a gol e o botão dele vinha na velocidade junto com a bola (feita de papel de alumínio, redondinha), ao bater no goleiro não o derrubava, diminuindo as chances de a bola entrar. Passava-se talco nas mesas de botão, pra fazer com que os botões deslizassem mais, como os grandes craques dos gramados. Alguns botões eu comprei na loja do Nilton Santos, perto da minha casa. O próprio Nilton atendia as pessoas lá. Eu comprava também os números pra costurar nas camisas de clubes (sim, os números eram comprados à parte). Éramos todos fanáticos por futebol. Não havia internet. Nem celular. Nem TV a cabo. Havia, sim, muitos campos pra jogar bola, havia a praia, o *skate*, os carrinhos de rolimã, os álbuns de figurinhas, os botões, e muita gente nas ruas, bem menos violentas do que hoje.

E o Zico começava a surgir. Meu pai era Flamengo, meu irmão também. E eu segui a linha deles. Minha mãe e minha irmã eram Fluminense, meus tios e uma grande parte dos meus primos eram Botafogo. Meu avô materno jogara no futebol amador do Botafogo, por volta dos anos de 1920. Eu escolhi o Flamengo. E a partir de 74, aos 10 anos, já ia ao Maracanã. Mas ainda ouvia mais pelo rádio do carro, ao som da voz dos locutores Waldir Amaral e Jorge Cury, as vitórias nas tardes de domingo, voltando de Petrópolis. Isso entre 72 e 77. A Copa de 74, no entanto, eu acompanhei toda. Lembro de todos os jogos, e de comprar Coca-Cola na padaria perto de casa, no intervalo dos jogos do Brasil, com as ruas praticamente desertas. O Brasil literalmente parava pra ver o jogo. Lembro bem do Rivelino; Paulo Cézar Caju; Jairzinho; Valdomiro; Luiz Pereira; Marinho Chagas e Marinho Peres; Leivinha, etc., dos jogos contra o Zaire, a Escócia, a Holanda... e da eliminação. O quarto lugar, com Ademir da Guia em campo. A derrota pra Polônia de Lato. Lembro do Mirandinha... do Leão. Eu tinha o álbum da Copa também.

Mais tarde, fiz um álbum de figurinhas do campeonato brasileiro de 76. O Fla de Merica, Geraldo, Osni, Caio, Zico... o América de Orlando, Lelé, Bráulio, Edu, Uchoa, Luisinho Tombo... a máquina tricolor, etc. Eu acompanhava pra valer o futebol. E jogava bola todo dia.

E eis que chega a Copa de 78. Bem, ali começou uma paixão maior. Aos meus 14 anos... adolescente... o Brasil de Zico, Reinaldo, Roberto Dinamite, Gil, Cerezo, Rivelino, Dirceu... era um grande time. Havia a expectativa de vencer a Copa da Argentina. O Brasil tinha time pra isso. No entanto, uma manobra do almirante Heleno Nunes colocou Zico e Reinaldo na reserva de Roberto e Jorge Mendonça. Já fiquei "puto" com isso. Em seguida, Zico sofreu uma distensão que o tirou da Copa de vez. E Reinaldo não se recuperou da lesão no joelho que o perseguia desde antes da Copa. O time jogou bem, mas o Peru entregou o jogo pra Argentina de Mario Kempes, Luke, Passarela e Ardiles. O Brasil iria disputar o terceiro lugar, de novo. Na ditadura argentina, estavam nos tirando da disputa do título. A Argentina tinha de vencer, e venceu. E o Brasil foi terceiro, vencendo bem a Itália, com direito a golaço de Nelinho, de trivela. Eu queria o título. Terceiro lugar não valia.

Eu queria o Zico de volta. E ele voltou. No campeonato carioca de 78, logo após a Copa. A partir daí, passei a assistir com meu irmão a todos os jogos do Flamengo. Ia a maior galera. Minha cunhada, meus amigos, e amigos do meu irmão. Todos dentro da

Caravan do meu irmão, muitos na caçamba. Eu herdaria essa Caravan, aos 19 anos. A marcha era no volante, o banco era inteiriço na frente, sem divisórias. Três marchas, e uma potência incrível. Íamos a todos os jogos em 78.

No primeiro jogo, o Flamengo venceu o São Cristóvão por 6x0. No segundo jogo, o Fla venceu por 5x0 o Campo Grande. Teve um 9x0 na Portuguesa. E Zico jogando muito, fazendo muitos gols. Desde o primeiro jogo, eu decidi uma coisa: desenhar os gols do Flamengo. De todos os jogos. Se o Flamengo fosse campeão, eu continuaria os desenhos no campeonato brasileiro. Em 77, a grande cartada do Márcio Braga, presidente do Fla, foi contratar o Carpegiani (que também jogou a Copa de 74 e foi bicampeão brasileiro com o Inter, em 75 e 76), o Raul Plassmann (goleiro hipercampeão pelo Cruzeiro), e uns dez jogadores do Cruzeiro e do Atlético-MG para compor o elenco do time no campeonato carioca.

O Flamengo venceu dois torneios na Espanha e montou o time para iniciar o campeonato. Os jogadores foram dirigidos por Cláudio Coutinho. Lembro das goleadas no início do carioca; os shows de Zico, Adílio, Júnior, Cláudio Adão, Tita, Rondinelli, Toninho Baiano e Carpegiani nos empolgaram. Começamos a acompanhar os jogos fora do Rio, também. E essa geração, com um gol de Rondinelli na final contra o Vasco, foi campeã. Se não fosse campeã ali, ela seria desfeita, pois havia perdido já dois estaduais pro Vasco, em 74 e 77. Precisava vencer o Vasco. E venceram, com uma rodada de antecipação. Quando a bola do Rondinelli entrou, eu estava nas cadeiras de baixo e pulei muito, chorando copiosamente. Foi a primeira vez que chorei de felicidade no Maracanã. A outra vez seria na final do primeiro campeonato brasileiro, em 80, depois do gol de Nunes. Mais tarde ainda choraria, mas agora de tristeza, pela eliminação do Brasil, na Copa de 82.

A magia de 78 a 84 foi enorme. Eu respirava Flamengo e elegi o Zico como meu maior ídolo. Ele era simplesmente fantástico. Antes a minha paixão fora pelos Beatles, mas os Beatles tinham acabado. O Flamengo de Zico era uma realidade. E eis que depois de 78, demos sorte. Além dos jogadores já citados, Andrade voltou da Venezuela, Júlio César, autodenominado "Uri Gueller" (em homenagem ao famoso paranormal entortador de colheres com a força mental, que à época estava fazendo apresentações no Brasil), voltaria do Remo, Nunes seria contratado ao Fluminense, Lico viria do Joinville, e ainda subiriam das categorias de base os "cracaços" Leandro, Mozer e Figueiredo. O timaço estava montado. Vivi aqueles anos completamente envolto na aura do rei Arthur e os Cavaleiros da Távola Redonda. E desenhei os gols até 1984, pois viriam, seguidamente, três campeonatos brasileiros, um sul-americano, um mundial, e o tri carioca. Nós falávamos de Flamengo o dia inteiro. Aquilo pra mim era um mundo fantástico. E foi uma parte maravilhosa da minha vida. Íamos a todos os cantos acompanhar o time. E eram meus magos, minha paixão, os magos da bola. Ganhávamos tudo, tínhamos o artilheiro, o melhor jogador do Brasil e do mundo. O Flamengo ultrapassou minha paixão pelos Beatles, naquele momento.

E no meio disso, veio a Copa de 82. Era demais pra gente. A seleção era comparada à de 70. A mesma técnica. Mesma magia. Era a seleção certa na hora certa, com base de jogadores do Fla, como Zico, Júnior e Leandro. E ainda Sócrates, Falcão. Cerezo, Oscar... que time! Essa Copa era nossa!! Fomos goleando, encantando o mundo, e eu respirava mais ainda futebol. Ninguém tirava essa da gente. O Brasil parou. Todo mundo nas ruas. O início da abertura. O *rock* nacional começando a invadir as rádios, o Flamengo campeão do mundo, a esperança de eleições diretas. Tudo isso trazia um clima diferente no ar. Os programas de humor se renovavam, gente nova chegando, em todas as áreas. O fim da ditadura bem próximo. O fim da censura bem próximo. E a seleção dando *show*. Todo mundo estava na rua! A Copa tinha dono já! Tinha... a Itália. O time da Itália se acertou contra nós, e Paolo Rossi desencantou. Fez 3 gols e nos eliminou da Copa. O Brasil calou. Ninguém esperava nossa eliminação. Foi desesperador. Muita gente chorou. Eu chorei muito. Aquela geração não merecia isso. Nem o País.

Minha dor só melhorou quando o Fla venceu o campeonato brasileiro de 83, já com Baltazar, o artilheiro de Deus, como centroavante. O Flamengo atropelou todo mundo e foi fantástico na final contra o Santos. Um 3x0 no Maraca lotado. E eu estava lá. E continuei desenhando os gols. Quando o Flamengo anunciou a venda de Zico pra a Udinese da Itália, eu parei. Parei de desenhar os gols. Parei de recortar de quatro jornais diferentes os jogos do Flamengo; pra mim o sonho acabou ali. Zico voltaria em 86, jogaria ainda uma Copa, seria campeão brasileiro pelo Flamengo em 87 (no timaço com Bebeto, Zinho, Renato Gaúcho, Jorginho, Leonardo, Leandro e Edinho), mas não era mais a mesma coisa. Aqueles tempos se foram. Nenhuma seleção me empolgou como a de 82. Nenhum Flamengo teve a mágica daquele de 78 a 83. Continuo até hoje assistindo aos jogos. Vi vários títulos, várias Copas, duas vencidas pelo Brasil.

Mas aquela magia da primeira metade dos 80, nunca mais houve igual. Nós tínhamos o nosso Mago, o nosso Rei. O nosso Rei Arthur.

1983

Paul McCartney lança Say Say Say com Michael Jackson.

Em Arraial mais uma vez - vou precisar de Ajuda!

Em Ajuda conheci um amigo de minha tia, artista plástico, artesão, autor de esculturas maravilhosas. A época era de maconha e álcool, e na casa dele rolava de tudo isso. Era perto da igrejinha, mas no meio da floresta. Uma casa agradabilíssima. Lugar propício para tais experimentos, que de resto eu já conhecia desde os meus 14 anos.

> *Me lembro de escutar o Black and Blue pela primeira vez na vitrola da casa dele. E ali coloquei o disco umas quarenta vezes, sempre que almoçávamos lá depois da praia. Também escutava Traffic e Caetano.*

Nessa viagem para Ajuda, ocorreu um novo divisor de águas, que muitos anos depois se transformaria num inferno. Eu já era conhecido por tocar violão no meio da galera, em uma calçada da "*Broadway*" (nome da principal rua de Arraial), lotada, para mais de cem pessoas em volta, em bares, ou em luaus na praia, E era conhecido por esse desempenho, tanto em Arraial quanto em Petrópolis.

Digamos que eu já fosse "famoso" nessas rodinhas de violão. Durante uma delas, em Arraial D'Ajuda, atrás da igreja, e diante de umas cinquenta pessoas, eu estava tocando America, quando me ofereceram uma "carreira". Na verdade, eu pedi para experimentar: Estava a maior galera. Quando cheirei, foi "amor à primeira vista".

E a "onda" passava rápido. Aquela parecia ser a "minha" droga. Eu cantava, cantava, olhando para a lua cheia. E fui até às 6 da manhã. De América a Rolling Stones. Punha todo mundo para dançar e cantar. E a cocaína fez com que tudo isso durasse mais tempo. Em nova dimensão.

A sensação foi boa naquele primeiro momento. Depois parei, e só voltei em uma festa na Hípica, três meses depois. Mas todo mundo já cheirava, e além de eu perder o medo, havia gostado da mistura cocaína-álcool. Perigosíssimo. Ali, aos 19 anos, eu traçava meu desvio de rota... aos 24, desenvolveu-se o processo de vício. Antes era diversão, dentro do pacote do rock. Viradas de noite na Bahia, no Rio, em Manaus, mas sempre cumprindo os compromissos. Shows, viagens, etc. Então posso dizer que a primeira "carreira" era sempre a boa, porém da segunda em diante o pacote era um inferno, que piorava gradativamente. E o que se via eram pessoas morrendo, sendo presas, etc. O vício da droga aliada ao álcool e à diversão é um pacote só. Vem tudo junto.

Danceterias e a Carteira de Músico Profissional

Começam a pipocar as danceterias no Rio, influenciadas pela *Danceteria* de Nova York. Lá fora, esse era o nome de uma casa apenas. Já por aqui, talvez em virtude da chegada, na mesma época, da chamada música *New Wave*, todas as novas casas noturnas brasileiras ganharam esse "apelido". Não existiriam mais boates nessa época, e sim danceterias. Passei a frequentar todas.

Aproveitei e tirei minha carteira de músico na OMB – cantei e toquei violão em "Sapato Velho" do Roupa Nova. E para fazer o teste de contrabaixo, toquei a música "Alice" do Kid Abelha. Cantei e fiz a linha de baixo ao mesmo tempo. O detalhe é que eu não tinha o *amp* de baixo, e quem me emprestou foi Sheik, ex-baixista do grupo Biquini Cavadão – todos os integrantes do Biquíni estavam tirando carteira de músico no mesmo dia. Passei em ambos os quesitos.

Minha carteirinha saiu como "baixista e cantor popular" — ou seja, o Roupa Nova, que pra mim já era rock, me influenciou até na hora de tirar a carteira de músico!!

Nesse ano fui bicampeão carioca de *squash*.

Na época, o que se escutava nas rádios e festas era The Police, Man at Work, Pretenders, Cure, U2, Smiths, etc. Eu era o maior fã do The Police, por ser baixista e cantor. Já haviam despontado na cena Paralamas, Kid, Barão, Blitz, Lulu, Herva Doce. As novas bandas substituiriam as que tocavam antes nas rádios. Não havia espaço pra todo mundo, portanto uns foram saindo da programação, e outros entrando. Houve uma transição. E assim chegou a geração dos anos 1980. Aos montes, invadindo as rádios.

Assim que chegaram o *Punk* e a *New Wave*, eu demorei pra entrar nessa fase. Mas quando entendi o The Police (e mais à frente, quando o *Joshua Tree* do U2 chegou ao mercado), pra mim tudo mudou. Comecei a escutar Police apenas em 1983. Man at Work também. Ali eu saí um pouco do universo dos 1970. Police; Pretenders; Smiths; Cult; Culture Club; Daryl Hall and John Oates; Level 42; The Cure; Tears for Fears; Duran Duran; U2; B52; Stray Cats; Simply Red; e outras — todas me ganharam. A boa música estava sendo reno-vada. Milhares de bandas ótimas e diferentes entre si. Góticas, Punks, Reggaes, Skas, Rockers, Melosas, enfim, muita coisa boa. E eis que chegam as danceterias no Brasil. E logo a seguir, o *Rock In Rio*.

1984

Lançado o compacto I'm Stepping Out, de John Lennon

Profusão de bandas

Quando encontrei o Kadu na danceteria Mamão com Açúcar, em 1984, tocando com o Cinema a Dois (de Fábio Fonseca), o Prisma já havia acabado. Eu estava procurando bandas pra tocar, e nesse dia já tinha bebido umas cervejas e assistido ao bom show. Já na desmontagem final dos equipamentos de palco fui lá falar com meu amigo baterista. Subi, dei-lhe parabéns pelo show e perguntei se tinha indicação de alguém com quem eu pudesse tocar, pois a minha banda já era. Kadu falou que ia ver. Um mês depois me indicou para o Eletrodomésticos, banda da Luciana Araújo, irmã do Bruno Araújo, baixista do Front. O Eletro na época só tinha baixo eletrônico e era focado na *New Wave* de Devo e B-52's, escola que eu ia aprendendo em casa, tocando junto com os discos de Police, Men At Work, os primeiros do Kid Abelha e Paralamas, e em alguns baixos do Liminha nos discos de Gil e Lulu. Essa era minha escola de *New Wave* até então: os discos.

Aprenderia na prática, com o Eletrodomésticos. Quando entrei no Eletro, eles participavam da mesma coletânea da CBS em que estavam as bandas Front, Capital Inicial, Zero, Banda 69, UPI, e outros. A coletânea era chamada *Os Intocáveis*. Quem se destacasse nela, gravaria um compacto simples. A música "Choveu no Meu Chip" em breve invadiria as rádios do Brasil todo. O Front tinha a música "Dodói" já tocando em danceterias e algumas rádios. O DJ Meme lançava a música em *remixes* também. Me dei muito bem com a banda nova e cheguei a fazer alguns shows. Em um desses shows, no antigo *Let It Be* de Copacabana, o crítico Jamari França (que veio mais tarde a fazer o *release* do meu primeiro solo) chegou a escrever uma matéria para o JB, na qual mencionava a minha entrada na banda. Era ótimo tocar nos Eletrodomésticos, e eu pretendia continuar com eles.

Quinze dias depois, recebo novo telefonema do Kadu, informando que o baixista do João Penca — o Binho — estava de saída, e perguntando se eu poderia ir até lá fazer um teste. Tocar nos Miquinhos? Seria genial! E o teste foi sensacional! Cheguei ao estúdio 69, comum a todas as bandas na época, "amarradaço" pra ensaiar com os Micos. Cheguei ao primeiro ensaio e já fui bem recebido pelos "*Micos*" Abreu, Gallo, Leandro e Avellar, e ali se estabeleceu uma grande amizade. Essa relação dura até hoje. Em 10 minutos de ensaio eu já estava amigo de todos. Encaixaram bem, a *vibe* e o som. Depois disso, foi só alegria. Pegávamos onda juntos, jogávamos bola e tocávamos. Eu fazia vocais também.

O Kadu lembra de uns ensaios na garagem da minha casa, em que eu sempre chegava direto da praia e nem tomava banho: "*O Rodrigo vinha com os pés cheios de areia e as mãos com sal e já pegava no baixo!*".

Nessa época os Micos tinham acabado de gravar um compacto com as músicas "Pop Star" e "Como Um Macaco Gosta de Banana", que já estavam tocando nas rádios e nos programas musicais de TV (*playbacks*). Fiz alguns também. Em seguida explodiria "Pop Star" no Brasil todo, e os Miquinhos mudariam de patamar. Mais tarde veio a gravação do novo LP deles, *Ok My Gay*. Na esteira do sucesso do compacto a RCA resolveu lançar o LP. E foi a primeira vez que entrei em estúdio para gravar um LP completo. Uma emoção só!!

O LP *Okay My Gay*, dos Miquinhos, foi o primeiro que gravamos com eles. Estávamos muito felizes de gravar um disco numa grande gravadora, a RCA, que ficava em Copacabana, próximo à praça Cardeal Arcoverde. Essa gravadora/estúdio seria nossa "casa" também nos quatro discos que gravaríamos com Lobão. Então, foram dois discos com João Penca, e quatro com o Lobão. No mesmo lugar. Já conhecíamos desde o arregimentador ate a moça do cafezinho e todos os executivos que adentravam os estúdios. Eram meses de gravação e mixagem, e nas máquinas antigas, com fitas de rolo de 8 polegadas, ou 16, ou 24. Aprendemos um bocado ali naqueles estúdios – como era o processo de corte na fita, de emendas, de mixagem com mesa grande (só conhecíamos a da Tok/Retok) – e trabalhamos com profissionais do mais alto gabarito, como Marcelo Sussekind e Franklin Garrido.

No primeiro disco com o João Penca, gravamos "Romance em Alto Mar", "Pop Star", "Luau de Arromba", "Lágrimas de Crocodilo", "Universotário (O Babacão)", e muitas outras pérolas. Alguns integrantes do Herva Doce se revezavam com a gente, gravando algumas músicas. As mixagens eram feitas na mão, canal por canal. Às vezes precisava-se de oito mãos para levantar ou abaixar volumes de instrumentos diferentes, na mesma hora. Cada instrumento tinha o seu canal separado. A bateria tinha oito canais. O baixo tinha dois canais. E na hora de mixar, antes de finalizar, eram realizadas várias tentativas ou ensaios de levantamentos dos *fades*, até sabermos o que cada um ia fazer naquela hora. Marcava-se com *pilot*, na fita crepe, até onde cada um levantaria seu botão. E até onde deveria baixar, na parte seguinte. Às vezes era o bumbo da bateria, um solo de guitarra, tudo. Eu gravava o baixo na técnica, enquanto Kadu gravava a bateria na outra sala, com um vidro nos separando; nos observávamos o tempo todo para ver as viradas de cada um, e tocar exatamente em sincronia. Éramos muito precisos. Sempre fomos, gravávamos tudo quase de primeira. Fazemos isso até hoje. Quando você tem entrosamento perfeito com um batera, isso facilita todo o processo. Nessas gravações usei um Fender Squire Preto e um Music Man. Era comum nas gravações – seja com Leo Jaime, Miquinhos, Front, Barão ou Lobão – a presença de muitos amigos (artistas ou não) e familiares que nos visitavam dentro do estúdio, pois passávamos uns três meses gravando e mixando os LPs. Gravar um disco era um acontecimento. E virava uma festa. Esse disco teve três grandes sucessos nas rádios e TVs: "Pop Star", "Lágrimas de Crocodilo" e "Universotário (O Babacão)".

Depois do *Okay My Gay* veio o *Além da Alienação* (com algumas músicas gravadas no estúdio Discovery). Minha passagem pelos Miquinhos viu o nascimento de grandes amizades. Os Micos participaram da minha primeira temporada de shows da carreira solo, na extinta livraria Letras e Expressões de Ipanema, em 2007. Aliás, nesse show de 2007 em que subiram ao palco comigo, soube que os três (Abreu, Avellar e Gallo) não se apresentavam juntos em um palco, havia 14 anos. Eles deram prova de grande consideração por mim. Apresentamos "Psicodelismo em Ipanema", "Lágrimas de Crocodilo" e "Pop Star", músicas que eu tocava com eles em 1985.

E 1985 foi o ano do primeiro *Rock in Rio*!! Um pouco antes disso, ainda em 1984, Bruno Araújo deixava o Front e o Cinema a Dois, para estudar baixo na *BIT* em Los Angeles, abrindo vaga para baixista nessas duas bandas. Fui chamado por Kadu pra entrar no Front, banda que já vinha se estabelecendo como nova promessa do *Brock* e tinha como integrantes Nani Dias, Beto Sussmann e Ricardinho Palmeira. *"É o cara camulflado?"*, perguntavam Nani e Ricardinho.

Na mesma época em que me chamaram para o Front, Fábio Fonseca do Cinema a Dois me ligou. Estavam com o *hit* "Não me Iluda" em primeiro lugar nas rádios, e Kadu era o batera. Mas quando recebi o telefonema, Kadu já estava querendo deixar a banda e se dedicar apenas ao Front e aos Miquinhos; combinamos então que eu não entraria no Cinema a Dois, pelo mesmo motivo.

Quando entrei para o Front, minha vida tomou outro rumo. Dali pra frente nunca mais parei de fazer música ou estar na estrada. A chegada da *New Wave* e a minha descoberta do The Police, banda pela qual tive tanto fanatismo quanto pelos Beatles, me fizeram querer entrar numa banda que tivesse essa *vibe*. Ali eu entrava para um núcleo que andaria junto até hoje. Passamos juntos por Leo Jaime, Kid, Lobão, Miquinhos, etc.

O Front era uma "puta" banda, e ficaríamos juntos por mais seis anos. Fizemos milhares de shows pelo Rio, programas de TV, e muitos *playbacks* no subúrbio com a coletânea da CBS

Os Intocáveis, que incluía a música "Dodói". O Front se tornou a maior banda do circuito carioca de danceterias.

O Nani Dias ficou muito ligado a mim, e ele mesmo diz o porquê:

> *Quando o Rodrigo apareceu a gente se identificou de cara. Não éramos "músicos acadêmicos" como o Kadu, o Ricardinho. Ele vinha das rodas de violão e fogueira, entretinha a galera. Eu tirava música de discos em casa.*

Na verdade, o Kadu era mais ligado em jazz, em música instrumental. Eu o apresentei ao *"rock'n'roll de raiz"*, tipo Neil Young, Rolling Stones e America.

A década de 1980 assistiu também à chegada da geração do *BRock,* da Rádio Fluminense e do Circo Voador. As rádios Cidade e Transamérica começaram também a aderir, e as bandas cariocas Blitz, Kid, Barão, Paralamas, Herva Doce, Lulu, Lobão e Ritchie abriram as portas para um novo mundo. Que seria meu também. As danceterias começaram a surgir nas cidades, e no Rio se inauguraram sete de uma só vez. O Front tocava em todas. Começamos a fazer eventos maiores também, como festivais e programas de TV, e nos destacamos a ponto de a CBS gravar um compacto nosso, com produção de Leo Jaime, a quem nem conhecíamos pessoalmente ainda.

O fato de a cena política estar se abrindo para a esquerda, me deixou empolgado com tudo. Eu comparecia a todos os comícios, com a minha irmã. Todos. O da Candelária foi lindo. Brizola, FHC, Lula, Covas, Darci Ribeiro, Roberto Freire, Ulisses, Gabeira, o surgimento do PV... todos contra a ditadura e reivindicando as eleições diretas. Eu estava ali naquele bolo. Era isso que me movia. Paixão. Paixão pelo Flamengo, paixão pela nova política, paixão pelas novas bandas que surgiam, paixão pela música, paixão pela vida. Os anos de 1980 simbolizam isso para mim.

Paul McCartney lança o compacto No More Lonely Nights

Relembrando os ensaios

Durante os anos de 1983 e 1986, ensaiamos muito em quatro casas. A casa da Tijuca era de amigos nossos, e lá encontrávamos o Glauton Campello (que depois viria a tocar também com Leo Jaime e Lobão). Era uma casa totalmente *rock'n'roll*, com sofás meio velhos, tudo parecia mofado, porém tinha um estúdio muito bom para ensaio, num quarto do primeiro andar. Antes da casa da Tijuca, nossos ensaios eram no *69*, no Jardim Botânico, e na Retok, em Botafogo. Mas ensaiar na casa era mais barato. Íamos em dois carros, o meu Caravan, que rendeu muitas histórias, e no Chevete do Kadu. O Nani conta sua primeira impressão ao me ver chegando com a Caravan:

> *Eu fiquei muito colado com o Rodrigo, pois eu não tinha carro e ele, sempre generoso, me levava pra cima e pra baixo. Quando o vi pela primeira vez vindo, foi hilário: ele pequeno, magrinho, a gente só via a cabeça dele e aquele carro enorme, com uma traseira maior ainda! Vinha aquele caminhão com o Rodrigo, pequenininho, cabelo "Menino do Rio", camisa grande, larga, bermuda de surf e os pés sempre sujos de areia da praia. Ele vinha direto pro ensaio, sempre com o pé cheio de areia.*

Nessa casa a galera dividia o aluguel dos horários e podia ensaiar direto. A gente ficava umas seis ou sete horas. Tinha um senhor que morava lá e cuidava do lugar. Ali fizemos milhares de ensaios regados a Coca-Cola, pizza, maconha e chicletes Bubbaloo, que o Ricardinho comprava em caixas! O Nani recorda bem destes ensaios:

> *Nós éramos conhecidos por deixar a casa inteira empesteada com o cheiro do Bubbaloo, papéis espalhados por todo canto, assim como os chicletes mastigados. A banda também era conhecida por tocar "alto pra caralho". A galera da casa falava "Pô, o Front é foda, maior barulhão".*

Eu já não fumava maconha, mas tinha tanta gente na casa fumando, que parecia que a fumaça me dava onda também. Dentro do estúdio parecia o *fog* londrino.

A história mais engraçada dos ensaios era a do "fantasma". De novo, quem lembra bem é o Nani:

Para a gente tudo era novidade, alugávamos a casa e tocávamos todos os dias "no nosso estúdio". Rolava sempre de 4 às 10 da noite. Eu sempre voltava com o Rodrigo, que me deixava em casa. O Kadu e o Ricardinho iam no Chevette do Kadu. Um dia, eu tô griladão no carro e falo pro Rodrigo: "cara, eu vou parar de fumar maconha! Tô grilado cara, não tô achando legal, esta casa... estranha, meio sinistra". E ele, sem entender nada: "Como assim?". Eu emendo na lata: "Cara, eu estou ouvindo vozes! Eu ouço vozes naquela casa. Tô tocando e alguém fala um negócio. Tô paranoicaço cara!" O tempo passa e aquilo continua, até que um dia o Ricardinho tava tocando e, de repente, chega perto do Kadu e diz "Ele geme!" E começou a rir. Aí a gente sacou que o Kadu ficava "hum hum hum". Até hoje ele geme! E eu fiquei aliviado e pude voltar a fumar em paz.

Na casa do Ricardinho, em Piratininga, ensaiávamos uma vez por semana. Às vezes dormíamos lá. Era pertinho da praia. Durante a semana era vazio, mergulhávamos e ensaiávamos. Muito astral. Tínhamos de cruzar a ponte Rio-Niterói. Não era muito prático e era longe, porém muito divertido. Levávamos todos os equipamentos.

Na casa dos meus pais, na Rua Icatu, também rolavam ensaios, no meu quarto, no segundo andar. Ficávamos horas ensaiando. As janelas eram voltadas para a rua. Todos já nos conheciam e passavam dando um alô pra gente. Ali foi uma segunda fase do Front. Já tinha sido convidado para tocar com Lobão, nessa época, e me lembro de mostrar a "demo" de *Cuidado!* aos meus amigos, lá no meu quarto.

Já na casa de Samambaia passávamos semanas, de segunda a sexta, levando som, criando músicas novas, fazendo letras. Quase todas as novas letras eram parcerias minhas com Nani. Os ensaios se davam na casa de hóspedes, a chamada "casinha", que ficou sendo usada pela minha galera. Eram quatro quartos, todos *single*. Naquela casa era como se ensaiássemos na fazenda do Neil Young. Todos visitaram o lugar: passaram por lá Leo Jaime; os Miquinhos (fazíamos muitos *shows* em Cascatinha, Quitandinha e centro de Petrópolis); Lobão passou uma tarde, por ocasião de um show nosso em Petrópolis; Vinicius Cantuária; o pessoal do Barão; George Israel... muita gente. Cantuária, na época, era casado com uma amiga de minha irmã, e quando apareceu por lá, jogamos bola no gramado, 3 contra 2.

Essas quatro casas eram a base, o quartel general do Front.

Que tal um chá, pra gente se achar?

Nesse ano tomei meu primeiro chá de cogumelo, na casa de um amigo. Era uma galera. Umas dez ou doze pessoas que costumavam andar juntas pra todos os lugares. Nesse dia, alguém chegou com uns cogumelos para fazer chá. Tinha de bater no liquidificador junto com água, se não me engano. Ficamos levando som de violão na sala enquanto um amigo nosso preparava o chá. Ninguém sabia direito a quantidade certa de cogumelos pra misturar com a água, nem o nível seguro de "concentração". Então, foi jogar tudo na panela, ferver com água, bater no liquidificador e servir a todos. E tomei um copo. Todos tomaram.

Como estava demorando a fazer efeito, tomamos mais um copo (a quantidade preparada dera pra encher uma garrafa inteira). Estávamos acostumados somente ao tamanho do ácido que se tomava. Um quarto de ácido já dava onda. Sobre chá de cogumelo não entendíamos nada. Nem o perigo de overdose, etc. E no segundo copo já bateu. E bateu meeeesmo!

Estávamos levando um som de violão na sala, no andar térreo. O assoalho tinha um carpete vermelho. Eu estava sentado no chão com o violão, quando de repente as paredes pareciam se mover. Olhei pra galera, e todos pensavam a mesma coisa: *"O tapete está mexendo, as paredes também! A casa tem vida!"*. Nessa mesma hora, o cara que estava preparando o chá na cozinha resolveu bater mais um pouco no liquidificador. Estávamos observando essa maluquice do tapete, quando de repente ouviu-se um grande estrondo. Pensamos que era um terremoto. A casa parecia que ia cair. Uma tremedeira só. Era o liquidificador... E a gente achando que o teto estava caindo. Aí gritamos, assustados: *"Estamos muito doidos. caraca!!"*. Saímos da casa e fomos dar uma volta na rua, à noite, para clarear as ideias.

A casa ficava em frente a uma pracinha no Horto, onde havia um campinho de futebol. Ficamos um pouco por ali, conversando e dando um tempo. Resolvemos andar. Fomos andando, andando, da Pacheco Leão até o Leblon, e quando vimos estávamos perto da lanchonete Gordon. Hoje em dia é onde fica a praça Cazuza. Pedimos um sanduíche (Diabólico, ou Angélico, não lembro), e estávamos do lado de fora comendo e rindo, quando de repente saíram várias pessoas correndo de dentro de um prédio em frente, todas de pijama. Pessoas de vários tipos, caras altos e magros, mulheres baixas, mulheres altas, um gordinho baixinho de bigode preto, velhos de pantufas, gente de pijama listrado, muita gente. Era um incêndio, ou princípio de incêndio. Ficamos olhando aqueles personagens (parecia que haviam saído dos livros de Tintim), às gargalhadas. Alguns de nós caíram no chão, de tanto rir. Estávamos longe da cena, mas parecia que fazíamos parte dela.

Chegou uma hora em que cada um foi andando para sua casa, sozinho. A minha era em Botafogo, perto do Largo dos Leões, muito longe. Cheguei por volta das 4 da manhã. Fui para o quarto, deitei, fechei os olhos, e a única coisa que surgia na minha mente eram milhões de *bottons* de *rock*, coloridos, de formas variadas, de bandas diferentes, quadrados, redondos, compridos, milhões, e não paravam de aparecer. Eu abria os olhos, e todos sumiam. Fechava novamente, e voltavam todos. Muitos, centenas, minha mente estava envolvida num mundo de *bottons*. Depois disso devo ter dormido, pois não lembro mais de nada.

Poucos lembram, ou a história foi sendo displicente em relação a certos fatos, mas a verdade é que havia uma casa de shows, incrustada quase na entrada para o túnel Rebouças – como uma espécie de casa do filme *Bicicletas de Belleville* –, a qual foi muito importante para o surgimento de várias das bandas cariocas dos anos 80. Era o Western Club. Por ali passaram Herva Doce, Barão, Sangue da Cidade, João Penca e muita gente boa, incluindo a nossa banda, Choque Geral. O Western dividia a atenção com outra casa

igualmente importante, o Emoções Baratas, na rua São Clemente. Ambas davam a tônica das novas tendências que viriam pela frente. E deixavam que se apresentassem, também, as bandas que ainda não chegavam a ter chance para tocar em lugares como Canecão, Circo Voador, ou Noites Cariocas. Era um oásis no meio de um deserto no Rio. E ali muitas histórias rolavam, inclusive a de roubo de pedais, muito comum na época. Cada um tinha de vigiar seu pedal BOSS, senão corria-se o risco de alguém usar a máxima vigente de *"Puxei meu cabo. O que veio com ele é meu"*. Impressionante. Isso acontecia mesmo. E sabíamos quem era. Entretanto, em vez de arrumar confusão, cada um começou a vigiar o próprio pedal, com mais atenção. E os afinadores também. Enfim, ao mesmo tempo era uma casa de rock democrática, que deixava muita banda tocar. E durou anos, o Western. A galera frequentava mesmo. Saiu muita gente boa dali. O Emoções Baratas também. Era bem *underground*. Desenhistas, poetas, bandas, muita gente toda noite. Víamos Vimana, Miquinhos, Celso Blues Boy, Léo Jaime (na época, com o codinome de Léo Guanabara), e muitos outros. Esses dois lugares mantiveram o gueto vivo. Seria o "Humaitá pra Peixe" dos anos 80. Cada cidade tinha o seu. Os nossos eram o Western e o Emoções Baratas. Que seguraram aquela fase das bandas, quando estas ainda eram embriões, num oceano de dúvidas e incertezas.

1985

Paul McCartney lança Spies Like Us

Rock in Rio I - tudo muda na cena nacional! O disco do Front!

Em janeiro de 1985, o Rio de Janeiro estava em festa. Era a primeira vez que um festival internacional de rock seria realizado no Brasil. E por um brasileiro! Roberto Medina teve a grande coragem de idealizar e realizar uma empreitada que mudaria o destino da música no Brasil. Tudo mudou a partir dali. Entre os dias 11 e 20 de janeiro, seríamos presenteados com muitos shows que jamais esperávamos ver no Brasil. Ainda mais ao mesmo tempo!! Se antes já havíamos tido a rádio Fluminense como propulsora das bandas dos 80 para um patamar inicial – o que foi complementado depois pelas rádios Cidade e Transamérica em rede nacional –, o *Rock In Rio* deu voos mais altos a estas bandas. Sair de um Circo Voador, para um festival com 100.000 pessoas, convenhamos que não era tarefa fácil para as bandas novas. Entretanto, assim como o Circo deu sustância às bandas, coadjuvado pela rádio Fluminense, para levá-las ao *mainstream*, o festival teria a importância de torná-las mega estouradas no país. Uma visibilidade impressionante, televisionada pela Rede Globo, com comentários de Nelson Motta. E dessas bandas, todas cariocas, entraram Blitz, Barão, Kid, Paralamas e Lulu Santos representando o novo rock nacional. Falavam para a juventude! Eu tocava com João Penca nessa época, já encontrara muitos desses artistas na estrada ou em estúdio. João Penca estava estourado nas rádios. E achávamos que poderíamos estar no festival. Mas não aconteceu o convite. E na verdade eu já estava felizaço, pois queria curtir as bandas nacionais e celebrar a chegada de dezenas de ícones internacionais, os quais eu escutava na minha vitrola e nunca poderia imaginara que estariam juntos num mesmo festival, aqui por nossas plagas. Era um sonho. Um sonho que tinha ainda o Bob's e a cerveja Malt 90 como *"musts"* da alimentação da galera. Muita lama nos dias de chuva. A estrutura precária do gramado permitiu que este alagasse e se transformasse num lamaçal. Isso ocorreu em alguns dias, dentre eles a quinta-feira em que eu assistiria ao show mais esperado da MINHA vida, o Yes! Eu não estava nem aí pra lama. Vi James Taylor, Ivan Lins, Gilberto Gil, George Benson, Rod Stewart, e muitos outros. O Brasil respirava transformação! Estávamos conseguindo sair das entranhas dos resquícios de direita da ditadura, para uma nova era, mais arejada e conclamada em palanques compartilhados pelos "vermelhos da nova esquerda", FHC, Lula, Covas, Ulisses, Brizola, Roberto Freire, etc. Um momento lindo batalhando junto com o povo pelas Eleições Diretas Já para presidente. Eu ia a todos os comícios. E o Tancredo foi eleito presidente no dia 15 de janeiro, em pleno festival. Era o primeiro presidente civil eleito, depois de 20 anos de ditadura! Uma vitória incrível! Uma primeira vitória. O Rio estava lindo. O Brasil inteiro festejando. E o *Rock In Rio* coroou essa vitória da liberdade. Essa euforia passava pra plateia, que compareceu em peso. Assisti a James Taylor, sentado no chão, numa canga. Todo o *Rock In Rio* sentou e reverenciou o mestre do *folk*. Um show belíssimo. Os metaleiros adoraram ACDC, etc. Artistas da *New Wave* como B52 e Nina Hagen se juntaram a artistas nacionais, como Rita Lee, Elba Ramalho, Dusek e Erasmo Carlos. Tudo junto e misturado. Foi sensacional. 10 dias de magia e esperança. E eu na plateia, sonhando estar ali um dia. Nunca imaginaria que participaria de todas as próximas edições do festival, até 2015. Era apenas um garoto de 19 anos adorando o que via! O festival fez crescer o *show business*, e junto com isso vieram mais firmas de som, empresários, técnicos, *roadies*, músicos, contratantes, e bandas. Muitas bandas. O que posso dizer é que o rock nacional pode se dividir também entre antes e depois do *Rock In Rio 1985*.

Cursei três anos na PUC, mas como já ensaiava com três bandas, decidi abandonar de vez a faculdade. Na ocasião já estava envolvido com música e nem prestava mais atenção nas aulas do curso de Administração de Empresas. Não lembro de muita coisa da faculdade. Dos colégios eu lembro bem; da faculdade, muito pouco.

Foi a única vez em que meu pai não me apoiou. Ele achava que devia ter um diploma, que fizesse então uma faculdade de música. Mas eu queria ser um Beatle. E os Beatles não fizeram faculdade de música. Então pra mim, era tocar *rock'n'roll,* e pronto. Não precisava de curso nenhum pra isso. Em vista disso meu pai cortou a grana que eu recebia de mesada; continuei morando na casa deles, com o normal do dia a dia, mas a grana para gasolina, cinema e todo o resto ficaria por minha conta. Felizmente comecei a ganhar meu próprio dinheiro com shows, e a aparecer na TV, etc,, com Front, Micos, e depois com Leo Jaime. Ao constatar a seriedade da minha vocação, meu pai voltou a me apoiar de novo. A partir de então nunca mais parei de trabalhar com música. Minha mãe se lembra de quando larguei a faculdade:

> *Tentamos convencer você a terminar a faculdade, com o argumento de que música não era futuro, roqueiro velho era patético, só se salvava o Mick Jagger... Mas depois seu pai ficou não só orgulhoso, como emocionado. Um tempo depois, você pôde ajudá-lo financeiramente, numa época mais difícil em nossas vidas.*

No ano do *Rock in Rio I,* os Miquinhos excursionavam bastante pelo Brasil, e eu, Kadu, Ricardinho Palmeira (guitarra) e João Braga (teclados) éramos a banda oficial deles. Fazíamos Teatro Ipanema, festivais, shows em São Paulo, Goiânia, e muito Rio de Janeiro. Mas os Micos não participaram do *Rock in Rio,* apesar de merecerem muito. Fui como espectador em alguns dias, para ver Yes, James Taylor, etc. Minha banda favorita era o Yes, mas o show dos Paralamas também foi impecável. Pude constatar ali que a cena brasileira estava muito bem fortalecida, alguns já no segundo disco de carreira. Eu queria muito tocar no Festival, encontrava muitas bandas no dia a dia de TVs, festivais ou *playbacks,* e achava que aquele mundo já nos pertencia.

Foi em 1985 também que gravamos o LP dos Miquinhos *Ok My Gay*, o primeiro LP que gravei na vida, produzido pelo Marcelo Sussekind, na RCA, o qual, porém, só seria lançado em 1986.

Assinamos com a CBS para a gravação de um compacto simples do Front. O disco coroou o trabalho que vínhamos fazendo em shows e na batalha do disco coletânea da mesma gravadora, do qual participáramos com uma música. Havíamos feito tudo o que era possível para chamar a atenção e merecer o compacto! Era o próximo passo. É claro que quando nos propuseram a gravação ficamos muito felizes. Estávamos chegando! Estávamos na segunda geração do *BRock*, tão aguardada por jornalistas cariocas, na qual já se destacavam bandas como Paralamas e Kid Abelha! Falavam da gente na imprensa. Estávamos muito ansiosos e felizes. Havíamos nos dedicado muito para chegar àquele momento. A gravadora indicou Leo Jaime para produzir o disco. Na verdade, ele produziu muitas bandas da coletânea, como a Banda 69, onde ele colocou a mim e ao Kadu para gravarmos baixo e bateria das músicas.

Já havia um movimento para a troca do vocalista do Front. Algumas pessoas achavam o Front ótimo, mas não gostavam tanto do cantor. Um dia, escutamos de um diretor que ele só lançaria nosso compacto pela CBS se o cantor fosse trocado. E se eu assumisse os vocais. Escutamos isso do produtor também. Foi difícil pra mim, Não compareci à reunião em que limaram o Beto. Não foi decisão minha. Eu havia entrado para ser baixista. E quando decidiram trocar o cantor me mantive fora da reunião e da decisão. Entretanto a banda já era deles antes da minha entrada, e aceitei a decisão. Eu já havia participado, como baixista, de inúmeros shows com o Front, no Rio: Circo Delírio, Metrópolis, Mamão com Açúcar, Planetário, Mistura Fina, etc. E muita TV também. A banda era um quinteto, como o Barão. Passaria a ser um quarteto. A reunião se deu na casa do Nani, em Copacabana. Pro Beto, que já era um grande arquiteto, não deve ter sido legal no momento, mas depois sua carreira na nova profissão decolou. Para a gente, era seguir em frente e gravar o compacto. Eu já cantara em outras bandas, sabia cantar e tocar baixo, e aceitei o desafio. Voltar a ser o *"Front Man"* me agradava também, pois gostava de cantar.

As gravações foram no Estúdio Transamérica, no Grajaú, o mesmo usado para gravação dos programas ao vivo da rádio, como *Chá das Cinco*. Era uma expectativa só. Estávamos realmente prontos para aquele momento. Andy Mills foi o técnico das duas gravações. Foi muito bom começar oficialmente com o Front ali. O clima no estúdio era de muita alegria e astral lá em cima. Nos considerávamos uma espécie de The Police da época. E tínhamos personalidade pra pedir o que queríamos ao técnico de som. Sabíamos gravar com fone, com *click,* e entendíamos do assunto. Éramos respeitados por isso. O compacto renderia boas histórias.

Maurício Valadares, já renomado fotógrafo, foi o escolhido por nós para fazer a foto da capa. E arrasou. Eu tinha pegado conjuntivite naquela semana (havia um surto de conjuntivite no Rio, naquela época), e para piorar, a foto estava marcada pras 8 da manhã, no Parque Lage. Era preciso aproveitar a melhor luz do dia. Fizemos muitas fotos, também para divulgação oficial para a imprensa. Ficaram ótimas as fotos, mas eu saí na capa com olho inchado. Tudo bem, era só felicidade.

Precisávamos de um empresário pra banda. Claudinho Bezerra e Giuseppe se tornaram nossos empresários. Ambos eram de gravadora. Um ano antes, fomos à casa de um empresário chamado Beto (meio bonachão), e quando começou a reunião, ele sentou na poltrona com um short Adidas que lhe deixava à mostra o saco (..!!!..). Nós nos entreolhamos e pensamos ao mesmo tempo: *"Esse cara largadão e com o saco de fora não pode ser o nosso empresário!!".* E fomos embora sem escutar nada do que ele falou. Rimos muito dessa história e acabamos trabalhando com Bernardo Muller, durante esse ano. Em seguida convidaríamos Claudinho e Giuseppe, que nos ajudaram muito na empreitada.

Antes de o compacto chegar da fábrica, Kadu pegou catapora. Mesmo já baleado, fez um show com o Front na danceteria *Manhattan*, no Grajaú. Foi a primeira vez que não o vi voltar para o bis. Ele estava com febre e muito mal. Era catapora, mas pensávamos que fosse uma forte gripe. Dois dias depois fui visitá-lo. Minha mãe dissera que eu já havia tido todas as doenças infantis quando criança... errou... rs... eu só havia tido sarampo. E fiquei uma tarde inteira na casa do Kadu, fazendo companhia.

Uma semana depois, estava eu chegando à praia de Ipanema pra surfar, e quando tirei a camiseta, um amigo meu, Rodrigo da

Matta, perguntou: *"O que é isso aí na sua barriga?"* Olhei pra baixo. Um monte de bolinhas vermelhas. Exclamei: *"Ih! fudeu! Valeu galera, nos vemos em 10 dias!"*. Eu já sabia... era catapora. E os primeiros cinco dias foram terríveis! Pegar catapora na fase adulta é muito pior e exige muitos cuidados. Pode te ferrar. E no quinto dia levaram o compacto do Front lá em casa, recém-saído da fábrica! Eu estava no auge da doença, deprimido, quando os três chegaram lá em casa com o meu exemplar do compacto. Vibrei muito, mas estava sem energia para comemorar como seria do meu feitio. Eu faria uma festa, normalmente. E não podia. Tinha que ficar de cama! Ao mesmo tempo, fiquei hiper feliz de ver o disco prontinho, ali na minha mão.

Finalmente o compacto foi lançado. Começamos a fazer festas no Mistura Fina da Barra para divulgá-lo. Fomos pra rua divulgar. Eu e Nani levamos pessoalmente o disco pra todo mundo. Em todas as redações de jornal. Levamos ao Jamari França na redação do JB, e no dia seguinte, para nossa surpresa, ele escreveu uma nota sobre nossa visita. Ao mesmo tempo, as músicas "Dengosa" e "Olhos de Gata" entram respectivamente nos discos *Rock Estrela* (trilha sonora do filme) e *Radio Transamérica Hits* (junto com RPM, Metrô, Leo Jaime, Tokyo). Estávamos indo bem. E realizados.

> *Fiquei amarradão quando a música foi escolhida para o filme "Rock Estrela". Era o tema da Vera Mossa, ex-jogadora de vôlei (campeã) e ali já seguindo a carreira de atriz. Hoje eu tenho noção de que essa talvez tenha sido uma daquelas coisas que as gravadoras empurram no pacote junto com outros artistas. A música era boa. Era até comercial, mas eu não gostava da minha voz nela. Tinha muito "reverb". Coisas da época. Claro, adorei escutar no cinema, na estreia. Era uma composição de todos nós mais o Leo Jaime. Fomos todos juntos assistir ao filme, e lá estava a música "Dengosa". Tocava no meio do filme, na cena da praia, com a Vera Mossa andando. Aí sim, eu curti. Sabia que estávamos na cena musical.*

Ao mesmo tempo, a outra música do compacto, "Olhos de Gata", entrou na programação da rádio Transamérica. Escutei-a ganhar algumas competições da época, como a *Melhor de 3* na Transa. Eram três músicas seguidas, nacionais e internacionais, e uma delas ganharia por votação do público, realizada por telefone, a classificação de *Melhor de 3.* "Olhos de Gata" venceu várias vezes! Vibrávamos muito. Mas a gravadora queria trabalhar apenas o Lado A, e mandou tirar da grade.

Eu queria que todas as minhas bandas fossem parecidas com os Beatles, e por coincidência sempre houve dois compositores principais em todas elas. No Choque Geral, éramos eu e Alonso. No Prisma, eu e João; e no Front, eu e Nani Dias. Mas enquanto o Choque Geral tinha influências de progressivo e Bob Dylan, o Prisma tinha influências de *blues* e Dire Straits, e o Front se identificava com The Police, Duran Duran e Men at Work. Anos depois, Os Britos seriam os meus Beatles. E na minha carreira solo também há muita influência dos Beatles. O Front era uma espécie de Police em formato quarteto, então parecíamos os Beatles na capa do compacto, mas o som era *Rock New Wave*! Era bem *rock wave*. O Front era antenado com a sonoridade de sua geração.

O Front nos transportou para a TV. Antes da minha entrada na banda, eles haviam feito uma cena para o filme *Trop Clip*, que prometia ser um novo *Bete Balanço*, porém foi um fracasso de bilheteria. O Front está lá, numa cena isolada. Marcos Frota era o protagonista. Como a gente tinha muita disposição pra correr atrás, além de muitos contatos, não demorou e já estávamos em três programas da TV Manchete: Xuxa, Carequinha e Alberto Brizolla. Fizemos várias apresentações nesses programas, e em mais alguns de outros canais, programas de surf, etc. Eu já havia feito os programas *Vibração* e *Realce* com o Prisma. Era amigo do Antônio Ricardo e do Ricardo Bocão. Com o Front, por termos o compacto e o disco coletânea da CBS, dispúnhamos de material para apresentar na TV. E sempre fomos bem tratados. Éramos "os meninos do Front".

> *Fiz como cantor os mesmos programas. E me lembro da primeira vez em que falei no programa da Xuxa como cantor. Foi engraçado. As perguntas dela, as minhas respostas. Estava nervoso, mas também achando engraçado aquilo. E na hora da música, pulávamos muito!!*

O Nani lembra da nossa chegada no *Caravana do Amor*, do Alberto Brizolla:

O programa foi transmitido ao vivo, no América F.C., no Rio. Assim que chegamos lá, foi uma loucura. Estávamos todos com roupas da ByTone, que eram meio camufladas mas tinham uma unidade, davam aquele "look" na banda. Parecia um ataque de abelhas, aquele monte de garotas beijando, pegando autógrafo, gritando. Tudo por causa daquele visual. Depois viria a nossa fase das "camisetas da Anonimato".

Eu e Nani éramos os notívagos do Front. Saíamos juntos todos os dias, frequentávamos todas as danceterias. Nós é que levávamos o material do Front nas redações de jornal e outras aventuras. Quando abriu o Mistura Fina da Barra, eu conhecia todo mundo. Conhecíamos o diretor artístico, o gerente, o caixa, etc. Os donos gostavam muito do Front, e lá não pagávamos para entrar. Era como o nosso *Cavern Club*. Íamos todos os dias. Lá mesmo o Front abriu alguns shows dos Titãs. Vimos também no Mistura a chegada da Legião Urbana no Rio, numa festa da *Revista Bizz*. E lá também fizemos shows antológicos. Nossos fã-clubes eram variados, e incluíam também músicos instrumentais. Éramos considerados os "Reis do Mistura Fina". E fazíamos algumas festas só nossas. Com convites estilizados, etc. Alugávamos um som especial, do Leo Garrido (Paralamas, Leo Jaime). Garrido era nosso amigo e fazia um preço bom. Assim, conseguíamos produzir – numa danceteria que tinha caixas de som pequenas e estridentes – um som de qualidade internacional. E fazíamos shows memoráveis, lotados. Era uma época muito boa.

Esta dicotomia "banda de apoio" e "artista", não era uma coisa muito bem resolvida. Lutávamos pela nossa banda, mas adorávamos tocar com Leo Jaime. Então pedimos que colocassem nos anúncios "Leo Jaime & Front". Saiu assim no show para a TV Globo, programa *Mixto Quente*. Às vezes, no bis, eu cantava alguma coisa sozinho, sem o Leo. Na nossa previsão seríamos a próxima investida do mercado. Algumas gravadoras nos queriam.

Os Miquinhos foram uma espécie de alicerce da minha primeira formação musical *"On the Road"*. E logo de começo nos demos muito bem. Pegávamos onda na Prainha, no Rio. Abreu, Avellar, Gallo e eu. Era demais. Todo mundo com pranchão. Parecíamos os

Beach Boys. Também jogávamos bola juntos. Uma vez, no campo do Chico Buarque. Lembro que nós quatro jogamos bem e deixamos o outro time nervoso. Chico tentou cair pro meu lado e me dar um "balãozinho". Não só não conseguiu, como devolvi o balão e ainda dei uma "caneta". Abreu jogou muito, Gallo e Avellar também. Fizemos um time competitivo. E nossos adversários não gostaram disso. Queriam ganhar da gente, mas vencemos. Tínhamos isso em comum. Essa coisa de esporte, música, rock, *surf*. Sempre foi uma ligação entre eles e me encaixei bem nisso. Tocávamos às vezes com camisas floridas, ao melhor estilo *Beach Boys*...

E os *playbacks*? Os *playbacks* no subúrbio do Rio eram bem comuns no início da década de 80. Eles se resumiam a apresentações do mesmo artista, em vários clubes diferentes (até 5, na mesma noite), o qual entrava já com a plateia lotada, que cantava tudo junto com a banda. Esta, por sua vez, em vez de levar aparelhagens de palco, como bateria, amplificadores, etc., levava só os instrumentos (baixo, guitarra, teclado), e o artista, desplugado, fazia mímica em cima da gravação do seu próprio LP, ou da sua própria fita cassete. A fita cassete era a outra mídia da época. Podia ser comprada já com as músicas dos artistas, ou então totalmente virgem — sem nada gravado — para gravar músicas destinadas ao uso pessoal, ou, no caso, músicas do trabalho recém-lançado, ou ainda para usar em lugares onde não havia vitrola, só gravador cassete.

O artista que tivesse apenas uma música em alguma coletânea de gravadora (como a de *Os Intocáveis - CBS*) também rodava pelo subúrbio mostrando seu trabalho, fazendo mímica em clubes lotados, com sua única música. Quem já estava estourado, fazia com três, quatro músicas, e geralmente era a última atração da noite, a principal, que levava o público. Nesses clubes, o ingresso era equivalente a R$ 1,00 (na moeda da época), e a plateia reunia de 5.000 a 10.000 pessoas. E havia contratempos dentro dessa logística. O pagamento (de quem era famoso e recebia cachê) era feito em notas de R$ 1,00 e R$ 2,00, ou em moedas, sacos intermináveis de dinheiro, que levava horas pra ser contado. O contratante às vezes encostava um revólver na cabeça do artista e

ordenava: *"Vaza sem contar — confia em mim —, é isso aí que tem, pode ir embora"*. O artista se mandava sem contar. Às vezes faltava dinheiro mesmo, e já era. O transporte da época para esses lugares era geralmente feito nuns táxis Opala luxuosos, com ar-condicionado. Isso funcionava direito.

Bem... num desses *playbacks*, o FRONT estava lá, no meio de mais 15 artistas, pra se apresentar com sua música de costume, "Dodói", da coletânea da CBS. Quem tinha uma música não recebia cachê. Era contado como "divulgação". E o FRONT fazia muita divulgação desse tipo. Entramos no palco, que parecia uma quermesse, umas 10.000 pessoas gritando, a música é colocada na vitrola, começamos a fingir tocar, na maior animação, e eis que...alguém esbarrou na agulha, e da primeira parte da música ela foi cair na parte que acabava em *fade out*, abaixando o volume e repetindo *"você me deixou dodói"*. As pessoas cantavam *"tão só"* em vez de *"dodói"*, e a música durou trinta segundos!! Ficamos com cara de panacas e agradecemos com as mãos para o alto, saindo do palco para a entrada da atração seguinte. 30 segundos de música!!

Numa outra ocasião, levamos uma fita cassete com 4 músicas gravadas num gravador caseiro — um Tascan de 4 canais — a fim de ter mais opções de músicas pra tocar. Era um clube na Tijuca. E não é que a fita estava com problemas? Começou a arrastar, prendendo na bobina que rodava, e ficou parecendo rotação lenta, com a voz embolada, tipo uõõõõ... euuuuuu.....võõõõõõõõõõu....esssssssss.... taaaaaaaarrrrrrrr... A música não andava, e a gente ali em cima fingindo tocar, na mesma rotação da fita. Mais lentos, arrastados, até que a fita parou de vez. E quando a fita prendia, já era. Ela enrolava de um jeito, que só cortando com faca pra arrancar do gravador. Lá fomos nós embora novamente, sem tocar "porra" nenhuma!!

No fim do ano, como nos anos anteriores, voltei a Arraial. Eu tocava em todas as festas, rolava praia o dia inteiro e muita doideira à noite. A essa altura eu já estava tocando profissionalmente com João Penca e os Miquinhos. Na praia escutávamos "altaço" tanto o "Bolero" de Ravel quanto o LP *O Rock Errou*, do Lobão. Pra mim era o melhor de todos.

As viagens pra Ajuda eram bem bacanas. Fizemos o primeiro *"Réveillon do Parracho"*. O palco era a areia, e juntamos músicos de todos os países pra levar um som. Me arrumaram um baixo com um buraco no meio, os fios soltos, mas funcionava. O violinista era francês, o gaitista era o Neno de Arraial, o batera era o Gil (do Blues Etílicos), e quem mais aparecesse por lá. Havia uns quinze Mick Jaggers. Levamos o maior "sonzão", pra 200 pessoas ou mais.

Paul McCartney lança Press

Vida Difícil - Somos a nova banda de Leo Jaime

Com o Front fiz centenas de shows e apresentações nas TVs, começamos a compor material novo e abrimos um show do Barão na Universidade Santa Úrsula. Neste show a gente ia abrir para o Barão, e o Kadu ia tocar com eles também, pois o Guto tinha machucado o braço e podia não aguentar levar o show sozinho. As duas baterias estavam montadas no palco e eles iam tocar juntos. Mas ele acabou conseguindo. Eu já cantava *"Every Breath You Take"* do Police e fazia um solo de baixo bem legal. Tinha uma multidão que lotava o estacionamento da Santa Úrsula. Os integrantes de Barão, Kid e Paralamas já falavam da nossa banda.

A banda estava "encostada" na CBS. A gravadora se acomodou com o fato de sermos "a banda do Leo Jaime" e parou de investir total. Começamos então um "flerte" com a EMI através do produtor Mayrton Bahia (fã da banda). Mas ele não poderia assinar com a gente se ainda estivéssemos presos à CBS. Ficamos muito sem graça, como fazer, todos cheios de cuidados. Eu e o Nani íamos sempre à gravadora, ficávamos no pé dos divulgadores, e tal. Mas dessa vez, tomamos coragem e fomos os quatro para saber se a gravadora tinha planos para a banda ou se rescindiria sem problemas. Nosso sonho era irmos para a mesma gravadora dos Paralamas, da Legião (e dos Beatles, por que não?). Ficamos na sala de espera por horas e sempre nos falavam: *"Daqui a pouco vocês entram"*. E um monte de gente entrava e saía. Até que chegou nossa hora. Entramos os quatro e o Maynard pede mais duas cadeiras, pois ia faltar lugar para todos. Ele sempre nos colocava pra escutar os LPs da extinta banda dele, o Lee Jackson (de Condé, Maluly, Maynard, etc; todos depois foram produtores ou diretores musicais, ou até de gravadora, como era o caso do Maynard) – toda vez que íamos lá, não escapávamos da "audição" de um dos LPs dele (rs). Mas era divertido. Maynard mostrava tudo com o maior orgulho. Dessa vez fomos lá com outro objetivo. A porta ainda estava entreaberta quando ele pergunta: *"E aí rapaziada Que bons ventos os trazem? Vamos sentar? Fulana, traz mais 2 cadeiras para os meninos!"*. E eu fui o porta voz: *"Maynard, queríamos ver se vocês nos liberam, se podemos rescindir nosso contrato..."*. Antes de eu terminar a frase, ele, radiante, já pulando da cadeira: *"Ahh!! é só isso? Ô fulana! Suspende as cadeiras e me traz uma caneta?!!! É só irem falar com o Jurídico, sem problema algum. Valeu!"*. A CBS se livrou da gente sem nenhum custo!

Rescindimos o contrato com a CBS e gravamos 17 músicas na EMI, nos estúdios de Botafogo, em uma sessão. O Kiko Zambianchi apareceu, ouviu, curtiu, elogiou. Nós já nos considerávamos na gravadora, já conhecíamos "a moça do café", etc. O Mayrton queria que assinássemos por lá. E íamos assinar. Mas... Jorge Davidson escolheu o Finis Africa ou Obina Shock em nosso lugar. Na verdade, não lembro quem entrou. Temos a fita cassete daquela gravação até hoje. Ganhamos de presente uma música do Leandro (Miquinhos), especialmente para aquela nova safra de músicas inéditas. Mayrton gostava muito da gente. Foi por pouco que não assinamos. E pra gente, a EMI era o máximo, era a gravadora de Paralamas e Legião. Aquilo foi um banho de água fria...

"Twist and Shout", em versão dos Beatles, volta às paradas após aparecer como trilha sonora dos filmes Ferris Bueller's Day Off (Curtindo a Vida Adoidado) e Back to School (De Volta às Aulas)

O maior "hitmaker" nos chama pra tocar

Todo o Front foi tocar com Leo Jaime, éramos a sua nova banda. Foi dedicação exclusiva a ele. Em alguns shows e nas TVs, anunciava-se *Leo Jaime & Front*, como no programa da Rede Globo,

Mixto Quente. Demos sorte de começar a tocar com Leo Jaime na época em que ele era o maior cantor *pop* do Brasil, com sete músicas na rádio e um filme nos cinemas. Eram cinco shows por semana na agenda, e muito trabalho.

O Leo é desses artistas ótimos de trabalhar. Um cara engraçado, inteligente e muito espirituoso. Foi cantor também dos Miquinhos Amestrados, tem a veia cômica, e o fato de ter feito teatro sempre lhe garantiu uma presença cênica bem bacana. Com o *rockabilly* na veia, ele era o nosso Elvis. Nossa convivência, desde o começo, foi muito boa. Tínhamos muitas coisas em comum: éramos Flamengo, gostávamos de jogos de tabuleiro, futebol e *showbizz*. Mas ele nos alertava: *"Tudo vai ser diferente do que estão acostumados, vocês não vão entender nada"*. Enquanto ele viajou, por quase um mês, ficamos ensaiando com o Andy Mills, nos preparando para acompanhar o Leo. Nossa estreia foi em abril, quando o filme *Rock Estrela* foi para os cinemas.

Nessa época de shows com Leo, fazíamos festas nos hotéis, pós-show, mas muitas vezes só saíamos pra jantar, ou íamos pro quarto dele participar de um jogo que era mania entre todos na época: *Scottland Yard*. E passávamos horas jogando. Uma banda de rock que se entretinha também com jogos... Mas era muito divertido. Ensaiávamos na Barra, num estúdio com grandes janelas de vidro voltadas para o mar. Eu, que adorava a praia, curtia muito aqueles ensaios solares. Gosto de ensaiar de dia. Ensaiamos para a temporada no Teatro Ipanema. Com naipe de metais, percussão, teclado, etc. Eu fazia os *backing vocals* e o baixo.

As músicas que tocavam na rádio eram "Fórmula do Amor", "Só", "O Pobre" "Abaixo a Depressão", "Solange", "As Sete Vampiras" (trilha sonora de um filme homônimo em que Leo participava como ator). "*Rock Estrela*" entrou nas rádios e nas telas de cinema também. Leo era o artista número um da época. Fizemos shows lotados no Maracanãzinho, no Morro da Urca (temporada), no Mineirinho, e em milhares de outros lugares. Grande época.

Não rolava cocaína nas turnês. Leo não gostava. Mas uma vez, em Manaus, a coisa foi *heavy*. Alguém no aeroporto recebera de presente uma caixa de fósforos "Olhão", aquela enorme, cheia de pó. E algumas pessoas viraram a noite usando, entre elas, eu. Como Manaus era longe do Rio, fomos à véspera, de avião, chegamos à noite e fizemos uma festa. Às vezes ficávamos no hotel Tropical, mas este era muito isolado, quase o hotel do filme *O Iluminado*, com Jack Nicholson. Dava até pra ver as gêmeas com seus velocípedes, de tão longos que eram os corredores... (nesse hotel — anos mais tarde com Lobão — adquiri meu primeiro aparelho de CD. Comprei também o CD do Paul McCartney ao vivo).

Naquela ocasião preferimos ficar perto do centro, para fazer compras na Zona Franca (caixas de fitas cassete, VHS, etc.), onde era tudo mais barato. Cheguei a comprar lá um violão Fender de aço. Ficamos no hotel do centro, e viramos a noite cheirando. Eu e mais quatro pessoas. Tiramos da parede os grandes espelhos verticais e os colocamos entre as camas de solteiro, e ali esticamos carreiras gigantes. Era muita carreira. Quando deu 9 horas da manhã ninguém conseguia comer, e tínhamos combinado de ir à Zona Franca fazer compras. E nós cinco, virados. E fomos. Quando chegamos, o lugar estava lotado, um forno... tínhamos três horas pra entrar nas milhares de lojinhas de eletrônicos, uma ao lado da outra. Relógios, perfumes, tudo. Tudo pendurado, à mostra. Toca-fitas de carro, era comum trazermos também. Só que estávamos loucos, suando horrores, e eu não aguentava mais olhar as coisas. Queria ir embora. Estava tonto. Fui pro hotel descansar. A galera ficou lá. Peguei um táxi, Eu estava em um estado lastimável. Felizmente o táxi tinha ar-condicionado! Mais tarde, na passagem de som, tinha uns quatro passando mal...!!

Que eu me lembre, essa foi a única experiência traumatizante, nessa fase. De resto, éramos praianos, jogávamos bola, saíamos pra levar som nos bares das cidades depois dos shows, ou simplesmente jogávamos *War,* ou *Scottland Yard*. A convivência entre aquela galera (Front, Leo e equipe) era sensacional.

O Leo se lembra de uma história bizarra nesta época:

Uma história interessante, que talvez ilustre um pouco a personagem em questão, foi a de um show que fizemos para uma multidão, em Recife, acho que no dia em que ele comemorava 20 ou 21 anos. Era o primeiro aniversário que ele passaria longe da família e isso deixou-o sentimental. Isto e mais algumas latas de cerveja servidas no ônibus que nos levaria ao local do show. Era um centro de eventos e não tinha lá uma estrutura adequada de camarins e, por isto, teríamos um ônibus que faria as vezes de camarim. E lá tinha cerveja. O porém foi que a presença do público foi muito maior do que a imaginada pelos promotores do evento o que causou um enorme engarrafamento nas imediações prejudicando a chegada de nosso ônibus. O tempo para tomar as latinhas de cerveja aumentou e, pior, o tal ônibus camarim não tinha banheiro.

Em pânico e muito apertado, Rodrigo teve uma ideia: ia devolver a uma latinha uma parte do que lhe causava calafrios, assim pensava, e com isso poderia aguentar até a chegada no local. Não foi bem assim. Uma vez em que ele abriu a torneira ela não parou mais e talvez ele tivesse que ter juntado umas seis latas para encher e só tinha uma em mão.

Seu aniversário foi assim: tocando para uma multidão enorme e com uma calça ensopada. O quê? Dançou, cantou, pulou como se nada tivesse acontecido. E morreu de saudade da família no caminho de volta.

```
Paul McCartney lança Only Love Remains
Plano Cruzado e BB Vídeo!
```

Novo plano para a moeda — governo Sarney faz a transição e conversão da moeda. A URV (unidade real de valor) e o cruzado no lugar do cruzeiro, fazem a moeda igualar ao dólar e dar uma falsa impressão de dinheiro na mão de todos. E o consumo desenfreado da população iria ter consequências mais à frente. Ao mesmo tempo, Leo estava com 5 shows por semana na agenda. Foi um ano muito bom pro rock. As vendas de CDs subiram e a quantidade de shows também. Bem diferente do que viria nos anos 90, com o confisco da poupança pelo Collor e sua ministra Zélia Cardoso de Mello. Nessa época de 86, fizemos uns 200 shows no ano. Lançada em 85, a música "Abaixo a Depressão!" de Leo Jaime servia como uma luva agora.

Uma febre que surgiu logo com a aparente estabilidade de nossa moeda, no início da década de 1990, foi a dos CDs. Primeiro, a maciça propaganda de que o som era infinitamente superior ao dos vinis. Que a durabilidade era infinita. Que não arranhava nunca. Que sua discoteca caberia num espaço pequeno de sua casa. E mais, você estaria ouvindo as gravações como foram feitas no estúdio, como se você estivesse lá! Bom, nada disso era 100% verdade. O que aconteceu foi que as gravadoras enlouqueceram com a possibilidade de relançar tudo o que tinham de "fitas encalhadas" e criar novos produtos. Coletâneas de todos os artistas dos *"casts"* pipocavam, fonogramas que há muito não eram ouvidos agora estavam ali, ao alcance das mãos.

Literalmente. A rede de varejo Lojas Americanas tinha pilhas e pilhas de caixas que chegavam das gravadoras, e o tumulto era igual ao do "Aniversário do Guanabara" (rede de supermercados populares no Rio de Janeiro que promove dias de ofertas inacreditáveis, o que gera verdadeiras "tsunamis humanas"). Era assim nas Lojas Americanas. As pessoas avançavam nas caixas em buscas de "novidades" (o mesmo do mesmo, só com outra embalagem), chegando a arrancá-las das mãos do "concorrente". Nunca se venderam tantos CDs no Brasil, o que decretou a morte prematura dos LPs de vinil. Ninguém mais queria aqueles "trambolhos". As vendas de tocadores de CDs também foram às alturas, e era comum você ir à casa de um amigo e ver, literalmente, "uma parede de CDs". 80% eram coletâneas (rs).

Levou tempo para as fábricas nacionais realmente começarem a digitalizar decentemente seus acervos, com masterizações específicas para CD, arte original das embalagens, fichas técnicas, respeitando os consumidores e colecionadores.

Nunca mais teremos aquele momento de volta.

Shows importantes como o *Alternativa Nativa* no Maracanãzinho (Leo foi destaque), para 20 mil pessoas, e o festival no Mineirinho (com Titãs e RPM) faziam a banda rodar por todo o país, lotando ginásios e estádios. Foram bons tempos. E foi grande a minha alegria em saber que meus pais estavam curtindo, como disse minha mãe:

Ficamos super orgulhosos com seu sucesso, contávamos para todos os amigos.

Meu primeiro festival

Depois do *Rock in Rio 85*, houve uma explosão de bandas na cena nacional. Muitas delas queriam aparecer em um festival. O *Rock in Rio* impulsionou uma geração inteira a produzir, criar, montar mais e mais bandas. Havia artistas já estourados, que poderiam perfeitamente ter participado do primeiro festival, como Ultraje, Leo Jaime, Lobão e outros. Mas isso ficou pendente. No ano seguinte, o Billy Bond (argentino, ex-La Pesada, produtor do primeiro LP de Ney Matogrosso e ex-vocalista do Joelho de Porco) agora trabalhava com uma produtora independente de vídeo e tinha um programa na TV, o *BB Vídeo*, nome da produtora. Ele teve a ideia de um festival totalmente independente, em frente à Lagoa Rodrigo de Freitas, onde seria montado um grande palco que abrigasse a participação de dezenas de bandas. Foi o *BB Vídeo Ano II*.

Foram dois dias de festival, 31 de agosto e 1º de setembro, o qual também incluiu bandas que participaram do *Rock in Rio*, como Paralamas, Kid, Barão, Blitz. Eu toquei com o Front, João Penca, e Leo Jaime. Havia também o Eletrodomésticos, banda da qual eu fizera parte e saíra um ano antes. Metrô, Blindagem, Herva Doce, Lobão, RPM, e muitos outros. Todo mundo estava lá. Foi uma festa! Num primeiro momento não entendi a ausência de Leoni no palco para tocar conosco "A Fórmula do Amor". Afinal de contas, o baixista era parceiro na canção e integrante do Kid Abelha. Só depois fiquei sabendo da briga entre ele e Paula Toller, que culminou com a sua saída do Kid Abelha.

Para fazer a chamada do festival, fomos gravar na Barra, num estúdio. Kadu, Ricardinho e eu fomos de carro, seguindo a Kombi onde estavam, entre outros, o Celso Blues Boy. Quando chegamos perto de São Conrado, começou a sair fumaça da minha Belina, e de repente, um barulho seco... "pufffff"... fogo no capô! Achei que ia explodir: *"Para tudo!!!"*. Ricardinho saiu pela janela do banco de trás, mais rápido que um raio. Foi um segundo! Nem acreditamos.... Peguei os documentos no porta-luvas, e saímos também. Todos os carros que paravam para ajudar (só Fuscas antigos) tentavam um esguicho com extintor, e nada. Finalmente, um cara da churrascaria Oásis veio com uma mangueira gigantesca que cruzava as duas avenidas, e chegou até o carro, conseguindo apagar o incêndio. Eu, Kadu e Ricardinho empurramos a Belina até o acostamento, perda total. Enquanto isso, o Celso Blues Boy lá da Kombi dava "esporro" na gente, gritando que estávamos atrasando a entrevista...

Enfim, fizemos a gravação numa produtora independente do Billy, perdi meu carro, e no dia seguinte estreamos com o Front. O palco, montado de costas para a Lagoa e de frente para a arquibancada do Estádio de Remo, era muito bom. O camarim era uma torre de vidro no meio do gramado, onde todas as bandas se encontravam. Foi ali que vi o Lobão pela primeira vez. E foi ali que vi RPM tocando "Louras Geladas" também pela primeira vez, Paulo com um baixo branco. Eu estava com Gaúcho (técnico de som do Mistura Fina, DJ e depois técnico do Cidade Negra) e comentamos: *"Essa banda é boa. Vai longe!"* O show do Front foi cedo, estava claro, porém caía uma chuva fina, leve, e o chão da parte de fora do palco era coberto por um plástico azul, escorregadio. Várias pessoas caíram lá: o Dé (Barão), a Valéria (Alma de Borracha), e... eu!

Quando estávamos no último acorde das quatro músicas do Front (todos tinham direito a 15 minutos de apresentação), resolvi chegar com o baixo até a frente do palco, perto da galera, pra encerrar em grande estilo, pulando. Eu imitava um pouco o Sting, nessa época, e vestia um casaco da Segunda Guerra aberto no peito, sem camisa por baixo. Quando entrei correndo na parte do plástico (o cabo era longo, 20 metros), meus dois pés saíram do chão, e voei pra cima, caindo de costas. Mas continuei tocando os solos de baixo, mesmo deitado no chão. Nani e Ricardinho vieram até mim pra ver se eu estava bem e participaram da brincadeira. Deitaram também. Parecia ensaiado. Todo mundo aplaudiu. Ora, eu estava acostumado a pegar onda, jogar bola, cair, e essa queda não foi nada pra mim. Pros outros, parecia que eu tinha morrido. Mas o baixo não parou! E encerramos em grande estilo o show...

No dia seguinte, toquei com o Leo Jaime e com os Miquinhos. O show dos Micos foi ótimo, mas o do Leo foi impressionante. Ele estava "estouradaço" com oito músicas nas rádios. E ainda chamamos o Kid Abelha para uma canja. Foi inesquecível. Esse festival, para quem esteve lá, foi como em Saquarema, nos anos 1970. Meio desorganizado, porém, com uma *vibe* incrível, os dois dias lotados.

Conheci o Liminha nesse festival. O ex-Mutante (e amigo da minha irmã) era um ídolo. Eu tirava todos os baixos dos discos de Gil e Lulu. E eram do Liminha. Mas havia uma confusão na minha cabeça. Quando fui ver o Gil ao vivo no *Rock In Rio 85*, fiquei o tempo todo observando o baixista, curtindo o seu jeito de tocar e achando que era o tal do Liminha, pois os baixos eram iguais ao do disco. Era o Rubão Sabino, mas eu não sabia. E na minha cabeça ficou que Liminha era aquele cara, que parecia egresso da "*black music*" e tocava pra caramba. No meio musical sempre existiu grande admiração pelos baixistas da *black music*, considerados verdadeiros monstros sagrados do baixo. E quando estávamos no famoso show da BB Vídeo, Leo me apresentou o Liminha. O real Liminha. Leo já sabia da minha confusão e havia lhe contado. Ele adorou a história, e a partir dali ficamos amigos.

Leo fez uma viagem a Paris nessa época. Quando voltou, ainda em 1986, já trouxe ideias diferentes e outra visão da carreira. Músicas mais conceituais e sérias. Influência de um show solo do Sting na França. Fomos então gravar o primeiro LP com ele, *Vida Difícil*. Desse disco, saíram os sucessos "Nada Mudou" e "Mensagem de Amor", que levaram Leo de novo ao primeiro lugar nas rádios. Adoramos gravar esse disco. Três meses em estúdio, e uma expectativa grande depois do sucesso do LP *Sessão da Tarde*. A gravadora CBS apostou muito nesse novo trabalho. Para o show de lançamento, Leo sugeriu um cenário com escadas em três níveis diferentes, pra colocar a grande banda – acrescida de metais e percussão. Fizemos uma temporada de 4 shows no Teatro Ipanema pra lançar o LP *Vida Difícil*. Foi muito bom, lotado. Nós todos – inclusive Leo – com uma roupa mais séria, ternos elegantes e modernos. Alguns usaram gravata. O figurino fazia parte da mudança de foco também. E nos adaptamos a tudo. Foram shows bem diferentes, com base no novo disco e em nova "roupagem". Assim lançamos o disco e partimos pra turnê, que duraria até o final de 1987.

Nessa época, lá em Samambaia eu tive o meu primeiro coma alcoólico. Eu estava com o Kadu e bebi direto o vinho Sangue de Boi no garrafão. Mas bebi muito! Ele me levou correndo pra Correas, e fiquei deitado lá na maca tomando soro.

Nós, como Front, estávamos a todo vapor também. Em 1986 fizemos 12 apresentações em programas de TV, divulgando as músicas "Dodói" e "Olhos de Gata". E tivemos 60 shows da banda em 12 estados.

1987

George Harrison lança Got My Mind Set On You

Nas estradas acompanhando Leo Jaime

Certa vez, estávamos nos apresentando para umas trinta mil pessoas, no Parque de Exposições, em Colatina, e no meio do show, vimos um objeto vindo de longe, da plateia. Veio rápido, e quando percebemos, já estava acertando a testa do Leo Jaime. Perto do olho. Era uma pedra de gelo, bem grande. Algum filho da mãe zuniu a pedra e acertou na cara do Leo, que caiu no chão, sangrando. Todos corremos para ajudar. Dali, ele foi direto para o hospital dar pontos. O show acabou naquele momento. O lance é que a Legião Urbana tinha tocado lá um pouco antes e, como estava ficando comum, o Renato interrompeu o show e foi embora. A galera enfurecida foi até o hotel e fez quebra-quebra na porta. Quando o Leo se apresentou, as menininhas todas estavam se derretendo por ele. Os caras, que já estavam invocados, não gostaram nem um pouco e tacaram a pedra nele.

Nesse ano estávamos ansiosos para fazer o show no Maracanãzinho no festival *Alternativa Nativa*. Eram três dias de festival no maior ginásio do Rio e um dos maiores do país. No nosso dia, tocavam Leo e Kid Abelha. Ainda participaram do festival Lobão e Engenheiros do Hawaii. Não lembro se o Legião também estava. Talvez. Mas nosso dia era o sábado. Levei uma galera amiga, pra ficar com a gente no camarim. O Leo iria abrir o show. Estava completamente lotado. Uns meses antes havia ocorrido o acidente com o Césio 137, no Instituto de Radioterapia da Santa Casa, em Goiânia. O assunto foi muito falado esse tempo todo, era uma preocupação gigante a propagação de elementos radioativos da usina. E Leo nasceu em Goiânia. Veio para o Rio mais tarde. Portanto, havia essa ligação do artista com o momento de preocupação da sua cidade natal. Vínhamos de muitos grandes shows, naquela ocasião. Leo estava com várias músicas na rádio. E quando começamos a apresentação, eu nunca havia visto nada igual. O público simplesmente pulava e urrava sem parar, cantando junto todas as músicas, sem exceção. Fizemos um show impecável, com o Maracanãzinho em peso reverenciando Leo e a banda. Houve uma sinergia sem igual. E os gritos de *"Leo Jaime!, Leo Jaime!, Leo Jaime*!! ecoavam em altos brados. Foi um sucesso. A seguir desci para a plateia para assistir ao show do Kid Abelha — aquele em que a Paula usava um ventilador no chão para levantar sua saia, numa alusão à Marilyn Monroe. Fiquei ao lado do Jamari França e depois ficamos todos juntos no camarim. No dia seguinte, uma matéria assinada pelo Luiz Carlos Mansur, com o título *"O Público Ama o Goiano"*, fazia referência a uma famosa propaganda na TV, criada para levantar o astral da cidade após o ocorrido com o Césio 137, na qual o Brasil proclamava seu amor à cidade de Goiânia. Era uma campanha publicitária com forte apelo para recuperar a autoestima do povo goiano. E o Mansur sacou isso bem ao "linkar" com o título da matéria. Nas palavras do crítico, *"As tietes davam gritos histéricos com a presença de Rodrigo perto da grade"*. Isso saiu no jornal, e guardei até hoje. O show do Kid foi excelente também.

No Morro da Urca, em 1986, fizemos quatro shows com Leo Jaime. A música "Rock Estrela", trilha sonora do filme em que Leo atuava, estava estourada nas rádios. Essa música só apareceria na trilha sonora do filme homônimo. Ela foi gravada logo após o sucesso do LP *Sessão da Tarde*, que Leo havia gravado com a banda de apoio Os Melhores. Nós não tocávamos com ele ainda, portanto não havíamos participado das gravações desse LP, em 1985. Mas quando chegou a época de sair pra estrada foi a hora da troca de banda. A banda anterior à nossa gravou a faixa "Rock Estrela" sob encomenda, para o filme de Lael Rodrigues. Só depois disso, e com a música já invadindo as rádios e telas de cinema, entrou o Front na história. Então, já chegamos com as músicas do LP *Sessão da tarde* estourando nas rádios. A música e o filme *Rock Estrela* irromperam com "novo fôlego" na rádio, na TV e no cinema, preparando para o próximo LP do Leo. E a turnê bombou! Em virtude do grande sucesso do filme e da música, o cenário dos shows passou a ser o do filme *Rock Estrela*. Todos os quatro dias lotados. E foi uma festa. Saiu uma bela matéria de jornal sobre a temporada, porém pra nós da banda ela soou estranha. Depois do maravilhoso show, a crítica — não me lembro quem foi o autor — dizia que o show havia sido muito bom, e a banda era boa, mas *"pareciam mais se divertir entre eles, do que se concentrar no show"*. Ficamos meio "irritados" com isso. Não entendi o motivo gratuito daquilo. Era o mesmo show de sempre, muito bem ensaiado, já havíamos rodado por todos os lugares, e estávamos "entrosadaços" com o público. Enfim, a turnê foi um sucesso, e todos contariam suas histórias particulares de êxito, ao longo da vida. Portanto, hoje em dia não me preocupo com teor das críticas. Analiso-as, tento entender e distinguir entre as partes que considero construtivas (sejam palavras boas ou não) e as que vejo como gratuitas. Desenvolvi meu próprio senso crítico e me cobro muito até lançar o produto final nas rádios, lojas ou livrarias.

Em Araras, São Paulo, tocamos em um estádio de futebol, e o palco era no meio do gramado. A plateia ficava na arquibancada, tipo Beatles no Shea Stadium. Era um estádio pequeno, com arquibancadas só de um lado, mas muito distantes. No meio do show, Leo quis fazer uma graça. Desceu as escadas do palco e foi andando pelo gramado com o microfone *wireless* — sem fio — na mão e a guitarra pendurada no ombro. Quando chegou perto da arquibancada, a gente o perdeu de vista, pois já saíra do raio de luz do palco. E ele sumiu. Continuamos tocando, solos de todo mundo, etc. Dali a pouco lá vem o Leo correndo desabaladamente, e um público enorme correndo atrás. Ele se aproximara demais da galera e esta invadiu o gramado. Nossa visão do palco era só um feixe de luz, fumaça, não se via mais nada. Conseguíamos enxergar até o círculo central, depois era escuro — quando o vimos voltando correndo foi uma surpresa engraçadíssima! Não sabíamos se tocávamos, se o ajudávamos, se riamos, foi muito inusitado. Leo conseguiu subir novamente ao palco, e terminamos o show acompanhados pela galera na frente do palco.

Certa ocasião, fizemos o ginásio do Mineirinho em Belo Horizonte, "lotadaço", com 10 mil, talvez 15 mil pessoas. Eram três shows: os Titãs, o RPM, e nós com o Leo. Àquela altura, Leo era o mais estourado nas rádios. Era o início da *RPMmania*. E vimos isso acontecer. Mas o nosso show nesse dia era o do meio, e fizemos uma *set-list* memorável, com os mineiros cantando tudo. Quando chegamos ao ônibus, encontramos o RPM. Leo me apresentou o Paulo Ricardo — estendi-lhe a mão, mas ele não viu, e não retribuiu o gesto; fiquei com a mão estendida um tempo e depois recolhi, enquanto conversávamos todos em roda. Guardei aquela cena na minha cabeça. Dez anos depois, quando eu já fazia parte do Barão, estava no Baixo Leblon bebendo e trocando ideias com Paulo, quando à certa altura lembrei: *"Porra, aquele dia deixei a mão estendida e você não cumprimentou, né?"*. Paulo ficou surpreso: "*Eu? Nunca faria isso, Rodriguinho! Poxa, desculpe, não devo ter visto!*". Rimos muito desse incidente. Nos tornamos grandes amigos e gravei no CD dele *Rock Popular Brasileiro*, na década de 1990.

George Harrison lança o LP Cloud Nine

O último disco com Leo

Ainda em 1987 gravamos o *Direto do Meu Coração Pro Seu*, que seria lançado em 1988. E novos sucessos estouraram, como "Conquistador Barato" e "Gatinha Manhosa", que tocavam em todas as rádios, todos os dias, o

tempo todo. Em "Conquistador Barato", tema da novela *Bambolê*, todos nós gravamos juntos, Micos e Leo. A produção foi do Sergio Carvalho, irmão de Dadi e Mu (ambos de A Cor do Som), diretor de trilhas sonoras de novelas da Globo e do *Globo de Ouro*.

Os discos com Leo foram produzidos no estúdio do Liminha, o Nas Nuvens. O primeiro deles totalmente lá. No segundo chegamos a usar também os estúdios da Som Livre, se não me engano. Ficamos meses gravando no estúdio. Para mim era a realização de um sonho, pois todos os discos do Gilberto Gil que eu já escutava anos antes tinham sido gravados lá. Liminha e Vitor Farias comandavam todo o procedimento técnico. Eram os mestres. Uma experiência incrível. Na Som Livre também foi especial. Era o estúdio onde Roberto Carlos gravava. Um lugar emblemático. Muitos grandes artistas lançaram clássicos gravados lá. Nas gravações com o Leo, eu praticamente só usei meu baixo Fender Squire Preto.

Em 1986/1987, o Front fez 6 participações em programas acompanhando o Leo, 3 acompanhando Cazuza e 2 acompanhando o João Penca. E somando os shows, foram 24 apresentações em 4 estados. A banda tinha vida própria. Também nos apresentávamos separadamente com artistas nos programas de TV. Às vezes um de nós, às vezes dois, às vezes três, e às vezes nós quatro. Era o desmembramento do Front, tocando com os maiores artistas do rock nacional!

1988

George Harrison lança When We Was Fab

Me Chama

Convite, diversão, sexo, drogas, rock'n'roll

Mas, o que é bom dura pouco... No final da turnê, mais ou menos em abril, recebemos a bomba: Leo ia parar tudo e fazer faculdade. Não foi fácil, mas era necessário. Fazia-se essencial a reciclagem. Leo estava querendo fazer faculdade de Jornalismo, mudar um pouco o foco da carreira, o que depois se provaria extremamente saudável para a sua vida artística. Leo é multimídia, faz tudo muito bem. E sentiu necessidade de aprimorar esse seu lado. Certamente essa mudança lhe foi proveitosa. E respeitamos a decisão. Mas sentimos muito o baque, pois estávamos bastante acostumados à sua companhia e a dividir com ele a rotina de shows, hotel, exposição. Nani o seguiu e fez a faculdade junto. Foi muito bom para ambos.

Tinha sido muito legal, então me lembro que nos seis meses a seguir, antes de eu ser chamado a tocar com Lobão, descobri que sentia falta de tudo, dos hotéis, das viagens, dos aeroportos, dos shows, dos ônibus, enfim, de tudo. Eu estava literalmente desempregado. E foram seis meses difíceis, sem saber o que ia fazer da vida. O telefonema do Lobão me traria tudo isso de volta. Eu era dependente da estrada. E sou até hoje, pois adoro tocar e viajar com meu trabalho. Entretanto, naquele momento foi um aprendizado. Era partir para outras coisas. Éramos jovens também, 23 anos. Tínhamos o Front. Passaríamos a nos dedicar à banda, apesar de

Nani ter começado a faculdade também. Estávamos um pouco perdidos naquele momento. Já não tínhamos a CBS, nem entráramos na EMI com o Front. Era hora de batalhar o sustento do dia a dia em *gigs* variadas, e preparar material para o futuro. Seis meses sabáticos e sem grana. Vendi um dos baixos para o Dadi.

Em consequência de tudo o que estávamos vivendo, nós fomos perdendo força como banda. Julgávamos que o tempo estava passando, e já entrava uma terceira geração do *BRock*. Era hora de pensar se deveríamos mesmo insistir com o Front, ou deixar as coisas acontecerem por acaso, se acontecessem. Foi uma época difícil, e optamos pelo mais prático, ou seja, continuar tocando com os artistas famosos, fazendo muitos shows e ganhando dinheiro. Isso enterrou o Front aos poucos. Nossa história mudara.

Acredito que o fato de sermos uma banda supostamente fadada a ser a bola da vez, e ao mesmo tempo ter sido convidados para tocar com Leo Jaime, nos deixou em êxtase. Eu particularmente sentia que as coisas estavam indo bem, no caminho certo. Leo estava estourado, fazíamos cinco shows por semana, em ginásios lotados. Não imaginávamos que iríamos parar com aquilo tudo. Eu estava realmente respirando música, gravando em grandes estúdios e fazendo shows quase que diariamente em lugares maravilhosos. Comecei a ganhar dinheiro com música, viver disso, e nos tornamos ainda mais conhecidos no meio. E pude realizar um primeiro sonho, gravar no Nas Nuvens, estúdio do Liminha, contando com a sua presença lá de vez em quando, também gravando alguns baixos. Parecia que esse sonho não acabaria. Mas sim, deu uma brecada. Isso pode ser visto no número de shows que fizemos naquele ano, apenas seis, em três estados. A queda foi grande.

```
O Vendedor de calcinhas
```

Quando o Leo parou mesmo com os shows, eu estava pensando no que fazer. E antes de qualquer som que levaria a seguir, sem grana, vendi calcinhas por um tempo. Havia um senhor que vendia em Copacabana. Um camelô. As calcinhas eram de algodão, agradando em cheio à mulherada. E ele vendia muito barato, portanto eu comprava em lote e ganhava um lucro bom. Chegava a vender 10 em uma única vez. No Natal foi uma festa. Vendia pra família, que por sua vez indicava pra outros também. Mas nas academias de ginástica é que a coisa bombava. Terminava a aula — eu malhava lá também —, e lá vinha a galera querendo comprar. Vendi bem, durante uns três meses. Depois parei. Sempre gostei desse tipo de venda. Mais novo — em 1980 — eu criei camisetas para o Squash Club. Fiz os desenhos todos. Mandava fazer a tela de *silkscreen* no centro da cidade, num lugar bem pequeno, paredes forradas de madeira escura, com um elevador bem antigo, daqueles de porta pantográfica. Levava pra casa e eu mesmo passava a tinta na tela, fazendo assim milhares de camisetas, com desenhos diferentes, que vendia a todos do clube. Depois veio a vez das calcinhas. "O vendedor de calcinhas"!!! Dava até nome de filme! Rs

Para segurar as despesas, comecei a fazer uns "bicos" com meu amigo Marcelinho da Costa, tocando com um artista Irlandês, Billy McDonnel. Billy pagava não só o cachê, mas até mesmo os ensaios que fazíamos juntos. Foram três shows: em Itanhandu, com Cassio Duarte na percussão (fomos de Kombi, uns 500 km), e dois na Ilha do Governador. Então Billy voltou para a Irlanda. Fiz alguns shows esporádicos durante esses seis meses de inatividade com a banda. Certa vez, chegou ao Brasil um maluco que morava nos EUA e resolvera dar uma festa aqui. Era milionário, gostava de Chuck Berry, e tocava guitarra. Lá estávamos eu e Marcelinho, novamente como dupla de baixo/batera. Foram 10 ensaios, mas acabou não havendo a festa, pois ele voltou pra América antes disso. Mas segurou as contas. Tava difícil o momento. Era hora de pegar tudo que aparecia. Então, um telefonema iria mudar tudo.

Tocando com o Big Bad Wolf!

Vindo de um disco de Platina, *Vida Bandida*, com mais de 350 mil cópias vendidas, e uma turnê de sucesso, Lobão resolveu montar nova banda, para gravar e cair na estrada, e quis que eu tocasse com ele. O primeiro contato foi feito por telefone pela Carmela, empresária, e depois o próprio Lobão ligou. *"Cara, tocar com Lobão, naquele momento – e ainda em pós-estouro do Vida Bandida – era como entrar no Led Zeppellin"* – este foi o papo que eu tive muito mais tarde com meu amigo e guitarrista do Ultraje a Rigor, Sergio Serra, que também fora chamado para fazer parte do disco *Cuidado*, de 1988. Estávamos em êxtase. Eu e Serginho andávamos muito juntos nessa época. Foi nesse ritmo que dirigi até a casa do Lobão para um teste.

> *Eu era muito fã de tudo que Lobão tinha feito em todos os discos até então. Eu ia tocar no melhor show do Brasil, com o melhor artista de todos. Essa é minha visão do João Luiz (como chamo ele) até os dias de hoje.*

Quando recebi o telefonema, não acreditei. Leo Jaime havia parado com os shows para se dedicar à faculdade de Jornalismo, e a porta estava aberta há seis meses.

> *Quando subi a Estrada das Canoas, não sabia direito o porquê do convite; segundo li em seu livro depois, ele acabara de me ver tocando num show de rádio com Leo Jaime e lembrou de mim como opção.*

Eu me recordava de tê-lo encontrado em duas situações: no famoso show da BB Vídeo em 1986, e num *Globo de Ouro*, em 1987. Quando entrei em sua casa (a gravadora RCA havia colocado todo o equipamento de pré-produção na casa do Lobo, no meio da floresta), encontrei Zé Luiz (*sax*), Serginho, Bernardo Vilhena, Ivo Meirelles, e a bateria da Mangueira. Era uma festa, com aparelhagem montada por três meses. Fui logo me apresentando, colocando o baixo, dando um "teco" (sim, ali foi um elemento agregador e catalisador da turma), e já mandando ver! Começamos levando um som de trio, com Lobão na batera. E logo a seguir tocamos a música "O Eleito", crítica ao então presidente José Sarney. Eram 11 músicas compostas para o CD, e quando terminei a primeira da *jam*, eu já estava contratado.

Me lembro do Bernardo falando: "É você!" E assim, entrei na banda, já na audição da primeira música. Quando escutei as músicas "Pobre Deus", "Por Tudo Que For" e "Esfinge de Estilhaços", pirei. Eram músicas primorosas, do jeito que eu mais gostava. Poderiam ser da mesma safra de "Mal Nenhum", "Décadence Avec Élégance", "Vida Louca Vida", "Canos Silenciosos" e "Vida Bandida". Músicas diferentes, com assuntos e abordagens diferentes. Sonoridades diferentes. Um talento inesgotável. Isso ficou muito aparente quando empunhei o baixo, desde o primeiro ensaio. A genialidade do Lobão. Não...não era um cara normal. Estava diante de um gênio do rock. Ou de várias vertentes de um grandíssimo compositor. Depois viriam "Essa Noite Não", "A Queda", e muitas outras.

O som começava na casa de Lobão, evoluía para o Real Astória, e de lá, depois de algumas doses de Steinhegen, cada um partia pro seu lado. Foi assim durante três meses seguidos, até a gravação do disco, que também era uma festa musical diária. Sim, eu me sentia no Led Zeppellin, a casa do Lobão parecia um castelo no meio da floresta e, além de tudo, eu era um dos guerreiros que não caíam no chão quando estávamos mais alcoolizados. Meu corpo achava que aguentava, mas a mente iria me dar o aviso, mais à frente. Ao mesmo tempo era tudo muito novo, e ali começava uma amizade que dura até hoje. A presença habitual de alguns traficantes, e o fato de eu cheirar sempre que havia pó, na verdade não era nada diferente do que já vinha fazendo antes, apenas juntava a fome com a vontade de comer, além do *glamour* de estar com o melhor dos melhores (em minha opinião), em um lugar onde todos tinham afinidade musical e identidade de pensamentos.

Era um momento especial, e eu queria viver intensamente aquilo tudo. Saía com meus amigos do meio musical, íamos do Baixo Gávea ao Mirante, ou ao African Bar, praticamente todo dia. Tinha entrada livre em todas as boates, conhecia todos os donos, *"promoters"*, garçons e seguranças.

O Nani recorda que todos os nossos amigos em comum ficaram apavorados quando fui tocar com o Lobão, tipo *"Agora fudeu, agora que ele vai cheirar direto"*.

```
George Harrison lança This Is Love

Cadeia?
```

Num desses dias de ensaios e festança, o pó acabou. Fui pra noite carioca, rodar pelo People, pelo Baixo Leblon, etc. Depois de alguns bares para doses "homeopáticas" de chopes, fui parar no African Bar. Encontrei um pessoal, ficamos um tempo por lá. Aí resolvi sair para pegar pó no Morro Dona Marta. O que não sabíamos era que estava em ação a "Operação Mosaico", a maior operação policial de todos os tempos, com aproximadamente 100 viaturas e 5 helicópteros. Quando fiz a curva com meu Voyage (estava sem documento nenhum, nem o meu pessoal, nem o do carro), já fomos cercados por 10 viaturas e PMs armados, que nos mandaram descer do carro. Descemos, e os policiais pediram documentos, perguntaram o que íamos fazer ali. Nossa resposta foi "*tomar um conhaque na sinuca*". Como os policiais estavam na adrenalina da missão, e eu, embora estivesse sem cocaína, estava sem documentos, fomos detidos, algemados e colocados dentro de um camburão. Já estava nascendo o sol, e nessa hora bateu o medo.

> *Nos jogaram lá dentro algemados um ao outro e dali ficaram fazendo curvas e nós sem saber para onde nos levavam. Não entendíamos o trajeto e começamos a ficar preocupados.*

Enquanto isso um PM ficara com meu carro, e o levara para um depósito. Quando nos demos conta, estávamos na Entorpecentes da Praça Mauá, enfileirados com mais 30 caras pegos na operação, e havia câmeras filmando (amigos me viram no Jornal Nacional, de longe, pois minha camisa era laranja). A "Operação Mosaico" havia sido um sucesso. E nós lá. Sem flagrante, mas numa roubada. Ninguém sabia aonde tínhamos ido, portanto como avisar? Tentei ligar — argumentando meu direito a um telefonema —, e na porta da cela tomei uma "chavada" que quase me pega no nariz. A partir daí foi um terror que durou doze horas, das 6 às 18 horas. Me mudavam de cela, me colocavam sozinho, depois com todo mundo, depois com um *gringo*. Chegaram a inventar que eu tinha sido reconhecido por assalto a banco e que não sairia tão cedo. Ali eu vi que a enrascada era grande, e só pensava em ligar para casa a fim de avisar alguém. Ninguém sabia que estávamos lá. Os policiais me diziam que ali não era a Telerj, e era para eu ficar quieto porque minha foto era parecida com a de um assaltante.

Pensei: pronto, vou ser preso por engano e ninguém sabe que eu estou aqui!

Enquanto isso o tempo passava, e fui ficando amigo dos outros garotos pegos no morro, que entenderam a minha situação, me deram pão e bolo de arroz, pois a essa altura eu estava esfomeado, e me ensinaram também a dica pra ligar. Eles sacaram meu desespero e me disseram para chamar o carcereiro e dar uma grana pra ele ligar de um orelhão pra alguém da minha família (não existia celular). Assim fiz, mas ele foi voltou e disse que nenhum dos telefones que eu informara atendia. Então lembrei da minha irmã, e pedi encarecidamente que ele fizesse uma última tentativa para o número dela, mas confesso que já estava sem esperança. Dessa vez ele voltou e disse que conseguira falar com ela. Meu alívio foi enorme, Eu já vinha ensaiando com Lobão havia uns três meses, e ainda não tinha estreado, mas estava com medo que isso viesse à tona na delegacia e – por motivo da prisão do Lobão anos antes – prejudicasse a ele também, que não tinha nada a ver com aquilo.

Bem, minha irmã avisou a meu pai, que foi até lá com meu irmão e um advogado, para nos soltar. Ainda prestei depoimento, num clima de grande ameaça, mas como fomos pegos sem nada, fomos liberados. No dia seguinte fui pegar o meu carro, em companhia do Kadu. Nessa hora me disseram para fazer outro depoimento admitindo que estava com droga. Gelei, mas fui firme e contei de novo o que acontecera. Não tínhamos nada. E consegui partir com meu carro. Depois do susto, um momento de reflexão, e algum tempo parado. Mais tarde eu voltaria a usar, aos poucos. Mas esse episódio deixou marcas em meus pais:

Ficamos aflitíssimos porque já sabíamos o risco que isso trazia. Falamos muito com você sobre isso, e sobre o perigo que você correra. Mas o que falávamos e brigávamos não impedia que vocês continuassem.

Para tocar ao vivo, Lobão tinha de chamar um batera, pois ele mesmo tocaria guitarra. Fizemos audições diárias, com milhares de bateristas, até eu pedir que fosse testado um com o qual eu tinha mais afinidade, e de quem Lobão ainda não havia se lembrado – o Kadu. Lobão deu o ok, e lá fomos para a audição. Kadu passou no teste. Pra mim era um alívio, pois não aguentava mais testar bateristas. Kadu teve de aprender com Lobão uma maneira de tocar samba dentro do rock. Essa tarefa era a mais difícil, pois o jeito de Lobão tocar bateria era muito peculiar. Ele sabia muito bem como misturar essas duas influências – rock e samba – sem perder o suingue ou o *punch* em nenhum dos ritmos. "Vida Bandida" era assim. "Cuidado" e "Canos Silenciosos" também. E por isso os bateristas iam se sucedendo nas audições. Kadu teve de ralar também pra pegar aquela linguagem de batera do Lobo. Mas depois de alguns ensaios, tudo fluiu tranquilo.

O disco vendeu 100 mil cópias. Nas rádios, "Cuidado", "O Eleito" e "É Tudo Pose", tocavam sem parar. Me lembro bem do clipe que gravamos para esta última música. Até hoje eu acho horrível! Me lembro de várias cenas num estúdio, mas o pior mesmo foi a cena dentro de um micro-ônibus, aquelas "jardineiras com bancos de madeira", cheio de galinhas voando! O ônibus ficava pela orla de Copacabana, e a gente espantando as galinhas. O que era aquilo? Kadu achou horrível.

Os shows de estreia foram em Natal e Recife. Encontramos com o George Israel, que estava lá com o Kid, acabou indo na van com a gente para a passagem de som e filmou tudo com sua câmera, do *sound check* até o show. Depois desses shows, estávamos prontos para o Canecão, Lobão, Kadu e eu, e mais Zé Luís, Ivo Meirelles, Alcir Explosão e a Bateria da Mangueira. Helinho assumiu a guitarra, pois Sergio Serra voltara para o Ultraje a Rigor, em São Paulo. Disse que estávamos prontos? Não, não estávamos, tinha mais coisa ainda pra acontecer antes do Canecão.

    George Harrison e os Travelling Willburys lançam
    Handle With Care

    Ossos quebrados no caminho do Canecão!

A duas semanas de nossa estreia no Canecão, Lobão estava descendo a Estrada das Canoas com sua moto Teneré, quando, de repente, levou um tombo feio. Soubemos logo da notícia do acidente. Fui até lá e ajudei a levá-lo para o Miguel Couto. Era impressionante o estado da mão dele, com os ossos dos dedos afundados. Quando chegamos ao Miguel Couto, Lobão estava urrando de dor, e achamos melhor levá-lo direto ao maior ortopedista particular que eu conhecia, o Dr. Michael Simoni, que o operou na mesma hora. Assim, Lobão, impossibilitado de tocar guitarra no Canecão, nos pediu indicação para outro guitarrista. Foi então que eu e Kadu chamamos Nani Dias. Lobão saiu do hospital, e lembro que, quando estávamos chegando á sua casa, escutamos, à distância, a música "Cuidado!" Lobão pensou que se tratava do LP, mas já era o Nani tocando as músicas igualzinho a ele. O Lobo adorou a semelhança e já confirmou o Nani na banda. Fizemos três semanas de Canecão com dois guitarristas, e ao fim da temporada, Lobão optou pela permanência do Nani. E lá estávamos de novo com o Front. Enquanto isso, Ricardinho entrava para a banda de Cazuza, onde permaneceria até a morte deste, em 1990.

Os próximos meses foram de muitos shows com o Lobo, e eu acelerava nas drogas, junto com alguns companheiros de banda e equipe técnica. Mas éramos mais novos naquele tempo, e não caíamos, tínhamos 24 anos. Turnês com quatro shows, virados, e certa cumplicidade dentro da loucura. No meio disso passávamos por muitas duras, em decorrência da situação da prisão do Lobão. Alguns shows eram diferentes, como aquele, em Cascavel PR, no qual Lobão mandou embora o destacamento policial, pois a revista do público estava atrasando o início da apresentação. Vi o tenente bater continência para o Lobão e retirar o destacamento. Nunca vi isso em minha vida. Um oficial bater continência para um civil. Ficamos estupefatos e rimos muito. Lobão era realmente um cara impressionante. Dirigiu-se ao microfone, explicou a situação ao público, foi bastante aplaudido e pediu que todos se comportassem durante o espetáculo, pra não haver nenhuma confusão. Frisou que isso era muito importante em vista da situação. Pediu paz e tranquilidade e avisou que já iria começar o show. E não saiu sequer uma briga durante aquela noite. Nada! Correu tudo às mil maravilhas.

No Acre tivemos um show complicado. Foram três dias entre chegar e fazer o show. Como não tinha equipamento na cidade, um caminhão vinha trazendo som e luz. Nós fomos de bimotor um dia antes. O problema é que o caminhão quebrou na Transamazônica, e perdeu-se um dia até chegar outro. Transferimos o show para o terceiro dia, pois ninguém queria o dinheiro de volta, queria o show. O caminhão só conseguiu chegar à meia-noite (o show seria às 10 da noite). A plateia ajudou a descarregar tudo, e logo a estrutura estava montada. O show estava lotado. Antes do refrão da primeira música, caiu a força elétrica. Aí, pedimos um megafone para os bombeiros, mas fomos boicotados. Ficamos nós todos no palco levando som de voz e violão, *à capela*, para 4 mil pessoas. O megafone não chegava nunca, a plateia começava a cantar em coro todas as músicas do Lobão, mas nós não conseguíamos explicar que a luz não ia voltar. Iluminamos com uma lanterna a cabeça do Lobão, ele tentava articular as palavras, mas era impossível. Aí começou algo que parecia uma missa negra, camisas pegando fogo na arquibancada, pessoas sacudindo a torre de luz. Então saímos do palco e fomos direto para o aeroporto. Lobão, Zé Luis, Bel (produtor) e eu entramos num aviãozinho bimotor de quatro lugares e apenas duas hélices, e partimos para o próximo show. Os outros foram de voo normal. Mas rolou um problema. Nosso *roadie* escondera um baseado na mochila, mas a Polícia Federal descobriu, por causa do seu nervoso. Ele ficou preso lá, assistido pelo nosso advogado. Não existia internet. Assim, no dia seguinte os jornais estampavam *"Músico de Lobão dança com maconha"*. Tivemos que ligar para nossas famílias e explicar que não era nenhum de nós.

Outro incidente foi a pneumonia. Eu viajara para oito shows no Sul, oito horas de ônibus, bebendo *whisky* e fazendo uma farra alcoólica com a turma toda no *bus*. Estávamos indo para o Rio Grande do Sul, e eu sem camisa, num frio de 5 graus, levando som de violão, etc. Quando cheguei à cidade, dividi quarto com Kadu, e comecei a me sentir mal: *"Cara, tô tremendo de frio. Acho que tô com febre."* Não consegui dormir de tanta tremedeira, e de manhã um médico foi ao meu quarto. Tirei uma chapa no hospital (Rita, da produção, me levou), e o resultado foi: princípio de pneumonia. Tive de voltar para o Rio de avião. Perdi oito dos shows mais doidos da turnê. Sucesso total, como me falaram depois. Mas no terceiro dia de Rio de Janeiro, eu já estava no Baixo Leblon, o que deixou todo mundo "puto", incluindo o Lobão.

Gravamos no ano de 1988 um grande especial para a TV Manchete. Gravamos também muitos *Globo de Ouro*, e um programa chamado *TV da Tribo*. Éramos inseparáveis, de noite e de dia. A ponto de o Lobão, em certa época, pensar em mudar o nome artístico dele, de Lobão para Os Presidentes, tornando-se uma banda — como o David Bowie havia feito com Tim Machine lá fora. Foi desmotivado e demovido da ideia pela gravadora RCA, pois ele já tinha uma marca formada. Seria suicídio mercadológico. E seria mesmo. Mas isso mostrava nossa união e nossa cumplicidade diante de tanta afinidade musical e tantas aventuras.

O The Police era muito forte na minha vida desde 1983, chegando quase a abalar a paixão pelos Beatles. Eu queria ser uma espécie de Sting misturado a Paul McCartney. Sempre foram meus ídolos, mas confesso que o Sting, naquele momento, era tão importante pra mim, quanto o Stewart Copeland para os bateristas do rock nacional. Eram referências fortíssimas em nossas vidas. Nunca sequer passou pela minha cabeça compor ou tocar com Andy Summers. Eles eram inatingíveis pra mim. Não que Police tenha superado a importância dos Beatles na minha vida, mas eles se igualaram, e foi como se me completassem. Cheguei a fazer uma roupa igual à do Sting, pra tocar com o Lobão no Canecão, na minha estreia com ele... Copiei de uma revista. Essa revista hoje está assinada pelo Andy. Guardei durante anos, e a assinatura coroou aquela influência toda.

George Harrison lança o LP Travelling Willburys

Eu e as "Viagens"

Meus primeiros ácidos foram em Petrópolis, no nosso sítio de Samambaia. Alguns outros, nos ensaios do Front. Tocávamos oito horas no mesmo acorde. Em Mi maior. E depois Arraial d'Ajuda, Rio, Arraial do Cabo, Búzios e Angra foram palco de muitas viagens de ácido. Numa delas, no *réveillon* em Angra, 3.000 ácidos na festa da Ilha Grande. E eu toquei na festa. Conhecia as 450 pessoas! Todas! O som rolou demais. Mas a festa inteira estava louca. Uma palmeira era o apoio de microfone, e a banda éramos eu, Nani e Marcelinho. A galera "quicava". Um amigo meu trouxera 3.000 ácidos dos Estados Unidos. Eu tomei três. Depois de oito horas, a ilha ficou pequena. Era muita gente em um quarto sem camas. A casa fora preparada para a festa do *réveillon*. Até então eu nunca havia tido uma "*bad trip*" de ácido. Mas dessa vez, depois de conversar com todo mundo, e sem "rango", fomos tentar dormir. Às 7 da manhã, num quarto com 70 pessoas e 400 mosquitos, era difícil. Deitamos no cimento, o *case* do meu baixo virou travesseiro, e minha preocupação era que a galera da lancha que ia nos levar pro continente tinha sumido. E eu e Nani tínhamos show com Lobão no dia 1º de janeiro, em algum lugar. Precisávamos voltar. Tínhamos que carregar o equipamento e colocar numa lancha, para ir embora. Eu não consegui dormir. E levantei. Marcelinho segurou a minha onda. Fiquei muito deprê. Mesmo assim fui até à praia pra dar um mergulho. Todos fomos. E não passava, a "onda". Eu sabia que ia demorar. Onda de ácido, quando vem forte, demora doze horas pra passar. Vai e vem. "Como uma onda no mar".... A fome apertava, e a lancha não chegava. A ansiedade foi batendo forte. Então veio uma "*bad trip*" terrível, e depois disso fiquei anos sem tomar ácido.

1989

Paul McCartney lança My Brave Face

Um Lobo em fuga

No começo desse ano gravamos com Lobão o clipe de "É Tudo Pose", segunda música de trabalho do LP depois de "O Eleito" – esta última contra o Sarney. Mas a música que estourou mesmo nas rádios foi "Por Tudo Que For".

Em virtude da nossa união com o Lobo, o novo LP traria todos nós na capa, no encarte, e iríamos a Los Angeles para as gravações. Ensaiamos três meses na TOK, gravamos uma pré-produção na RCA, a qual o Kadu afirma ter uma pegada da banda melhor do que nas gravações do disco, e de lá seguiríamos para os EUA a fim de gravar *Sob o Sol de Parador*, com produção de Liminha. Mas a gravação do novo disco ia ser bem complicada. Durante todo o ano de 1988, Lobão ficou na expectativa do julgamento de um *habeas corpus* relativo ao processo em que respondeu por porte de drogas, em 1987. Só que o veredicto fora nove meses de prisão em regime semiaberto. Lobão queria gravar o novo LP com a produção do Liminha, que nesta época morava em Los Angeles, mas não poderia se ausentar do Brasil sem pedir autorização à Justiça. E é claro que ele não fez isso.

Logo em março, ele e o Ricardo Leon, seu empresário na época, bolaram um plano mirabolante para o Lobo encontrar com Liminha: após um show na *Festa da Uva* em Caxias do Sul (RS), os dois alugaram um carro e foram até a cidade Paso de Los Libres (bem apropriado), na Argentina. De lá seguiram para Buenos Aires, e depois pegaram um voo para Los Angeles, chegando um mês antes da gente. Lá ele comprou logo uma guitarra Rickenbacker de 12 cordas. Depois ficamos sabendo que mais problemas haviam ocorrido, atrasando o início das gravações. Um deles foi o problema da grana. Em 1989, a moeda brasileira corrente era o Cruzado Novo (NCz$), muito desvalorizado em relação ao dólar americano. Como a gravadora, a RCA, não fizera reserva ao fechar o orçamento do disco, os custos ficaram muito acima do orçado. E ainda havia os custos do Liminha. Com esse atraso na transferência do dinheiro, as gravações só começaram um mês depois da chegada do Lobão a Los Angeles. Por isso só fomos pra lá nessa época.

Mas a entrada nos Estados Unidos não foi tão fácil. Quando tirei o visto no Brasil, levei jornais, revistas e CDs onde se estampava a minha cara, para provar que eu tinha minha vida no Brasil, etc. Deram o ok., depois de muitas perguntas. No aeroporto do Rio, fui o último do grupo a passar pelo visto. Todos já haviam passado. Faltava eu. Se ficasse fora de minha primeira viagem aos EUA, ficaria arrasado. Mas deu certo. Zé Luiz Segnere, Alcir Explosão, Kadu Menezes, Nani Dias e eu nos dividimos em dois grupos para passar pela Imigração. Era uma conexão em Miami. E fui junto com meus amigos do Front para o guichê. Perguntaram várias coisas, mas como nosso inglês era mais ou menos, fomos chamados para outra sala. Cada um de nós foi para uma sala diferente, e queriam saber se nossas respostas coincidiam. Não tínhamos visto de trabalho, pois fora impossível tirar a tempo, então informamos que o objetivo da viagem era consertar nossos instrumentos, fazer compras, etc. Tínhamos hotel já marcado e passagem de volta *ok*. Depois de uma hora fomos liberados; as revistas de música que eu levara funcionaram de novo.

Nessa demora para entrar no país, perdemos a conexão e tivemos de pegar outro voo. Mas nossa mala e o equipamento seguiram para LA antes de nós. Quase que não conseguimos viajar naquele mesmo dia. O sistema de computação estava ruim na hora, voos cancelados, etc. Teríamos de passar a noite no aeroporto, sem ter a menor experiência disso ou de viagens internacionais sozinhos. Um brasileiro estranho estava querendo colar na gente. A gente estava "griladaço". Era um senhor, mais velho... saímos fora. De repente, uma funcionaria gritou: *"Hey, hey you, come back here!"*. O sistema havia voltado, e pudemos embarcar num voo seguinte. Chegamos a LA, e só havia nossa bagagem, parada num cantinho ao lado da esteira. Ninguém roubara nada, nesse tempo todo. Nos dias atuais, uma bagagem assim, desacompanhada, levantaria suspeitas de bomba ou atentado terrorista. Fomos recebidos pela Teca Macedo, na época esposa de Liminha. Mal acreditei quando abri a porta do desembarque e vi todas as legendas em inglês; o aeroporto de LA (La Guardia) era enorme, e Teca estava lá! Estávamos nos EUA! E iríamos viver uma grande aventura durante trinta dias!

Teca nos levou de carro, e eu já estava delirando com a *KLOS from LA*, uma rádio que tocava Eagles, Fletwood Mac, U2, Police, Pretenders, Supertramp, Crosby, Stills and Nash, America. Era incrível! Eu mudava de estação, e lá estavam Stones, Beatles, Elton John! Era o paraíso!! E além de tudo, andar na *freeway* era fantástico! Letreiros, carros com placas diferentes, visuais, a coloração do céu, o frio com sol, e as rádios tocando só *rock'n'roll*. As músicas estouradas da época eram *"Patience"*, do Guns 'n' Roses, e uma do Travelling Willburys (banda que tinha George Harrison, Bob Dylan, Tom Petty, Roy Orbison e Jeff Line), *"Handle With Care"*. Além de tudo, íamos gravar um "senhor" disco. Parecíamos crianças! Foi inesquecível! O disco vendeu cerca de 100 mil cópias.

Bem, quando chegamos ao hotel, fomos ao quarto de Lobão, que ligara a guitarra Rickenbacker de 12 com som muito alto, tocando aquele *riff* da música do *Traveling Willburys*. Escutamos muito aquele disco, sem parar. No quarto havia também um amplificador. Estávamos todos num *apart hotel*. Ficamos conversando com Lobão, trocando ideias, ele contando as novidades daqueles trinta dias, e chegou Carlinhos, ex-guitarrista do Ultraje, que morava lá também em Los Angeles. Carlinhos havia feito o arranjo de guitarra de duas das novas músicas do disco, "E O Vento Te Levou" e "Sexy Sua". Altas guitarras, com aquele som mais Stevens Stevens (Billy Idol) ou Van Hallen. Escutamos as demos e adoramos.

Eu nunca tinha ido aos EUA, e acabamos morando lá por trinta dias, conhecendo e gravando em vários estúdios, visitando lojas de música, e ainda nos divertindo em passeios por diversos lugares: Universal Studios, Disney, Venice Beach, e na noite de LA. O produtor do disco era meu mestre Liminha. Foi uma viagem muito divertida e profissional — e só rolou cocaína uma vez, numa festa. Uma carreira apenas. Isso de não ter cocaína diariamente me fez bem, foi uma viagem da qual lembro de tudo e ainda ganhei festa-surpresa de aniversário, na Universal e numa casa noturna de *strip-tease*, onde, segundo Lobão em seu livro, fui parar no ringue de lama, com as "raparigas". Lobão se lembra:

> *Em Los Angeles, eu cheguei primeiro e aluguei um outro carro para eles. A primeira coisa que fizeram foi entrar num supermercado e comprar marshmellows e cachorros-quente (rs). Lá era muito divertido. Uma vez fizemos amizade com umas strippers. No dia do aniversário do Rodrigo eu combinei com elas e na hora da "briga na lama" pegaram ele e jogaram no ringue. Melaram o Rodriguinho todo (rs).*

Bebemos muita cerveja Guiness (a mesma que os Beatles bebiam) e conhaque Southern Confort, bebida da Janis Joplin. Ali entendi por que ela morreu, o Soutthern era fortíssimo. Bebemos muito também durante toda aquela turnê glamorosa. Éramos muito loucos, mas nesse período estávamos conseguindo acordar às 8 horas e gravar até às 18. Liminha nos tirava da cama. Eu, "amarradaço" por estar nos EUA pela primeira vez, aos 25 anos, curtia cada momento no apart-hotel onde ficávamos todos, simpático e de um bom tamanho. Dividimos quartos em duplas: eu e Alcir Explosão num quarto; Kadu e Zé Luiz em outro. Nani ficou na cama *dragoflex*, na sala. Era tudo novidade. O supermercado, as gravações, tudo! Fazíamos as compras no supermercado e guardávamos na geladeira, que tinha cinco prateleiras, onde cada um colocava as suas coisas. A primeira vez em que entramos no supermercado, caímos para trás, tamanha a variedade de produtos. Era um mundo de opções! Eu nunca havia visto *sushi* em supermercado. E comprei um monte...

A ida ao estúdio era dividida em três carros. Lobão e eu íamos juntos num carro que ele próprio dirigia. Certo dia, na *freeway* lotada, olho para o lado e o vejo abrindo e fechando a boca, lentamente, enquanto levantava e abaixava a cabeça. O movimento era regular e contínuo. Lembrei do seu problema de epilepsia e fiquei de rabo de olho, observando. E aquilo continuava, tipo um espasmo. Depois de um tempinho curto, com aquele trânsito pesado e só nos dois no carro, perguntei receoso: *"João, tá tudo bem?"*. Ele respondeu: *"Sim, por quê?"*. Insisti: *"Sei lá, tu tá parecendo que vai ter um ataque, tá se sentindo bem mesmo?"*. Ele começou a rir pra caramba, e explicou que estava fazendo exercício pro "papo". Ri muito também. Fiquei aliviado, lembrei que um ano antes, saindo da gravação de *Cuidado*, às 3 da madrugada, Lobão dirigindo e ambos muito doidos, cruzamos todos os sinais, abertos e fechados, sem parar, querendo chegar logo a algum lugar. Quase morremos no cruzamento da Figueiredo Magalhães com Barata Ribeiro, quando um táxi que vinha à toda por muito pouco não bateu no nosso carro. Escapamos por milagre, o carro derrapou para o lado, evitando a batida. Brancos de susto, depois disso paramos em todos os sinais. Foi um milagre.

Mas teve tanta coisa naquela turnê, que dava um livro. Me lembro de gravar o baixo de "Quem Quer Votar", "Essa Noite Não" e "Bobo Pra Cristo", em uma sala enorme, com um pé-direito incrível e um "sonzaço". Gravei "Sob O Sol De Parador", "Panamericana"; "*Lipistick Overdose*"; "Uma Dose A Mais"; "Quem Quer Votar"; e outras, com o meu baixo G&L preto, uma novidade da Fender. Me lembro de gravar em mais outros dois estúdios. Lembro também de criar a linha do baixo de "Azul e Amarelo" (parceria Lobão/Cazuza) junto com Liminha. Criamos nota por nota. Liminha me chamava carinhosamente de "meu filho", e eu o chamava de "papai!!". Era muito engraçada essa ligação da gente com essa piada, desde 1986. Me lembro do Liminha tocando piano (ao melhor estilo *"Let It Be"*) na música "Toda Nossa Vontade". Ali gravei também o baixo de "Essa Noite Não", o *hit* do disco. Gravei também os vocais dessa música e do disco todo, nesse terceiro estúdio. Depois de gravar em três estúdios maravilhosos, eu estava em êxtase. O técnico que trabalhou conosco no disco, o Brad, havia trabalhado com o Guns'n'Roses. Foi uma das grandes viagens da minha vida.

E para ficar mais legal, estava no auge o canal de clipes MTV. Gravei vários VHS da televisão do Liminha e trouxe para o Brasil. Visitamos o Universal Studios e a Disney, andamos de *bike* em Venice Beach, e fomos a festas em vários lugares. Conheci o Julian Lennon numa destas festas. Fomos também a muitas lojas de música.

"Essa Noite Não" estourou nas rádios. "Panamericana" foi outro destaque do disco.

Mais lembranças de Lobão daqueles tempos:

Em Curitiba tinha uma rua que virou tipo um galpão enorme, cheio de quiosques, barzinhos. Uma vez eu, Rodrigo, Kadu e acho que o Nani também, a gente ia fazendo canjas em cada barzinho daqueles, bebia, tocava Beatles, e bebia. Fazíamos muito isso também em puteiros. Nos puteiros eram campeonatos de Steinhäger. Rodrigo aguentava todos. Só uma vez, no meu aniversário em 1989, eu ganhei dele, foi 13 a 12.

E claro que tem os "anedotários de hotel" durante estes anos todos. Eu ficava no circuito noite-madrugada, e o Nani, meu companheiro de quarto, ia dormir. Quando eu chegava, doido, era a hora em que ele acordava. Ele esperava eu começar a dormir e se levantava, ia até a geladeira, pegava uma garrafa d'água, abria fazendo barulho, bebia tipo "glu-glu-glu", e terminava com um arroto. Eu ficava irritado, reclamava que ele saísse e me deixasse dormir. Era uma rotina quase que diária.

George Harrison lança Cheer Down

Eleições e quase crime eleitoral no Faustão

Íamos nos apresentar ao vivo no Faustão, no dia das eleições presidenciais de 1989, disputadas por Lula e Collor. Éramos PT em 1989. Levei *bottons* e adesivos do Lula para o programa, e todos nós usamos! Eu andava com bandeira do partido nos Baixos Gávea e

Leblon. Lobão também. Antes de começar a música, ele pergunta à plateia o que estavam fazendo ali, quase 5 horas da tarde e não tinham ido votar. Incitou-os a votar, sem medo de serem felizes, fazendo o emblemático gesto do "L" de Lula. Faustão ri, e Lobão fala: *"Sem crime eleitoral, não é verdade? E sem sair do ar!"*. Tocamos "Quem Vai Votar", e Lobão no refrão repete: *"Quem vai votar? É Lula lá"*, o slogan da campanha! E ao final repete: *"Lula, Lula!"*. E ainda tocamos o *jingle* da campanha! Olho pro Lobão, apreensivo. Nessa hora o Faustão chega ao ouvido dele e fala algo. O Lobo encerra com: *"Sem crime eleitoral, apenas uma preferência nacional!"*. A brincadeira rendeu a ele um bom tempo de "geladeira" na Globo.

Acidentes na Estrada

Uma vez estávamos em Araras, eu e Kadu, na casa de um amigo. A gente ficava levando um som de violão no Sabor Fazenda, que era do lado da casa dele. E na casa tinha um cão Pastor Branco dos Pirineus, o Nanu. O bicho era uma fera. A gente tinha fumado um baseado, e eu, alegre, fui brincar com ele. Eu curtia animais e nunca imaginei que ele iria me atacar. Mas eu me abaixei, fiquei encarando o cachorro, e aproximei as mãos para acariciar a cabeça dele. Na hora eu senti uma vibração diferente e já pulei para trás. Foi minha sorte, pois o bicho veio e me deu uma dentada no lado esquerdo do queixo, que me deixou com cicatrizes até hoje. O Kadu lembra disso:

> *Quando eu vi o Rodrigo sangrando tratei logo de correr com ele para uma clínica, um hospital. Ele não queria, achava besteira. Levei ele e lá ele tomou uma vacina para prevenir.*

Voltei para o Sabor Fazenda, e levei o som com um papel higiênico cheio de sangue colado no rosto (rs).

Fomos fazer uma turnê com Lobão no Nordeste. Essa foi uma grande turnê. Passou por Natal, Recife, Maceió, João Pessoa e mais alguns lugares. Um show atrás do outro. E logo no primeiro show, uma surpresa. Estávamos em Natal, hospedados numa pousada em frente à praia. Muito visual e afastada do centro. Chegamos um dia antes e curtimos a noite, jantamos à beira-mar. No dia seguinte, alugamos dois bugres pra passear pelas dunas de Natal. Estava o maior sol. Fomos eu, Kadu, Nani, Zé Luis e Alcir Explosão. Depois de dar várias voltas pela Duna do Careca, estacionamos o bugre na parte de cima da duna e fizemos uma aposta: quem chegaria primeiro na água, lá embaixo. Ficamos lado a lado, como numa largada de natação. A duna era enorme, bem íngreme. Claro que no meio da longa corrida em descida, rolaríamos em alguns momentos também. E fizemos uma foto antes da largada. E ...partiu! Minha arrancada e velocidade adquiridas no *squash*, me colocaram à frente de todos rapidamente. E desci voando, rolando, em pé de novo, rolando de novo, e em pé de novo. Quando cheguei à parte plana, lá fui eu em alta velocidade para a água, todo cheio de areia e suadaço. Mas estava em primeiro lugar! E entrei na água com vontade!! Pra minha surpresa, depois de dar dois passos dentro d'água em velocidade, chutei algo com a parte de baixo do dedão do pé. O fundo era de pedra...entrei na água já chutando uma pedra e arrancando a parte de baixo do dedão. Foi quando já soltei um grito de dor, senti que ali havia sido um corte sério, e parei, segurando o pé direito com a mão esquerda. Sentei no fundo e levantei o pé. Quando o tirei da água, espirrou sangue pra todo lado, num esguicho que nos impressionou. Era um chafariz de sangue. Arrancou um naco do dedão. A galera me pegou no colo e me tirou da água com o sangue jorrando. A areia ficou marcada com uma linha de sangue fazendo um caminho. Kadu resolveu me levar para um hospital.

Antes disso, um cara da barraca da praia me trouxe vinagre e gelo pra jogar no corte e estancar um pouco a sangueira. Colocamos guardanapos de papel no ferimento. Kadu me convenceu a ir pro hospital. Eu não queria. Detesto hospital. Estava tudo fechado. Rodamos uns três hospitais, e eu já querendo desistir. Até que Kadu achou um aberto. Entramos, e já fui pra maca abrir o curativo improvisado. Quando o médico olhou, já falou que tinha de dar pontos. E doía horrores. Quando ele enfiou a agulha da anestesia, eu dei um pulo de dor. Doeu muito. Aí olhei pro lado e vi um garoto com um buraco na perna do tamanho de um mamão. Havia caído de uma árvore, em cima de uma cerca branca de madeira, pontuda. E não sentia dor nenhuma. Depois disso falei pra mim mesmo: "Calma!".

Saí de lá com 4 pontos no dedão. Não podia calçar tênis, e tinha de sair mancando pra cima e pra baixo. E ainda tínhamos de fazer o primeiro dos cinco shows. Bem, entardeceu e fiquei na pousada com o pé pra cima, curativo feito. O show à noite era pra ser tranquilo. Me arrumaram uma cadeira pra eu ficar sentado e melhorar o latejamento do pé. Fiz o show em pé. Não queria ficar sentado. E depois de algumas doses de uísque, já estava pulando. E o pé sangrando de novo. Fui assim até o final do show, depois troquei o curativo.

No dia seguinte, Recife. Aeroporto sem pisar direito, avião, etc. À noite, mais um show lotado. Mais shows em pé, e mais sangue no curativo, mas depois parava. E no dia seguinte fomos pra Maceió. Depois, João Pessoa. Todos os shows no maior sol, e a gente indo pra praia, andando na orla, etc. E eu com um pé descalço e outro com a bota. Lá nessa turnê, descobrimos que Cazuza estava fazendo *tour* pelo Nordeste também. Em cidades diferentes das nossas. Ele já estava num estágio avançado da doença HIV e viajava divulgando o LP "*O Tempo Não Pára*", que gravara ao vivo no Canecão. E foi lá que soubemos que ele havia desmaiado no palco de um dos shows. Pela primeira vez. A notícia correu, e chegou até a gente. Em tempos nos quais não havia sequer um mosquito pensando em internet. Nem em celular. E quando soubemos da notícia ficamos realmente muito preocupados. Começava uma nova fase da doença dele. Lembro de conversarmos sobre isso, eu, Lobão, Zé Luís. Eu nunca esqueci essa turnê por esses dois motivos; o ferimento do meu pé e a preocupação com o estado de saúde do Cazuza.

```
Paul McCartney veio de Figure of Eight
Em Arraial, agora tudo é Loucura!
```

Quando comecei a tocar com Lobão, resolvi apresentar Kadu e Nani a Arraial d'Ajuda. Eles nunca tinham estado lá. Foi uma *trip* muito louca. Era 1989, e nós, Os Presidentes (como era chamada a banda de Lobão), fomos fazer o segundo *Réveillon do Parracho*, dessa vez em um grande palco montado. Éramos uma turma grande. Era o Front também. O cachê seria pago em hospedagem, transporte, alimentação e tudo que precisássemos para fazer festa.

O motorista, Itamar, chegou para nos levar à meia-noite, com o olho vermelho de sono e cachaça. Achamos estranho aquilo, mas partimos para a Bahia numa F-1000 com três lugares na frente e quatro atrás, virados para o fundo da picape. A cada freada ou lombada, o equipamento (bateria, *amps*, instrumentos, malas) caía em cima de quem estivesse nestes lugares. Seriam 1.100 km até Porto Seguro. Éramos sete pessoas na caminhonete. Quando passou a Ponte Rio-Niterói, Itamar abriu o porta-luvas e nos ofereceu um *whisky*. Recusamos e nos entreolhamos, pensando: *"Esse cara não vai chegar lá"*. Mas andamos mais uns dez minutos, passamos o pedágio da Ponte Rio-Niterói e seguimos. De repente, Itamar deu uma raspada pela linha do acostamento. Ficamos atentos. Depois da segunda raspada, sacamos que ele estava se entregando ao sono, e mandei-o parar. Ele relutou, mas cedeu.

Assumi o volante, e Itamar ficou na janela. Não deu nem cinco minutos (o tempo de ele verificar se eu dirigia mesmo), e lá estava ele roncando. Então dirigi até a metade da viagem (em alguns momentos todos dormiram), e lá depois de Vitória passei o pesado carro ao Kadu, que assumiu até Arraial. E nada de o Itamar acordar. Kadu tem lembranças engraçadas da chegada em Arraial:

> *Quando chegamos em Arraial minha coluna doía horrivelmente. Eu pensei que logo chegaríamos na pousada, cama, ar condicionado. Que nada! Uma fila monumental para pegarmos a balsa que nos atravessaria para Arraial mesmo. E o Rodrigo ainda ia procurar o Parracho. Numa rua com uma multidão (a "Broadway"). Deitei em cima do capô e fiquei esperando ele chegar. Horas depois chegamos na pousada, que nem ventilador tinha!*

Passamos dez dias lá, numa casa sem ar-condicionado, galinhas perambulando à noite pelo terreno, e com a gente curtindo altas praias e levando som. Foram dias muito especiais. Tinha um raio de um galo, acho que o único do mundo, que cantava às 4 da madrugada. Ninguém aguentava mais. Uma vez nós, totalmente

"bicudos", tentamos pegar o galo, mas ele escapava direto. E teve uma sacanagem que eu armei com o Kadu. A gente voltou de uma noitada, todos virados, e ele cochilou na varanda. Eu peguei um gato e joguei em cima dele. Ele acordou aos berros, assustado e jogou água em cima do bicho. O Ricardinho, que era "defensor dos animais", jogou água no Kadu, e os dois quase saíram na porrada. Como dormiam no mesmo quarto, logo fizeram as pazes.

A gente ficava cheirando, misturado com anfetaminas, e comendo salada de frutas na praia. Tudo isso ainda antes do *réveillon*.

Na noite do *réveillon* rolou muita droga no palco, e também com as 2 mil pessoas de branco na praia. Nosso amigo Gil Eduardo, filho de Erasmo Carlos, e batera do Blues Etílicos, estava por lá e deu uma belíssima canja. Todo mundo louco, mas ali já começou um exagero, uma coisa ruim, umas *bad trips*. Mesmo cantando e tocando baixo por oito horas seguidas, e bastante louco, eu mantinha ainda alguma sobriedade dentro da situação, lembrando que no dia seguinte havia o compromisso de fazer outro show na praia, às 17 horas. Não consegui dormir, a doideira se transformando em desespero, o sol quente no quarto, a ressaca do *réveillon,* tudo isso foi me deixando em pânico, pois eu sabia que teria de conduzir tudo de novo, o astral, a comunicação com a plateia, etc. Como o show da virada tinha sido apoteótico, as pessoas estavam eufóricas por um novo show de iguais proporções, e eu sem condição nenhuma, deprimido, bicudo, e falando pra mim mesmo que não ia dar. E todo mundo me dizendo: *"Que é isso, você vai melhorar quando estiver no palco!"*. E só eu sabia como estava me sentindo. Dormi uns cinco minutos na lateral do palco, o que melhorou um pouco aquela sensação de "deprê-cansaço". E lá fomos nós de novo. Acabei cantando bem – o palco me fez bem –, subiu mais um dos cinquenta Mick Jaggers que circulavam por lá, e cantou umas oito músicas comigo. Cantei umas dez dos Beatles, e muitas do Lobão, do Police, etc. O show durou umas três horas, e no final foi tudo certo.

Mas aquela sensação que tive entre a madrugada e a hora do show à tarde, creio que só senti umas quatro ou cinco vezes na vida. E todas pelo mesmo motivo: Cocaína. Um desespero interno terrível. Depois dessa vez, demorei a voltar a Arraial, em virtude dos muitos compromissos de shows com Lobão, mas esse show do *réveillon* foi marcante, saiu no jornal de Arraial, que guardo até hoje.

Fazendo um balanço dessa década em minha vida, toquei com João Penca, de 1984 a 1986; com Leo Jaime, de 1986 a 1988; com Lobão, de 1988 a 1992. O Flamengo ganhou tudo, entre 1978 e 1987. Até Campeão do Mundo foi. A praia estava mais ensolarada. Tudo estava maravilhoso, até a chegada do meu nariz à cocaína. Depois houve uma mistura disso tudo com coisas não boas. Mas já estou falando do fim da era Zico, e da entrada voraz de mais cocaína, menos paixão e mais compulsão na minha vida.

1990

Paul McCartney lança Put It There

Do Hollywood Rock a quase um Barão!

Depois do *Rock In Rio*, o *Hollywood Rock* era o maior festival do Brasil. Mas pelo fato de ser patrocinado por uma marca de cigarros, teve vida curta. Na edição de Janeiro de 1990 tocamos com o Lobão, no Rio (Praça da Apoteose) e em São Paulo (Morumbi). O Barão abriu a noite, depois viemos nós e, para fechar, o Tears For Fears e o Terence Trent D'arby.

Tocamos para 90 mil pessoas no Morumbi, e 40 mil pessoas na Praça da Apoteose. Duas noites memoráveis. Lobão era o *top one* do Brasil naquele momento. As apresentações foram gravadas para o lançamento de um disco ao vivo, com produção do próprio Lobão. – pra mostrar a força de nosso show! Passou ao vivo na Globo, e gravamos o disco fazendo ao mesmo tempo um show impecável. Não precisamos regravar muita coisa. Só poucos ruídos de alguns instrumentos, que foram corrigidos na RCA. Então finalizamos tudo novamente nos estúdios em Copacabana. Participamos bastante desse processo de mixagem. Toda a banda do Lobão. Éramos muito unidos. Dei sorte de gravar com grandes produtores musicais e grandes engenheiros de som. O repertório do show foi matador. Nosso show foi considerado o melhor do festival naquele ano.

Todos combinamos de não pegar "nada" antes do show, para garantir que ia ser perfeito. Entretanto, eu não resisti e dei um "teco" antes de subir no palco. Mas eu sempre me garanti, nunca errei nada em show algum.

Antes do show assisti à apresentação do Barão e curti muito. Soube depois que eles também assistiram à nossa, por um motivo bem forte: estavam começando a pensar na troca do baixista.

O que rolava? O Dé estava se desentendendo com a banda, e ia sair. O nome cogitado para substituí-lo foi o meu. O Duda, empresário do grupo, foi ao meu quarto no hotel em São Paulo e me fez o convite: entrar para o Barão Vermelho. Eu não podia largar o Lobão no meio da turnê, ainda mais depois do sucesso que fora o festival. Além disso, meus amigos estavam na banda, e a gente funcionava como uma família. Não aceitei, mas fiquei honrado com o convite. O Dadi, amigo de minha irmã e uma referência para mim, acabou sendo o baixista do Barão até 1992.

O próprio Frejat lembra: *"Não insistimos em trazer o Rodrigo em 1990 para não comprar uma briga com o Lobão, mas das duas vezes ele sempre foi a nossa opção"*.

Nesse ano estreava a MTV no Brasil, e estávamos presentes em um clipe com o Lobão, uma versão ao vivo de "Corações Psicodélicos". Lobão estava super rouco, e os *backings* agudos foram todos meus. Depois entramos com outra música, "Matou A Família e Foi Ao Cinema", numa versão catártica, ao vivo. Essa música entraria no próximo disco de estúdio, e em outra versão, mais *soft*.

```
Paul McCartney lança All My Trials
Mais uma "Viagem Coletiva"
```

Em Petrópolis, rolou mais uma viagem de ácido coletiva. Fui com o Front pra Nogueira a fim de curtirmos o *réveillon*, e passamos a virada de ano num abraço grupal em volta da piscina, com mais de trinta pessoas completando a roda. Era simbólico. O barato era mergulhar na piscina com roupa e tudo e sair nadando por entre as bolas de gás coloridas que boiavam na água.

A viagem de ácido nos leva a uma profundidade interna de intensidade única. Só perde talvez pra sensação do chá de cogumelo (ou trombeta), que tomei duas vezes. E essa viagem pode ser boa ou ruim. Quando é boa é muito boa. A percepção aumenta, você sente mais as coisas, as cores. Mas quando é ruim, parece interminável... são horas e horas de agonia interna. E você *sabe* que vai demorar para passar. É tomar um ácido, e saber que nas próximas oito ou doze horas você vai estar "descaralhado", fora de controle. Pro lúdico e também pra depressão. Por isso que tem gente que se suicida na agonia da droga. É desesperador.

1991

Paul McCartney lança o LP Unplugged - The Official Bootleg

O Festival "Da Lata" - Recomeçar.

Em janeiro partimos para mais um festival, desta vez o *Rock in Rio II*, no Maracanã. Lobão tinha acertado, por contrato, o tamanho do palco e as marcações, pois ele ia levar a bateria da Mangueira, e seriam quase 40 pessoas se apresentando. Passamos som no palco combinado, e partimos para aguardar o show, que seria dois dias depois. A distância entre Lobão e o público era boa. Saindo da passagem de som, fomos à quadra da Mangueira ver os nossos figurinos e fizemos um show lá na quadra. Não tinha cachê, apenas um saco, maior que um saco de açúcar, cheio de pó. O combinado era "só depois do show". Mas todo mundo cheirou. Eu estava de bermuda e minha perna não parava de tremer. Eu achava que a galera tava sacando. Acabou o show e... nenhuma palma, nada. Achamos que tinha sido uma droga.

O Nani tem outra lembrança deste dia:

Tinha uma meia dúzia de curiosos com tudo aquilo acho, mas era um ensaio com a bateria. Não me lembro se foi depois da passagem de som no Maracanã, por que os instrumentos e logística de montagem não permitiam duas passagens de som e ensaio na Mangueira consecutivos.... Não tinha luzes nem show...etc. Lembro que foi estressante e os ânimos exaltados.... Acho que a proximidade do pó gerava um rebuliço...

Kadu lembra bem o que rolou depois:

O Alcir Explosão chega gritando "foi do caralho", e a gente falando que não, que ninguém tinha batido palma. Ele falou que a galera ali nunca tinha visto um show de rock na comunidade, muito menos com toda aquela pressão. Estavam de queixo caído. Todos cheiraram de novo, e cada um saiu pegando um pouco para levar para casa. Eu, que era mais reservado nesta parada, não comprava, não saía de casa doido, não ia pro Baixo, tinha vergonha de que descobrissem, não levei nada. Mas o meu carona estava carregado, e eu falei que ele não ia junto, pois tinha polícia no caminho.

Com certeza um dos grandes erros foi estarmos na mesma noite do *Heavy Metal*. Tudo bem que o som que estávamos fazendo era super pesado, as guitarras do Nani e do Torquato Mariano (presente na banda à época) eram metal puro, Kadu descia a porrada nas peles e pratos, e eu alucinado no baixo. E tinha a combinação samba-rock, que o Sepultura faria em 1996 com outros ritmos, no seu disco *Roots*. Lobão queria provocar, mas os "metaleiros" são implacáveis. Assim que o Sepultura saiu do palco, eles já queriam o Judas Priest. Lobão logo percebeu que o palco diminuíra de tamanho: teve um problema e ele não girava para as trocas preparadas. Assim, todos os equipamentos ficaram já montados, empurrando nosso espaço lá para a frente. Literalmente para "a boca dos lobos metaleiros", ou *headbangers*.

Não adiantaram as reclamações, xingamentos, tivemos que entrar daquele jeito. Lobão já foi "preparado para a guerra", com um capacete da Cruz Vermelha que ele trouxera de casa. Entramos, e começaram a jogar latas de cerveja no palco. Uma chuva. E a galera começou a vaiar mesmo. Atacamos "Vida Louca Vida", e àquela altura tinha uma galera "amarradaça" no nosso show, e uma horda enlouquecida vaiando, xingando, tacando mais papel higiênico molhado. Antes da segunda música jogam um copo cheio, que bate na guitarra do Lobão. Ele se "emputece", grita que ninguém ali era palhaço, manda todo mundo "tomar no cu", e sai do palco. A plateia pedia Lobão de volta, mas os "gringos" da produção técnica de palco não nos deixaram voltar. Já começaram a desmontar tudo, e a segurança barrando nossa volta. Nessa hora, Ivo Meirelles invadiu o palco com a bateria da Mangueira, e rolou uma batucada sem microfone. Ninguém escutava nada, pois o Maracanã era gigante. Kadu tem uma triste lembrança:

> *Minha bateria Yamaha, de apenas 4 anos de uso, ficou parecendo ser feita de papel machê, tal a quantidade que jogaram. Eu era alvo fácil, em cima de um praticável de 3 metros!*

Das lembranças da estrada, teve um show em Foz do Iguaçu, todos estavam cheirando, até que o Kadu pegou a "parada", tipo "agora chega", e escondeu no forro do banheiro do nosso quarto, para evitar que ficássemos pedindo o tempo todo ou mesmo se resguardar em caso de uma visita surpresa da polícia. Fomos fazer o show. Quando terminou, Lobão e Zé Luiz saíram antes numa van, e nós fomos em outra. Quando chegamos ao hotel, Kadu leva o maior susto: a "parada" tinha sumido. Saiu dando esporro em todo mundo, pois tinha sido "zoação" da galera.

Outro show foi em Cascavel, no Paraná, onde rolou uma situação hilária. Era um ginásio enorme. Nani lembra que os Engenheiros do Havaí tinha se apresentado duas semanas antes, e deu muito problema com menores de idade. Por isso, o Juiz de Menores estava em cima, proibindo a entrada. A polícia ficava nos portões conferindo os documentos de todo mundo, provocando um atraso absurdo e filas enormes. Lá dentro, Lobão estava doido para "atacar". E preocupado com o que a imprensa poderia dizer, publicando que ele atrasava show que nem o Tim Maia, etc, mandou chamar o chefe da operação. Kadu presenciou a cena:

> *Ele veio com dois cabos falar com o Lobão, que já foi pagando o maior esporro, achando um absurdo o atraso, que aquilo ia depor contra ele, ficaria com fama de atrasar show, e bateu continência para o militar! Este, instintivamente, bateu continência de volta, e os dois cabos soltaram um risinho. Bastante irritado, o militar declarou que ia liberar todo mundo e que "o senhor Lobão será o responsável por qualquer coisa que aconteça, qualquer dano".*

E o show fluiu maravilhosamente bem.

O Front continuava em atividade, mas não do jeito que era antes. Havia, ainda em 1989, o sonho de estourar com a banda, mas os anos haviam passado, e os trabalhos com Leo Jaime e Lobão tomavam muito de nosso tempo. Nessa época fazíamos bem menos shows, TVs, e estávamos num limbo, quase terminando a banda. Ricardinho tocava com Cazuza, enquanto nós três tocávamos com

Lobão. Isso também dificultou um pouco o encontro do quarteto. Mas continuávamos a compor, mostrávamos as novas músicas ao Lobão, etc. Chegamos a gravar duas músicas da nova safra, num pequeno estúdio em Botafogo, porém não chegamos a lançar. Uma delas se chamava "Tempestade".

Nesse período, eu andava direto com Sergio Serra, guitarrista que já estava tocando com Ultraje a Rigor, gravara o álbum *Sexo* e também o LP *Cuidado*, de Lobão (1988). Serginho, Kadu, Nani e eu pensávamos em montar uma nova banda, com outro nome. Na verdade, eu e Serginho já pensáramos em compor juntos e criar outra banda, pois ele estava cansado do Ultraje. Mas o Front ainda não acabara, então não levamos adiante o projeto. No meio disso, os três fizeram outra banda, o Telefone Gol, só que, em vez de ser comigo, foi com o Dé, ex-Barão.

Depois de desentendimentos com alguns integrantes da banda, Lobão resolveu mudar a formação. Adiamos o show por mais um dia na Concha Acústica, passou de domingo para segunda. Convidamos para tocar na concha o Cesinha, que fora também do Kid Abelha e hoje é baterista da Maria Gadu. Ele estava de férias lá em Salvador. Tirou tudo em um dia, e anotou algumas coisas. Eu regia as outras. O tecladista Renato Nara, deixou os teclados e fez a segunda guitarra (era multi-instrumentista). O show, cujos ingressos para domingo haviam se esgotado, na segunda-feira só contou com meia casa ocupada. Mas rolou, e teve bastante gente.

Nani e Kadu foram de volta para o Rio. Nesse momento eles já estavam tocando com o Telefone Gol, que abriria o show do... Lobão! Mas um programa na Rádio Cidade, ao vivo, gerou uma briga entre Kadu, Serginho e Dé, e saiu faísca no ar. Kadu foi embora. Era o fim do Telefone Gol. E também em razão dessa história toda, o Front acabou definitivamente. Cheguei a gravar cinco músicas com o Telefone Gol, quando eles tentaram retomar a banda sem o Dé, mas só gravei, não queria fazer parte. O Odeid (ex-Ronaldos) também chegou a gravar com o grupo, mas não ficou.

Entre junho e agosto gravei mais um disco com Lobão, *O Inferno É Fogo*, que vendeu apenas 10 mil cópias. O disco já não contou com Kadu e Nani. Nesse LP havia duas parcerias minhas e do Lobão com o Tavinho Paes. Uma delas, "Que Língua Falo Eu", vai entrar também no meu primeiro CD solo, em 2007.

Fizemos um show no Morro da Urca, no Rio. O Fabinho dos Detonautas viu este show. Ele estava na plateia quando a cortina abriu, e já jogaram um copo de cachaça em mim! Foi a primeira coisa do show. Este foi o primeiro show no RJ depois do incidente das latas no *Rock in Rio*. Fabinho achou que eram as mesmas pessoas do festival. E logo em mim!! O baterista foi o Fred Maciel, do Herva Doce.

Lobão deu uma parada perto do final do ano para decidir o formato que usaria, talvez só violões, e ia me manter com ele. Mas eu não podia ficar parado. Comecei a ensaiar com a Rio Sound Machine, uma banda de bailes com repertório dos anos 1970. Fui convidado pelo Gustavo Corsi. Eu ia cantar *"Dreams"*, do Fletwood Mac, que pedira para incluir no repertório. Fizemos uns dez ensaios, mas não cheguei a fazer shows com eles.

Em paralelo, eu estava montando uma banda com o Moska (que tinha saído do Inimigos do Rei), Marcelinho da Costa e Billy Brandão, Os Bizarros. O repertório seria o do primeiro disco solo do Moska, *Vontade*, de 1992. A gente andava com a mesma turma no Baixo Leblon e no Baixo Gávea.

Mais um convite para não me deixar parado: Maurício Barros (ex-Barão), me chama para entrar em sua banda, Buana 4.

O Front era considerado por todos uma banda excepcional. Entretanto, como tocávamos com artistas solo, ficávamos sempre em segundo plano. Isso incomodava um pouco; ainda que muitos jornais elogiassem nosso desempenho nos shows do Leo, ou do Lobão, era como se ficássemos à margem da cena do *BRock*. Todos nos conheciam, mas como não figurávamos na capa dos discos, a não ser no disco ao vivo do Lobão (encarte), passávamos meio ao largo da imprensa. Não a imprensa especializada. Essa sempre nos tratou muito bem. Mas a imprensa do dia a dia nem sabia quem éramos. Depois dos shows os jornalistas vinham falar, entrevistar,

mas a gente sentia que o Front não era absolutamente nada no mercado. Mesmo assim adorávamos tocar com os artistas. Ficava uma pontinha de "queremos ser reconhecidos", mas nada demais. Assistíamos a tudo, participando de decisões, porém com distanciamento de mercado e sem relacionamento com gravadoras, etc. A não ser com a CBS, gravadora do Front. Éramos artistas no jeito de tocar, arranjar, tínhamos a liberdade de participar das decisões. Contudo não éramos mais do que grandes músicos, no sentido real da palavra. E em *playbacks*, como no *Programa do Chacrinha*, não aparecíamos. Ficamos conhecidos pelo jeito de nos entregarmos ao rock, ao palco.

Lobão nos incluíra na contracapa do disco, a gente se divertia, mas ainda faltava algo. Eu mudei essa situação quando entrei no Barão. Ali me tornei um artista completo. Não que não me entregasse antes, mas me entregava mais aos shows, dessa vez me entregaria a tudo e figuraria na capa do disco. Meu problema estava resolvido.

Entre 1988 e 1989 tive um período de forte uso drogas, "linkado" a shows e diversão, o qual depois se repetiria com a mesma intensidade entre 2004 e 2005. Entre esses períodos, nunca parei de usar, mas o fato de entrar no Barão me trouxe outros compromissos, o que equilibrou um pouco mais a minha vida. Claro, todos esses anos foram de muitos shows, muita estrada, e a vida na estrada já permitia muito álcool, etc. O quadro se completava com as romarias ao Baixo Gávea, Baixo Leblon, casa de amigos, mirante do Leblon, quiosques na praia de Copacabana e festas pelo Rio. Essa mistura foi cristalizando a dependência química ao longo dos anos.

Morei na casa dos meus pais até os 28 anos, quando entrei para o Barão. Nunca lhes dei trabalho. Era um filho tranquilo. Essa coisa de drogas foi num crescendo. O primeiro papo sério sobre isso foi em 1991. Já rolava bastante, porém eu usava mais na noite, nos bares cariocas, com a galera. Em casa eu já chegava pra dormir, desabar. Na verdade, o que eu gostava de fazer era ir à casa de amigos, depois de toda galera se encontrar na noite. Em Petrópolis, em nossa casa de campo, a galera até pegava mais pesado, porque era fim de semana, saíamos todos para Itaipava, Nogueira, Araras, e rolava cachaça com mel, caipirinha, vinho, uísque, cerveja, tudo. De dia, era esporte, *squash*, futebol... depois, noitada. Eu conhecia todo mundo em Petrópolis. E subia muita gente do Rio também. Lá foi um local de ativa. De muito uso. Mas só a partir dos meus 26, 27 anos. Antes disso, na infância e adolescência, era muito mais curtir as férias na piscina, nas cachoeiras, andar a cavalo, bicicleta, jogar bola. Lá pelo ano de 1984 meu pai construiu uma quadra de *squash* na casa. Toda a família jogava, e muitos amigos subiam do Rio só para bater uma bola por lá. Fazíamos torneios, etc. Só rolava cerveja, no final de tarde ou à noite. Não rolavam drogas pesadas, como depois viria a acontecer.

1992

Ringo Starr lança Time Takes Time

Sai um Lobo e entra um Barão!

No dia em que o Barão abriu para o Extreme e Skid Row no *Hollywood Rock*, em janeiro, eu ainda não era da banda, mas estava bem próximo disso. Não pude assistir ao grande show deles na Apoteose. Dois dias depois, ensaiando com Os Bizarros, no Eco Estúdios, na Real Grandeza, eles disseram que o show tinha sido sensacional. O Barão estava celebrando 10 Anos de Carreira, trouxeram o Maurício Barros de volta como convidado, e o Dadi fez um belo solo de baixo. Nessa época eu estava amarradão no Barão. Não pude entrar antes, quando me convidaram, e logo depois gravaram o *Na Calada da Noite*, cheio de violões, que eu curtia muito. Quinze dias depois, o Dadi saiu do Barão.

Em um domingo de fevereiro, Lobão avisou que ia parar de vez com a banda. Agora ia fazer só voz e violão, pra reciclar sua vida. E me convidou para ficar com ele; porém, no dia seguinte... eu estava no Real Astória e fiquei sabendo que o Dadi tinha saído do Barão, e eles iam novamente me chamar para a banda. Segundo Frejat: *"Desta vez o Rodrigo foi nossa 1ª opção. Não lembro se eu ou o Guto ligamos para ele"*.

Precisamente às 9 da manhã de terça-feira, Guto e Frejat me ligam convidando para entrar no Barão Vermelho. Quando desliguei o telefone dei um berro de felicidade! Logo eu estava ensaiando com a banda para as gravações do disco *Supermercados da Vida*. Ao mesmo tempo recebo uma fita cassete com um show do Barão realizado no ano anterior, na Rádio Cidade, para tirar o repertório da turnê dos 10 anos da banda, que já estava rolando. Como o formato com alguns *medleys* era o usado na turnê, eu ficava direto com a fita, tirando tudo.

Entrei para a banda já gravando e com direito a foto na capa do disco. E sou agradecido ao Peninha, pois foi ele que ponderou sobre isso: *"Pô o Dadi já disse que vai sair, vai gravar o disco e a gente vai colocar outra pessoa no lugar? Por que não chamamos logo ele, grava e fazemos a capa do disco?"*. A banda concordou. Dadi foi tocar com Caetano em Miami e deixou o Mesa Boogie 400 dele no estúdio. Usei direto nas gravações, e assim que começou a entrar grana comprei um igual e fiquei com ele por muito tempo.

Tive que parar com Os Bizarros (cheguei a chamar o Moska e o Marcelinho para fazer vocais na "Flores do Mal") e com os ensaios da Rio Sound Machine. Maurício voltou para o Barão como "convidado permanente", e o Buana 4 era coisa do passado.

Foi muito legal já chegar para ensaiar e ver toda a aparelhagem montada e o Ezequiel Neves me recebendo com o apelido pelo qual me chamou por toda a sua vida: *"Bem-vindo garotinho, bem-vindo Brad!"*. Para ele eu era o *"Brad Pitt do rock nacional. Você é rock'n'roll mesmo!"*. Ezequiel era um caso à parte. Sempre bem-humorado, se tornou uma das pessoas mais importantes da minha vida também. Dava toques sobre performance em palco, sobre andamento das músicas, sobre o *feeling*. Produtor de todos os discos do Barão, uma "figuraça", grande amigo. Faleceu em julho de 2010.

Nos intervalos das gravações eu jogava sinuca e ouvia a fita sem parar, a fim de tirar as músicas para os dois shows que faríamos logo. Os ensaios eram só para o disco. Fizemos dois shows em Minas Gerais (Governador Valadares e Juiz de fora), esquentando para a estreia oficial uma semana depois. Neste show de "esquenta", Peninha me ofereceu uma carreira: *"Vai?"*. Eu aceitei logo: *"Lógico!"*.

Muita televisão, matérias para jornais, fotos de divulgação, viagens e ensaios durante três meses. Minha estreia oficial foi no

Imperator, Rio de Janeiro, completamente lotado. Foram três dias de Imperator!. Cocaína e álcool continuavam em alta na minha rotina!

Lançamos o LP e gravamos os clipes de "Pedra Flor Espinho", "Flores do Mal", "Fúria e Folia" e "Odeio-te Meu Amor". Todas estas estouraram nas rádios. O clipe de "Pedra Flor Espinho" deu o que falar por causa da Andrea Guerra, que aparecia nua. A dúvida era *"Será que vai passar? Vai ser cortado?"*. Discutimos muito, mas deixamos as cenas. Quando fomos gravar as nossas cenas do galpão, com o fundo em vermelho, eu fui fazer a barba antes. Tirei um "bife" em cima da pinta no meu rosto, e não parava de sangrar. Eu tentando fazer o sangue parar, e a galera bebendo. Alguém falou para eu colocar açúcar. Era engraçada a cena: nego doido, e eu com açúcar no rosto. Acabou que a cena com a Andréa nua foi destaque na revista *Bizz* e em outras.

Em seguida fizemos uma festa no edifício Rio Branco 1, no Rio de Janeiro. Usamos o *budget* da gravadora e bancamos esta festança para promover o disco *Supermercados da Vida* e, entre outras ações, também me apresentar à imprensa. O novo integrante. O clip de "Pedra, Flor e Espinho" e a letra da música ficavam passando direto no telão. O meio musical estava todo nessa festa, incluindo o Renato Russo. Estavam todos "muito loucos". Ao chegarem, já davam de cara com bonecos, tipo cartaz, em tamanho natural, da banda toda. Para mim era um sonho essa badalação. Mas logo vimos que o gasto não compensava, e nunca mais fizemos outra festa dessas. Partimos para centenas de shows ao longo do ano.

Mais um clipe para mais uma música nas paradas: "Fúria e Folia". Curti muito fazer este clipe. Cada um de nós tinha um personagem: eu era um carvoeiro; Frejat um açougueiro; Fernando, um cabeleireiro, etc. Foram quatro horas de filmagens, entre cenas individuais e do grupo todo, tocando apertados num cubículo, super legal. Tinha uma cena de jantar, todos juntos. Era um mundo novo para mim, pois até então eu acompanhava artistas que gravavam seus clipes, agora eu fazia parte de uma "família" que filmava seus clipes a cada dois meses.

O clipe de "Flores do Mal" foi filmado no cais do porto do Rio, com cenas de carteado. Depois filmamos numa das plataformas da

Central do Brasil, e outras cenas na Lapa. O clipe ficou com um clima do "*Waiting on a Friend*", dos Stones.

O último clipe dessa primeira leva foi o de "Odeio-te, Meu Amor", gravado ao vivo no show do Imperator, no Rio. O Barão estava "pegando fogo", no palco e no clipe!

As sessões de fotos para a capa do disco duraram umas nove horas. E nós todos doidos. Eu tive que usar um casaco vermelho horroroso, por ser o mais novo na banda e não poder escolher. Era o que tinha sobrado. E o Ezequiel falando que estava lindo! Frejat usou uma camisa de oncinha com cabelo cheio de *gumex*. Fernando com uma bandana meio "Menudo", mas com camisa da Harley Davidson. Resumo: estávamos meio ridículos... rs. O final das sessões foi muito engraçado, pois para mudarmos de posição era tudo muito lento, estávamos muito "bicudos".

O governo federal lançou uma campanha contra o sarampo, "Xô Sarampo!", e o Barão foi selecionado para participar com um clipe. Levamos exatas doze horas para fazer o clipe, filmando das 6 da tarde às 6 da manhã, num grande galpão. Só de montagem e figurino foram quatro horas. A gente ia cantando "Xô Sarampo, Xô!", caminhando em direção à câmera. Só que eram várias tomadas, de vários ângulos. Mas valia o sacrifício pela causa nobre.

Como eu vi essa nova mudança em minha vida? Até aqui eu me sentia meio fora e meio dentro da carreira de músico. Eu queria ser reconhecido como artista. Fazer parte das fotos, da capa, etc., mas não me preocupava muito com isso, não. Queria tocar. Me divertia muito com os Micos. Gravamos disco com produção do grande Marcelo Sussekind, do Herva Doce. Sempre fiz do meu trabalho um local de relacionamento. Detestava "músico sindicalista". O que me ofereciam para tocar era o que seria. E adorava participar disso tudo. Com todos os artistas com quem trabalhei sempre tive bom relacionamento, e sempre soube me colocar como músico acompanhante. Já, no Barão, me tornei parte de um todo mais completo. O que eu queria era estar na cena. E acho que lidei bem com tudo. Claro, eu cantava, compunha, sabia que tinha algo a mostrar.

Assim que fui chamado a entrar no Barão, já comecei a procurar apartamento pra alugar. Morei em quatro apartamentos diferentes até comprar o meu próprio, em 1997, quando da renovação de contrato com a gravadora para mais três discos do Barão. Aí juntei dinheiro e comprei o meu, onde moro até hoje.

O primeiro apartamento em que morei sozinho era no Cosme Velho, perto do estúdio de ensaio, o Estúdio Verde. Certa vez, por ocasião dos ensaios para a gravação do *Supermercados da Vida*, eu tinha ido dormir muito tarde, e não escutei o despertador. Estava eu lá, dormindo e sonhando, quando, de repente, escutei um "puta" de um barulho, que parecia uma batida de carro, e dei um pulo da cama!!! *"Porra!! O que que é isso??"*, gritei, assustado. Eram Peninha e Frejat, dentro do meu quarto (!!?). Peninha segurava um prato de percussão e batia nele com a baqueta, com toda a força, enfiando a porrada e gritando: *"ACORDA!!! ACORDA RODRIGUINHO! ACORDAAAA!!"*. Os dois rolavam de rir, e eu, todo descabelado, reclamava: *"Vocês estão malucos? Como entraram aqui??"*. Haviam convencido o porteiro a abrir a porta, uma vez que eu não atendia o telefone, nem escutava o interfone. Tomei um banho e fui para o ensaio. Rimos disso depois, mas na hora foi um "puta" susto.

Depois de um ano no Cosme Velho, fui para um apartamento no Leblon; porém dez meses depois, como o aluguel era em dólar, mudei para um outro mais barato, na Gávea, na rua João Borges. Era um apartamento super transado, com um quarto enorme e um banheiro de cinema, com azulejos quadriculados em branco e preto; parecia Nova York. Só que era perto do Baixo Gávea. Todo mundo ia para lá, e acabava rolando bebida e droga.

George Harrison lança Live in Japan

No Barão de Cazuza

Na verdade, fui convidado a entrar no Barão em 1990, ali no *Festival Hollywood Rock*, quando tocava com Lobão. Recusei, pois estava em turnê. Quando fizeram novo convite, agora em 1991, aceitei, pois, o Lobão resolvera tirar férias. Lobão era muito amigo de Cazuza. Este de vez em quando fazia uns *pit-stops* na casa do Lobo, pois esta ficava no caminho da cachoeira em que mergulhava diariamente. Encontrei-o algumas vezes e trocamos ideias.

Antes disso, em 1988, Cazuza me convidara para ser o baixista de sua carreira solo. Ele já havia me visto tocar em muitos shows com Leo e Lobão, com João Penca & Miquinhos, em 1984/85, e nos shows do Front.

Agradeci o convite, mas estava gravando o primeiro disco com Lobão, *Cuidado!*, e já ensaiando para o *tour* que faríamos a seguir. Foi por pouco. Mas nos cruzávamos muito na noite: Baixo Gávea, Baixo Leblon, African Bar, etc. O fato de sermos todos da mesma geração, e eu estar no cenário desde 1981, fez com que gravitássemos no mesmo meio.

Eu costumava ir aos camarins dos shows do Barão, no começo da história da banda. Conheci Cazuza por volta de 1981, antes mesmo de sair o primeiro disco do Barão. Ricardinho Palmeira, que tocou e excursionou com o Cazuza, de 1987 a 1990, era irmão do Dé, primeiro baixista do Barão. E eu tive banda com Ricardinho, o Front, e frequentava a casa deles. Cheguei a escutar lá a fita cassete que continha a gravação do ainda não lançado primeiro LP do Barão. Minha personalidade batia bem com a de Cazuza, ambos arianos, ele do dia 4 de abril, e eu do dia 5. Falávamos sobre isso às vezes. Mas nos encontramos poucas vezes entre 1981 e 1990. Certa ocasião cheiramos uma carreira de cocaína, no banheiro do African Bar. Naquela época, a noite era um ponto de encontro musical, social e também de drogadição.

A última vez em que nos encontramos foi na casa do Lobão, pela manhã. Cazuza tinha ido dar um mergulho na cachoeira e parou lá com Bené, seu segurança particular. Bené trabalhou com Lobão também. Naquela ocasião ele já estava bem debilitado, muito fraco, muito magro. Me lembro de lhe dar um abraço bem de leve, pois ele parecia extremamente frágil. Fiquei impressionado. Não o havia visto assim ainda. E um mês depois ele morreu.

Nesse mesmo dia da casa do Lobão, fui ao cinema à tarde ver o filme do U2 *Rattle and Hum*, e chorei muito na cena da igreja.

Cazuza era o poeta completo. Do sarcasmo da crítica social, ia até a poesia amorosa rasgada. De mesa de bar. De guardanapo de papel. Só que usava palavras urbanas, com imagens bem definidas e nada de lugar comum. Não conheço outro poeta assim, com tanta precisão na caneta. Escutava Cartola e Lupicínio Rodrigues. Tinha a ironia e a malandragem dos grandes do samba também. E era rock. Era talvez o único com esse poder de síntese da crônica social, com poesia rebuscada e simples ao mesmo tempo. Não era tão lírico, ou contemplativo. Era direto, afiado como uma navalha, cortante como o raio, e ao mesmo tempo de uma doçura ímpar.

1993

```
Paul McCartney lança Off the Ground

Prêmios, Shows, Bebida, ...
```

Nesse ano teve a quarta edição do *Hollywood Rock*, um festival que era nesse momento tão importante e representativo na cena nacional quanto o *Rock in Rio*. O respeito que devotavam aos artistas nacionais era impecável também. Já o Barão não foi para o *Rock in Rio 2* porque não podia passar o som! Eu toquei no *Hollywood Rock* de 1990 com o Lobão, e foi muito legal. No de 1992 foi a consagração do Barão. Para a edição de 1993 eles pediram algo diferente. Como já tinham visto a Midnight Blues Band — projeto paralelo do Barao Vermelho com Zé da Gaita, este último substituído pelo George Israel —, convidaram a banda, que foi acrescida de um invocado naipe de metais como as grandes bandas de New Orleans. No repertorio, clássicos do *blues*, *rock* e *rhythm'n'blues.* Todos os baixistas do Barão fizeram parte da Midnight: Dé, Dadi e eu. Estava simplesmente LOTADO. Era a noite do Simply Red. Nós abriríamos e depois viria o Maxi Priest. Tinha 90 mil pessoas no Murumbi, e por volta de 40 mil no Sambódromo. Os gringos da produção e da técnica ficaram bobos em ver uma banda daquelas, todos de colete, paletó, tipo *Os Intocáveis*, cantando Beatles, Stones, James Brown, Robert Cray, tudo. Éramos tipo Os Britos, mas em maior escala, uma banda de barzinho formada por Barão, George Israel e convidados, com um naipe de metais, que depois foi para os shows do Barão. Neste show eu não cantei, mas no seguinte, no Canecão, eu cantei *"Signed, Sealed, Delivered"*, *"I Shot the Sheriff"*, e mais uma outra de cujo nome não lembro.

Nessa época em que entrei também na Midnight Blues Band, acabei automaticamente fazendo parte do projeto *Baú do Raul*, organizado pela grande amiga (e viúva de Raul) Kika Seixas. Como no projeto já tinha o Dadi como baixista, acabei sendo um segundo baixista. Um show com DOIS baixos! Um sonho! Rs. Ensaiamos e fizemos um tributo onde também figuravam, além dos Barões, o grande Rick Ferreira (que gravou em todos os discos do Raul e também nos meus discos *Um Pouco Mais de Calma* e *Waiting On A Friend*, o cantor Vid (ex-Sangue da Cidade) e Arnaldo Brandão. Fizemos dois shows sensacionais no interior do RJ, e depois mais um no Circo Voador. Kika me convidou outras vezes, mas coincidiu com compromissos na estrada. É uma guerreira, e um prazer pra mim participar de obra e show tão bacanas e importantes. Raul era um mestre. Gravamos uma letra inédita dele — gentilmente cedida pela Kika — no CD *Carne Crua* do Barão. A música se chamava "Pergunte ao tio José". Esses tributos são bem legais. Participei de muitos. O baú do Raul é especial. Assim como foi a gravação do Barão para "No Fundo do Quintal da Escola". E gravamos também, no CD de 96 (álbum), a música "Só Pra Variar". A ligação com Raul e com Kika sempre é intensa.

Me lembro de bons *songbooks* que gravamos também: "Quem Cochicha o Rabo Espicha", do Benjor; "*Back In Bahia*", do Gil; "Beijo Exagerado", dos Mutantes. E algumas músicas nos discos de Celso Blues Boy; Sandra de Sá; Gabriel o pensador; Eduardo Dusek; e Falcão. São muitas participações em discos alheios. Gravei três de um goiano chamado Gustavo Chao. E também do André Guimarães. Produzi os discos de Mauro Sta Cecília e Marília Bessy, e muitas outras coisas que meus neurônios não captaram. Quando o Barão parou, em 2001, além de eu me oferecer ao Biquini Cavadão, à Blitz, ao Kid, e tocar com os Impossíveis e os Britos, também montei o Barão Instrumental Trio, com Guto Goffi e Fernando Magalhães. Era só música do Barão em formato instrumental. Depois entraram Peninha e Serginho Trombone. Ninguém cantava. Era sem voz mesmo. De propósito. Levei pedais diversos! Wah- wah, delays, etc. As melodias das músicas eram feitas nos baixos e nas guitarras. Escolhemos muitos lados B, e lotamos o Ballroom no Rio, e uma casa em São Paulo, que teve participação do Sideral. Durou dois shows e umas matérias...e fim do mico...rs.

Já o Baú do Raul, está no meu DNA. E a Kika é uma querida amiga, grande produtora e realizadora.

Muito legal encontrar produtores bacanas esse tempo todo. Mônica Margatto, Ana Almeida, Lúcio Maia, Luiz Paulo Assunção, Maria Juçá, Zeca Fernandes, Samantha (Charlie Brown), muita gente boa. Muita gente de gravadora com quem me dou bem até hoje. Pessoal da WEA, da Sony, BMG, EMI, Deck, Som Livre, Discobertas, etc. Conheço há 30 anos. Todos vivendo disso até hoje. Essa relação estreita com a música é muito legal.

O primeiro Prêmio a gente não esquece. Ainda mais se for o *Prêmio Sharp*. Estávamos concorrendo aos *Melhores do Ano* com o disco *Supermercados da Vida* (o primeiro lançado em três formatos: LP - cassete - CD). Todos nós de terno, no Teatro Municipal do Rio de Janeiro, mas nem pensando em ganhar. Quando anunciaram que éramos os vencedores, fomos às nuvens. Atravessando a plateia, todos gritando *"Barão, Barão!"*, até hoje não esqueço. Na plateia, ícones como Gil, Caetano, Benjor. Foi uma festa!

Partimos em uma miniturnê pelos Estados Unidos, sem vistos de trabalho! Várias matérias veiculadas no *O Globo*, e a gente preocupado com possíveis problemas, pois seriam cinco shows para a comunidade brasileira de quatro cidades. Fomos a Nova Iorque, Boston, Fort Lauderdale e Miami. Com o Lobão, eu tinha ficado apenas em Los Angeles. Nova Iorque era o máximo! Chegando lá, já fiz a primeira besteira: comprei um taco de beisebol lindo, achando que só teria naquela loja. Passei a viagem inteira com aquele trambolho e vendo tacos em todos os lugares! Frejat lembra bem:

> *Rodrigo é uma criança grande! Comprou uma porra de um taco de baiseball e a gente andava com aquela merda pra lá e para cá. Não adiantava falar para ele esquecer em algum lugar, que não cabia em mala. Ele andava com aquela merda nos aeroportos e nos deslocamentos entre as cidades.*

Em Nova Iorque fomos visitar o Zé Luiz Segneri, que estava tocando num bar. Eu não quis sair da van, tava bêbado e cismei de não sair. Ficaram insistindo, e eu acabei chorando, sei lá eu por quê. Pra quê! Começaram a me chamar de "choritos, choritos", porque eu estava comendo um pacote de Doritos. Eu quis ficar dormindo. Só que de repente me toquei que ia ficar dormindo dentro de uma van, em Nova Iorque! Saí, andei um pouco e fui finalmente para o bar. Eu não via o Zé desde os tempos do Lobão, quando ele gravou conosco.

Era tanto deslumbre por Nova Iorque, que a gente entrava em todas as lojas de instrumentos, testava tudo, depois ia às lojas de discos, maravilhosas! E, é claro, tivemos os momentos de loucura. Tocamos num *Halloween* em Boston e depois fomos comer alguma coisa numa lanchonete, mas estava tudo frio "pra caralho"! Eu, que já conhecia bem o nosso taxista, falei pra galera: *"Vou a Nova Iorque com ele pegar um negócio e já volto"*. Todos, sem exceção, começaram a falar: *"Tá maluco cara? Vai pegar cocaína?"*. Alguém disse algo que acabou me tirando a vontade de ir. De repente, não lembro por que, a garçonete me deu um esporro, como se eu tivesse sido grosso com alguém. Fiquei irritado e fui para a porta. Não quis ficar com eles. Lá fora estava -10° C. Fiquei durante uma hora ali, com risco de pegar uma pneumonia. Quando saíram, fomos para outro lugar, eu roxo de frio.

Próximas paradas, Fort Lauderdale e Miami. Numa noite, eu e o Guto estávamos numa van, ele com vontade de um baseado, e eu, de uma carreira. O motorista informou que um rastafári ali na praça vendia. O cara foi super legal e entregou o baseado para o Guto. O pó ele ia entregar em outro lugar, pois não trazia com ele, e ia custar 100 dólares. Eu dei. O Guto não perdoou: *"Pô, tu é maluco Rodrigo, tu não conhece o cara!"*. O cara sacou e rebateu: *"Always Trust in Rastafári"*. O Guto brincava me sacaneando: *"Never Trust in Rastafári"*. A gente ia assistir a um show com Célia Cruz, Tito Puentes e The Meters, no Blue Note. Marquei com o rastafári às 8 da noite, na porta do Blue Note. Voltamos ao hotel, e o Guto me sacaneando: *"Tô vendo teus 100 dólares voando..."*. Às 8 em ponto o cara estava lá, me deu a parada e repetiu: *"Always Trust in Rastafári!"*. Rimos muito.

Tinha uma padaria ao lado do Blue Note. Cheirei no banheiro. Depois assisti ao show. Peninha era super fã de salsa, dos ritmos caribenhos, e delirou com a Célia e o Tito. Depois, no camarim com eles, chorou de emoção. Achei bonito este lado do Pena. Eu me comportei bem no show do The Meters, mesmo depois do "teco" e de beber. Não enlouqueci nem caí pelas tabelas. Me lembro de andar pelo público e me oferecerem "um tapa" num baseado. Aceitei.

No último dia da turnê, para economizar grana, ficamos quase todos no mesmo quarto. Ficamos eu, Frejat, Fernando e o Nelson Nuccini, nosso novo técnico de som. Fomos ao Blue Note, bebi muito e, chegando ao quarto, tomei remédio para dormir. Segundo o Frejat, eu tinha esta dicotomia: *"Depois dele "quebrar tudo", cheirar a noite toda, ele tomava remédio para dormir. Não dá".*

Para encerrar a minha série de micos na terra do Tio Sam, chegamos muito cedo ao aeroporto de Miami, e eu cochilei numa lanchonete. Fui para o embarque e... cadê minha passagem? Tinha deixado na lanchonete. Voltei correndo, a passagem estava com o gerente, embarquei quase fechando. Ufa!

```
Paul McCartney lança Paul is Live
Sempre Cumprindo as Agendas
```

Não sei como, nunca perdi um voo. É verdade. Nunca perdi um voo, em 32 anos de profissão. E voando todo fim de semana, praticamente. Já tive uns contratempos, mas nunca deixei de ir a show nenhum, mesmo na época mais doida da vida. Já tive, sim, de ser convencido a ir pro avião num dia em que cheguei virado, ainda na onda da *night*, e alguém do Barão fez alguma piadinha da qual não lembro. Repliquei: *"Ah é? Fui !! Vou voltar pra casa!"*. E aí o segurança do Barão (o finado amigo Paulão) me carregou para o embarque antes que eu entrasse num táxi. Foi só essa vez. Mas eu estava lá, no aeroporto.

Minha tática para não perder os voos era simples: quando eu virasse a noite, ia logo cedo para o aeroporto, no embalo, uma hora antes de todos – ou quase todos, às vezes chegavam outros na mesma situação que a minha – e lá bebia umas cervejas pra baixar a

onda. Eu torcia muito para alguém chegar virado e me fazer companhia (rs).

Gravação, eu cheguei a quase perder uma... no CD *Puro Êxtase*. O DJ Memê, então produtor do disco, quase chamou outro baixista. E fiquei "puto" com ele. Mas ele tinha razão. Eu estava atrasando o andamento do disco naquele dia. Dormi até o meio da tarde. Fui gravar mais tarde do que estava combinado.

Isso aconteceu também uma vez na gravação do CD *Carne Crua*. Cheguei até a discutir sobre isso com a banda, depois de um esporro. Tentei convencê-los de que era apenas um atraso. Mas depois vi que eu estava errado. E pedi desculpas. Na verdade, nós gostávamos tanto uns dos outros, que às vezes ríamos de algum vacilo do companheiro. Brincávamos fazíamos piada com aquilo. Bem, eu era o alvo de várias piadas. E se divertiram muito às minhas custas também.

1994

Lançada a coletânea dos Beatles Live at the BBC

Nascem Os Britos

Arraial Mais Uma Vez

Voltei a Arraial d'Ajuda apenas para fazer shows profissionais, já com o Barão Vermelho (e também depois em carreira solo). Na primeira vez em que voltei, não reconheci a "minha" Arraial d'Ajuda. Já parecia Búzios em alta temporada. E o show do Barão era em Porto Seguro. Mesmo assim, eu ainda guardava — e sempre guardei — um sentimento muito forte em relação a Arraial; então aluguei um bugre com Peninha e fui pra lá. Mostrei-lhe a Santa, o Mucuge, a *Broadway*, contei historias, e chegamos ao Parracho. A essa altura a barraca já era bombada, e rolava lambaeróbica na frente, com uma professora anã conduzindo 300 pessoas numa coreografia única. A sensação de estar de novo em Arraial, depois de três caipirinhas, bateu uma emoção, e chorei com aquela cena. De emoção. Peninha até hoje me sacaneia com isso.

Bem, depois subimos a estrada, fomos parar em um lugar onde tomamos um ácido e voltamos pra Porto Seguro. Só que o ácido bateu na fila da balsa, que estava totalmente engarrafada. O sol se pondo, e eu contando os carros até a entrada da balsa pra saber quanto faltava para o nosso subir. 48 carros. E eu voltava e contava de novo. E depois, o Peninha contava. E foi assim até embarcarmos. Chegamos ao hotel em Porto Seguro — nem sei como achei o caminho —, mergulhamos na piscina, e quando vimos, todos já saíam do quarto vestidos para o show. Nos aprontamos em 5 minutos; a casa já estava lotada, e entramos todos no palco. Só me lembro de apresentar a banda, nesse dia, no meio do show. Peguei o microfone principal e discorri sobre cada integrante do Barão, elogiando todas as qualidades individuais de um por um. Um texto enorme. Demorou uns dez minutos. O show foi bom, mas a onda só passou no dia seguinte.

Novamente em Arraial, tentei mais uma vez dar um "tapa", mas foi a última, para sempre. Uma nova *bad trip* fez com que eu não quisesse mais aquilo.

Depois passamos três meses ensaiando e gravamos o novo disco, *Carne Crua*, com todos tocando juntos, ao vivo! É, em minha opinião, o disco mais *rock* do Barão. Todos tocando juntos, ao mesmo tempo, na mesma sala, no estúdio do Roberto Menescal. E em seguida, a conhecida maratona de clipes para "Meus Bons Amigos" e "Daqui Por Diante".

"Meus Bons Amigos". Eu tava virado de bebida, e às 8 da manhã fomos gravar em Santa Tereza, no Cais do Porto, na Leopoldina, nos trilhos, nos trens. A letra dessa música é linda, e estava um clima de muita amizade, demos muitas risadas. Foi um dia legal, rendi bem, apesar da ressaca.

Já para o clipe de "Daqui Por Diante" a gente não tinha mais saco. Sugerimos que fossem usados *outdoors*, fotos, menos a gente!

Muitos shows e festivais para promover o disco! E drogas/álcool para promover a festa...

Nessa época eu já frequentava um Centro Espírita, o IEVE, para fazer "limpeza de chakras", uma rotina semanal, para tentar parar com as drogas. Às vezes era um "índio", outras um "preto velho" que chegava e falava: *"Mo fio, sua áurea é azul, você sabe o que tem que fazer. Pelo seu suor eu sinto. Para com estas coisas, isso não te faz bem"*.

Os Britos

Em julho/agosto deu-se o lançamento do filme *Os Cinco Rapazes de Liverpool* (*Backbeat*) A pré-estreia seria no Circo Voador. Como o filme era sobre o início dos Beatles em Liverpool e Hamburgo, o Circo deu a ideia de formarmos uma banda para tocar só este material cru e "roquenrou", nos mesmos moldes do lançamento lá fora. Integrantes de bandas de Seattle se misturaram e gravaram a trilha sonora do filme. No Brasil a proposta era juntar também integrantes de bandas diferentes para o lançamento. Assim, fundamos Os Britos: George Israel, Guto Goffi, Nani Dias, Dado Villa Lobos e eu. Mesmo depois dessa ocasião continuamos como a banda paralela ao Barão e ao Kid, a pedido do público. Mas agora como um quarteto, pois o Dado participou apenas dos dois primeiros shows.

Os ensaios, sempre muito loucos, tinham lugar de meia-noite às 4 da madrugada. Às vezes ficávamos só eu e o George nas gravações. Eu muito louco, e ele não... rs.

1995

Paul, George e Ringo lançam Free As A Bird

Rolling Stones, Prêmios, Shows, Loucura

Quando fomos avisados de que o Barão abriria os shows da turnê *Voodoo Lounge* dos Stones, fomos todos à loucura! Era inimaginável! Dia 27 de janeiro entramos no gigantesco palco montado no Pacaembu e começamos nosso show, que foi ótimo. Foram mais duas datas em São Paulo, nos dias 28 e 30. São Paulo teve três datas porque os shows saíram do Morumbi, que estava em obras, e foram para o Pacaembu. Depois, Maracanã, em 2 e 4 de fevereiro.

Acordei no dia 2 de fevereiro de 1995 ansioso e pensando: *"Caramba, vou abrir o show dos Rolling Stones no Maracanã!!! Da maior banda de rock do mundo! Isso é uma coisa fantástica!"*. E pulei da cama, eufórico. Na verdade, abrimos cinco shows deles, mas alguns foram mais emblemáticos. Partimos um pouco antes pro estádio, pra passar o som. Quando pisei no palco do Voodoo Lounge, os bonecos infláveis da turnê estavam ainda desativados, mas a magnitude daquele palco era de cinema. O chão era levemente inclinado pra baixo, como uma imperceptível rampa. Talvez fosse pras descidas do Mick Jagger, eu não sei. Só sei que era enorme, gigantesco. Muito espaço. Com uma equipe igualmente gigantesca. É um outro mundo. E resolvi usar o sem fio no baixo. Eu prefiro cabo. Não gosto de sem fio no instrumento, pois parece que "rouba" o som e fica também sujeito a interferências de outras frequências, correndo o risco de parar, ou de ficar falhando. Mas usei, pois não havia cabos de 20 metros à disposição.

Então quando pisei no palco para a passagem de som, olhei em volta e deu um nervoso gostoso. E quando contemplei o Maracanã, meu estádio de tantas glórias com o Zico e Cia., fiquei mais emocionado ainda. Era um sonho. E tinha de viver aquilo careta, sem álcool e drogas. Foi uma coisa que eu falei pra mim mesmo, na véspera. E segurei a onda, mesmo com tanto *glamour* em volta. Queria viver esse show no Maraca observando e curtindo todos os segundos. E depois assistir ao show dos Stones. Assim o fiz. Olhando o Maracanã, o frio na barriga era inevitável, e eu não via a hora de começar. Seriam dois shows no maior estádio do mundo! Tantas emoções eu vivi naquele estádio... mas nenhuma seria igual a essa. A passagem de som fluiu bem. Com o naipe de metais, que havíamos trazido desde a turnê do CD *Carne Crua* em 94 (Bidinho, Zé Carlos e Serginho Trombone), ficamos em nove no palco. Isso preencheu bem o lugar também. Loucos pra entrar no "gramado".

Já tínhamos estreado no Pacaembu. Em três shows memoráveis e num deles fomos ovacionados pelo público por tocarmos debaixo de chuva torrencial – entretanto fomos obrigados a interromper o show na penúltima música (não tocamos "Pense e Dance", nem "Maior Abandonado", pois não saía mais som dos instrumentos). Isso contagiou o público, que gritava "Barão!! Barão!!". Foi sensacional. Os três shows em SP, no Pacaembu, foram muito bons, mas esse da chuva foi especial. Com raça, levamos o show debaixo de um dilúvio. E ainda fomos agradecer à plateia na frente do palco, totalmente encharcados. Os instrumentos todos foram trocados para o show do dia seguinte. Esse foi o primeiro dos cinco shows. Peguei um baixo Warwick da loja Gang. Colocamos um adesivo, que me acompanhou ao longo de toda a turnê. Fomos eleitos, junto com Stones, os grandes shows da noite – que ainda teve Rita Lee e Spin Doctors. Partimos pra comemoração depois do show e assistimos aos shows dos Stones, de vários lugares da plateia. Todos nós "Stonemaníacos". Demais. Muito demais.

Para mim o Maracanã tinha um peso muito forte. Uma emoção sem tamanho. Preparei uma roupa pra essa turnê. Eu mesmo recortei as mangas da minha camisa, deixei estilizada, rasgada, cheia dos *bottons* de metal que eu comprara na véspera dos shows. E ficou bacana. Fiz isso com uma camisa vermelha e outra preta. E entrei no Maraca um dia de preto e outro de vermelho. Por que será? Flamengo? Pode ser. A verdade é que me senti muito bem. E quando entramos no palco, depois de uma roda de concentração, fomos pra ganhar o jogo. Uma multidão nas arquibancadas, na pista, em todos os lugares do estádio. E todo mundo cantando as músicas, uma atrás da outra. Começamos com "Carne Crua", pra valorizar o novo CD e porque era um "puta" rock. Depois enfileiramos só sucessos da carreira. Eu olhava pra cima e não acreditava no barulho do público e na quantidade de gente. No final, gritos de "*Barão! Barão!*" de novo. No meio do show, andei pelo palco todo, inclusive por uma das passarelas que ficavam ao lado. Uma à esquerda e outra à direita. Eu fui pela do meu lado. Subi até bem lá no alto, na ponta da passarela. Era a passarela do Keith Richards, e eu nem sabia que não podia subir ali. Fui subindo, achando que era permitido, e ninguém me mandou parar. O detalhe é que o sem fio estava falhando, mas fui mesmo assim. E quando cheguei à ponta da passarela, o público adorou. Foi emocionante ver a plateia a partir daquela perspectiva. Só depois que voltei vim a saber que era proibido subir aquela passarela. Ninguém o havia feito, nenhuma banda de abertura, em nenhum lugar do mundo, realizara tal façanha. Mas fiquei lá pouco tempo. O suficiente para me divertir.

 Depois assisti ao show dos Stones, e para minha surpresa eles tocaram naquele dia "*Beast Of Burden*", minha música favorita. Chorei na arquibancada aos primeiros acordes. Foi demais. Fizemos uma festa no camarim naquela edição especial do *Hollywood Rock*. Quando cheguei ao baixo Leblon pra comemorar, um grande amigo, o Guilherme Fiúza, me mostrou a capa do *Globo* recém-saída do prelo na madrugada (primeira edição). Éramos eu e Frejat, na primeira página do jornal, e o texto dizia que tínhamos arrebentado na festa dos Stones. Fiquei super feliz! Um reconhecimento a tudo. Não conhecemos os Stones, mas era a nossa banda que merecia abrir aquela turnê. Como ninguém. Afinal, segundo a voz geral, o Barão era o "Stones" brasileiro. Honramos a camisa. Foi um dos momentos mais importantes da minha carreira.

Ganhamos mais um *Prêmio Sharp*, com o Barão, pelo disco *Carne Crua*, no Teatro Municipal do Rio. Já não teve aquela emoção do primeiro. É como se fosse consequência.

Outra loucura ocorreu na estrada com o Barão. Chegamos, quase todos doidos de álcool, a um hotel não sei exatamente onde (em algum lugar no interior de Minas Gerais), depois de uma viagem de dez horas de ônibus. Tomei café e fui dormir. Ninguém ia passar o som. A equipe técnica passaria para a gente. Ficaram de nos chamar só na hora de sair para o show. Apaguei, com a certeza de que iria dormir como um anjo. E coloquei o trinco na porta do quarto. Só que apaguei mesmo. E sem perceber, esbarrei no telefone ao lado da cama, e este ficou fora do ar. Não me dei conta disso. E dormi.

Nessa época eu morava na Gávea, ao lado do Baixo. Um vizinho começara uma obra grande no apartamento de baixo, e todo dia tinha a maior quebradeira, a partir de 8 da manhã. Muitas dessas vezes eu tinha acabado de deitar, depois de uma noite de muito álcool. E tentava apagar antes de o barulho começar. Às vezes eu tinha apenas umas três horas pra dormir e já tinha de sair pra algum compromisso com a banda. E começava a obra. Eu, desesperado, pedia aos operários: *"Por favor, dá mais uma hora aí pra começar! Por favor, me deixa tentar dormir !!"*. Às vezes eles atendiam ao meu pedido. Mas enfim, quase sempre eu era acordado com essa obra, ou ia dormir com ela no meu ouvido.

E lá estava eu no quarto do hotel em Minas com o Barão, o telefone desligado, a porta trancada, e sonhando, sonhando fundo, láááá longe...e comecei a ouvir um barulhinho dentro do sono...pá... pá...e foi crescendo... pá PÁ... e aumentando ...PÁ PÁ PÁ....e eu comecei a sonhar que estava no meu apartamento e a obra havia começado. No sonho eu ia pedir que a galera desse um tempo, etc. E o barulho aumentando... PÁ-PÁ-PÁ-PÁ!! TOC-TOC-TOC-TOC. E de repente eu escuto um CRAAAASHHH KABRUUUUM !!!!!!!!!! E dei um pulo da cama!! *"O que que é isso?? O que que é isso????????"* Era o Paulão, segurança do Barão, com mais umas duas pessoas e o gerente do hotel. Paulão estava com um machado na mão! Eles arrombaram a porta com um... MACHADO! Quebraram tudo, trinco,

Barão e Rita Lee na festa dos Stones

parede, etc. E só escutei: *"Caraca Rodrigo, vamos nessa!!! Tá na hora do show!!"*. Reclamei: *"Ninguém me ligou, porra!!"*. Aí me dei conta de que o telefone estava fora do gancho. Pedi: *"Sai todo mundo, deixa eu tomar uma ducha e já desço!"*. Tomei um banho em dois minutos e desci em cinco, com o coração na mão. E tive de pagar depois o estrago todo. Morri numa grana pro conserto da porta. Essa história ficou rodando anos e anos. Todos me sacaneavam com ela.

O Barão foi convidado para participar do primeiro *Rock & Gol* (depois seria *Rock Gol*), da MTV. Como eu jogava bola desde garoto; quando entrei para o Barão todos disseram: *"Finalmente um baixista que joga bola"*, uma vez que o Dé e o Dadi não eram "especialistas" neste esporte. Nesta primeira edição podiam entrar técnicos, amigos e jogadores veteranos sorteados entre os times. Eu levei o Felipe, que foi o baterista do Prisma e depois foi *roadie* do Leo. Ele era bom. E o jogador que caiu para a gente no sorteio foi o Zé Maria, da Copa de 70. Ele estava "meio gordinho". O Skank deu a sorte de tirar o Serginho "Chulapa", que ainda jogava um bolão! Os Paralamas pegaram o Paulo César Caju. Levamos também o Marcinho Barros, irmão do Maurício, que jogava muito! Fomos para a final com o Skank, que nesse dia estava sem o Serginho, o artilheiro deles que até ali fizera quase todos os gols. A regra era bater pênaltis antes do jogo. Quem vencesse, jogava pelo empate. Perdemos. Com o jogo rolando, perto do fim, estava 4 x 2 para nós. Já comemorávamos, quando o Samuel chuta entre a trave e o Felipe, que aceitou o "frango". Não demorou muito e Samuel repetiu a jogada, e o

Felipe repetiu o "frango". Perdemos o primeiro *Rock & Gol*. Foi o nosso Barãocanazo!

A história mais engraçada deste *Rock & Gol* sucedeu com o Peninha. Eu estava na reserva, e de repente vejo o Peninha esbarrar em alguém e depois se agachar, procurando alguma coisa no chão. O atacante vem para pegar a bola, e a gente começa a gritar: *"Peninha, Peninha, a bola!"*. E nada! Começamos a xingar: *"Porra mermão, a bola quicando e você procurando o quê?"*. Depois ele contou: era a dentadura, que pulara da sua boca depois do esbarrão!

1996

    Paul, George e Ringo lançam Real Love
    Disco Novo x Problemas Internos

Gravamos mais um disco, o *Álbum*, meu terceiro com o Barão, só de regravações, O CD vinha com uma faixa interativa, filmada por meu primo Pedro Guinle. O disco estourou nas rádios, quase todas as músicas tocavam direto, gravamos vários clipes. Apesar do sucesso do CD, começam a surgir entre nós algumas divergências conceituais em relação à cara da banda.

    Paul, George e Ringo lançam o LP Anthology
    Clipes e Prêmios

Para o disco gravamos vários clipes das músicas "Vem Quente que eu Estou Fervendo", "Jardins da Babilônia", "Amor meu Grande Amor", "Malandragem dá um Tempo".

A gravação de "Vem Quente..." foi especial. O clipe foi gravado no parque aquático Júlio Delamare, no Rio. Colocamos pesos amarrados ao corpo para ficar mais tempo no fundo da piscina e filmamos cada *take* até onde a respiração aguentasse. A música ali tocava baixinho, mas dava pra escutar e fazer o *playback*. Dentro da piscina havia uma janela para filmar os atletas, e ela é que foi o canal entre a câmera e nós. A câmera era colocada lá do outro lado da janela! Ficamos horas filmando, e depois tudo foi misturado ao fundo de *chroma key*, dando aquele efeito desenhado. Consideramos esse o melhor clipe da história da banda, e eu só o comparo ao de "Remédios" já da minha carreira solo. O clipe ganhou prêmio na MTV, e a música chegou ao primeiro lugar nas paradas de sucesso. O naipe de Serginho Trombone, Bidinho e Zé Carlos foi a magia principal daquela faixa, pois a deixou "salseada", dançante. O comercial da Rider bombou com a música – esta concorria ainda com o mega *hit* "Garota Nacional" do Skank –, que inicialmente serviria apenas para "cumprir contrato" com a WEA, e acabou sendo o carro-chefe de um disco muito bem-sucedido. Em seguida entraram nas rádios mais três músicas: "Amor Meu Grande Amor", "Jardins da Babilônia" e "Malandragem Dá Um Tempo".

Os clipes não eram o forte do Barão, mas em "Vem Quente" e em "Pedra, Flor e Espinho" acertamos a mão com os diretores. O clipe de "Amor Meu Grande Amor" eu achei chato. Demorado de fazer, foi na Fundição. É um de que realmente não gosto. "Jardins da Babilônia" teve clipe ao vivo extraído de um show nosso em São Paulo, e o clipe de "Malandragem Dá Um Tempo" foi gravado num evento que fizemos com a MTV, no qual Bezerra da Silva cantou com a gente. Foi um dos dois discos mais vendidos (talvez o mais vendido) da história da banda. A turnê se espalhou pelo país todo, e as músicas nas rádios renovaram nosso público. Essa renovação teria sequência com o disco *Puro Êxtase*, dois anos depois.

O CD ganhou *Disco de Platina*, e renovamos contrato com a gravadora para mais três discos. Com isso pude comprar apartamento próprio, e finalmente morar em um endereço definitivo, pois já havia me mudado quatro vezes, em três anos! E veio o terceiro *Prêmio Sharp*, pelo disco.

Partimos para Portugal a fim de divulgar o CD, que seria lançado lá. Não faríamos shows. Seriam aparições nas rádios e TVs, entrevistas e ações de divulgação programadas pela gravadora. O Ezequiel foi com a gente e protagonizou alguns lances hilários. Um deles passou-se no hotel. Ele queria gelo e não tinha mais na máquina. Pediu na recepção e o responsável respondeu: "*Ó pá, se tiraste todo o gelo não vai ter mais!*". Outro lance me envolveu também. Fomos a um museu, a banda e ele. No meio da visita a gente passa ao lado de uma cama histórica, a de D. Maria I, "A Rainha Louca". Ninguém podia chegar perto, tinha cordas isolando e tal. A guia era muito chata, e Ezequiel e eu formos ficando para trás. Ele exclama: *"Esta cama tem história, garotinho!"*. Deitou-se na cama, e eu tirei três fotos. Depois foi a minha vez. Acabaram descobrindo, e tomamos o maior esporro.

Fizemos várias cidades, só divulgando e conhecendo bandas locais. Uma noite fomos ao Cais do Porto de Lisboa, o *point* da cidade. Os anfitriões eram as bandas Delfins e Chutos e Pontapés. Peguei um "branco" e fui para uma festa em companhia de mais três amigos das bandas. Eles nos apresentaram a bebida Absinto, que ainda não tinha sido liberada no Brasil. Era a "fada verde", por causa dos efeitos alucinógenos que a bebida original, com teor alcoólico de 89,9%, supostamente produzia. Supostamente nada! Eu pirei! Estávamos numa festa, em um castelo, com mulheres dançando em gaiolas. Eu não sabia mais onde estava. Perguntei a um deles, e ele manda: *"Em Portugal!"*.

1997

Paul McCartney lança o disco Flaming Pie

10 horas de som ou "que tal um chá"?

Tomei alguns ácidos ao longo da vida. O último foi em um carnaval, em Garopaba, Santa Catarina. Além de baixista do Barão, eu era promotor na pizzaria de um grande amigo, o Alexandre Serrado. A casa tinha dois "*promoters*" de agendamento de bandas, eu era um deles. O outro era o Robertinho Freitas, *brother* das antigas. Nós dois agendávamos as bandas. Quando Serrado quis abrir uma filial no Sul, montamos uma banda pra divulgar.

Garopaba era demais. A *"Night"* começava às 2 da madrugada e acabava às 8 da manhã. Uns seguiam depois pra praia direto, e outros iam dormir às 9 horas. Quem ia pra praia depois dormia das 18 horas à 1 hora da madrugada. E partia de novo. Foram dez dias nessa viagem. Fomos em sete aqui do Rio. Éramos mais de 50 pessoas na pousada, que pertencia a um argentino, algumas das quais tomando chá de cogumelos. Cantei durante oito horas sem parar, tocando violão, e as cordas foram arrebentando. Terminei às 8 da manhã com apenas duas cordas no violão. Só com *riffs*! E as pessoas em cima das mesas, dançando, cantando! Foi muito bacana. Dessa vez o chá não bateu mal, mesmo eu tendo tomado duas xícaras, à meia-noite.

A pizzaria era perto da praia, ao lado de vários bares lotados. E os shows da gente (elétricos) começavam às 4 da madrugada! Tocávamos clássicos do rock. No ano seguinte, o palco ficou do lado de fora, em virtude do sucesso. Havia uma máquina de *Frozen* ao lado do palco. Tomávamos direto, e apelidamos a banda de *Frozen*

Margaritas Blues Band. Depois do show, íamos para o Bar do Meio ou para a praia. O Bar do Meio, ao lado da pizzaria, era o ponto final. Muita cocaína. Pratos no fogão. E apelidamos de "Bar do Medo".

Enfim, esse foi o último chá de cogumelo ou ácido que tomei. Depois parei. Geral. Só voltei a fumar, de vez em quando, nos ônibus do Barão e do Kid. Quando já estava bêbado, jogando algum carteado, etc. Aí valia tudo. Mas era só um "tapa", e já foi. Em casa muito raramente rolava, num final de tarde. Ou seja, continuei com álcool e cocaína, com o resto praticamente parei em 1997.

```
Barão no futebol
```

E veio o nosso segundo *Rock & Gol*. Para evitar a decepção do primeiro, montamos um *dream team* com Peninha no gol, Guto na zaga, Evandro Mesquita no meio, Ricardo Graça Melo na lateral direita, eu na lateral esquerda, e Casarim, dos Engenheiros, na frente. Um dos jogos mais difíceis que tivemos foi contra o Mascavo Roots. Eles jogavam muito e só ganhavam de goleada. Mas vieram para o jogo virados de um show, e conseguimos ganhar de 1 x 0.

Na semifinal jogamos com o Ratos do Porão. A plateia inteira chamava a gente de "playboyzinhos", "mauricinhos", pois todos estávamos bronzeados. Estávamos ganhando de 2 x 1 quando o Peninha resolve provocar a galera. Levanta os braços e aponta para todos, chamando a atenção. Aí, aponta pro pau. A galera queria matar a gente, inclusive os Ratos, pois ganhamos deles de 4 x 2. Na final, mandamos várias bolas na trave, mas perdemos para o Cidade Negra.

```
Portugal de novo
```

Fizemos nossa segunda viagem a Portugal, desta vez para fazer três shows com o Barão, em Lisboa e no Porto. A crítica portuguesa enalteceu nossos shows. A turnê do *Álbum* foi super bem-sucedida, lá e no Brasil. Concluindo, foi um intercâmbio com Os Delfins. Eles vieram pro Brasil, e nós fomos pra lá. Uma Banda abriria o show da outra, nos respectivos países. No Rio, Canecão lotado. No Porto, Coliseu lotado dois dias!! E realmente foi um momento fantástico nosso. Uma viagem internacional pra Europa, com shows em Lisboa e no Porto. E nos divertimos muito em ambas as cidades. Não rolou droga, não cheirei nessa viagem. Mesmo as bebidas foram poucas. Fui tocar mesmo, amarradão. Ver o Coliseu lotado e as pessoas adorando o Barão foi de arrepiar. Depois assistimos ao bom show dos Delfins, lá de cima. Do terceiro andar. O Coliseu realmente remetia àquelas arenas de Roma antiga, vários andares, só que com uma atmosfera que lembrava o Teatro Municipal. Era a mistura do antigo com o novo. Lindo local. Nunca vi igual aqui no Brasil. E dentro desse universo, o show foi uma porrada! E as críticas também. Maravilhosas. O jornal do dia seguinte teve uma página inteira dedicada ao nosso show. E o show em Lisboa também foi fantástico. Dessa vez foi só nosso. Foi no cais do porto, se não me engano. Ou perto. Sei lá. Eu estava lá pra tocar. E me divertir. Como um Ron Wood, por exemplo. Aliás, vejo algumas semelhanças, no meu estilo de vida dessa época, com o de Ron Wood, dos Rolling Stones. A essa altura eu não queria ser mais um Beatle, e sim um Rolling Stone. Bem... Essa era a minha fantasia.

E depois desses quatro dias em Portugal, voltamos ao Brasil, para muito trabalho ainda.

Clube da Bossa Nova

1997... nesse ano, conheci a Cássia Eller. Na verdade eu já a conhecia, de ir a shows em São Conrado, do convívio com amigos em comum, ou até de shows do Barão. Fui à gravação de um disco seu que o Ezequiel Neves estava produzindo. Nos demos muito bem. Sergio Serra também tocava com ela, e como éramos muito próximos, assisti a vários shows de violão e voz. De repente começamos a andar juntos muito frequentemente. Um amigo nosso, Ronaldinho, tinha um apartamento na Lagoa, primeiro andar, voltado pra rua. E todos que viam as luzes acesas, batiam lá. Eu era amigo pessoal dele, então estava entre os cinco maiores frequentadores. E rolava de tudo. Álcool, maconha, levação de som, pó, e muita gargalhada. Muitos amigos só passavam pra levar som, ou beber cerveja. Chamávamos de "Clube da Bossa Nova", mas era só de roqueiros. Eu, Cambraia (baixista de Nando Reis), Ronaldinho, Walter Vilaça, Fabio Almann, Fernando Nunes, Lan Lan, Eugênia e Cássia. Éramos um grupo de umas 30 pessoas que levava um som invocado, quase que diariamente.

O Clube da Bossa Nova era extremamente musical, ia de Lynyrd Skynyrd e América até Rolling Stones e Led Zeppellin. Muitas autorais eram mostradas também. Uns 8 violões, muitos pratos passando, e cervejas às centenas. Essa turma levou som durante uns três anos seguidos. Cássia ia de vez em quando. Ou então íamos pra casa dela, em Ipanema (e depois em Laranjeiras). A animação da turma era bem bacana. Não deixávamos a peteca cair. Ou melhor, o humor. Acho que foram as vezes em que o violão foi mais usado por mim, de todas as fases em que fui violeiro. Com Cássia era muito bom também. Ela sabia tudo de Beatles. Isso nos aproximou, de imediato. Fizemos shows juntos — Barão e Cássia — em Fortaleza, no Biruta. Sensacional. E com Os Britos, uma vez no Balroom, estávamos tocando quando ela chegou. Casa vazia, e ela já veio com a frase: "*Vou subir!*" E mandei de volta: "*Sobe!! a casa é sua!*". Mandamos *"Sargeant Peppers"*, *"Come Together"*, e outros clássicos. Foi uma época muito boa. Quando Cássia morreu, estávamos um pouco distantes. Ela estava estouradaça com sua banda (de grandes amigos meus) na estrada, portanto já nos víamos bem pouco. Lembro dos últimos momentos em que estive com Cássia; foi no camarim do *Rock In Rio 2001*, quando ela se apresentou antes da gente. Um arraso! Um doce de pessoa, e uma companheira de "violadas" que nunca mais achei igual no meio musical. O Clube da Bossa Nova também nunca mais foi o mesmo...

Uma vez eu e Cássia viramos a noite cheirando no meu quarto no Othon, em BH! Tocamos o álbum branco inteiro na viola e depois saímos juntos para tocar num barzinho do lado do hotel, às 5 da manhã. Tocamos nesta espelunca até às 7!

The Police

Eu, Cambraia e o PM

Estávamos na casa do Cambraia, uma vez. Ele, eu e mais 3 amigos. Tocando violão, bebendo umas cervejas e também cheirando umas carreiras. Prato na mesa, alguém estava esticando as linhas de pó. E nós com o violão. Era por volta da meia-noite, início da madrugada. Mas estávamos tentando tocar baixinho pra não incomodar os moradores. Do lado de fora do apartamento, víamos pela janela, à nossa frente, uma parede de concreto já do outro prédio. E se debruçássemos mais, olhando à direita e à esquerda, era um corredor que ligava os dois blocos da vila. Na extremidade esquerda do corredor víamos um pedaço da rua Jardim Botânico. Dava pra ver um pedacinho, o portão de grades e os carros passando. Na extremidade direita eram os fundos da vila. Olhando pra frente era um muro cinza. E estávamos nós no quarto, quando na parede de fora começou a aparecer uma luz vermelha rodando, contínua e circularmente. Pensamos: *"Tem polícia aí. Só pode ser"*. Mas não se ouvia sirene, talvez estivesse desligada, e pra entrar no prédio, só se alguém abrisse pelo interfone. Não havia porteiro. Continuamos a conversar (com o volume bem mais baixo e "olhando o gato e fritando o peixe", como diz o ditado, pra entender que luz era aquela e qual o propósito dela), e já estávamos meio loucos. O suficiente para ficarmos grilados. Mas enfim, não era com a gente, podia ser paranoia, etc. E o prato rolando, cheio de papelote. Dali a uns dois minutos, estávamos falando sobre música, etc., e toca a campainha: "*blim blom*!" Congelamos. Nos entreolhamos. Silêncio geral. Cambraia foi até a porta — estava sem camisa, porque não tinha ar-condicionado e estava o maior calor. Olhou pelo olho mágico. Todos nós em silêncio, e o prato no meu colo, pronto para ser colocado debaixo do sofá, sei lá. Achávamos que era mais algum amigo chegando, ou um morador.

Cambraia vira pra gente e fala, com uma cara engraçada: *"É um PM"*.

Perguntei, meio rindo, meio sério: "*PM!?!!?*".

Ele respondeu: "*Sim. PM*".

Perguntei de novo, baixinho: "*PM??*".

E ele: "*PM*".

De novo eu: "*PM, PM??*"

E ele afirmativamente com a cabeça: "*Sim, PM, PM*".

Era o máximo de comunicação que conseguíamos. Bem sussurrada, e de olhos arregalados.

Aí falei: "*Ué..então abre*". Escondi o prato e fiquei só com o violão no colo.

Cambraia abriu e cumprimentou (sem camisa, com cigarro na mão, e aquela cara engraçada que só ele tem): "*Boa noite seu PM*". O PM respondeu: "*Boa noite*".

E não poda entrar sem mandato. Ficou ali na porta, olhando pra dentro. Eu estava numa cadeira, bem na reta dele – o apartamento era só uma sala pequena, da porta já se via a janela. A cadeira onde eu estava era colada à janela. Os outros estavam no sofá, com violão...

O PM olhou. Nós olhamos. Ele olhou. Nós olhamos. Ficamos esperando uns segundos pra ver o que ele falava. Ele continuou olhando e perguntou se era ali que tinha havido uma discussão, se alguém estava brigando, etc. Pois tinham recebido uma denúncia. E nós protestamos: "*Briga? Não seu guarda. Aqui é só som, paz e amor*".

O PM concordou, depois de alguns intermináveis segundos de silêncio. "*Ok. Se souberem de alguma coisa, nos avisem. Estaremos lá fora mais meia hora"*. *"Tá bom"*. Respondemos nós. E agradecemos. E Cambraia fechou a porta. E continuamos em silêncio.

E guardamos o violão. E ficamos só observando a parede do lado de fora com a luz vermelha girando ainda, reflexo do carro de polícia parado lá na entrada da vila. Enquanto essa luz ficou ali, não falamos mais nada. Meia hora depois, eles foram embora.

Esboçamos umas três palavras e dois acordes, resolvemos guardar o violão e ficar no volume zero. Só sussurrando. Entre meia-noite e meia e 5 horas da madrugada. Só se ouviam sussurros, e de vez em quando o som de um nariz assoado, ou uma tímida risada mais alta. Que logo tratávamos de reprimir com um: *shhhhhhhhhhhhhh!!*

1998

```
Ringo Starr lança o LP Vertical Man
Amor, filho, barões...
```

Um pouco antes de gravar o *Puro Êxtase*, conheci a mulher da minha vida, Pati. E me apaixonei. Foi na casa de um amigo em comum, o Bandeira. Bandeira era meu amigo desde os 15 anos de idade. Me salvou de várias roubadas. Também jogava bola e *squash*. Juntos íamos ao Maraca. Grande amigo. Encontrei-a umas três vezes depois em outros lugares, até ficarmos juntos. Foi realmente amor à primeira vista.

Gravamos o novo CD do *Barão*, *Puro Êxtase*, e nesse eu incluí uma música de minha autoria, "O Sono Vem", composta para minha nova namorada, Patricia.

O disco chega às paradas de sucesso bombando, e os clipes de "Puro Êxtase" e "Por Você" ganham a mídia. Shows direto pelo Brasil afora. Mas o disco trouxe à tona muitas diferenças entre os componentes na banda sobre o que se queria em relação ao mercado. Ficamos quatro de um lado, e dois de outro. Mesmo assim o clima pessoal entre todos era maravilhoso, clima de família. Era divergência musical apenas. Fizemos muita divulgação em cima de um caminhão, com roupas laminadas horríveis, com as latas do *Puro Êxtase*.

O clipe de "Puro Êxtase" trazia três modelos. Nossos personagens eram futuristas, cenário bem legal. Eu gostei do clipe, apesar de ser um pouco escuro. O Ezequiel não gostou das tomadas, na qual éramos filmados de baixo para cima, pois "mostrava os nossos papos". Ele dizia: *"Ficaram horrorosos!"*.

Já o clipe de "Por Você" foi gravado em São Paulo, num galpão enorme. Como sempre, rolava muito uísque durante as gravações dos clipes, mas quase sempre sem drogas. Uma vez ou outra rolou droga. No geral era mais bebida mesmo. Foi uma época boa do Barão, pois não houve tantos excessos. Nem de minha parte.

Eu tive alguns percalços, mas no geral — tanto no disco na turnê — pisei mais no freio.

Tocávamos nos shows, bases com apoio de *loops* eletrônicos, os mesmos do disco. Mas eu achava o disco "eletrônico demais". Então, torci pra essa turnê acabar logo e começarmos os trabalhos de um novo disco.

Sempre tivemos uma relação legal com a MTV, fizemos alguns programas para eles. Então nos chamaram para fazer um *Luau MTV*, bem no estilo - acústico, tipo "roda de fogueira". Toquei baixolão e levei a Patricia para assistir à gravação. Rolaram "Puro Êxtase"; "O Sono Vem"; "Jardins da Babilônia"; "Quando Você Não Está Por Perto". O repertório foi baseado no *Álbum*. Foi uma tarde bem legal.

Aos 33 anos, casei-me com a Pati. Dois anos depois, nossa alegria seria completa, com a notícia da gravidez do Leonardo, nosso primeiro filho.

Portugal é a nossa casa portuguesa com certeza. Mais uma viagem !!!

A terceira viagem do Barão foi na Expo 98. Maior visual. Rodamos por todo o complexo e quem organizava era o Renato Byington (ex-Desvio Padrão e depois organizador dos festivais Vivo Open Air).

Fizemos um show maravilhoso na grande feira mundial. Fomos com naipe de metais. O disco era o *Puro Êxtase* ainda. Arrebentamos num final de tarde, num lugar que lembrava o Parque dos Patins, na Lagoa. Passamos apenas três dias lá. Não rolou drogas, e fui sem grana nenhuma. Estava em dificuldades financeiras, mas a viagem foi curta e ótima.

1999

```
Paul McCartney lança o LP Run Devil Run

Uma Bomba na Família
```

Meu pai teve hepatite B, mas só descobriu nesse ano, em abril, quando o fígado já estava quase destruído por uma cirrose decorrente. Segundo o médico Henrique Sérgio, a hepatite fora contraída vinte anos atrás e, sem sintomas, seguiu seu trabalho de destruição.

O tratamento inicialmente surtiu efeito. Entretanto ao longo do tempo o vírus passou a se mostrar resistente aos remédios, e a opção de transplante foi descartada, pois, estando ativo, o vírus atacaria direto o fígado novo.

```
Ringo Starr lança o LP I Wanna Be Santa Claus

Da Felicidade Extrema à Tristeza Profunda...
```

Nossa alegria não teve tamanho, quando Leonardo nasceu. Era a felicidade extrema. No dia do parto, 29 de abril, o Dadi estava me substituindo no *Programa Livre*, e entrei ao vivo pelo telefone para dar a notícia à banda!! Nos shows que fizemos no fim de semana seguinte, em São Paulo, tinha uma faixa: "*Bem-vindo Leonardo*". Meu filho foi uma dádiva. Estávamos muito felizes! Só não foi melhor porque eu ainda não tinha me livrado das drogas e do álcool. Patricia ficava insegura porque eu ainda bebia. E isso se agravava também pela tensão de ser pai. Eu tinha dois lados: o pai / marido e o cara da banda.

Mas recebi uma notícia não tão agradável pra mim: Frejat ia parar o Barão por um ano, para férias, e nesse período faria um disco solo. A banda então decide gravar um disco ao vivo pela MTV, em

São Paulo. Sabíamos que era o último disco, e como seria ao vivo, cheio de sucessos. A gravadora adorou a ideia. Como o acústico do Barão com o Dadi estava engavetado, tinha tudo a ver esse nosso projeto. A MTV tinha um programa, o *Balada*, onde várias bandas já haviam se apresentado. O esquema era a banda em cima de um "queijo", com um VJ fazendo perguntas e o programa recheado de músicas em formato acústico. Mudamos para "eletroacústico", sem o VJ, sem perguntas, só o show. Incorporamos um naipe de 6 metais e 2 percussionistas além do Peninha. Nesse disco, semiacústico, fiz muitos arranjos com o violão, minha maior paixão. Eu era dos primeiros a chegar aos ensaios. O gás de ser um primeiro "eletroacústico" lançado pela MTV era promissor. Foram três meses de ensaios. E dois dias de gravação. Usei baixolão no programa e em toda turnê de despedida. O mesmo baixolão eu usaria na turnê com o Kid Abelha. A parada, que inicialmente seria curta, acabou por se estender por quase três anos. O disco vendeu muito bem e foi "Platina Dupla", o meu primeiro!

E falando em MTV, participei de mais um *Rock Gol*. Agora, as novas regras permitiam misturar as bandas. Foi a nossa grande chance de montar finalmente um bom time e vencer. O Barão uniu-se ao Cidade Negra e ao Dado e o Reino Animal e formamos o Barão Negro e Reino Animal. Resultado? Mais uma derrota. Teve um jogo em que eu não fui por estar de ressaca. Desta vez o *Rock Gol* foi no Rio, no estádio do Flamengo, na Gávea.

Situações da estrada

A única ocasião em que eu me dava o direito de não ir ao trabalho, era quando se tratava daquele tipo de entrevista de rádio em que só um da banda é escolhido para falar. Tipo aquela coisa de dois minutos no ar. Nesse caso eu me permitia não ir, pois minha presença seria totalmente desnecessária. Mas certa vez deixei de comparecer a uma foto para certo jornal popular do Rio. Era uma matéria no estúdio do Frejat. Para fazer a foto, na minha ausência, usaram um boneco do E.T. encontrado no estúdio, e nele pregaram um papel escrito *"Rodrigo Santos"*. Saiu assim na primeira página do jornal. Eu vi. Ficou muito engraçado. Mas no fundo, no fundo, eu não achava uma coisa legal ficar virado, de ressaca, cansado e não conseguir levantar da cama. Não me fazia bem, eu ficava muito culpado.

O que deixava o pessoal do Barão mais preocupado mesmo era a possibilidade de acontecer alguma coisa comigo naquelas noites em que eu saía pra dar canja em bares, ou apenas a fim de buscar algo para quem estivesse também usando, voltando depois para o hotel. Não sabiam o que podia acontecer comigo nesse tempo. Preocupação normal de amigos. Graças a Deus, nunca aconteceu nada. Eu tinha desenvolvido certa "habilidade" para isso. Sabia como falar com motoristas de táxi, já tinha bebido, ficava amigo deles, saía, buscava e voltava. Para aplausos de muitos. Tudo parecia legal na hora, todos curtiam quando eu chegava com algo, e eu me sentia um herói. Mas isso não era vida, estava tudo errado... e certamente teria consequências. Frejat concorda:

> *O Rodrigo cheirava qualquer coisa, tava ficando fraco para bebida. Mas o que dava mais medo na gente era ele, por causa da fissura, saindo pela noite, independente da cidade que estivéssemos tocando, para procurar droga. Vai que um traficante ou um bandido sacasse quem ele era, achando que a banda estava com grana de show, podia segurar ele, matar, sei lá. Eu sempre dizia para ele que preferia ir ao velório dele do que ter que reconhecer o corpo numa vala. Já pensou, um policial bate na porta do hotel me chamando para ver se o corpo era do Rodrigo?*

Eu sempre fui de entrar em projetos mil. Um deles foi participar de um tributo ao festival WOODSTOCK em 1999, no Circo Voador. Eram 30 anos do festival. Juntamos a cúpula: eu, George Israel e Kadu e convidamos Sérgio Dias Batista, dos Mutantes. Sérgio era amigo da minha irmã desde a época dos mutantes, e amigo nosso também. Sérgio chamou o Lui (falecido há alguns anos e amigo da minha irmã desde adolescente). E foi muito bom fazer um projeto com ele. Faríamos a parte CSN&Y do festival. Ensaiamos na casa do Sérgio, no Rio, e de primeira acertamos as vozes. Impressionante. Os vocais encaixaram. E cada um cantou uma música solo também. Eu cantei *"Helpless"* (depois, em 2010, iria inseri-la no meu disco

Waiting on a Friend, em duas versões diferentes). Ainda rolaram "*Long Time Gone*", "*Marrakesh Express*", "*Helplessly Hoping*" e "*Teach your Children*". Foi um prazer inenarrável fazer esse projeto de músicas que sempre toquei em fogueira. Com Os Britos, na mesma época gravamos no Jam House Studios, um tributo a Rolling Stones, cantando *"Lets Spend the Night Together"*. Para uma TV. Com Zélia Duncan cantamos um *"Two of Us"* para o DVD dos Britos, também no Jam House. E Sérgio Dias cantaria com a gente, para o mesmo DVD, a musica "*Rain*". Depois do encontro, CSN&Y, eu, George, Sérgio Dias e Mauro Sta Cecília montamos um núcleo de composição lá na casa do Sérgio, em Araras, região serrana do RJ. A casa era lá no alto de um morro, isolada e muito bonita. Uma vista incrível. Passamos tardes lá. Compusemos várias músicas. Porém, nunca registramos em disco nenhum. Mas foi muito bacana. E tudo começou no Circo Voador. Adoro esses projetos de cantar quem eu curtia quando criança ou adolescente. Não à toa eu lançaria em 2010 um disco em inglês, *Waiting on a Friend*, com compositores que admiro desde a infância.

2000

Lançada a Coletânea "1", dos Beatles

Barão nos Festivais

Este ano foi dedicado a excursionar divulgando o *Balada MTV*. Fizemos basicamente os grandes festivais do país: *Planeta Atlântida*, *Ceará Music*, *Festival de Verão de Salvador*.

E os clipes extraídos do *Balada* tocavam direto na TV: "Tente Outra Vez" e "Quando o Sol Bater na Janela do Seu Quarto".

Outro caso ocorreu em Maceió. Os contratantes eram oito sócios, dos quais só conhecíamos dois. Eles tomaram "ferro", pois a casa não lotou. No fim do show, fomos para o camarim; o Paulão, nosso segurança, sempre barrava todos até que nós liberássemos a entrada. Um dos sócios passou pelo Paulão e querendo entrar no camarim. Paulão não deixou e pediu que ele esperasse porque a gente estava trocando de roupa. O cara falou que não ia esperar coisa nenhuma, que ele era o contratante e ia entrar. Paulão tentou contemporizar, pediu calma, dizendo que já íamos recebê-lo, mas por enquanto não dava. O homem, aos berros, falou que ninguém barrava ele na sua própria terra. No que forçou a entrada, o Paulão deu-lhe uma banda. Ele foi reclamar com os outros. Enquanto isso, nós abrimos o camarim. O cara entrou e apontou para o Paulão. Foram todos para cima dele com garrafas. O cara gritava: *"Ele me barrou!"*, e o Paulão respondia: *"Você tentou invadir o camarim!"*. Quando um dos caras chegou com a garrafa para bater nele, Paulão deu-lhe um soco no olho. O nosso iluminador pegou o Paulão e sumiu com ele. Enquanto isso, alguém colocava um bife no olho do cara. E ele reclamando com o Frejat, que tentava acalmá-lo e explicar tudo. Podia ter rolado um milhão de problemas. Ficamos com muito medo...

Novos planos

Quando foi anunciada a primeira parada do Barão, em 2001, precisei pensar no que eu ia fazer da vida. A parada seria em janeiro, depois do Rock in Rio.

Comecei a me mexer já em 2000. Estava com um filho de 1 ano de idade em casa. Precisava de outras entradas financeiras: fiz um curso de trilhas para cinema, com David Tiguel (ex-Boca Livre). O curso durou alguns meses. Produzi duas bandas também. Na época da PUC eu já havia feito fotografia. Pensei em voltar a fazer. Voltar a fazer desenho também, história em quadrinhos. Não pensava em carreira solo ainda. Talvez me dedicar aos Britos, sei lá. Cheguei a cogitar em dar aulas de violão ou baixo, mas não tinha um método específico, porque eu tinha sido praticamente autodidata. Então, enquanto eu avaliava as opções, ia fazendo o curso.

E estava em agosto, quando meu amigo Rodrigo Bandeira me confiou a responsabilidade de expandir o empreendimento dele (que era na cidade do Rio de Janeiro) para a região serrana do estado do RJ. O "negócio" era bastante original: aluguel de banheiros químicos para eventos. Sim, banheiros químicos, aqueles em que você "mija" e "caga", e fica aquele cheiro horroroso. Pensei: *"É uma boa. Preciso ter outra área de atuação"*. Bandeira já estava muito bem no Rio, não tinha mais tempo de atender a todo o estado. E o combinado era que fizéssemos a sede da firma na minha casa em Samambaia. Eu teria 10 banheiros pra começar, e pagaria o aluguel deles. Seria descontado do preço final mensal.

Eu e meu irmão fomos trabalhar juntos. Ele estava desempregado nessa época, e poderia morar em Petrópolis. Eu cuidaria do livro caixa no Rio e subiria a serra para negociar em prefeituras, usar meu nome de mercado como artista, etc. E faria várias vezes a asquerosa tarefa de lavar banheiros, colocá-los em cima do caminhão e levar até o evento, ou uma obra de prefeitura onde seria fixado o banheiro. Obras regulares e fixas eram boas, porque mesmo sendo apenas um ou dois banheiros por obra, era uma grana certa. E a obra durava meses. Precisávamos de uma entrada fixa também, além dos eventos. E mapeamos então as festas anuais das regiões de Friburgo, Petrópolis, Teresópolis, etc. Íamos a todos os lugares oferecer os serviços, porém era ainda um investimento. Conseguimos dar sequência, e caminhou tudo certo. Rapidamente fizemos um equilíbrio de entrada e saída, e dava pra tirar um *pro labore* pra cada um de nós.

O difícil era colocar os banheiros no caminhão (terceirizávamos o caminhão de transporte e o de limpa-fossa, aquele que suga os restos de dejetos que ficam nos banheiros). Mesmo depois de limpos os banheiros, na hora em que os erguíamos para colocar (banheiro a banheiro, pois eram pesados) no caminhão, sempre caía um cocozinho desavisado em cima do nosso ombro. Eca!! Aí limpávamos tudo de novo. E sobe tudo pro caminhão. Leva até o evento, descarrega um a um, e volta pra buscar mais. E isso podia levar um dia inteiro. Era penoso limpar os banheiros. Tínhamos desinfetantes, todos os produtos necessários. Entretanto, quando caia um restinho no ombro, pra manter o humor eu sempre lembrava da frase engraçada do Bandeira, o "lema" da firma: "*Seu cocô é o meu patrimônio*"... As brincadeiras se sucediam, como "*Sou um empresário de merda*"... E por aí vai. Enquanto isso, eu fazia os últimos meses de shows com o Barão.

Com o negócio melhorando, compramos 10 banheiros. E depois mais 10. Ficamos com 20 banheiros, só nossos. Sem precisar pagar aluguel. E fomos conseguindo juntar um pouco de dinheiro. Aí entrou um terceiro sócio, o Geraldo. Grande amigo nosso. Ele colocou dois fuscas na roda, pra podermos ter carros em Petrópolis (íamos a prefeituras de outras cidades, de ônibus), e comprou mais 10 banheiros. Estávamos indo muito bem. Foi quando os dois sócios (meu irmão e Geraldo) resolveram fazer um show do Barão em Petrópolis. Não consegui demovê-los da ideia, e então resolvi fazer

tudo direito. Colocar ambulância, telão, camarim com tudo, ônibus e van para o transporte desde o RJ, seguranças, carregadores. Alugamos o Clube Petropolitano. Arrumamos a parceria de uma loja de roupas, e começamos a divulgação, com flyers, chamadas em rádios, cartazes, bilheteiros, ingressos, gerador, som, luz, etc. Fiz chamada junto com Frejat no Rio, e mandamos pra rádio. Fiz entrevista ao vivo. Fizemos tudo certo. Mas... choveu. E tinha um detalhe. Era feriado em Petrópolis. De quinta a segunda, pegando também o feriado do Dia do Comércio. E todo mundo saiu de Petrópolis. Quem chegou, ficou em casa em Itaipava, Correias, Araras, etc. Nossa chance era a galera do centro da cidade. Mas todos viajaram. A intenção desse show era ganhar mais dinheiro e investir na firma, comprar mais banheiros, etc. E me capitalizar para a já anunciada parada do Barão em janeiro. Pois bem... além de não ganhar nada, fui descontado de metade dos cachês que recebi do Barão, de outubro a janeiro, pra pagar as 23 pessoas da equipe. E Frejat, Guto e Duda ainda me aliviaram. Deixaram rolar. O fato é que seria preciso um total de 1.200 pessoas pra empatar. E tinha 800... fazer o quê? Perdemos dinheiro e tivemos de vender os fuscas e os banheiros pra pagar uma parte da dívida. O que era pra ser mais um *plus*, desmontou nosso negócio. Ali, fechamos de vez. No final do show, que por sinal foi muito bom, estávamos os três, na varanda de Samambaia, bebendo pra afogar a tristeza. Foi o fim melancólico dos "empresários de merda da Serra"...rs.

2001

Paul McCartney lança a música "From a Lover to a Friend"

O Barão para

Paramos no *Rock in Rio* deste ano, seria nosso último show. Chorei muito no meio do show, o melhor da história da banda. Eu pensava *"vai acabar"*, e chorava. Depois do show fomos beber, Maurício e eu, com nossas esposas. Quando eu estava no quarto saquê me chamam para fazer a foto: *"Vem, só falta você, todos já estão com os braços nos ombros uns dos outros"*. Perguntei com quem era a foto, e a divulgadora repondeu: *"Com o R.E.M, vai ser uma puta divulgação"*. Eu disse que não ia, mas acabei mudando de ideia. Cheguei e vi todos já prontos. Percebi que tinha uma mesa de vidro do lado da galera. Não pensei duas vezes: com o copo de saquê na mão, dei um rolamento em cima da mesa, "uau", e caí ao lado do baixista do R.E.M, já pronto para a foto. Ele deu uma gargalhada. Já o Michael Stipe fechou a cara e, segundo o Fernando, me olhou de cima a baixo, tipo a fim de mim, mas com cara de desaprovação. O fato é que eu gostei da atitude do baixista do R.E.M, pois ele entendeu a brincadeira e a minha pirueta na mesa!

Acabou o *Rock in Rio*, acabou o Barão. O Leonardo aos 2 anos, e o que fazer da vida?

Uma lembrança deste momento de busca por novos caminhos veio de Bruno Gouveia, do Biquini Cavadão:

No começo de 2001 recebi um telefonema de Rodrigo se oferecendo para tocar no Biquini, uma vez que o nosso baixista havia saído. Para nós, entretanto, era muito difícil tê-lo conosco. Era notório que tinha problemas com álcool e drogas. O Biquini Cavadão era um monastério comparado a ele. Rodrigo era um substituto perfeito tocando baixo muito bem, e ainda por cima cantando, mas esta era uma prova real de que sua condição estava lhe fechando as portas para para várias oportunidades. Patrick Laplan, que havia também saído do Los Hermanos acabou ocupando nossa vaga. Ainda assim, passei meus anos silenciosamente torcendo por sua recuperação e celebrando cada conquista. O tempo fez com que a tal parceria rolasse, mas ela aconteceu, para minha felicidade e orgulho, em seu próprio show e em uma nova e estruturada fase.

Gravei 3 ou 4 músicas no primeiro solo do Frejat. Uma delas, "Quando o Amor Era Medo", parceria minha com ele e Mauro Sta Cecilia, entrou numa novela da Globo. Foi legal. Entrou também um dinheiro. Mas a verdade é que eu estava duro. E procurando com quem tocar. E de repente me convidaram pra gravar um comercial de um novo aparelho de som da Phillips, que tinha "bastante grave e sub-grave". E fui lá pra São Paulo gravar. O comercial seria veiculado na MTV. Na premiação MTV daquele ano também, no telão e nos comerciais. Deu uma boa grana. Gravamos, o Mingau (Ultraje), o Fralda (MTV), e eu. Três baixistas do rock. Pra testar os graves! Além de ser uma tarde divertidíssima, me rendeu um dinheiro que segurou as contas durante três meses. Somado com o dinheiro do trabalho da minha mulher. Sempre fomos muito cúmplices nisso. Às vezes um estava bem, às vezes o outro. Às vezes os dois. Meus sogros ajudaram também. E esse dinheiro do comercial segurou um pouco. Ao mesmo tempo fiz shows esporádicos em bares, com Os Britos e com Os Impossíveis, até receber o convite pra tocar com a Blitz, lá pra julho/agosto.

Na primeira parada do Barão, antes de eu tocar com Blitz e Kid, fui convidado para tocar com Os Impossíveis. Estava eu andando pela rua e pensando no que fazer, quando encontrei o Marcelo Serrado, ator, gaitista e meu companheiro de Prisma. Contei-lhe que o Barão tinha parado e eu estava procurando bandas pra tocar. Ele me disse que tinha acabado de montar uma banda e não tinha baixista ainda. E combinamos de eu dar uma canja no show que eles fariam naquele mesmo dia num bar no Leblon, às 20 h. Ainda não tinham baixista, portanto a canja seria longa. Levei meu baixolão e fui na passagem de som, um pouco antes do show. Lá encontrei meu grande amigo e produtor Dudu Chermont, que fazia as guitarras e violões. Ele também era da banda. Conheci os outros integrantes,

Fábio Mondego (voz e violão – que seria uns anos depois guitarrista de Lulu Santos), e Marcos BZ (Cajon). Mais tarde eu e Fábio nos tornaríamos grandes amigos também. Ele morava ao lado da minha casa, e os ensaios eram na casa dele.

Os Impossíveis já tinham um público enorme, muito em virtude da presença do Serrado na banda. Era gente pra tudo quanto é lado. O bar mal dava pra andar. E a canja foi legal. Resolveram me chamar pra entrar na banda. Fizemos muitos ensaios pra aumentar repertório, e eu cantaria também, algumas músicas do Barão, dos Beatles, etc. O foco eram as festas. Pintou também uma temporada longa na Boate W em Ipanema, onde lotamos todas as quartas-feiras. Um show na Varanda do Hotel Marina, no Leblon, parou a rua de tão cheio que estava. Muita gente. Fizemos festas em casas particulares e também no Marina da Glória. Consegui me equilibrar financeiramente, porque a cada apresentação lotada, nosso cachê ia subindo e ficando melhor. Segurou a onda legal na época. E era muito divertido. Uma época boa. Eu tive de parar com a banda, quando pintou de tocar com o Kid Abelha – principalmente quando gravamos o Acústico MTV. Fiquei sem tempo de me dedicar como gostaria, e me despedi dos rapazes quando eles ganharam as quintas-feiras da Melt e explodiram, de tão lotado. No meu lugar, entrou outro grande amigo nosso: Marcelo Novaes. Volta e meia eu dava canjas com eles, e não perdemos o contato nunca. Já na carreira solo, eles participaram de shows meus também. Sou muito grato aos Impossíveis.

Paul McCartney lança a música "Freedom"

Blitz, Documentos!

Com a Blitz, fiz uns vinte shows. Alguns bem bacanas, como a estreia, em Saquarema. Todas as cifras que eu havia colocado numa estante pra poder me lembrar de algumas músicas que não tivera tempo de tirar totalmente – voaram com o vento da praia de Itaúna. E eu levara dias para escrevê-las. Algumas eu havia colado no chão. Outras, o vento levou... e aí descobri que eu estava bem ensaiado... rs. Acertei quase todas e em algumas fiquei olhando os braços de guitarras e violões para acompanhar. O show foi às 17 horas, apresentado pela Fernanda Lima e com o pôr do sol invadindo o palco. Evandro e Saquarema se misturam. E o show foi maravilhoso. Viajar com Juba, Evandro, Fernando Magalhães (que tinha entrado um pouco antes e me indicara), Billy, Eugenio e Andrea – era um prazer inenarrável. Só risadas. Só astral bom. E fizemos também Salvador, no Hard Rock Café. Fizemos um show muito bacana no extinto Balroom, onde rolaram canjas de Lobão na batera com algumas atrizes nos vocais femininos. O show na Nuth também foi ótimo. Foram vários shows. E com Evandro Mesquita solo também. Toquei durante um ano com a Blitz. Gravamos, na Lagoa Rodrigo de Freitas, o clipe de uma música que já havíamos gravado na casa do Billy, chamada "Nunca Joguei com Pelé". Esse clipe teve cobertura do *Vídeo Show* e do jornal *O Globo*. Saiu matéria sobre isso.

Foi legal, porque eu conhecia o Evandro desde meus 14 anos de idade, ou até antes, pois ele era amigo da minha irmã e do meu irmão. Lembro de ter lhe levado uma fita cassete com quatro músicas do Prisma pra ele. Pra ver se rolava uma força. Coisas de garoto novo. A fita era muito mal gravada. Tocar com a Blitz foi sensacional. Um show muito leve e pra cima, baixos bons de tocar (gravados pelo Antônio Pedro – ex-Mutante), e mais uma escola da estrada. Não gravei disco. Só shows.

```
Paul McCartney lança "Driving Rain"
Kid Abelha!
```

Fiquei tocando com a Blitz ao mesmo tempo que pintou o Kid Abelha. O Kid me chamou pra gravar o disco *Surf*. Eu já vinha pedindo ao George e ao Kadu que me indicassem, caso o Dunga realmente deixasse a banda (ele voltaria a tocar com Lulu Santos). Quando pintou o sim da Paula, fiquei amarradaço. Ela só fez uma ressalva: perguntou-lhes se eu estava muito doido. E a galera disse que eu estava ótimo. Fiquei empolgado. Fui conversar com o Mauro Benzaquem – empresário – pra acertar o cachê, etc, no escritório do Kid, e em seguida lá estava eu em mais uma das maiores bandas do rock nacional. Era temporário. Até o Barão voltar. Mas faltava tempo

ssiveis agitando no Méli-Mélo. Fábio Mondego, Marco BZ, Eduardo Chermont e Rodrigo Santos

pro Barão voltar... E eu já havia gravado em quatro discos do Kid, antes desse convite. Volta e meia o George e o Kadu me chamavam pra gravar um baixo (ou dois) nos discos. E eu já havia feito dois shows com Kid no Sul, em 1994, substituindo Nilo Romero. E foram ótimos os shows, me lembro bem.

Enfim, lá fui eu. Gravei o disco e vieram os ensaios. E não é que no primeiro ensaio dei mole? Na noite anterior eu havia enchido a cara, e não conseguia sequer levantar da cama, nem pra ir ao banheiro. Quanto mais pra ensaiar. Liguei dizendo que estava passando mal. George não acreditou. Falou: *"Vamo lá, cara. Lá você melhora"*. Respondi que não conseguia nem me mexer. Pedi que ele dissesse que eu estava doente. Claro, ninguém acreditou, porém não consegui ir mesmo. Mas fui no dia seguinte. Eles ensaiaram sem baixo, no primeiro dia. No segundo dia, eu fui, muito envergonhado, pedi desculpas a todos, porque mesmo passando mal daria pra ir, etc. E fiz o ensaio com vergonha, porém acertei todos os baixos e vocais, tanto do disco novo, quanto das músicas antigas. Toquei quietinho, no meu canto. Sem fazer alarde. Depois engrenou, e isso nunca mais rolou no Kid Abelha. Foi meu único mole. Mas que mole! Era a doença da dependência química falando mais alto. O Kadu se lembra muito bem deste primeiro ensaio:

> *Ele não foi! Todos preocupados com a situação dele. Paula e Bruno perguntam ao George 'será que rola'? Ele me disse no telefone 'passei a noite tirando as músicas'! Aí eu falei que se tinha tirado as músicas podia vir pro ensaio. Eu e George demos enormes desculpas. Mas quase que ele foi limado!*

2002

Lançado o último disco de George Harrison, Brainwashed

No meio da loucura, uma perda

No meio da turnê do Kid, fomos para Petrolina e Juazeiro, pela estrada mais esburacada e perigosa do Brasil. Rolavam muitos assaltos. Eram 10 horas de viagem, a partir de Salvador. Recebi uma notícia alarmante: em consequência de complicações no fígado, meu pai fora internado direto no CTI, e a notícia era de que ele estava partindo. Fui dormir tipo 6 da manhã e acordei às 15 horas com minha mãe ao telefone. Ela disse que meu pai piorara muito e talvez não passasse do dia seguinte. Liguei para o George e contei o que estava acontecendo. Chamei o Valadão ao meu quarto e passei todos os baixos das músicas, os acordes, as viradas. Ele estava trabalhando de *roadie* para o Kid. O Bruno Fortunato veio e me deu a maior força. Nessa hora, eu chorei. Fui para a rodoviária pegar um ônibus para o Rio, à meia-noite. O ônibus estava vazio, só tinha dois PMs, que faziam a segurança no trecho barra pesada da estrada. Foram outras 10 horas até Salvador, parando em vários lugares e pegando passageiros.

As passagens do voo para o Rio estavam com o contratante de Salvador, o Hard Rock Café de lá. Acordei os caras, peguei o bilhete e corri para o aeroporto. Cheguei ao Rio e ainda passei a noite com meu pai. Ele faleceu em seguida.

Eu que vesti meu pai, num pequeno quarto na garagem do Copa D'Or. Trouxe um terno de casa e, com a ajuda de dois enfermeiros, deixei-o arrumado para o velório. Ali eu vi que a vida se

vai, fica apenas uma "casca". Vieram todos ao enterro, os Barões, o George, o Bruno Fortunato. Sou super grato a todos eles pelo carinho e pela força que me deram. Fiquei muito mal na época. Péssimo. Meu pai era meu maior ídolo. Demorei muito a me recuperar. Sinto falta dele até hoje.

A casa de Samambaia perdeu a vida também. Pelo menos para nossa família. Hoje está alugada para uma escola, que deu a ela novo alento, com dezenas de crianças aprendendo e brincando. O terreno da casa de hóspedes virou um loteamento.

Depois da morte de meu pai, como a maioria da família não estava em boas condições financeiras, decidiu-se vender toda a sua coleção de discos. Eu herdei alguns, e os outros foram vendidos ao Ed Motta.

> *Os discos dos Beatles originais ficaram comigo, edições brasileiras, inglesas e americanas. A coleção está em ótimas mãos. Meu pai ia gostar de ver alguém que valoriza e entende do assunto dando continuidade e sequência a isso. Foi uma boa direção.*

Voltei a Porto Seguro com o Kid Abelha e dei uma esticada em Arraial d'Ajuda, para me retemperar.

2003

Ringo Starr lança o LP RingoRama

A pseudo-volta do Barão!

Em 2003, faltava pouco para nossa volta oficial com o Barão. Na época eu ainda estava com o Kid Abelha. Houve um convite para o Barão fazer uma prévia da volta, em um show na Marina da Glória, com produção do Liminha. Era o *Skol Rock*, algo assim. Haveria mais duas bandas no dia. Um evento grande. Só que isso não estava combinado entre a gente, em nossas datas acordadas para 2004. A volta estava sendo antecipada em um ano. E eu não podia. Estava na turnê do *Acústico MTV*, com o Kid. Eram muitos shows, o DVD tinha vendido quase 2 milhões de cópias, o Kid estava estourado, e quando chegou esse convite (inicialmente seria no Morro da Urca), o certo seria o Barão recusá-lo, pois estávamos ainda no período de férias da banda, combinado entre todos. Todos tinham a data livre, menos eu. E eu não podia deixar o Kid Abelha na mão. Tinha um show no mesmo dia, em Minas. Até pedi – com jeitinho – a Paula, Bruno e George que me liberassem. Eu colocaria um substituto no show e eu mesmo ensaiaria o cara, mas eles alegaram que seria um show importante, tinha o lance dos vocais, dos baixos, etc., e estávamos muito ensaiados na estrada. Seria um desfalque grande. Senti-me até lisonjeado, mas ao mesmo tempo fiquei sem saber o que fazer. Era a volta do Barão num show à parte, não combinado entre nós. Entretanto, o Kid tinha razão.

Então pedi que não marcassem esse show do Barão, pois ele seria usado como "a volta", e eu não poderia estar presente. Como integrante oficial, eu tinha esse direito. Porém, alguns decidiram fazer o show e, se fosse o caso, no dia colocariam um substituto meu na banda. Fiquei triste com isso, pois se fosse o inverso, qualquer um deles ficaria "puto", ou até diria não ao evento. Enfim, como estava compromissado com o Kid Abelha antes, decidi não os deixar na mão. Eu sabia que ia ter muita imprensa no evento do Barão, e seria conferida uma importância grande a isso. Estava me sentindo muito dividido e até injustiçado. Principalmente porque nossa volta vinha sendo guardada a sete chaves, e estava acertada para um ano depois, com lançamento de disco, etc. Não fazia nem sentido esse evento isolado. E mesmo assim mantiveram o show. Ali vi que alguns de nós não tinham voz tão ativa assim. E a decisão estava tomada. Então só me restava lamentar. Eu não estaria na volta do Barão, na volta da minha amada banda, com imprensa, etc.

Bem, a essa altura, eu estava bem magoado com o fato. E só pensava nisso. Resolvi então escrever uma carta! Uma carta para todos. E decidi deixá-la com Frejat, na portaria da sua casa. No texto, eu falava do meu amor pelo Barão, do sentimento de injustiça, de toda a dedicação para aquela volta tão esperada, do tempo em que demos a pausa, da vontade de participar daquilo. Escrevi tudo o que estava sentindo. Terminava com votos boa sorte a todos, desejando que arrebentassem no show, e também boa sorte ao baixista que me substituiria. Antes de entregar a carta, eu me lembrei do boneco que, um tempo antes, na entrevista para um jornal, haviam colocado no meu lugar, com uma plaquinha onde estava escrito *Rodrigo Santos*. Pensei: *"Boa ideia! Vou fazer um boneco!"*.

Na carta, acrescentei que estava enviando um boneco meu para ser usado nas entrevistas. Liguei para o Frejat e pedi que levasse o boneco; ele topou, achou engraçado. Eu tinha um cartaz gigante aqui em casa, um *banner*, egresso de algum show do qual nem me lembro, no qual figurávamos todos nós em tamanho natural. Todos os cinco barões, em pé, um ao lado do outro. O *banner* era gigante mesmo. Recortei a minha foto, comprei papelão na papelaria aqui da rua e colei atrás da minha foto; ficou semelhante àqueles bonecos de porta de loja de discos. Muito parecido mesmo. Parecia divulgação de gravadora. Deixei o boneco junto com a carta, na

portaria do Frejat. Este me ligou depois, às gargalhadas, e afirmou que levaria o boneco para as entrevistas: *"Ahaha!! Só você mesmo, Rodrigo!"*.

E então fui para meu show com Kid Abelha na estrada. Fomos de avião para Belo Horizonte e depois pegamos um ônibus. Chegamos lá cedo. Passamos o dia na cidade, praticamente dormindo. À tarde passamos o som, e à noite voltamos para o show – bem tarde, tipo meia-noite. Lá mesmo do camarim liguei pro Guto e pro Fernando, a fim de saber como havia sido o show no Rio. Eles me responderam: *"Não teve. Choveu "pra caralho" aqui no Rio! Os outros dois shows aconteceram, mas na hora do Barão estava tudo alagado no palco e chovendo muito e não teve o show"*.

Pensei: *"Caraca, que porra de boneco foi esse?"*. Lamentei por eles, pois o show estava montado, tudo certo. Mas ao mesmo tempo senti que os céus não tinham deixado o Barão voltar sem a minha presença. Fiz o show do Kid Abelha na madrugada e voltei pro Rio cedo. Esse boneco foi "foda"... depois me livrei dele bem rápido! E o Barão só voltaria mesmo em 2004, como estava programado.

Em 2003, eu procurei o AA pra tentar parar com álcool e drogas. Através do meu amigo Sergio Serra, fui até lá. Assisti a uma reunião, dei meu depoimento, escutei vários retornos e ganhei uma ficha amarela. Gostei muito. Ouvi uma frase que me marcou: *"Essa doença mata humilhando"*.

Nunca esqueci isso. Mas eu precisava de uma assistência que me completasse mais. Com ajuda terapêutica. E já sabia que o Centro Vida

oferecia isso. Uns seis anos antes, por volta de 1998, eu fora à Clínica Saint Romain e tivera uma entrevista com o Dr. Jaderson. Ali eu já pensava em parar, ou diminuir. Mas o fato de parar com álcool pra sempre me assustava. E adiei a decisão de entrar no tratamento. Em 2002, voltaria lá no Jaderson – agora já no Centro Vida – para mais uma entrevista. E mais uma vez não entrei no tratamento, fui tentar parar sozinho, e não consegui. Mas essa ida ao AA, ao lado das idas anteriores ao Jaderson, também me abriu mais portas pra pensar e tomar a decisão. E encararia isso dois anos depois, em 2005.

2004

Paul McCartney lança um disco exclusivo, Something for the Weekend

A volta do Barão

Na volta do Barão eu estava muito empolgado! Já havia avisado ao pessoal do Kid Abelha, com bastante antecedência, quando realmente eu teria de parar. Havia uma data para começar os ensaios para a gravação do novo disco. E eu já preparara o Jorge Valladão (que também seria meu baixista nos três primeiros anos de carreira solo) para a ocasião. Passamos todo o show no estúdio dele, dois baixos. Ele já estava 100% com o show na mão. Já os vocais alguém teria de fazer, pelo menos nos oito shows que faltavam para terminar a turnê do Kid. Eu fazia *backing vocals* em muitas músicas e havia participado daqueles arranjos, desde o início. Creio que Valladão e Humberto Barros fizeram os vocais.

Veio o último show com o Kid, e eu também estava dividido, pois nesses três anos de estrada havia feito muitos amigos, desde a equipe técnica até os três Kids. Era realmente uma família que me abraçou e eu abracei também. Eu era amigo do pessoal do caminhão, dos *roadies*, dos produtores, do cenógrafo, da camareira, dos músicos, dos artistas, enfim, de todo mundo. Foi uma época muito bacana e de muito sucesso. Um DVD super bem-sucedido. E no dia do último show, na hora da despedida, eu tinha lágrimas nos olhos. Havia criado um laço forte ali. Dividia quarto com Humberto Barros, de quem fiquei grande amigo. Muito amigo mesmo. E Humberto seria meu tecladista e produtor na carreira solo também. Além de dirigir vários clipes meus.

Depois do show, houve uma despedida no camarim, muitos abraços e beijos, e fizemos fotos com todos juntos. Foram duas fotos. Na primeira, estavam todos em pé, e eu na frente, sentado numa cadeira. Na outra foto, continuavam todos os outros, e a cadeira vazia. Fiquei emocionado e confesso que muito triste por ter de deixar a galera. Estava feliz pela volta do Barão, mas havia me acostumado a conviver com todas aquelas pessoas, ao longo três anos de muito trabalho e viagens, dois discos, DVD, etc.

Algumas lembranças das viagens com o Kid. Primeiro fomos aos Estados Unidos. O primeiro show foi em Miami, num teatro muito bacana. Depois se seguiriam outros, em Fort Lauderdale, Boston e Nova Iorque. George, Humberto Barros e eu alugamos um carro para rodar por Miami. E fomos parar em um bairro barra pesada. Ainda bem que conseguimos sair sem problemas. Na hora de dormir, eu consegui pó com um cara da técnica do teatro. Os Estados Unidos estavam em "alerta laranja" por causa do 11 de Setembro. Vigilância severa nos aeroportos. E lá fomos nós para embarcar. Eu doido, "bicudo", entro no banheiro, coloco pasta de dente no nariz e depois limpo. O Kadu não entendeu nada e perguntou que porra era aquela, e respondi que era para tirar o cheiro do pó, caso houvesse cães no embarque. Peguei tudo o que eu tinha de bagagem e coloquei na mala. Fiquei só com minha mochila, uma camisa e um livro. Todos os Kids foram parados, e eu passei "numa boa". Antes da última revista do aeroporto (eram três), eu bebi muito. Novamente todos foram parados, e eu passei direto.

Outra viagem foi para Punta del Este. Fomos fazer três shows no Conrad, um misto de Hotel e Cassino. Eu nunca tinha entrado em um cassino. Primeiro nós passeamos a pé, conhecendo tudo. O show era às 10 da noite e terminava às 11. Fomos todos para o cassino. E eu estava duro, liso, só tinha 10 dólares. Fui jogar no caça-níquel. Coloquei a moeda e pedi que o George apertasse o botão. Ele não queria e eu falei: *"Usa o nariz!"*. E ele usou! Não aconteceu nenhum milagre. Mas era o "Super Prêmio", e caíram 200 dólares! Dei 50 para o George, compramos uísque, e eu ainda distribuí 10 dólares para cada um. Fui deitar de ressaca!

De manhã, cassino vazio. Fui até a mesa de Sete e Meio, o único carteado que sei jogar. Nego meio "puto" por eu entrar no meio. Ganhei mais 50 dólares e saí. Ficaram mais "putos" ainda. Contei pra galera, e falaram para eu tentar a máquina de novo. Ganhei mais 40 dólares!

Mais tarde, fizemos doze apresentações no Credicard Hall lotado, em São Paulo, e mais de trezentos shows na estrada. Muita TV e muita festa. As viagens de ônibus eram verdadeiras *Magical Mystery Tours*. As que duravam oito horas, eram oito horas de risadas, jogos, conversas, e muita diversão. Quando chegou o último show, isso bateu. Foi uma despedida muito legal. Guardei um carinho bacana dessa época e ainda gravaria no disco seguinte, o *Pega Vida*. Mas a estrada chegara ao fim.

Voltando ao Rio de Janeiro, na segunda feira começaríamos a ensaiar o disco novo do Barão. E já me preparara muito para esse momento também. Eu havia chegado com oito músicas para a lista das canções que concorreriam, e entrariam em votação (em três fases) a fim de serem escolhidas para o disco. As listas iam se ramificando em outras listas, mais enxutas. Levamos umas vinte e cinco músicas para a primeira audição. Todos estavam compondo muito. Fiz músicas com Guto, com Frejat, com Mauricio, com Fernando, com Mauro Sta Cecilia e com Tom Capone. Os votos viriam dos seis integrantes da banda (Mauricio, Frejat, Guto, Peninha, Fernando e eu), bem como de Tom Capone (amigo pessoal, produtor do disco e diretor artístico da gravadora), e de Ezequiel Neves (nosso eterno produtor e amigo). Nós oito votaríamos. E a segunda lista já afunilaria, de vinte e cinco, passaria para dezoito. Na terceira lista já seriam as onze do disco e mais as duas do site (colocaríamos no CD, um *link* onde o público fosse buscar mais duas canções inéditas que não sairiam no CD físico). Então chegamos às treze músicas finais. Faltava decidir quais as onze do disco. Essa decisão foi mais difícil e suscitou algumas divergências, porém chegamos a um consenso. Três das músicas eram minhas: "Tão Incoveniente" "Cara a Cara"; e "Mais Perto do Sol", que eu tinha escrito para o meu pai, em parceria com o Mauro Santa Cecília. O Tom queria que esta última fosse o título do disco e música de trabalho. E eu curtia a minha com o Guto: "Cara a Cara", que também chegou a ser cotada para título do CD. Ela abria o disco. Um "rockão". Pela primeira vez eu tive uma música minha abrindo um disco do Barão. Fiquei bem feliz.

Nessa época eu levava minha filmadora a todos os lugares. Acabei filmando toda a volta do Barão, mais de cem horas de filme, em várias fitas H8. Dediquei-me muito a essa volta. Concentrei-me em todas as etapas e me joguei no disco. Eu estava bem feliz. A banda havia voltado. Ficaríamos de novo juntos por anos. E então filmei tudo.

Estávamos 24 horas por dia juntos. Tom Capone entrava nos estúdios de ensaio, eu com o baixo "altaço", e ele gritava: *"É isso aí véio!! É o melhor baixista de rock do Brasil!!!! Você e o Cambraia (baixista do Nando Reis) !!!!!!!!"*. Eu adorava aquilo! E fomos separando as músicas novas, fazendo arranjos, Tom também dava ideias, todos nós estávamos muito afiados nos ensaios do Jam House.

A MTV também filmou nossa volta e fez um especial para TV. E as minhas imagens eu guardaria para mim mesmo. Ensaiamos uns dois meses e entramos em estúdio para gravar o CD, no estúdio do Frejat. A mixagem seria depois em outro estúdio, na Toca do Bandido, estúdio do Tom. Com ele. E ficamos mais um mês no estúdio do Frejat gravando as bases que ensaiamos no Jam House. Aprontamos tudo, faltavam só a voz e os vocais. Frejat havia tido um problema na voz durante os ensaios e acabaria tendo de operar as cordas vocais, mas conseguiu gravar o disco antes disso, com ajuda de uma preparadora de voz. E Tom estava lá, ajudando também. Aliás, Frejat cantou pra cacete neste disco. Mesmo com todas as dificuldades que apareceram.

Paul McCartney lança Tropic Island Hum

Para Nós, Uma Perda!

Nessa época, Tom estava concorrendo como produtor musical a vários prêmios no Grammy Latino, com cinco discos diferentes, e iria a Los Angeles para a premiação, naquela semana. Estávamos no estúdio juntos quando ele alugou pela internet uma moto para usar nos EUA. Tom era motociclista profissional. Vimos as motos. Eram lindas todas. Nessa mesma semana, encomendamos (eu e Tom) dois baixos. Encomendamos lá do estúdio mesmo, com um contato da Yamaha. Era um baixo igual ao do Lelo (Skank) semiacústico. Frejat tinha um também. Mandamos vir cada um de uma cor diferente. Pedi um *"sunburst"*, e Tom pediu um azul. Os baixos chegaram em três dias e quando abrimos os *cases*, eu olhei o azul e exclamei; *"Porra!... esse azul é lindo!"* Tom viu o *"sunburst"* e declarou: *"Véi, eu gostei desse aí!"* Resolvemos trocar, na hora! É o baixo da minha carreira solo, até hoje (e também o que usei na gravação do DVD dos Britos, na Inglaterra).

Quando Frejat terminou de gravar as vozes, faltariam só os vocais para concluir o disco. E Tom Capone ia pra L.A. Antes de partir, me recomendou: *"Rodriguinho, cuida dos vocais aí, tá? Vou viajar e você dá sequência nisso aí"*. Concordei: *"Xá comigo!"*. Tom foi viajar. Continuamos o disco. Contudo, no meio dessa história toda, alguns dias depois... uma porrada na nossa vida... Eu estava na estrada quando soube. Rolara de fazer um último show com o Kid (deu tempo de mais um, pois abrira uma vaga no fim de semana enquanto ainda estávamos no estúdio com o Barão) Bateram à porta do meu quarto, no hotel. Era o George Israel: *"Você tá sabendo? "Sabendo o quê?"*, perguntei. E George, aflito: *"Senta. Senta e se segura, uma notícia muito ruim pra dar."* Eu me assustei: *"Caraca George, quem morreu? Fala logo!"*. A notícia foi um impacto: *"O Tom Capone... o Tom morreu..."*. Perdi a fala... me senti tonto e sentei. Permaneci um tempo calado, em choque. Lágrimas vieram aos meus olhos. Ainda sem querer acreditar, perguntei: *"É sério isso? O que houve cara?"*. *"Bateu de moto, em LA"*, respondeu George. Nosso mundo caiu.

Fiquei paralisado, chorando, no quarto do hotel. Liguei pros Barões no Rio, e eles confirmaram: era aquilo mesmo. Tom havia sofrido um acidente de moto em Los Angeles, voltando do Grammy. Acidente fatal. A moto tinha batido na parede de um prédio, e Capone fora lançado contra o muro. Mesmo com capacete, a pancada foi uma só. Álvaro, técnico de som da Toca e braço direito do Tom, foi quem fez o reconhecimento do corpo. Foi uma semana terrível para todos nós, e principalmente para família do Tom, que estava com um bebê recém-nascido, um mês de idade. Interrompemos os discos, a gravadora entrou em luto. Pensamos durante uma semana se deveríamos encerrar a volta do Barão, ou não. Mas a mulher de Tom, Constância, nos deu força pra continuar, dizendo que o sonho dele era fazer um disco do Barão. Afirmou que não devíamos parar. Isso pesou na decisão, e continuamos.

Gravamos os vocais e fomos mixar na Toca do Bandido. Mauricio Barros e Álvaro assumiram o final do disco, e nós, mesmo sem forças, terminamos o belo trabalho que Tom havia iniciado. Constância apareceu um dia na mixagem, o estúdio era na casa deles. Com o filho no colo. Aquilo nos deu mais força para seguir com o disco. Mas foi "foda". Muito "foda". Tom era um cara raro. Um amor de pessoa, talentosíssimo, um mago da produção, e se dava bem com todo mundo, todas as bandas de todas as gerações. Não tinha vaidade. Foi uma perda irrecuperável. Na minha história, eu comparo essa perda à mesma sensação de quando perdi o meu pai e também o Dr. Jaderson, o psiquiatra que salvou minha vida. Foi uma porrada.

Depois de terminado o disco, que dedicamos ao Tom, as músicas de trabalho foram escolhidas pela gravadora: "Cuidado" e "A Chave da Porta da Frente". Tom queria o "Cara a Cara" como primeira música, mas depois que ele se foi nem pleiteei isso. Fiquei quieto. E fomos em frente. Era hora do trabalho de *marketing*. A gravadora foi voltando aos poucos, recuperando-se do enorme baque, e juntos, todos nós abraçamos o projeto. Nesse momento, começamos a preparar os ensaios para o show de lançamento. Gravamos o clipe de "Cuidado" em São Paulo, e no Rio fazíamos os ensaios. Frejat havia operado a garganta e só poderia cantar normalmente em três semanas; como estávamos com o tempo apertado, começamos a ensaiar comigo e Maurício nos vocais. E acabei cantando todo o repertorio do Barão. Tocamos, além das novas, muitas músicas da carreira toda do Barão, a fim de escolher as melhores para o show. Na terceira semana, Frejat voltou a cantar. Graças a Deus. Estávamos preocupados, e ele também. E voltou cantando muito bem, cuidando mais da voz. Estávamos prontos novamente.

E eu com fitas e mais fitas das filmagens de toda a volta do Barão, inclusive milhares de imagens do Tom. Estava tudo voltando aos eixos e tudo certo, quando fomos informados que o Barão ia parar de novo em 2007, sem previsão de volta.... Aquilo me pegou de surpresa. Eu estava pensando que agora tudo fosse voltar ao normal, gravaríamos logo outro disco e faríamos novas turnês, mas não... o Barão seria esporádico... Eu não esperava por isso tão cedo.

Hoje em dia sou grato ao que ocorreu, pois Frejat tinha razão. Estávamos, todos nós, precisando cortar o cordão umbilical com o Barão. Não nos acomodarmos em ter uma banda só pra ganhar dinheiro, etc. Lobão falara isso pra mim uma vez, em 88: "*Você tem potencial para ser muito mais do que meu baixista. Você tem que lançar seu disco!!!!*". E isso seria possível em 2007, com a segunda parada do Barão, por tempo indeterminado.

Entretanto, naquele momento, no estúdio Floresta, só pensei em como tinha sido difícil arrumar uma banda legal como o Kid pra tocar – e a sorte que eu dera com a saída do baixista que estava há anos na banda –, seria de novo o maior perrengue. Ali, depois dessa notícia, no final de 2004, entrei num processo de insatisfação que me fez aumentar consideravelmente o uso de álcool e drogas. Comecei a beber muito mais e ia pra estrada sempre doido. Tipo "vou descaralhar". O Ron Wood dos Stones passou por isso. Na minha casa ou na estrada seria a mesma coisa. Não havia diferença entre o uso, a quantidade, etc. E essa situação foi se prolongando até agosto de 2005, quando parei com tudo pra sempre.

A turnê da volta foi sensacional. Muitos shows, a música "Cuidado" tocou bem. A segunda música "A Chave da Porta da Frente" também. Uma terceira música, "Pra Toda Vida", entrou num filme, e surgiu o convite da MTV para fazermos nosso segundo DVD Ao Vivo. Elétrico. Um show do Barão na íntegra, no Circo Voador. Antes, em 1999, havíamos lançado o *Balada MTV*, eletroacústico, num estúdio, para uma plateia de 100 pessoas sentadas, e o disco vendera muito. Entretanto agora seria o DVD. E eu estava aumentando a quantidade de tudo. Ao mesmo tempo, não queria ficar fora do DVD.

> *Algumas depressões começaram a surgir no pós-noitada. Em duas delas fiquei deitado na cama achando que ia morrer. Em outras duas, com vontade de me matar. Depois descobri que vontade dá e passa. Assim é com a droga também.*

2005

Ringo Starr lança Choose Love

Como criar os filhos em meio à loucura?

Filhos, aí sim, entra uma coisa que fica girando na cabeça. Como dar amor, ensinar respeito, ética, estar presente, inclusive na parte financeira, com escolas e tudo mais que uma criança necessita, passar segurança, incentivar a caminhar com os próprios passos, passar força para enfrentar desafios, e tantas outras coisas — se ainda for prisioneiro do maldito vício do álcool e da cocaína? Como ser verdadeiro e ao mesmo tempo se anestesiar seguidamente? Não combina. Não faz sentido. E quando nasceu meu primeiro filho, nasceu também em mim uma vergonha do que eu estava fazendo com ele, com minha mulher e comigo mesmo. Ninguém merecia isso. O fato é que nessa hora nem todos conseguem parar... e demorou cinco anos até a decisão final.

Parei de frequentar o circuito Baixo Gávea, Baixo Leblon, Mirante, Jobi, onde eu antes encontrava muita gente; agora apenas dava uma passada por esses lugares, e partia para incursões pelos morros cariocas a fim de comprar pó. Tudo era para pegar e voltar para casa, ficar o máximo possível longe dos olhares dos outros. E na hora que clareasse, se eu já tivesse bebido muito, ia para o quarto às 7 da manhã e lá ficava até passar a ressaca. Não queria que ninguém me visse. E apesar de tudo, minha mulher conseguia, com auxílio da babá, preservar nosso filho e evitar que ele assistisse a alguma dessas situações. Essa compulsão não se manifestava todo dia, tinha ciclos. Noite e dia, sol e lua, briga difícil. E, ainda por cima, como eu era um companheiro agradável no meio da galera, me chamavam sempre para shows, bares, etc.

Temos muitos amigos, mas quando você está nessa, acaba ficando sozinho, pois no final o exagero é só seu e de mais ninguém. E sobra você com seu pensamento.

No meio disso, assim como ocorrera durante a gravidez de Patricia, eu tinha momentos pontuais de lampejos de seriedade e tentava manter essa vida de cabo de guerra.

Paul McCartney gravou, em 1982, uma música com este tema: "É um cabo de guerra / Embora eu saiba que não devo reclamar / É um cabo de guerra / Mas eu não posso deixar passar / Se eu deixar, você vai levar um tombo / E a coisa toda vai desmoronar / É um cabo de guerra" (Tug Of War).

Acompanhava minha mulher em todos os exames, ficava presente de dia, mas à noite muitas vezes era a hora de "relaxar", ou seja, era esse o momento do perigo. Eu vivia uma briga interna entre a tentava não deixar furo em nenhum campo – casamento, trabalho e paternidade – e, ao mesmo tempo, a vontade de extravasar aquela situação de novidade e nervosismo. Então, algumas vezes pisava no acelerador, mesmo dentro de casa, na madrugada. Essa situação era muito cansativa, repetitiva e, pior, extremamente previsível, mesmo dentro da imprevisibilidade dos fatos do dia a dia. Era bem "careta" essa situação. Criatividade zero.

Como disse, isso poderia ser cíclico, então eu mantinha os shows, a rotina do dia a dia, e seguia a vida, mesmo dentro dessa insanidade; e como é uma doença sem cura, tudo poderia parecer bem e voltar novamente numa noite, por isso a necessidade de parar geral com tudo.

Às vezes eu saía com minha mulher e meus amigos, e estava tudo bem. Outras vezes chegava em casa já ligando e pedindo para alguém levar algo. Sim, nesse final, eu passeara para a categoria "ligar para vários motoboys da Rocinha" que entregavam no meu apartamento, junto com cerveja, etc. E eram tantos, que a qualquer hora eu conseguia. Foi uma época em que eu já nem saía mais para pegar em lugar nenhum do Rio. Tinha "entrega em domicílio". Então ficou uma rotina de loucura no mesmo lugar, tentando dessa forma não alugar ninguém e ficar o mais isolado possível, mas é claro que isso é impossível. Você acaba contaminando o funcionamento da casa e preocupando as pessoas. Dentro desse esquema, eu era variável, às vezes passava cinco dias sem usar nada, levava meu filho ao judô, à natação, estava presente na escola, nas viagens que fazíamos a Petrópolis, Búzios, etc. Dava certo. Outras vezes eu podia estar num momento vulnerável, já bebido bastante depois de um show, e como existia essa ligação direta com os vários motoboys, era capaz de descer de Petrópolis ou Teresópolis até o Rio para pegar a droga e voltar!

> *Uma loucura interna incrível, desenfreada. E era mais forte do que eu. Então, se eu não tinha garantia com mim mesmo, como ter com os outros? Numa dessas situações, em Teresópolis, desenrolou-se o episódio que culminou no motivo pelo qual eu pararia para sempre. Mas para chegar até esse ponto, houve um caminho. Uma construção ao contrário, imperceptível, angustiante, lenta e gradual... não foi da noite pro dia.*

Uma vez, eu estava chegando de carro em casa e resolvi não entrar na garagem. Precisava de mais um tempo pra "baixar a onda". Já estava claro, e eu tive vergonha de entrar em casa. Pensei em dar mais uma volta no quarteirão. E segui mais vinte metros, até o transito parar por conta de um caminhão de lixo. Parou vinte metros depois da minha portaria. Fiquei esperando o transito voltar a fluir. Eram 8 da manhã. E pensei: "*Vou esperar aqui dentro, com ar condicionado, etc.*". Só lembro de uma coisa depois disso. O barulho forte de tapas no vidro do carro, do meu lado. Eu estava com a cabeça encostada no vidro. Tomei um susto! Era o porteiro do meu prédio! O Raimundo!! Batendo na janela e falando: "*Acorda seu Rodrigo!!*". Ele disse pra eu olhar pra trás. E quando olhei pelo retrovisor, a rua inteira (ladeira da Lopes Quintas) estava parada, buzinando. E nenhum carro à minha frente! Eu tinha dormido! E dormira fundo!! O trânsito ficou parado esperando aquele doido do carro da frente andar. E eu, dormindo. O Raimundo foi ver o que estava acontecendo, reconheceu meu carro, e foi até lá! Quando ele me acordou, eu rapidamente liguei o carro e segui em frente. Dei a volta no quarteirão e entrei na garagem do meu prédio. Quase tive de ser carregado pra chegar até o elevador. O curioso é que todos os porteiros e moradores do prédio gostavam muito de mim. Sempre fui um ótimo morador, nunca desrespeitei as regras do prédio, nunca dei festas barulhentas, nem toquei instrumentos muito alto. Sempre prezei pela boa convivência. Ou seja, essas coisas de doideira às vezes aconteciam, e eles me ajudavam. E achavam até engraçado. Eu sempre fui querido nos prédios onde morei. Entretanto, esses estados etílicos às vezes impressionavam. Inclusive a mim, que pensava: "*Como consegui chegar guiando em casa, depois de tanto álcool na cabeça?*" Sorte. Já estava muito dodói das ideias. Precisava procurar ajuda mesmo. O interessante é que havia uma reunião do AA na igreja exatamente em frente à minha casa. E eu nunca pensei em ir. E mais ainda: quando resolvi ir a uma reunião, não fui nesse perto de casa... fui em outro AA. Na minha cabeça, eu tinha que a distância de casa me daria um lastro maior, mais um tempo pra pensar e decidir se parava ou não. Se fosse em frente à minha casa, o comprometimento ia ser imediato, e sem a desculpa da distância. Então, eu nem chegava perto!

```
Paul McCartney lança Fine Line
Está Chegando a Hora de Parar!
```

O uso de todo esse lixo aumentou consideravelmente em 2005. Entre fevereiro e agosto (data em que parei) aconteceram algumas coisas.

Houve uma sucessão de nove shows em várias unidades do Sesc, no Rio. Três por fim de semana, em fevereiro de 2005. Em todos, eu usei de tudo e cheguei virado (ou tendo dormido muito pouco). Uma vez saí em cima da hora do show (sem passar som), e o táxi quebrou na Avenida Brasil, faltando 25 km para chegar ao local, e meia hora para começar o show. Eu estava deitado no banco de trás, quando o carro desligou geral, tudo. O motorista foi levando o carro na banguela até um posto mais à frente. Às 23h, e nós no meio do nada! Saltei no posto, e lá havia por sorte um táxi começando a sair. A maior sorte!!! Gritei, gritei, e ele parou. Ia pra outro lado, mas insisti tanto, contei a história, e o cara me levou. Chegando lá, super atrasado e virado, todo mundo me olhou com um desprezo grande. Isso me marcou.

As coisas se complicavam cada vez mais. A empregada que trabalhava lá em casa, ia passar a morar em Petrópolis no mês de julho, para trabalhar com o marido num novo emprego. Ela trabalhava conosco desde o nascimento do meu filho mais velho. E o levava à escola e aos outros lugares, quando minha mulher estava trabalhando, ou eu tinha show, viagens, etc., ou quando eu estava virado. Ajudava muito a gente. Sua saída representou uma perda grande. Foi a hora em que comecei a pensar em parar também. Ou diminuir muito, tentar, sei lá. Ao mesmo tempo, meu filho tinha mudado de escola, da pequena Escola Nova, para o grande Andrews. A responsabilidade de pai aumentava.

> Frejat se lembra o que antecedeu ao meu pior momento com a droga: *"Ele chegou perto de morrer. A gente ia fazer um voo longo, de Campinas para Fortaleza. Na van falamos 'vamos todos maneirar, vamos para os quartos, acordar cedo, para aguentar este voo longo'. De manhã chega o Rodrigo descaralhado e a gente perguntando 'onde você conseguiu'? Novamente o medo de ele levar uma dura de traficante, nego achar que a banda estava com grana viva, enfim. E assim ele embarcou, e já estava mal, a cor da pele dele nesta época já era diferente".*

O corpo já dava sinais de que não estava aguentando. Em junho tive uma hipoglicemia em um avião. Depois de ter virado uma noite em Campinas e passado mal, continuei mal às 7 da manhã na van até o aeroporto de São Paulo, no aeroporto, e no avião pra Recife (íamos fazer um show num festival para 40 mil pessoas). Nas duas horas e meia de voo, vomitei em todos os saquinhos existentes a bordo e fui uma dezena de vezes ao banheiro. O avião inteiro me olhando e eu passando mal, vomitando sem parar, branco, verde... até que alguém perguntou: *"Tem um médico a bordo?"*. Eu estava pálido, muito enjoado, sem conseguir falar, olhava em volta e via todo mundo me olhando. A qualquer movimento (até falar), o estômago embrulhava, e voltava tudo de novo. Vi o teto escurecer durante três segundos, e falei pro Fernando na poltrona ao lado: *"Acho que estou morrendo!"*. Fernando conta que nessa hora viu meus olhos revirarem, encostei a cabeça na poltrona, o vômito escorria da minha boca. Fernando avisou ao Frejat (que estava no assento atrás do meu), e este imediatamente soltou seu cinto, pulou para minha frente e empurrou minha cabeça pra baixo e pra frente, para evitar que eu sufocasse com o vômito. E continuei vomitando até o médico chegar. Eu nunca havia escutado a expressão *"Tem um médico a bordo?"*. Só em filmes... E era pra mim. O médico tirou minha pressão, estava 18 por 10, mas ele não me disse. Só me acalmou e comentou: *"A noite foi boa ontem, hein?"*. Concordei com a cabeça. Ele recomendou que eu ficasse calmo, explicou que aquilo era resultado da noitada, e eu estava com hipoglicemia. Ao chegar a Recife, às 16 horas (o show era às 18h), eu queria ir pro hotel tentar dormir uns quarenta minutos, mas me convenceram a ir pro hospital a fim de tomar soro e glicose. Eu ainda estava passando mal, mas no hospital fiquei no soro, dormi quarenta minutos na maca, e quando acordei estava melhor. Troquei de roupa no hotel e fui para o show (meus amigos do *Biquini Cavadão* estavam na mesma van). Só bebi água de coco naquela noite e no do dia seguinte. Depois voltei a beber cerveja, no show da outra semana.

Aquilo também me assustou, mas o vício ainda era maior, e eu me achando o destemido roqueiro que não para nunca. Entretanto, uns três meses depois eu pararia com tudo.

Nada do que conheci na vida é pior do que a agonia da fissura da cocaína. Nada. Nunca experimentei *crack*, ou *free base*, mistura de nicotina com cocaína. Então o que posso dizer é que essa sensação da agonia da cocaína é a pior de todas que já senti na vida. Se havia um lado bom, da primeira cheirada, o inferno subsequente trazia um vazio incrível. Inenarrável. Horroroso. E não presta para nada, a não ser sugar sua energia. Claro, tudo que é fissurante tem um lado bom, da adrenalina, da euforia. Mas ele é efêmero, fugaz, perto da agonia do restante da noite. Não desejo a ninguém a agonia do pó. Você parece um morto-vivo.

```
Paul McCartney lança o disco Chaos and Creation in the
Backyard

O Lixo aos Tubarões
```

Quando veio a reunião da banda com a intimação para eu parar com álcool e drogas, numa segunda feira, dia 1º de agosto de 2005, estávamos com ensaios marcados para a gravação do DVD, nos dias 19 e 20 de agosto. E eu pararia com tudo no dia 2. Ou seja, faltavam dezoito dias para a gravação do DVD, e era a hora de procurar ajuda na clínica. Na consulta e na primeira reunião pedi para gravar o DVD. Aleguei que seria o sonho realizado e eu queria participar disso. Claro que escutei muitas coisas para me fazer desistir, mas minha persistência e meu foco em ficar "limpo", falaram bem alto.

Na semana em que resolvi procurar ajuda, eu vinha de um tempo longo, durante o qual, de três a cinco vezes por semana, bebia e/ou me drogava. Já tinha me acostumado a isso. Meu organismo havia se acostumado, apesar de meus exames médicos apontarem vários sinais de desequilíbrio, elevados índices de colesterol e alta taxa de gordura no fígado. Ao mesmo tempo que o uso de drogas me relaxava e resolvia momentaneamente minhas ansiedades, ou me deixava eufórico, pra cima, ativo, também me jogava no fundo do poço. Ao mesmo tempo que eu conseguia trabalhar, viajar, tocar, e levar uma vida familiar supostamente normal, a droga também me fazia pensar em me matar, deixava meu rosto inchado, minha mente confusa e com muito medo do futuro e da vida. Ou seja, a parte ruim já era muito mais forte do que a boa, se é que existira alguma boa. Eu não tinha mais nenhuma perspectiva sobre construção de vida. O fato de ter uma rotina de loucura me trazia muitas dúvidas sobre se valia a pena continuar vivendo.

Nessa hora, quando bateu o maior desespero, e veio a semana em que eu usei todos os dias sem parar, chegou o aviso. O aviso do corpo tinha vindo alguns meses antes, com a hipoglicemia a bordo do avião a caminho de um show importante em Recife. Um show tão importante, e eu quase morri! Valia a pena? Não, não valia a pena.

Ali o sinal de alerta foi ligado, e minha compulsão pela continuidade do uso levou a banda a ameaçar me demitir por conta disso. Era demais. Eu não admitiria perder pra droga. Era muito humilhante. A dependência/alcoolismo é uma doença que, se não te leva a vida direto e rápido, te matará, aos poucos, com humilhação. Quando veio o ultimato, eu já estava decidido a nunca mais me drogar, mas sabia que teria de ser um dia de cada vez. Esse é o sistema, não há segredo, é uma construção lenta, porém pra frente.

Você sabe que a partir dali não vai mais descer a ladeira. Isso já é o suficiente pra se sentir melhor, ao menos pra quem souber usar essa ferramenta para vencer.

Eu tentei ligar para o Dr. Jaderson a fim de marcar uma consulta e também a entrada no tratamento. Meu irmão ligou pra ele. Só poderia atender no sábado. Era terça, ainda. Uma eternidade. Enfim, deixei marcada a ida ao consultório no sábado mesmo. Entre terça e sábado haveria dois shows do Barão, quarta e quinta. Shows coorporativos. Um em Búzios, e outro em Cabo Frio. A última noitada havia sido intensa, e eu estava muito fragilizado para pedir ajuda, mas numa conversa com minha mulher, decidi que era aquela a hora. Era agora ou nunca. Eu já havia sentido vontade de me matar por duas ocasiões, na cama, olhando pro teto, depois de noites de drogadição (cocaína e álcool). Estava ainda de ressaca, na terça dia 2 de agosto de 2005, quando fui gravar com o DJ Memê. Nessa noite eu não bebi nada, e cumpri minha promessa nos dias que se seguiriam, até o encontro no sábado com o Dr Jaderson, o dono da Clínica Centro Vida, (a clínica era no Rio, em Santa Tereza, agora mudou para Botafogo). A decisão estava tomada. Faltava aprender a construí-la e mantê-la. Por isso a ajuda da clínica e dos "universitários". No dia seguinte, fomos a Cabo Frio. Mais um show coorporativo. Mais um show sem beber. E não batia ansiedade, nem arrepios, ou quaisquer alterações físicas. Nada.

Eu estava super apreensivo para a chegada de sábado. Apreensivo com o que eu escutaria de "bronca". Quando eu fora ao Dr. Jaderson pela segunda vez, três anos antes, ele já havia me dado muito "esporro" pelo fato de eu continuar com aquela vida sem sentido, e já com um filho recém-nascido. Na época eu disse que ia tentar sozinho. Não consegui. Mas não consegui por dois motivos: 1) eu não sabia o tamanho da decisão que deveria ser tomada, e 2) na verdade eu não queria parar ainda. Não estava preparado internamente. Nunca se está preparado internamente, mas eu achava – dentro da prepotência da dependência química – que estava tudo bem, e tinha "vela pra queimar". O que me fazia procurar a clínica dessa vez era a decisão tomada, a coragem de colocar a minha vida à disposição do melhor médico-psiquiatra de que já tive notícia. Ao lado da convicção de que eu conseguiria parar — pois havia esse sentimento dentro de mim —, havia também a apreensão sobre o que viria pela frente. Eu sabia que ia usar minha teimosia para conseguir "puxar o freio do carro para trás"; sabia também que meu orgulho não me permitiria sair derrotado dessa empreitada. Ao mesmo tempo, um lado meu não queria a vitória. No fundo no fundo, na hora da decisão ser colocada em prática, o dependente (aconteceu comigo) tem ainda uma resistência: *"Nunca mais vou beber?"*. Mesmo sabendo como a vida estava ruim com o álcool e as drogas, ainda assim o vício mental era forte. Como viver sem isso? Sem uma muleta para as horas de euforia e depressão? A briga interna era forte. Era preciso aceitar ajuda e escutar tudo o que fosse necessário, da parte do médico, da terapeuta e do grupo.

E fui preparado pra isso no sábado, dia 6 de agosto de 2005, às 9 horas da manhã. Eu estava nervoso, e fui com meu irmão de carona. Entramos na salinha do Jaderson (a essa altura já tenho intimidade para chamá-lo sem o "Dr." na frente do nome). Jaderson era um grande amigo de todos os pacientes. Era uma mãe e um pai ao mesmo tempo. Sabia, em apenas um olhar, como eram a vida, as angústias, os pontos fortes ou fraquezas de cada paciente. Com um olhar ele desmontava qualquer mentira que se contasse. Não existia um médico tão próximo a seus pacientes como ele. Um conhecimento da vida e da alma humanas, surpreendente e fascinante. Um gênio no assunto. Sensibilidade para dar um abraço ou uma porrada, caso fosse necessário. Porrada verbal. Eu já o tinha conhecido cabeludo, depois com o cabelo cortado, e agora com o cabelo levemente grisalho e comprido até o pescoço. No caminho para Santa Tereza, um filme passava na minha cabeça. O que seria a partir daquela data?

Chegando a Santa Tereza, eu não estava tão confortável como gostaria, pois, é impossível se sentir totalmente confortável em uma situação como essa. Fomos até a sala do Jaderson para a "nova" entrevista. Três anos antes, na segunda entrevista com ele, eu também tivera consulta com uma das terapeutas, uma conversa boa que me fez enxergar algumas coisas. Essa terapeuta viria a ser, três anos depois, a mesma com que me consulto em terapia até hoje.

Voltando à salinha do Dr. Jaderson. Entrei, já recebendo aquele olhar fulminante do doutor. Só ele tinha aquele olhar. Diferentemente das outras vezes, dessa vez entrei com meu irmão, Renato, que foi comigo para dar uma força. Ele já estava limpo havia quatro anos. E sabia o que era passar por isso, e o que eu precisava escutar também. Renato ficou quieto, com um leve sorriso no canto da boca, escutando tudo o que o Jaderson me dizia. Nada que eu já não soubesse que ele ia falar, mas, de uma maneira diferente, ele mostrou em dois minutos como vinha sendo a minha vida inteira ao longo de anos. O que eu estava jogando fora, e o que poderia acontecer a partir dali. A condição de dar sequência à nossa conversa era que eu entrasse no programa e não mais tentasse sozinho, uma vez que isso já ocorrera anteriormente (e isso já fora um movimento de tentativa), e não dera certo. Eu precisava de mais alguma coisa, mais elementos que pudessem me completar na trajetória.

Era um sábado, e aos sábados só havia uma reunião depois do café da manhã na clínica (uma das coisas criadas pelos próprios pacientes para as manhãs de sábado começarem mais cedo), das 10 horas às 12h30. Em seguida, todos iam pra casa. Aos domingos não havia reunião. De segunda a sexta-feira as reuniões eram das 12 às 21 horas (contando o almoço ao meio-dia, que fazia parte do tratamento e era obrigatório nos primeiros três meses). Por volta das 21 horas — depois da terceira reunião — ia-se pra casa e voltava-se no dia seguinte. Algum familiar buscava e levava o paciente, ou, dependendo do caso, era possível ir e voltar sozinho. O meu foi o segundo caso. Eu dirigia até a clínica e voltava dirigindo. Algumas vezes ia de táxi, de ônibus ou de carona.

Da sala do Jaderson eu iria voltar pra casa e também assinar um termo me comprometendo a entrar na clínica na segunda-feira. Era essa a condição. Só que havia um pequeno problema. Eu teria ensaios com o Barão nas duas semanas que viriam a seguir — das 14 às 20 horas — para a gravação do nosso primeiro DVD, *Ao Vivo no Circo Voador*. Horazinha complicada de parar com tudo, né? Não, na verdade toda hora e todo compromisso poderão servir de desculpa para o paciente "vazar". O Jaderson não quis conversar sobre isso, já sabia a minha história, sabia que era verdadeira, mas também sabia que eu poderia usar de desculpa pra não ir. Combinamos que falaríamos disso depois. Jaderson disse que já havia conversado com Renato e com Frejat, e já tinha até substituto pra gravar o DVD, no início do meu tratamento. Acrescentou que eu receberia meu cachê, etc. Me cercou mesmo. Depois de muita conversa (forte) na sala, pedi pra tomar o café da manhã e assistir à reunião. A única reunião de sábado. E a mais lotada da semana, geralmente com 70 pessoas.

Eu já havia ido uma vez a uma reunião do AA, e havia umas quinze pessoas na sala. Apesar de reconhecer a grande importância dos AA e NA do Brasil (vários amigos meus conseguiram sucesso nas reuniões de lá), eu sabia que precisava de algo a mais, um *plus* terapêutico pra desmontar meu próprio personagem, que criara durante uns vinte anos no rock. E sabia que o tratamento funcionava, pois além de irmão e irmã, vários agregados da minha família já haviam passado por lá, um indicando pro outro, e obtido grande sucesso. Sabia que a minha teimosia em usar também me serviria para parar. Era encarar e entrar pra vencer o vício, pois outros que vieram antes conseguiram. E isso também se tornava uma preocupação pra mim, pois quanto mais sucesso alcançava a clínica, mais sinal de que eu ia ter realmente de parar com tudo. Ainda era um cabo de guerra na cabeça, assim é o vício do álcool e da droga. De uma coisa eu sabia. Funcionava. No grupo tinha gente que eu conhecia (encontrei na chegada) e também me ajudaria. E eu sabia, além disso, que um lado meu queria parar. Eu não aguentava mais. Sabia igualmente que não conseguiria sozinho.

E pedi pra assistir à reunião. Jaderson não deixou. Falou que eu não podia assistir se não estivesse já no programa. Ao mesmo tempo, eu não queria me comprometer de imediato. Tinha o DVD, etc. Ele olhou pro meu irmão e perguntou o que ele achava de eu assistir à reunião. Se eu estava preparado, etc. Renato já não assistia havia alguns anos, mas sabia como eram as reuniões. Meu irmão fez um movimento com os ombros, tipo *"sei lá"*, e riu. Insisti que queria assistir, que tinha ido até lá e estava pronto pra escutar o que tivesse de escutar. E realmente estava. Jaderson me olhou, olhou mais sério, e falou que estava tudo certo. Pra eu ir tomar café com o grupo e depois entrar na reunião, que seria conduzida por ele.

Até aí tudo bem. Fui lá eu pro café, fingindo que estava relaxado, encontrei dois amigos de longa data. Fiquei conversando com eles. Minha futura terapeuta chegou, trocou uma ideia comigo e disse algo como o fato de já haver três dependentes na minha família era também um fator e um motivo para eu me tratar, me entregar e aceitar a ajuda do grupo. *"Ok"*, respondi, *"eu vou entrar"*. Passados quinze minutos, alguns sanduíches e sucos, fomos lá pra sala de reunião que ficava em uma parte aberta da sala, ao ar livre, em frente à piscina. Tinha muita gente. Eu não sabia onde ficar. Era todo mundo sentado de costas pra piscina, as cadeiras ficavam em fileiras dispostas em semicírculo e de frente pra parede da sala, uma bonita parede de pedra, junto à qual se sentavam umas vinte pessoas, voltadas para os participantes da reunião. Era um local que o próprio Jaderson construíra, tijolo a tijolo, quando foi ampliando o espaço da clínica para outros lados. Era muito bonita essa área toda. Um astral positivo muito bacana. Como eu não sabia onde sentar e estava sem jeito, pois era o único novato a chegar naquele dia, sentei de costas também pra parede, umas quatro cadeiras ao lado do Jaderson, e de frente para as fileiras dos participantes. Ao lado do Jaderson na maioria das vezes ficavam pacientes com mais tempo de abstinência, que sempre davam retornos maravilhosos. Mas não era uma regra, essa distribuição de pessoas. Era chegar e sentar na cadeira que se quisesse. A cadeira do Jaderson, também ocupada pelas terapeutas nas reuniões que estas coordenavam, era sempre a cadeira central. Pra ter a visão ampla da sala e de todos. Quando me tornei coordenador, dez meses depois, também sentei nessa cadeira central, na linha que ficava de frente pra todos. Coordenei reuniões durante quase três anos e meio.

Sentei, coloquei a pasta que levara comigo (com celular, carteira, etc.) ao lado da cadeira e fiquei esperando todos se ajeitarem, escutando aquele barulho de cadeiras arrastadas, gente falando, rindo (o grupo se conhecia há tempos), e se preparando para o início da reunião. Meu irmão também assistiu. Ficou na terceira fileira, bem diante de mim. Eu só conhecia umas quatro das setenta pessoas presentes no dia. E conhecia o Jaderson. Ele pediu silêncio a todos – a sala ficou quieta em segundos –, e a reunião começou ...

Primeira reunião 06/08/2005

Quando a reunião começou, eu estava suando frio. Mas disposto a encarar tudo o que viria. Duraria duas horas e meia, de 10 às 12h30. Jaderson comunicou que tinha uma pessoa nova na reunião – todos já haviam percebido – e depois passaria a palavra a mim. Perguntou quem queria começar. A dinâmica da reunião era assim, sempre perguntando quem queria começar, e depois quem queria dar retornos para quem falara, sendo então o retorno complementado e *linkado* pelas observações do Jaderson, ou da terapeuta que estivesse coordenando. A Dra. Susana, minha futura terapeuta que conversara comigo no café da manhã, estava de plantão no dia e assistiu àquela minha primeira reunião.

Comecei escutando o que cada um falava de si, e como não eu entendia nada daquilo, às vezes me perguntava: *"Por que estão falando de filhos, de pais, de trabalho, de conquistas recentes, etc.?"*. Claro, depois entendi que a reunião era muito mais do que falar sobre drogas ou o que já tinha sido feito na vida, e sim sobre o que se estava vivendo no presente e o que se estava já reconquistando com a parada de drogas. Como eram muitas pessoas com tempos de abstinência diferentes, as histórias eram muito variadas e de uma riqueza ímpar. Estava presenciando ali um pai que contava da dificuldade em reatar laços com o filho (em razão do que fizera na época em que se drogou), gente que estava começando a voltar a trabalhar, e muita coisa bem interessante. A variedade de histórias e pessoas era muita. Homens, mulheres, héteros, homo, pretos, brancos, pobres, ricos. Todos com o mesmo objetivo, remar pra fora da droga e do álcool. E havia umas cinco pessoas conhecidas minhas, nessa reunião. A variedade de profissões era de uma riqueza muito bacana também, pois isso desmontava qualquer tese de que o problema só acontece em certos meios, etc. Pode acontecer com qualquer um, em qualquer lugar, pela constância do uso repetido por vários anos, e pela propensão à compulsão e à obsessão. Isso eu reparei que era comum a todas as histórias. Entretanto as profissões variavam. Garçom, diretor de banco, filósofo, estudantes, arquitetos, advogados, médicos, etc., etc. Eu era o único músico da reunião, por incrível que pareça. Fui escutando as histórias, tentando entender um pouco do que era falado (pois peguei tudo com a carruagem andando), e quando deu uma hora de reunião, meu celular (que eu esquecera ligado dentro da mochila, ao lado da minha cadeira), tocou. E tocou alto! O Jaderson disse pra eu atender. Respondi que não, comecei a procurar dentro da mochila, e nada. E ele brincou que era o Frejat, e era pra eu atender. Eu ri e falei que não era não, e ao achar o telefone, desliguei imediatamente. Nunca mais (em reunião nenhuma na vida) deixei meu telefone ligado. Comecei a suar com todos me olhando, e o Jaderson, rindo e sério ao mesmo tempo, disse para eu me apresentar a todos. E eu me apresentei como dependente químico, alcoólatra. Ele perguntou, me interrompendo: *"Como você sabe que é dependente?"*. Respondi que não conseguia sair dessa roda viva, que já tinha procurado outras ajudas e não havia dado certo, que eu tinha recebido um ultimato da banda... Ele insistiu: *"Que banda? Pode falar, todo mundo aqui já sabe quem é você e que você vinha pra cá, até porque dois irmãos seus passaram por aqui. As pessoas já conhecem uma parte da sua história. Mas só lembrando, aqui não tem Barão Vermelho, não. Aqui é você com você"*. E continuei a falar e contar sobre minha história, minha família e também sobre o ultimato da banda para que eu parasse com tudo. A banda sempre me protegera, muitos gostavam também do meu jeito de ser, meio louco, com um lado brincalhão, aumentando a quantidade de uso de álcool, porém sempre tocando o que tinha de tocar. Eu cumpria os compromissos, mas estava começando a ficar muito difícil essa parte. Éramos companheiros do dia a dia. Somos amigos até sempre. Amo meus companheiros de Barão, estava deixando-os diariamente preocupados comigo, entre 2004 e 2005. Minha mulher também estava cada vez mais preocupada com minha saúde, e aonde ia dar essa vida. Era carinho e preocupação de todos os lados, e faltava eu fazer a minha parte. Falei tudo isso na reunião, e depois o Jaderson perguntou quem queria falar alguma coisa pra mim. Eu havia acabado de dizer que tinha o DVD do Barão pra gravar no Circo Voador em 18 de agosto, e estávamos no dia 6. Aleguei que não poderia entrar no tratamento antes de gravar o DVD, pois tinha ensaio todo dia. Enfim, depois que entrei no tratamento comecei a ver que isso também fazia parte do quadro da chegada. Um lado meu não queria ficar, queria deixar uma brecha aberta ainda. E vi a mesma coisa, com milhares de pessoas que chegaram depois de mim. Era óbvio e normal dentro do quadro até. Muito óbvio. Eu não era diferente de ninguém. Mas escutava bastante. Fora ali pra isso. Pra desmontar a prepotência. Então, comecei a escutar.

Me lembro de alguns retornos pontuais. De uma pessoa que eu conhecia, bastante inteligente, escutei que eu poderia voltar na segunda-feira só pra almoçar, e depois ir pro ensaio. Eu não sabia dessa possibilidade. Achava que já tinha de parar tudo. O que pra alguns é necessário, realmente, Na verdade o que interessava era estabelecer rápido um vínculo com a clínica e as pessoas. Só assim poderiam me ajudar. Outro retorno foi de um diretor de banco, pessoa muito bacana; ele me alertou que seu medo não era nem de que eu fosse usar álcool e drogas até o DVD. Seu medo era eu NÃO usar nada, e por isso achar que eu conseguiria sozinho dessa forma, e não precisaria mais voltar à clínica. Afinal de contas, o portão era aberto. Esse retorno foi bem pontual. Outro cara, do canto da sala, falou que quando meu celular tocara, parecia no tempo de escola, aquele constrangimento de não conhecer ninguém, etc., riu às pampas, me desejou boas-vindas, acrescentou que depois que se conhece todo mundo fica muito relax, e se identificou comigo. Gostei daquele relaxamento. Meu irmão também me deu um retorno dizendo que já era hora de parar, que a vida dele melhorara muito depois disso, e eu estava jogando a minha fora. Em seguida, o Jaderson falou. E concluiu que eu era uma pessoa bacana, que estava jogando tudo fora, e que era mais fácil aceitar ajuda do que tentar sozinho. Repetiu que queria me ver voltar, entrar no grupo, pois eu tinha muita vida pela frente. Me chamou de tudo quanto é adjetivo forte. De prepotente pra baixo. Me olhava, sério. Repetia os adjetivos, e eu aceitei numa boa. Sabia que tinha de escutar aquilo mesmo. Fazia parte do meu aprendizado. Só que na hora achei que era pessoal. Depois vi que ele tinha esse método com todo paciente, no fundo era uma demonstração de carinho e preocupação. Ele tinha de me fazer enxergar o que eu estava fazendo na vida. E o grupo também. Jaderson era um médico muito diferente. Sabia exatamente o que falar pra desmontar cada pessoa. Tirá-la do pedestal da prepotência. Mas também sabia dar um abraço como ninguém. Era muito preciso. Confesso que saí bem mais tranquilo do que quando entrei, apesar de ainda estar muito assustado com tudo aquilo. Eu vi que era muito bom também. Uma riqueza de troca entre as pessoas, eu nunca havia presenciado nada igual. Creio que no fundo, mesmo com medo, defini a minha entrada na clínica quando pedi pra assistir à reunião. Encerrada esta, faltava a parte mais difícil. Assinar um termo de que eu ia entrar na clínica. Conversei com todos em frente à piscina, muitos me deram conselhos e boas-vindas, etc., mas disso não lembro muito. Já queria ir pra casa. Falei pra todos que eu ia voltar na segunda-feira (no dia seguinte, domingo, a clínica não abria) para o almoço. Ninguém levava fé, talvez nem eu. Disse ao Jaderson que segunda-feira eu estaria de volta pra almoçar, aceitando a sugestão de um parente meu presente à reunião. O médico respondeu apenas: *"Ok"*. Voltei pra casa de carona com meu irmão, mas nem lembro o que conversamos. Era muita informação na cabeça.

Em casa, conversei com minha mulher sobre como tinha sido, ficamos trocando ideias o fim de semana todo, e de domingo pra segunda dormi mal. Mas acordei cedo pra andar de bicicleta da Lagoa até o Leme (o que faria, nos próximos três meses, diariamente), e depois fui estudar inglês (aula particular com vistas à viagem à Inglaterra para gravar o DVD dos Britos, em outubro). Voltei pra casa, tomei banho, e fui pra clínica. Eu estava menos nervoso. Tinha de chegar lá ao meio-dia. Nunca me atrasei, em cinco anos de clinica. Nunca saí no meio de uma reunião nem pra ir ao banheiro. Sempre prestei atenção em todas as falas, retornos, histórias. Sempre dei muitos retornos, e talvez por isso tenha sido indicado à coordenação, com dez meses de abstinência.

Enfim, peguei meu carro, fui pra Santa Teresa pelo Alto da Boavista, olhando as paisagens, o verde das árvores, e pensando muito na vida, muito. Em que situação eu me encontrava. Caramba, teria de reverter e resolver isso. Só eu podia fazer isso. Mas tinha gente pra me ajudar. Eu não estava sozinho. Me senti confiante e confuso ao mesmo tempo. E o verde das árvores deu lugar às casas de Santa Teresa. Nessa transição pude observar as casinhas lindas do bairro, e me deu uma sensação boa também. Fui indo pelos trilhos, pelo Rio histórico, pra mudar a minha história. E cheguei pontualmente ao meio-dia.

Voltei no dia 8 para começar o tratamento, assistir a uma reunião e depois ir ensaiar com a banda. Foram dez dias de ensaio, e aí sim a gravação. Circo Voador lotado. Ensaiamos bem aqueles dez dias, porém minha cabeça estava vivendo um momento muito doido, uma mistura de informações e sentimentos. E quando entrei no palco do Circo, soltei minha alma para o céu. Me diverti muito nos shows, pulei às pampas, curti estar ali de outra maneira, "limpo", e ao mesmo tempo gravando um grande produto, que teria seguros desdobramentos. Gravamos o *making of* nas escadarias do morro ao lado do Circo, o que me fazia lembrar de tudo. Mas deu certo, a gravação foi linda. Foram dois dias, sexta e sábado. Na segunda, eu voltaria às reuniões na clínica, passando o dia todo. O único momento mais complicado foi o brinde com a gravadora, no camarim. Clima de sucesso, de vitória, tapinhas nas costas e brinde com champanhe. Ao mesmo tempo mais de trinta pessoas saindo do banheiro com nariz branco. Circo Voador, né? Lapa. Sucesso. Doidera. Menos eu. Tive de criar outro personagem, brindei com copo vazio e fui em seguida para casa, sem esticar aquele momento. Já havia tido outros na vida. Aquela não era a hora de ficar lá entre muitos "monstros" de cara torta. Fui embora com minha mulher, Patricia, e me senti bem em sair dali.

Clínica, primeiro dia reunião de tarefas

Ao entrar na clínica, fui até a recepção. Estava também um dia ensolarado. Era 8 de agosto, e o clima estava bem bacana. Fui almoçar, conforme haviam me sugerido na reunião. Entrando pelo portão, a recepção ficava pra direita. A recepção era na casa base, uma casa colonial, azul clara, com móveis de madeira boa. Se eu seguisse em frente daria na parte da piscina que levava à sala de reunião, a mesma em que estivera no sábado. Em volta da piscina havia mais duas salas – uma para reuniões às terças e quintas, quando à noite ia muita gente, e era preciso dividir em duas salas (também era usada para a reunião de coordenadores com a terapeuta, às quartas-feiras à tarde); e outra para funcionamento de alguma oficina, no caso a biblioteca, que seria iniciada meses depois com um grupo de cinco pessoas, entre as quais eu viria a me incluir. Do lado esquerdo havia uma passagem pra cantina, que ficava numa outra área aberta bem grande, onde se realizavam também churrascos às quartas-feiras, almoços, etc. Essa área mais tarde ficaria apenas para transitar ou jogar pingue-pongue (alguém levaria uma mesa uns dois anos depois), pois a cantina passaria também a ser voltada para o lado da piscina, com formato mais de cantina mesmo, ficando tudo em torno da mesma área. A ideia era fazer um teatro na parte de trás, para realização de saraus, aniversários de abstinência, apresentação de peças teatrais, shows, ou outras atividades. Nunca foi inaugurado esse espaço, pois o Jaderson morreu antes disso. E era um projeto bem dele mesmo. Teria sido eu a inaugurar o espaço com um show acústico, mas disso falo mais à frente. Acima da piscina havia um segundo andar, em forma de sacada, que dava a volta toda num círculo completo, com quartos ainda inacabados, que serviriam para fazer da clínica um espaço para internação também. Outro sonho do Dr. Jaderson era possibilitar internações. Já estavam construídos os quartos, porém ainda sem móveis e com buracos de ar-condicionado abertos. Faltava pouco para inaugurar. Por enquanto era uma clínica hospital-dia, mas a ideia era ter também internação e dormida à noite. Entretanto, esse sonho também não saiu do papel, em razão da morte do Jaderson.

Bem ... fui pra direita, na direção da recepção e não segui pra piscina. À direita ficavam a recepção e a base da chegada na clínica (bem antes de existir a parte da piscina e a área atrás, era apenas nessa parte da casa que ficava a recepção, tinham lugar as reuniões, e se situavam as salas de entrevistas com psiquiatra e de terapia individual). Havia uma sala de reunião no andar abaixo também. Quando cheguei, alguns pacientes já estavam ali e ficaram admirados com a minha presença. Não tinham acreditado que eu fosse. Fui recebido por todos efusivamente, e com alguma surpresa. Ninguém confiara que eu voltasse na segunda. Ali estavam pacientes em número muito menor do que no sábado, pois as primeiras reuniões (das 13h30 ás 15h30) eram geralmente para os pacientes que estavam começando o tratamento, uma média de trinta pessoas. E nas reuniões da noite juntavam-se todos os pacientes, inclusive aqueles com mais tempo de abstinência (a partir de dois anos), os quais já haviam voltado a trabalhar e assistiam a duas reuniões noturnas na semana. À tarde era misturado – gente recém-chegada, e gente que às vezes saía do trabalho mais cedo e acabava indo à reunião da tarde. Ali estava uma galerinha.

E entrei na recepção. Falei com a Raquel, recepcionista-chefe — uma das quatro que havia ali — integrante do pessoal que cuidava do Centro Vida. Tinham o maior cuidado com todos que chegavam. Perguntei se podia almoçar e depois ir embora para o ensaio. Raquel respondeu que sim, mas indagou se eu não queria assistir a uma reunião. Aleguei que tinha ensaio do Barão, mas perguntei a que horas começava. Informou-me que era às 13h30. Fui almoçar, troquei ideia com todos ali presentes, gostei da galera, e voltei à recepção. Falei que ia assistir à reunião. Liguei pro Duda, empresário do Barão, e pedi pra chegar ao ensaio às 15h30, em vez de 15h. Ele perguntou ao Guto, ao Frejat e Cia., e todos concordaram. Raquel me avisou que, para assistir à reunião, tinha de ingressar oficialmente no programa, ou seja, assinar, pagar a mensalidade e entrar no tratamento. Eu decidi. Fiz o cheque (paguei meu tratamento com os shows) e fui pra reunião. Ali eu estava assinando a entrada pra valer.

Segui na direção da piscina, andei até a sala de reuniões e entrei junto com a galera que estava no almoço. Quem ia conduzir a reunião era a terapeuta Ana Cristina. Sentei em uma fileira lateral da sala, com a cadeira virada pra a outra ponta, diferentemente do que fizera no sábado. E tinha menos gente. A Dra. Ana era uma das terapeutas que trabalhavam há muitos anos com dependência química, e uma fera no assunto, assim como a Dra. Susana. Antes de eu entrar na reunião tive uma pequena entrevista com a Susana e a Ana Cristina, e montei a "grade" das minhas duas primeiras semanas: assistiria apenas à primeira reunião, iria para o ensaio do Barão (que durava até às 22 horas), e depois pra casa. No dia seguinte, deveria estar de volta ao meio-dia. Combinei a sério essa programação. Afirmei que dava pra cumprir. Depois disso viria a gravação do DVD do Barão, dias 17 e 18 de agosto, e no dia 20, segunda-feira, eu começaria a assistir em tempo integral às três reuniões do dia, durante três meses, no mínimo. Foi isso que também combinei com o Jaderson. Na segunda-feira em que comecei, ele não estava lá naquele horário.

Entrei na reunião, e a Dra. Ana pediu que eu me apresentasse de novo, etc. Contei tudo outra vez, e ela prosseguiu com os outros pacientes. Escutei alguns retornos, mas era bem diferente de sábado. Eu não estava nervoso e me senti à vontade. Ana pediu que eu desse alguns retornos para alguns pacientes, baseado apenas no que eu tinha entendido daquela fala no momento, etc. A importância disso era me incluir no grupo, e também poder observar a reunião através da perspectiva de quem estava entrando, e perceber o que eu poderia acrescentar ao que havia compreendido das falas das pessoas, sem ao menos conhecer o resto da história. Isso era muito interessante, pois é como se alguém de fora desse outra opinião, sem estar tão envolvido no dia a dia ainda. Nada envolvido. O ponto de vista de alguém que não conhecia as pessoas e as histórias. Isso acontecia com todos que chegavam. Era uma maneira de começar a fazer o novo paciente falar também. Expressar-se. Ir aos poucos se desmontando de uma carcaça de proteção que todos colocam ao chegar. Eu ia falando o que pensava, sem saber que ali eu já falava de mim também. Uma grande maneira de incluir um paciente na vida da clínica. E eu comprei essa ideia, rápido. Uma das grandes frases do Centro Vida, passada de geração a geração, é: *"O ouvido mais próximo da sua boca é o seu"*. Ou seja, quando eu falava, eu me escutava também. Esse é um dos métodos pra desmontar um dependente químico. A fala. Quando se fala, desmontam-se as fantasias sobre usar, ou até as angústias da vida que estavam guardadas. Você divide isso pela fala. Sem perceber, eu já estava envolvido com o grupo.

A reunião era de tarefas, 15 tarefas, uma a cada semana. As tarefas eram passadas na última reunião das sextas-feiras, e lidas depois na primeira reunião das segundas-feiras, esta em que eu me encontrava. Antes de começar, a Dra. Ana me explicou do que se tratava a reunião. Achei bacana, mas como eu não tivera tarefa nenhuma ainda pra fazer, apenas escutei o que diziam; de vez em quando ela me pedia pra dar um retorno, fosse ele qual fosse. As tarefas iam desde "*Como você se sabota*", à mais difícil, tarefa 8 (se não me engano), "*Quem sou eu?*". Essa tarefa "quem sou eu", não tive dificuldade nenhuma de cumprir quando chegou a minha vez, semanas depois, pois coloquei realmente o que eu achava de mim. A tarefa era passada pra casa, com tempo pra você pensar sobre o assunto da pergunta. E não era pra fazer em cima da hora, antes de começar a reunião. Era pra se concentrar, pensar na vida, no seu momento, no que esperava dali pra frente, em variados períodos. E eu fazia minha parte super focado, concentrado. Quando se lia a tarefa, e o grupo achava que esta fora evasiva, meio abstrata, precisando de fatos mais concretos, às vezes era recomendado que se fizesse a tarefa de novo pra semana seguinte. Na única vez em que isso aconteceu comigo (tarefa 3), eu comprei como algo pessoal, me senti triste, como se tivesse sido reprovado... Ali descobri, sem querer, uma coisa que me incomodava desde pequeno. A necessidade de sempre querer agradar, ser um bom aluno, etc.. Ora, as terapeutas descobriram rápido esse lado — cada um tinha o seu calo — e, claro, às vezes me testavam pra saber como eu estava lidando com esse aspecto, sem álcool e drogas, apenas com a palavra. Isso me despertou pra várias coisas, inclusive pra não ter medo de me jogar no que quer que fosse contar da minha vida. O Jaderson puxava muito isso das pessoas também, tipo desmontar fantasmas. Se eu ficava contrariado de ter sido repreendido, e já que eu não ia tapar isso com álcool e drogas, fui começando a trabalhar ali uma menos valia que nem eu sabia que existia. Esse seria um processo demorado. Para alguns seria a raiva, para outros a timidez, outros ainda a brincadeira em excesso. Não interessava o que fosse, ao responder às tarefas, a cada semana você se expunha de alguma maneira. No bom sentido, você dava mais armas para as terapeutas e o grupo lhe conhecerem, lhe desvendarem, e fazerem você mesmo se desvendar. Assim poderiam lhe ajudar. E assim eu pude aprender a ajudar os outros também.

Outra frase simbólica era "*Duvide das suas certezas*", ou "*Duvide das suas verdades*". Quando se chega a um espaço desses, todos querem que você supere suas dificuldades e, principalmente, que consiga parar de se drogar e beber. Todos vão remar juntos pra que se vença essa história. Se não tem cura, tem tratamento. E vamos arregaçar as mangas pra vencer. Isso é de todos. E entendi isso muito rápido. Eu usaria minha inteligência a meu favor. Eu usaria minha compulsão a meu favor, pra sair da droga. Sair teimosamente. Eu ia conseguir, quando entrei sabia que não iria recair.

No dia seguinte, quando fui pegar o tíquete do almoço, o Jaderson estava sentado na cadeira da recepção.. Olhei pra ele, ele olhou pra mim de baixo pra cima e perguntou como eu estava indo. Falei que estava tentando. Ele respondeu, seco: "*Não gosto de quem tenta. Gosto de quem consegue*". E virou a cara. Eu fiquei "puto". Peguei o tíquete e fui almoçar. Mais tarde entendi que ele fizera aquilo de propósito. Já fazia parte do tratamento. Ele mexeu com meus brios e sabia disso. Eu pensei comigo mesmo: "*Sei que ele gosta de mim, minha irmã já me disse isso, por que será então que foi seco desse jeito... porra, eu vou provar pra esse cara que eu vou conseguir, vou mesmo*". Ali o Jaderson estabeleceu o jeito que iria me fazer ter forças pra conseguir. Ele era "foda".

E era meu segundo dia. Nas contas de quantos dias eu ficara sem tomar uma cerveja, pensei que desde os meus 14 anos, que eu me lembre, não devo ter ficado tipo um mês seguido sem beber algo. Baixo Gávea, Baixo Leblon, festas, shows, etc., sempre tinha uma cerveja, ao menos. Então, pelos meus cálculos, desde os 14 anos eu bebia no mínimo uma cerveja na semana. Claro que depois entraram Optalidon, lança-perfume, ácido, maconha, chá de cogumelo, e cocaína. Uma cerveja não era nada. Pelo método da clínica, os primeiros três meses são pra limpar o organismo e "tirar a bomba" de dentro de você. O primeiro ano é pra isso, focado nisso, em parar de beber e se drogar, um dia de cada vez. Existe a máxima que a gente recomenda a quem chega, ao longo do primeiro ano de tratamento: "*Não compra, não vende, não casa, não separa! Fica parado, que já é muita coisa. Não mexe com mais ansiedade*". Isso durante o primeiro ano.

Comigo, entretanto, tudo foi diferente, muitas coisas aconteceram. E nesse primeiro ano fui à Inglaterra; aos Estados-Unidos; gravei os DVDs do Barão e dos Britos; minha mulher engravidou; nasceu nosso filho (o segundo); o Jaderson faleceu; fiz shows com o Barão; com os Britos; comecei a compor para a carreira solo e a malhar todo dia; fiz tratamento dentário; estudei inglês diariamente; mixei um DVD praticamente sozinho; abri para a imprensa sobre minha doença (capa da revista *Megazine*); escrevi 40 letras de música; e me tornei coordenador na clínica. Tudo nesse período de um ano!! Nesse período que era pra não fazer nada...!

Enfim, nunca duvidaram da minha abstinência, em nenhum de todos esses anos de reuniões. Entrei sério, focado, participativo, e isso fez a diferença pra que eu pudesse realizar tudo isso. Cada um entra de uma maneira. A minha foi essa. E passei algumas ansiedades fortes com isso. Desnecessárias? Sim, porém eu estava num momento de muito trabalho com o Barão e os Britos, e falava muito disso nas nove horas em que ficava no Centro Vida. Só em chegar no horário todo dia, telefonar do celular, já nos trilhos de Santa Teresa pra avisar que estava chegando em cinco minutos, nunca sair de reunião nem pra ir ao banheiro, etc. (nunca perdi uma frase sequer da reunião, nem desperdicei retornos preciosos), fizeram da minha abstinência uma referência — em particular levando-se em conta o meio em que eu continuava a transitar, onde álcool e drogas eram quase uma constante. Por isso meu primeiro ano teve mais "liberdade". Disciplina é liberdade. Nunca essa frase fez tanto sentido pra mim. E eu comunicava ao grupo tudo o que estava pensando em fazer. Se o grupo e os terapeutas achassem que não era a hora de eu fazer determinada coisa — em razão do meu jeito durante a semana, minha ansiedade, etc. — me aconselhariam a esperar um pouco, me preparar internamente um pouco mais, ganhar tempo de abstinência e tratamento. Ganhar ritmo e frequência, frase célebre do Jaderson, que ele repetia todo dia. Um exemplo desses conselhos se deu por ocasião do meu primeiro CD solo, quando sugeriram que eu o adiasse de 2005 pra 2007, uma vez que já havia muita coisa que me gerava ansiedade e eu ainda não sabia como lidar com ela. O CD podia esperar. Eu aceitei. Foi um conselho sábio, que depois traria as coisas certas na hora certa. Escutar foi preciso ali, e em todos os momentos. Nada é por acaso.

O segundo ano serve pra começar a mexer nas angústias internas, com mais sabedoria e sem resquícios de álcool e drogas no organismo. A mente limpa, o corpo são. E preparado pra mexer em certos assuntos que gerariam mais ansiedade, pois era preciso se autodescobrir mais a fundo. Com dois meses de tratamento eu já incluí a terapia individual uma vez por semana, com a Dra. Susana. A terapia individual aprofundaria esse conhecimento de mim mesmo e de como lidar com a vida — ou com a nova vida. O grupo era o sustentáculo das opiniões, contrárias ou não, das contrariedades, das experiências de quem foi PhD em usar, e se tornara PhD em parar. As trocas de opinião eram de uma riqueza incrível. De alguém com quem você tinha menos intimidade, ou até achava que não lhe acrescentava nada em retornos, poderia vir uma frase que salvaria aquele seu dia. E como era um dia de cada vez, isso fazia a diferença. A cada segundo, cada minuto, cada hora, cada dia, cada mês, cada ano, milhares de frases eram ditas, escutadas, repetidas, absorvidas, descartadas ou não, reutilizadas em outro momento do tratamento, ressignificadas, às vezes de irritantes passavam até a ser importantes. E a riqueza do grupo iria levando internamente cada um a uma autorreflexão diária, que faria parte do crescimento interno. As reuniões em grupo, as observações, as discórdias, as amizades, o entendimento de que ali todos estavam no mesmo movimento de crescimento — cada um a seu tempo e sua velocidade interna — conduzidos e direcionados pelas opiniões do psiquiatra e das terapeutas, no sentido de nos fazer PENSAR antes de agir. PENSAR. Contrariar o impulso, fosse este o mais primário de todos, como ir ao banheiro durante a reunião. Se o terapeuta não vai nessas duas horas, por que o paciente iria? Porque não aprendeu ainda a se controlar, ou controlar sua ansiedade. O princípio da droga é: "*Eu quero, eu vou. Eu quero, eu bebo. Eu quero, eu me drogo*". Então tem de se aprender ou reaprender a controlar os impulsos e as vontades. Outra frase comum nas reuniões é *"VONTADE DÁ E PASSA"*. São impulsos básicos e primários que se deve aprender a controlar num primeiro estágio — e com isso já será um pequeno passo pra controlar o impulso de ir à droga ou ao álcool num momento de fraqueza.

As reuniões — e eu percebi isso já no primeiro dia — levavam a um universo sem fronteiras dentro do seu jeito de viver e conviver. Saber lidar com seus melhores e piores sentimentos, tendo de escutar quando quer falar, tendo de falar quando só quer escutar, isso tudo é um pequeno treinamento pra vida. Uma nova vida sem álcool e drogas. Quanto mais você usufruir da reunião, quanto mais você prestar atenção em cada história, em cada frase, em cada sentimento, mais terá possibilidades de entender o outro. E consequentemente entender a si mesmo. E assim poder aceitar ajuda de quem você ainda nem conhece direito. E poder ajudar a essa pessoa também. Claro, com o tempo você vai pegando intimidade pra aprofundar o conselho do retorno que vai dar. Se a pessoa apenas guarda o retorno na mente, não importa. Um dia poderá usar quando menos se espera, pois o aprendizado fica acumulado para sempre. Seria equivalente, em uma universidade, a um curso de como não se drogar. Tem o primeiro ano, o segundo, o terceiro, e daí por diante. Quanto mais tempo de abstinência, mais coisas se conquistam na vida, ou reconquistam, e consequentemente mais ansiedade é gerada. Então vinha outra frase sempre repetida pelo Jaderson: *"NUNCA SUBESTIME ESSA DOENÇA. ELA É SUBTERRÂNEA. ELA É TRAIÇOEIRA"*. Além dessa frase, as reuniões de grupo, as oficinas (cada paciente escolhia entre serigrafia, cantina, biblioteca e outras, como forma de se incluir), as reuniões de sarau, a criação de atividades institucionais e a terapia individual davam sustentáculo muito forte à continuidade do tratamento. A tríplice junção de terapia individual (análise), terapia em grupo (reuniões), e atividades fora das reuniões construía a base do tratamento, no qual, dia após dia, o crescimento era inevitável. Havia as recaídas também, e estas mexiam muito com o grupo, principalmente quando a pessoa em questão saía do tratamento, não voltava, e depois sabíamos que havia morrido de overdose, ou assassinada, ou cometera suicídio depois do uso de cocaína... era muito difícil pro grupo quando recaía alguém que já conhecíamos muito. Mas geralmente era uma recaída construída, não era da noite pro dia, já haviam ocorrido algumas mentiras não colocadas em reunião, guardadas na manga; enfim, a pessoa traçava o destino dela como bem entendesse, apesar de o grupo sentir e apontar a direção em que ela estava indo. Às vezes, o processo revertia. Outras vezes, não. O portão era aberto, não era uma internação, e se a pessoa quisesse ir embora, iria. Tentávamos muito demovê-la da ideia, tendo em vista o estado em que se encontrava, às vezes com sucesso, outras não.

Ali não existe alta. Simplesmente a pessoa vai adquirindo ferramentas pra encaixar mais coisas na nova vida. É o famoso "E". Tratamento **E** trabalho; Tratamento **E** casamento; Tratamento **E** esportes. Tudo aos poucos, e naturalmente o paciente vai reduzindo a frequência às reuniões e voltando a trabalhar. A pergunta que eu me fazia quando ainda relutava em me tratar: *"Por que tenho de ir?"* – agora se invertia: *"Por que não ir?"*. Vira uma liberdade incrível. Dá saudades de estar na reunião com tanta gente que se tornou amiga.

Você, com o tempo, escolhe as reuniões a que quer ir, e se quer ir. E daí pensa: *"Poxa, não custa nada eu ir a uma reunião na semana, mesmo já aos 5 anos de abstinência"*. Quem tem tempo pra adaptar e acoplar o tratamento à sua vida, mesmo que seja a terapia individual ou/e uma reunião na semana, ganha um *plus* que vai se refletir para sempre em todos os seus atos. Ganha a liberdade de querer estar na reunião. Mas isso é com o tempo. Se você rompe com o básico e não faz o que é indicado, tem grandes chances de perder. Pois já é difícil se retransformar. Dá trabalho.

Eu tinha de me convencer de que não podia viver como um *rock star* da década de 1970. Isso não cabia. Eu ia perder tudo. Eu poderia morrer. Ou poderia perder tudo em vida e viver como um zumbi. Isso eu não suportaria. Meu orgulho não admitia que eu perdesse pra droga, com tantas informações ali na minha frente, tantas ferramentas de aprendizado. Era seguir o indicado. E sempre segui. E o indicado, depois do primeiro dia, era almoçar, assistir à primeira reunião, ensaiar com o Barão até às 22 horas, ir pra casa, não guardar mais nenhuma bebida em casa (jogar tudo fora), conversar com minha mulher e meu filho, dormir e acordar cedo pra fazer as coisas que precisava fazer, e estar de volta à clínica ao meio-dia no dia seguinte. E assim o fiz. Voltei no dia seguinte para o segundo dia de tratamento.

Fizemos muitos shows na estrada. Consegui conciliar a clínica com os shows e entrevistas. E ao mesmo tempo fui com Os Britos pra Inglaterra gravar um DVD. Isso tudo aconteceu ali, entre agosto e outubro de 2005.

Os Britos no Cavern Club

Muitas pessoas têm um sonho. Poucas concretizam. Eu acho que no meio disso o universo tem de conspirar a favor. Abrir os Rolling Stones foi um desses momentos em que o universo rege a diversão e o sonho. Claro, existe o trabalho e o talento, porém certas coisas não têm tanta explicação. Como imaginar aos 11,12 anos tocando Beatles e assistindo àquelas cenas mágicas, por VHS, em raros programas de TV, ou na maioria das vezes por fotos em revistas e livros, que um dia eu estaria fazendo um show no Cavern Club. Não. Isso era impossível! E ainda por cima, gravando esse show para lançar um DVD ! Não, eu não imaginaria isso nem em sonhos. Nem no melhor dos meus sonhos.

Entretanto, não só estava lá eu com os Britos, na porta do Cavern, olhando a beleza daquilo e sentindo a mística do local em Liperpool. Como que colocando um galhardete na porta do Cavern com o nosso nome: Os Britos. Na verdade, iríamos fazer não só um show, mas dois naquela mesma tarde-noite. O primeiro começaria às 18:30, e o segundo às 20 h, a fim de garantir material repetido pro DVD, caso houvesse algum erro nosso durante a primeira apresentação. Desde o Brasil, conseguíramos deixar tudo esquematizado para tal feito. George ligara pro técnico de lá e combinara o número de canais que precisaríamos na mesa. Era chegar, ligar, plugar e sair tocando. E no dia seguinte faríamos um terceiro show, sem gravar.

Em 2006 voltaríamos ao Cavern pra mais um show – e seríamos visitados novamente por vários fãs ingleses que estiveram lá em 2005. Devo aqui abrir um parêntese e fazer um agradecimento especial ao meu amigo Pedro Paulo Carneiro, o diretor do DVD, e também diretor da TVE-RJ e do programa *Atitude.com*. Na primeira vez em que fomos ao programa, em 2002, ele gostou tanto que anunciou com firmeza: *"Eu vou levar vocês pra Inglaterra!"*. Pedro Paulo foi responsável por todo esse sonho que estou retratando. Sem o nosso querido PP, nada disso seria possível. Ele é um dos cinco loucos dos Britos. É daqueles que vão à luta e realizam. Antes disso ele marcara um show no Sergio Porto. Gravamos um especial pra TV, que foi ao ar em 2004. Era um show com participações especiais de Moska, Flávio Guimarães e Fernando Magalhães. Fizemos outro show na Torre do Rio Sul, com participação do Biquini Cavadão. E PP se transformou no quinto Brito.

O Ringo "Starr"?

O cronograma que o PP preparou antes de sairmos do Brasil, incluía muitas coisas — tanto em Londres quanto em Liverpool. Duas delas eram encontros com o Ringo e com a irmã de Lennon. Eu pensei: *"Caramba! Entrevistar o Ringo na BBC de Londres vai ser o máximo! Mas preciso aprimorar meu inglês. Vai que ele faz uma piada na entrevista, eu nao entendo nada, e não dou risadas. Vai parecer falta de educação!"* (rs). Então lá fui eu me preparar para entrevistar um Beatle!

Quando chegou o dia, estávamos vindo de uma exaustiva manhã de filmagens, e não deu tempo de almoçar. Pegamos nossas mulheres no hotel e fomos logo todos pra BBC, a fim de chegar na hora. Detalhe, George havia trazido um prato de bateria (sem *case*!!!) na mão — desde o Brasil — pro Ringo autografar. Parecia até o meu taco de beisebol que comprei em EUA com o Barão. Uma tralha sendo levada pra todo lado, (rrss). Mas ok, lá fomos nós, uma típica família brasileira, com a maior galera fazendo barulho, falando alto na porta da BBC. Chegamos desse jeito. Espaçosos! E o cara da recepção indagou: *"Aonde vão?"* PP respondeu: *"Temos uma entrevista marcada na rádio às 14 h. Pode chamar o Rodrigo pra gente?"*. Rodrigo era o brasileiro que cuidava da BBC e fazia as entrevistas na rádio. O cara interfonou, e o Rodrigo desceu. Foi nos receber lá. Nos apresentamos, aquela euforia de brasileiros se encontrando, etc. E continuávamos com fome. Como chegamos uma meia hora antes, PP falou para o Rodrigo: *"Cara, tudo ok, estamos morrendo de fome. Temos meia hora. Vamos ali rapidinho na delicatessen da esquina comer algo rápido pra matar a fome, tá? Avisa pro Ringo — caso ele chegue antes de voltarmos — pra esperar aqui que já estamos chegando!!!"*. Aí o Rodrigo veio com a célebre frase: *"Ringo? Como assim Ringo? Não estou sabendo de nada"*. PP rebateu: *"É!! O Ringo! Marquei com o empresário dele que estaríamos aqui a essa hora pra entrevista!"*. Os seguranças já estavam meio se olhando e rindo escondido, tapando a boca com a mão. Nós percebemos que dali não ia vir Ringo nenhum. E aí o cara perguntou: *"Mas quando foi que falou com o empresário dele!? Qual a última vez?"*. E PP: *"Ah, foi por e-mail 3 meses atrás, e deixei tudo marcado. Eles estavam em Las Vegas e deviam ter chegado há 3 dias!"*. Mais risos de canto de boca na recepção..."*Três meses atrás?"*, indagou Rodrigo. *"Estranho, ninguém marcou nada comigo, e pelo que eu sei, eles ainda estão em Las Vegas. E mais: estou achando mais estranho ainda e impossível de isso acontecer, pois quando Ringo – ou qualquer Beatle – vem aqui, é uma comoção, marcado muito antes, pela assessoria deles. Quando Ringo vem aqui, é um ACONTECIMENTO. A rua pára!!! Milhares de fãs, etc. Acho impossível o Ringo estar daqui a meia hora aqui!"*. Mais risos na recepção.... Aí entendemos tudo e disfarçamos: *"Galera, vamos ali comer rapidinho?"*. Mais risos. E Rodrigo da BBC finalizou: *"Vão ali que já vou preparando o estúdio pra entrevista dos Britos e as três músicas que vocês vão tocar"*. Mico total !

Saímos envergonhadíssimos, mas rindo pra caramba! Quando viramos a esquina, a gargalhada foi geral! Não tinha Ringo nenhum! Nem a irmã do John. Eles haviam sido contatados pelo turismo britânico, mas não passou de um contato. Nenhuma coisa concreta. E nós brazucas, fomos tomar o café da tarde com dor na barriga de tanto rir. Essa história virou uma *private joke* nossa até os dias de hoje: *"Avisa ao Ringo que a gente vai ali e já volta..."*.

Voltamos do lanche e fomos ao estúdio. Era o maior visual. E mesmo sem o Ringo, era emocionante estar na BBC de Londres, palco de muitas entrevistas dos Beatles. Falamos sobre Barão, Kid, e a história dos Britos. Tocamos 3 músicas ao vivo, *"I Feel Fine"*, *"I Need You"*, e *"Ticket to Ride"*. Foi muito legal. As paredes da rádio respiravam história do rock! Nós também. E saímos de lá muito felizes. E estamos esperando o Ringo, até hoje. Parece que não voltou de Vegas ainda!! Rs....

Bem, lá estávamos nós na porta do Cavern. Viajando. George levou o filho Leo, na época aos 8 anos de idade, pra participar de uma música na bateria: *"Twist And Shout"*. Leo seria a pessoa mais nova a tocar no Cavern. E enquanto eu pensava nesse momento mágico, entramos no Cavern. Um local todo de pedra e tijolos, sem bilheteria ou cobrança de ingressos. Eles vivem do turismo e da venda de camisetas, cervejas, produtos com a marca "Cavern Club", etc.

A cada degrau de escada que eu descia, mais meu coração acelerava e batia forte. Eram escadas em caracol, descendo como se fosse para uma masmorra. Um local de pedra, sem ventilação, muito doido, a verdadeira "caverna". Já era um Cavern reformado, porém com a mesma aura e mantendo tudo igual. Apenas o fundo do palco era diferente, mais colorido. E foi essa cena – quando cheguei ao térreo depois do último andar de escadas – que me marcou pra sempre. Era a mesma cena, o mesmo ângulo dos vídeos dos Beatles que eu assistia sempre. Aqueles vídeos que filmavam da entrada, com os Beatles ao fundo, tocando *"Bad Boy", "Long Tall Sally"*, etc. Era esse repertório que faríamos, ainda baseado no filme *BackBeat*. Quando me deparei com aquele local maravilhoso, cheio de história, onde os Beatles praticamente deram o primeiro impulso na carreira, chorei. Minha mulher, Patricia, estava junto e também se emocionou. Nada se compara àquela emoção pra mim. Era um sonho. Era onde minha imaginação começara – na fábula dos Beatles. Uma paixão que se materializava naquele momento. E eu ainda nem havia subido ao palco! Um cantor de voz e violão subiu pra fazer uma pequena abertura. Muitas bandas passam por lá. Alguns tocam Beatles, outros não. Antes de ele tocar, subimos ao palco. Fiquei ainda mais emocionado. Olhei pra frente e vi exatamente a cena que os Beatles viam no início da década de 60. Foi simplesmente fantástica, a sensação. Depois fomos ver a mesa de som e ligar os equipamentos – ficava ao lado do camarim. O técnico era super prestativo e gente boa. Na verdade, estávamos encantados com tudo e todos. Éramos totalmente desprovidos de vaidade e de perfeccionismo. Queríamos tocar. Apenas isso. E registrar tudo. O fato de estarmos ali pra fazer dois shows já era algo absurdamente fantástico. Quando o cara terminou a apresentação de voz e violão, subimos, plugamos tudo, e testamos os canais da mesa pra ver se estavam chegando as vozes, os instrumentos, etc. Conferimos se o som não estava distorcendo, e já foi. Hora do show!!

Atacamos de *"Money", "Bad Boy", "Long Tall Sally", "I Saw Her Standing There", "Slow Down"*... todos nós de preto e óculos escuros. E quando Os Britos entram em cena, é pra ganhar o jogo! Quando a galera viu que era esse o tipo de repertório, foi à loucura. Continuamos com nosso *Plug And Play* (ou *Plug And Pray*...), e mandamos *"Help"*, *"Ticket to Ride"*, *"You Can't Do That"*, *"When I Get Home"*, *"Come Together"*, *"I Need You"*, *"Good Golly Miss Molly"*, *"20 Flight Rock"*, *"Carol"*, *"Anytime at All"*, *"Rock And Roll Music"* e *"Twist And Shout"*, entre outros petardos. Foi sensacional. Pediram bis, tocamos mais duas e saímos, para voltar mais tarde e fazer o show de novo. Nesse intervalo, o público se renovou. Uns saíram, outros entraram, e lá fomos nós, vinte minutos depois, para o novo show, igualzinho, com as mesmas músicas. E de novo foi um petardo! Registramos com 3 câmeras. Saímos de lá com o áudio e fomos dar uma andada pelos arredores de Liverpool. Durante o passeio apreciamos a cidade, vimos até uma briga de mulheres. No meio da rua, porrada geral! Mas nada disso ocupava minha mente, e sim aquele sonho realizado. No dia seguinte, voltaríamos pra mais um show – dessa vez sem gravar áudio, mas registrando de novo em vídeo – e também estava bem cheio. Foi maravilhoso. Muitos irlandeses, escoceses, brasileiros, italianos, ingleses, gente do mundo inteiro, aplaudindo os "famigerados Britos"! Nani foi jogado pro alto na pista por seis *hooligans* irlandeses bêbados, que eufóricos com o show gritavam "*Zoolander*! *Zoolander*", em razão da semelhança de Nani com Ben Stiller. Foi sensacional! A magia estava de volta. O sonho não havia acabado. Pra mim, nunca acabou. A paixão é eterna.

Essa viagem com Os Britos, na qual fui com minha mulher, Patricia, foi a melhor viagem da minha vida. Conhecer a Disneylandia do Rock, limpo, gravando um DVD, curtindo Penny Lane; Strawberry Fields; Abbey Road; telhado do Let It Be; Cavern Club; Camden; pontes; museus; lojas de discos; portos; ônibus vermelho de 2 andares; metrôs; restaurantes; *pubs*; Hyde Park; e transitar por dez dias por toda Londres e Liverpool, filmando e se divertindo em companhia também dos grandes amigos e familiares – não tem preço. Foi inesquecível. Fomos a BBC dar entrevista (de Londres e de Liverpool), saiu matéria de página inteira com a gente nos jornais de Liverpool – nossa foto era de capa, e embaixo, bem pequena, pra ilustrar o Brasil, uma foto do Pelé. Tocamos três músicas na BBC. Visitamos tudo o que pudemos visitar, inclusive as casas de Lennon, McCartney, Harrison, Starr e Hendrix. Para um Beatlemaníaco como eu, era a glória! Tudo começara com Beatles, e lá estava eu tocando no Cavern Club!

Lá estávamos nós gravando um DVD na Inglaterra, hospedados num luxuoso e moderno hotel, em frente ao Hyde Park. Fomos fazer a ponte Brasil-Inglaterra através da música. O Pedro Paulo Carneiro (diretor) nos levou, com Roberto Lamounier e Marta, para filmarmos a convite do Visit Britain e do British Council, e a Som Livre iria lançar o CD/DVD. O DVD foi gravado em 4 partes. Na Inglaterra, foram os clipes (6 músicas acústicas que gravamos no estúdio do George, com produção minha e dele) em *playbacks* – nem caixas de som tínhamos.... No meio da rua. Outra parte foi no estúdio do George no RJ. Com participações de Zélia Duncan e Sergio Dias Batista. Aliás, nesse dia é que Zélia foi convidada por Sergio a entrar nos Mutantes. Uma terceira parte foi com Frejat no estúdio Jam House, e num show do Kid Abelha no Morro da Urca, com participação da Paula Toller.

Ainda gravamos em Londres, um clipe de uma música inédita chamada "*Dia Comum*" – composição dos quatro Britos – em frente a Parliament Square, onde havia um cara (Brian) protestando contra o governo. Outro clipe inédito de "*Amor de Bicho*" gravamos no Brasil, no festival Rec Beat, em Recife, em pleno carnaval. Um DVD cheio de novidades, ainda incluiria uma parte do show que fizemos no Sergio Porto, com participações de Fernando Magalhães e Flavio Guimarães (Blues Etílicos). Claro, uma parte inteira do DVD foi gravada no Cavern Club (pegamos imagens dos dois dias em que tocamos lá). Descer as escadas do Cavern foi algo de impressionante. Um momento único. Não há bilheteria. Você entra e já está no Cavern. Desce quatro andares de escada. Parece uma masmorra. E lá embaixo, a cena clássica do fundo do palco. Chorei quando vi. Foi indescritível essa sensação, limpo, livre das drogas, e com a música entrando pelos poros. Todos os dias eu ligava da cabine telefônica vermelha para a minha terapeuta. Pra dizer que estava tudo ok. Quando voltei, falei disso tudo no Centro Vida. Foi muito legal dividir também com o grupo.

Voltei da Inglaterra com os Britos, continuei os shows do Barão, ao mesmo tempo que mixava o DVD dos Britos e assistia a três reuniões por dia na clínica. A turnê se estenderia de 2006 até fevereiro de 2007, quando o Barão encerrou as atividades, sem previsão de volta.

Aos 4 meses e meio de abstinência, soube que minha mulher estava grávida, de nosso segundo filho. E foi lá na Inglaterra que ele foi "confeccionado". O Jaderson colocou isso na reunião para 70 pessoas, todos aplaudiram. Eram as famosas "maçãs douradas", a abstinência dando frutos reais.

Entrei na clínica Centro Vida em 2 de agosto de 2005. Não era internação e sim hospital-dia. Eu sempre ia dirigindo meu carro, ninguém me levava. Almoçava das 12 às 13h30, hora em que começava a primeira reunião, que ia até às 15 horas. Intervalo de uma hora para lanche, conversar, jogar cartas, participar de alguma oficina, ler, etc., até a nova reunião das 16 às 18 horas. Mais um intervalo de uma hora entre 18 e 19 horas, e chegava nesse momento a turma com mais anos de abstinência, que assistia uma reunião na semana, geralmente à noite. Nesse último intervalo trocávamos muitas ideias com gente mais experiente na abstinência, etc. A última reunião ia das 19 às 21, ou 21h30. Todos se despediam, e a turma mais nova teria de estar no dia seguinte, outra vez ao meio-dia, para almoçar, e seguir a programação prevista.

As oficinas faziam parte do tratamento, e os próprios pacientes as criavam. Serigrafia, jornal, cantina, biblioteca, tudo era agendado em reunião institucional e levado adiante pelos próprios pacientes. Às sextas feiras, em lugar da terceira reunião, o horário era reservado para um sarau, tecido em conjunto com os terapeutas e grupo mais novo. Som, poesia, teatro, leitura de textos, jantares – enfim, ali valia a criatividade de todos (havia também projetos mais longos, mais consistentes, cuja montagem poderia durar até dois meses).

Eu fiz parte de um desses projetos, a peça de teatro de nome Projeto Luar, confeccionando camisetas na serigrafia e também compondo a música da peça. Fiz o papel do sol...

Levei meu filho Leonardo, na época aos 6 anos, para assistir à peça. Leo, assim como todas as crianças presentes, adorou. A última sexta feira do mês era reservada não para sarau, mas sim para celebrar os aniversários de abstinência. Criada por pacientes ainda mesmo antes da minha entrada, a cerimônia era uma forma de comemorar o aniversário de entrada na clínica, 3 meses, 1 ano, 2 anos, 3 anos, etc. Por exemplo, a última sexta feira de agosto era reservada aos aniversariantes que entraram no mês de agosto de qualquer ano. E os aniversariantes poderiam levar familiares, mães, filhos, amigos chegados, parentes, desde que previamente agendados, para falar no pequeno palco montado na sala de reunião, aberta para a piscina. Havia dois microfones para quem quisesse se manifestar. E por se tratar de recuperação de vida, famílias se reintegrando, pais que estavam junto de filhos novamente, e outros episódios significativos, o aniversário de abstinência era o momento mais emocionante da clínica. E bombava. Umas trezentas pessoas às vezes, entre dependentes e familiares.

Havia também – opcional – reuniões na semana para familiares, sem os dependentes, para quem quisesse entender um pouco mais o assunto, participar do tratamento, se incluir na recuperação do parente querido. Minha mulher assistiu a quatro reuniões dessas. Todas as reuniões eram coordenadas por uma terapeuta, com exceção da reunião das 13h30 nas quartas-feiras, da qual só participava o grupo. Para a realização desse grupo, era preciso que algum paciente (sugerido pelo próprio grupo, em acordo com as cinco terapeutas) coordenasse a reunião, passando a palavra para os trinta, quarenta presentes, ligando histórias de vida, e *linkando* alguns desses momentos com exemplos de pessoas que passaram por histórias e fases semelhantes, mas já estavam em tempos mais avançados de abstinência e tratamento. Um participante extraía coisas importantes da fala de outro. Cada um falava sem interrupção, quando tinha a palavra. E depois passava a bola. O coordenador às vezes intervinha para dar seu próprio exemplo e apresentar coisas que considerava importantes naquele momento da reunião, ou pra não deixar passar algum fato que tivesse relação com uma possível recaída, um momento mais delicado, etc. A função do paciente-coordenador era conseguir fazer com que aqueles que tinham vergonha de falar nas reuniões com as terapeutas, e por algum motivo qualquer demorassem mais a se soltar, pudessem se abrir mais rapidamente na reunião onde só havia aqueles que estavam no mesmo barco, tinham passado pelas mesmas situações.

Se o coordenador visse ou sentisse alguma tendência ao perigo de uma recaída, alguma fala que revelasse a presença mais forte de risco, etc, isso seria tratado depois no encontro com uma terapeuta. Nesse encontro, os coordenadores, que se revezavam a cada quarta-feira (cada quarta era um), passavam o que haviam observado em sua reunião, quem estava mais fraco e correndo perigo de recaídas, discutiam como puxar mais de tal pessoa na reunião seguinte, etc. Fui indicado à coordenação com 10 meses de abstinência e comecei a coordenar em maio de 2006. Quando entrei na clínica, fiquei impressionado com as reuniões: eram ótimas, e também divertidas, mesmo sendo sérias. E comecei a observar que dentro das situações de dependência havia um quadro muito previsível da doença. Todos tinham desculpas parecidas, reagiam mal a contrariedades ou restrições (como não poder sair da reunião), não aceitavam as indicações da clínica sobre como se preservar no primeiro final de semana limpo, etc. E isso tornava a reunião interessante, às vezes até leve, pois não se falava só sobre drogas, e sim sobre momentos de vida, até porque cada um tinha um tempo de abstinência diferente. O cara parado há dez anos falava de drogas apenas com aquele que estava chegando. Geralmente falava de como estava a vida naquela semana, das conquistas, dos momentos difíceis, situações normais do cotidiano de quem já largou a droga há muito tempo. Mas ele falaria de drogas no momento em que desse retorno a outros pacientes. E com isso sempre se remetia à própria chegada na clínica, ao tempo em que também estivera com um dia, dez dias, um mês de abstinência. Alguns desses retornos eram mais duros, e outros mais amenos.

Havia aproximadamente 60% de homens e 40% de mulheres nas reuniões. Pacientes que chegavam se entregando ao tratamento, e outros mais resistentes. Os que chegavam mais humildes, e os que ainda estavam bem prepotentes. Isso variava muito, portanto os retornos variavam bastante também. E numa reunião de 40, 50 pessoas, nem todo mundo consegue pedir a palavra pra falar de si próprio ou dar retorno para outro. Então havia táticas para levar o paciente mais prepotente a só escutar os outros e não poder se manifestar em determinada reunião, mesmo que estivesse louco pra falar. Isso era na verdade estabelecer limites. O limite do respeito. De escutar o outro. De descer do pedestal da prepotência e parar de achar que sabe tudo. Na verdade, aquele paciente chegou ali na clínica sem saber nada a respeito de como parar com álcool e drogas. Foi pedir ajuda, mas ao mesmo tempo não aceita as indicações do início, a recomendação de ficar em casa no fim de semana (no sábado só havia uma reunião de manhã, e no domingo nenhuma, portanto era cada um por si entre as 13h30 de sábado e o meio-dia de segunda feira) –, ou seja, existe muita dualidade e muito contrassenso por ocasião da sua chegada à clínica.

E não é a clínica que procura o paciente, é o paciente ou seu familiar que procura a clínica. Então, nessas horas, quando se vê uma pessoa chegar com as mesmas desculpas esfarrapadas que os outros já haviam dado em algum momento, a reunião se torna até divertida, pois o assunto é tão previsível que chega a ter graça. Mas tudo dentro da seriedade. Em seguida explica-se ao paciente o que está acontecendo com ele, o porquê de não admitir ser contrariado em suas vontades e impulsos, etc. Desde o impulso mais primitivo como a ansiedade de ir ao banheiro no meio da reunião, ao impulso mais nefasto, o de buscar a droga. É de pequenos impulsos que se chega aos grandes impulsos, aqueles que o levaram até lá. É preciso aprender a controlar os pequenos impulsos do início, fazer a coisa certa, seguir quem tem mais tempo, escutar bastante o grupo e as terapeutas, escutar a si mesmo. Parar, pensar, ficar observando a história do outro. Enxergar a si mesmo nas histórias dos outros. Permitir-se aceitar ajuda de quem nunca conhecera antes. Reconhecer que o buraco em que se meteu na vida era muito mais embaixo, e vai ter de arregaçar a manga e trabalhar muito a cabeça pra sair dessa e ficar limpo. Entretanto, é um dia de cada vez. A ficha cai, e com o passar do tempo vem o ganho de mais um dia sem álcool, sem drogas, sem ressacas, sem brigas, sem confusões com a família e no trabalho, sem a sensação de depressão. Resta "apenas" o desconforto de "perder" sua principal "muleta" nas horas de angústia ou euforia, desconforto este que é explicado pelo grupo e pelos terapeutas como algo normal, passageiro. E assim, o paciente vai descobrindo um mundo interno e externo muito bacana.

A clínica é muito precisa nisso. O psiquiatra que a criou, o Dr. Jaderson, era um cara simples, porém um gênio em como lidar com o ser humano e como saber as brechas, os fantasmas e a carga explosiva que cada um carrega dentro de si, para desmontá-los fio a fio. Como dizem lá *"primeiro se desliga a bomba, depois se desenrolam os fios"*. Os fios na verdade são o emaranhado de nós em que se encontra a cabeça do dependente em consequência do uso prolongado de álcool e drogas, além daqueles nós que já existiam antes mesmo da droga aparecer na vida da pessoa. Então, o Centro Vida torna-se uma grande terapia em grupo, aliada à análise individual uma vez por semana, com uma das cinco terapeutas que coordenam também as reuniões. É uma clínica focada em vida. Na recuperação da pessoa para viver livre. Para sair da prisão mental, física e química da droga. Para redescobrir as milhares de opções que a vida oferece. Porém, com calma, passo a passo, dia a dia, sem milagres e mágicas, mas sim com muito trabalho.

Cada reunião era um aprendizado de vida. Cada reunião tinha uma dinâmica diferente. Não havia a mesma combinação e quantidade certa de pacientes, variava bastante, mas todos se conheciam em algum momento, e de uma maneira ou de outra ficavam super ligados entre si pela dinâmica da recuperação. Todos remavam em direção ao mesmo objetivo, sair da droga e/ou do álcool. Uns não conseguiam, recaiam e sumiam, alguns morreram na rua, drogados. Os pacientes ficavam mexidos com essas histórias de companheiros que estiveram com eles no dia a dia e resolveram voltar à droga, flertando com a morte. Mas era uma opção de cada um, e não interferia no comportamento dos outros em relação à própria abstinência. Mas mexia com todos, e as vitórias do dia a dia passavam a ser ainda mais valorizadas. Portanto, nos aniversários de abstinência as conquistas de todos eram comemoradas com muita alegria por familiares, dependentes, terapeutas, assistentes sociais, psiquiatras e funcionários da clínica. Muita emoção e muita felicidade ao mesmo tempo.

Frequentei o grupo até 2010. Hoje em dia permaneço há nove anos na terapia individual, uma vez por semana, com Susana Biazetto, também terapeuta de reuniões em grupo, que dirigiu o Centro Vida depois da morte do Dr. Jaderson. Depois a clínica fechou, mas um grupo de psicólogas montou um serviço ambulatorial de atendimento aos dependentes químicos e seus familiares, que leva o mesmo nome, Centro Vida. As sessões psicoterápicas acontecem no mesmo espaço em que o serviço ambulatorial é desenvolvido.

Encontro vez por outra vários amigos e amigas de reunião. Volta e meia me ofereço para fazer um show *pocket* de voz e violão em um sarau.

> Me trato há 24 anos no Centro Vida, onde conheci muitos interessados em parar de usar drogas. Alguns determinados e firmes na decisão. Esse é o perfil do meu amigo Rodrigo Santos. De tanta determinação que foi apelidado de garoto nota dez (sabe tudo), e que bom que colocou e coloca tudo em prática. Chegou muito preocupado em salvar o casamento e a família. "Como sobreviver no mundo dos artistas, escutamos tanto sobre o uso descontrolado de bebidas e drogas??". Então o cara foi brigando e entendendo o que foi recomendado. E hoje se tornou essa referência de que é possível. Um amigo, companheiro, chefe de família e esse artista que, limpo, faz a cada dia sua história. (Depoimento de um paciente do Centro Vida)

DEZEMBRO DE 2005

Paul McCartney lança Jenny Wren

Mais Uma Perda em Minha Vida

Quando eu tinha apenas 5 meses de abstinência, mais uma porrada na minha vida... perdemos o Dr. Jaderson, nosso psiquiatra... de infarto. A clínica ficou de luto. Ele era o dono, o criador de tudo lá, o mago da alma humana... que porrada! Choramos muito. Eu estava passando o Natal em Paraty com minha mulher e a família dela, falando sobre o Jaderson, eu explicando de quem se tratava, emocionado na noite de Natal, os meus sogros escutando... era uma viagem familiar, muito bacana, só possível graças à abstinência. Compus "Nunca Desista Do Seu Amor" sentado na proa de um barco,.. vendo o pôr do sol. Fiz em Lá menor, era para ser um *folk* tipo America. A primeira parte da letra estava ali, no barco: *"A sorte está lançada / Jogou a âncora para nada"*. E nesse mesmo momento, Jaderson estava morrendo em Teresópolis.

A notícia foi dada por um amigo meu, o Bandeira, que telefonou para a pousada. Ele sabia onde me encontrar porque eu ligara dali para o seu celular, no dia 24, desejando Feliz Natal. Minha irmã tentara me achar para contar o ocorrido, não conseguiu, e lembrou do Bandeira. E este ligou para a pousada. Eu havia acabado de acordar... Pati estava no quarto quando o telefone tocou. Perguntei quem era. Ela não me disse... ficou muda... saiu dizendo que ia pegar os CDs no carro ... procurou os pais e relatou o que lhe haviam contado ao telefone. E não sabia como dizer para mim.

Tomou coragem, entrou no quarto, e me pediu que ficasse sentado porque ela não tinha uma notícia boa. Que era muito ruim... e novamente me vi perguntando: *"Quem morreu???*. Ela respondeu: *"O Jaderson"*. Confesso que nunca, nunca esperei que fosse escutar aquele nome, o nome do cara que salvara minha vida cinco meses antes.

Na mesma hora caímos em prantos, eu não conseguia aceitar: *"Não... nãooooooo.... não pode ser... por quê... como assim? Não pode ser.. ele estava ótimo de saúde... o que houve??? Nãooooooo!!!"*. Fiquei arrasado. Liguei para o Centro Vida, e era verdade. Ele estava morto. Um infarto fulminante. E as pessoas (mais de 500) estavam indo até o Cemitério de Guaratiba para o velório e o enterro. Era caminho por Angra. Peguei o carro e segui para o Rio, com Pati. Chovia muito, muito mesmo, na estrada, mas felizmente ela estava deserta. Dirigi numa velocidade consciente, porém minhas lagrimas se misturavam aos pingos da chuva no para-brisa, um dilúvio nos meus olhos e nos vidros. Chegamos lá a tempo de ainda ver o Jaderson pela última vez. Chorávamos todos muito. Encontrei as terapeutas, todos os pacientes de várias épocas e muitos familiares. Era muita, muita gente. Todos chocados. Em choque mesmo. Não sabíamos o que falar. Milhões de abraços, de consolo para os parentes e os pacientes. Foi muito difícil.

Jaderson foi enterrado num domingo, 25 de dezembro de 2005, no dia do Natal, único dia em que não tinha reunião na clínica. Parecia combinado. Nas semanas seguintes, só falamos disso nas reuniões. O que cada um estava

sentindo, a nossa dor, a saudade. E decidi fortalecer ainda mais minha decisão de ficar limpo, e assim homenagear o Dr. Jaderson até o fim da minha vida.

Troquei ideias com o pessoal do Barão sobre isso na estrada. Eles queriam muito saber sobre a clínica e agora sobre esse fato novo; contei tudo, como eu estava me sentindo, péssimo, mas limpo. Orgulhoso de estar ali na estrada com o Barão, limpo, fazendo shows, as pessoas podendo contar comigo como ser humano de novo. E a vida seguiu....

Lançado o LP Love, dos Beatles

A vida segue, um novo filho e mantendo o tratamento

Em maio, aos meus 9 meses de abstinência, faríamos um show no Canecão para lançar o DVD. E cada um fez um veículo de imprensa importante. Pela minha história recente de vida, que se espalhou rápido, fui escalado para fazer a Revista Megazine, encarte do jornal *O Globo*. A entrevista foi no Parque Lage, e lá fiz a foto e a matéria. Contei tudo sobre a dependência química. Abri o jogo, a foto saiu na capa, e a matéria de página inteira, com o título "O vício é uma doença cachorra". Eu só estava contando a minha história, quebrando um tabu e passando a informação adiante. Essa revista teve muita repercussão. Ao mesmo tempo, eu já havia sido indicado pelo grupo para coordenação na clínica. Pelo grupo, pelas terapeutas e pelos outros coordenadores. E me tornei coordenador de reuniões com 10 meses de abstinência, em junho de 2006.

Quando completei 11 meses de abstinência, nasceu meu filho Pedro. Acompanhei toda a gravidez ao lado de minha mulher, estive presente na maior parte do tempo. Eu estava de malas prontas para ir para o aeroporto para mais um show, quando ela começou a sentir dor. Ela disse que era uma dor boba. Eu falei..."*nãoooo...isso parece já que vai nascer. Vamos ligar pro médico*". E ele falou: "*Podem ir pro Copa D'Or... agora...*" Liguei pro Bruno, que já estava avisado de que iria me substituir a qualquer hora, falei: "*Bruno, corre pro aeroporto! Meu filho vai nascer, não posso viajar!!!*". E fui para o hospital presenciar, quarenta minutos depois (sim, nasceu rápido), junto ao meu filho Leo, o nascimento do Pedro, de parto normal. Fiquei com minha mulher o tempo todo no parto, assim como no nascimento do Leo, em 1999. E estava menos nervoso do que da outra vez. Quando ele nasceu, foi lindo! Que momento! De novo essa felicidade! E depois de dois dias no hospital, fomos para casa, começar de novo todo aquele processo de cuidar de um recém-nascido...

```
Paul McCartney lança Ecce Cor Meum, seu quarto disco
"clássico"

O início da minha carreira solo
```

A carreira solo só foi possível quando parei com álcool e drogas. Eu já queria gravar um disco, mas não parava de me drogar. Eu achava que Os Britos eram a banda onde eu cantava, produzia, tocava Beatles, ali era o meu lado cantor. O Barão era a banda onde eu desovava minhas composições. Comecei a compor muito para o Barão para a volta em 2004. Me dediquei a compor. Assim que parei com as drogas, comecei a escrever compulsivamente, umas trinta letras, de cara!

Eu ainda não tinha gravadora, mas não parava de compor. Uma das músicas novas foi feita no ônibus, indo com o Barão para o aeroporto de Confins, em Minas Gerais. Todos dormindo, só a luz em cima da minha poltrona, e eu compondo "Um Pouco Mais de Calma": *"Mais café / Pra você poder me socorrer da rua / ..."*, já com a melodia toda na cabeça e pensando em Roy Orbisson. E continuei: *"Banho frio pra descongelar a cara dura / De manhã já fizemos tantas travessuras / Ontem à noite te mostrei a água e aguardente / Agora junta tudo e joga fora / E serve o lixo aos tubarões / Pois agora aqui já respiramos / Fervo a água que tiro dos pulmões"*. Foi minha primeira letra na abstinência e fala da última noite de esbórnia.

Quando chegamos ao aeroporto, eu já tinha quase tudo pronto na cabeça, mas queria compor essa música com o Frejat. Achei que tinha a ver. Ele gostou da música, topou e disse que chegando em casa me ligaria e marcaria para eu ir ao estúdio dele.

Eu também fiz "A Mágica do Dia", no mesmo ônibus. Esta era para o meu filho: *"Acorda / Desperta deste sonho torto / Está na hora de escovar os dentes / E a mágica do dia está em nossas mãos / Agora é hora da escola / Temos que nos despedir / E a mágica do dia está em nossas mãos"*. Nunca foi lançada. Também compus com o Frejat.

Fiz a música de "A Vida Não Dói" no camarim de um dos shows do Barão. Quando cheguei em casa, acrescentei a letra: *"Estou voltando para o Rio de Janeiro / Agora não mais em pedaços / E sim inteiro / Olhando as luzes desta cidade /..."*. Eu estava limpo, chegando ao Rio, vendo o sol, e planejando pegar minha família para irmos à praia. Não estava mais virado, derrubado na cama. Era uma música estilo Cat Stevens, com um pouco de Dylan na fase *Desire*, com violino. Este meu primeiro momento solo era mais *folk rock*. Em seguida, ainda em casa, eu terminei "Nunca Desista de Seu Amor": *"Se não houver remo, reme / Se não houver lua, uive / Se estiver sem ar, se inspire / Mas nunca desista do seu amor"*. Por quê? Porque minha mulher em todo esse tempo acreditou que eu tinha chance. No fundo ela sabia que eu tinha saída, que eu era um cara legal, a gente tinha uma cumplicidade. Tudo o que eu precisava era parar. Ela me dizia: *"Hoje não, diminui, não precisa"*... Sabia que eu estava perdido, querendo parar, e não conseguia. Hoje, relendo um dos oito diários / livros de abstinência que fizemos juntos, nós dois choramos juntos.

E o disco estava se delineando. Eu queria incluir umas parcerias antigas também, e coloquei "Que Língua Falo Eu", minha e do Lobão, que eu considerava subaproveitada no disco *O Inferno É Fogo*. Tinha tudo a ver: *"Que língua falo eu / Quando sinto sua falta?"*. A canção não estourara, mas era linda. Nós dois fizemos na estrada, num galpão enorme, acho que em Cachoeiro. Como o disco não vendeu, as pessoas não conheceram a música.

Uma vez encontrei a Zélia Duncan e o Ney Matogrosso, num show que fizemos juntos com o Barão para o Pão Music. Eu, sempre com minha pastinha com letras debaixo do braço. Falei da clínica, de como estava sendo, e ela se emocionou, tinha amigos que passaram por algo parecido. Mostrei as letras e ela gostou muito. Perguntei-lhe se toparia fazer uma parceria, e ela respondeu, na hora: *"Claro, você quer letra ou música?"*. Eu disse que já estava escrevendo demais, falando a mesma coisa, preferia que ela me mandasse uma letra. Ela me mandou três, e eu escolhi "O Peso do Passado". E ainda havia "Todos Os Verbos do Mundo", que não consegui fazer e Zélia compôs depois a música para um disco dela.

Já "Carta para Nós", eu compus na casa de um amigo, o Bandeira. Liguei de lá pro Mauro Santa Cecília: *"Tem um poema lindo que o Herbert de Souza, o Betinho, fez para a esposa, é uma carta," Carta para Maria". Ele pediu que ela só lesse depois da morte dele. Achei lindo, chorei quando li. Vem pra cá, quero fazer uma música contigo"*. Ele foi. Mais tarde me encontrei com os filhos e a esposa do Betinho. Eles me liberaram para usar o poema, a gente adaptou, e ficou lindo. Assim nasceu "Carta Para Nós".

Na mesma época morreu o menino João Hélio, arrastado por um carro dirigido por assaltantes. Eu estava finalizando o disco e escrevi a letra, chorando, na mesa da minha casa. Escrevi enquanto lia a notícia no jornal. Meu filho mais velho tinha a mesma idade do João Hélio, na época, 6 anos. À tarde eu tinha um show com Os Britos, em Petrópolis. Levei a música, "Cidade Partida", mostrei pro George, e disse que queria finalizá-la com ele, pois queria incluir no disco uma música composta só por nós dois. Estávamos na fazenda de um amigo. Pegamos os violões, andamos pela propriedade e achamos uma casa vazia, escura, empoeirada, com atmosfera de tristeza e desolamento. Entramos e terminamos a música, em quinze minutos.

Estava chegando a hora da escolha das músicas para o CD e para o DVD comemorativos do Barão, gravação ao vivo. Eu queria colocar uma das minhas músicas nesse registro tão marcante. O sistema era de votação, cada um trazia suas composições, e tudo era democraticamente votado. Acontece que o número de "inéditas" foi limitado a apenas uma! As outras tinham de ser canções já lançadas em discos do Barão, para fechar um registro biográfico da banda. Coloquei em votação "Um Pouco Mais de Calma", parceria com o Frejat. No final, entrou no DVD uma parceria com o Guto, "Cara a Cara". A vencedora, que entrou nos dois produtos, foi "O Nosso Mundo", do Maurício e do Guto. E venceu por um voto: o meu, pois eu votei nela!

Um Pouco Mais de Calma acabaria sendo o nome do meu primeiro disco. A capa seria uma foto que eu fiz no estúdio do Tom Capone: uma xícara de café em cima de uma mesa. Pensei: *"Beleza, a capa está pronta, vai ser esta aqui! Uma xícara de café, estou tomando café, não bebo mais"*.

Quando falei no Centro Vida que queria fazer logo o disco, e já tinha até a capa, eles objetaram: *"Calma Rodrigo, você já está com Os Britos, tem o Barão, foi para a Inglaterra, para os Estados Unidos* (sim, com um mês de abstinência eu fiz três shows com o Barão nos EUA. Apesar de certa dificuldade de adaptação no avião, pois nunca tinha feito uma viagem longa sem beber, a turnê foi sensacional. Todos os lugares cheios, eu com a cabeça focada, sem aqueles micos da outra viagem... rs)*, precisa disso agora? Calma!"*. Concordei. Fui fazendo bem aos poucos. Coloquei um site no ar, que carregava com um braço de guitarra, super legal, com uma instrumental, só no violão, inspirada em "Going Back", do Neil Young. E coloquei as novas músicas, só violão e voz, para os fãs do Barão conhecerem e eu marcar uma temporada na Letras e Expressões. Ainda não tinha o disco. Usei o Orkut para convidar as pessoas. Fiz uns dez ou onze perfis lá. Também rolou uma sessão de fotos para colocar no site, enfim, não parei.

O Barão ia parar em fevereiro de 2007. Aceitei o conselho do Centro Vida e só fiquei fazendo umas coisinhas no estúdio do Bruno Araújo, adiantando uma pré-produção com o Kadu. Era voz e violão. De vez em quando, um piano. Mas era muito violão. Depois, no Jam House, eu comecei a gravar "Um Pouco Mais de Calma", já para o disco. Só tinha voz, violão, baixo e a bateria do Kadu. Eu queria algo tipo Counting Crows, REM, James Taylor, Simon and Garfunkel, Pink Floyd.

Levei as cinco demos de voz e violão para a Warner, BMG, PolyGram, a fim de apresentar as músicas, era meu primeiro disco. Se não rolasse, eu iria lançar independente mesmo. Quando eu estou gravando no Jam House, pinta a galera da Warner com um novo grupo, da Bahia, tipo "a nova Pitty". Aí já viu, né, todos cheios de paparicos com o novo produto que iam gravar. Além disso, a Warner tinha assinado com o Frejat para a carreira solo dele. O pessoal da gravadora não quis nem ouvir quando eu levei lá, apesar de terem sido educados, elegantes. Como era só voz e violão, eles disseram: *"Pô, legal, traz depois quando estiver mais prontinho"*. Só que nesse dia, no Jam House, além do diretor artístico, vieram mais dois executivos, e um deles era o Alexandre Wesley, que perguntou *"O que é isso aí? Mostra aí"*. Os outros dois nem chegaram a ouvir dois acordes e saíram, Wesley ouviu tudo, me deu parabéns. O engraçado disso é que os dois que saíram foram os mesmos que um ano antes, no lançamento do DVD do Barão, eram só tapinhas nas costas, *"Valeu, Rodriguinho!"* Agora só o Wesley realmente deu atenção. Mas ele foi super sincero, não tinha espaço para dois "Barões" na mesma gravadora. Não dava para competir.

Os Britos voltam à Inglaterra

Nessa época, limpo, consegui conciliar o nascimento do meu filho com a coordenação na clínica, os shows do DVD e também a nova viagem dos Britos à Inglaterra e à Irlanda, em agosto de 2006, para oito dias de filmagem.

A viagem de 2006 também foi bacana. Voltamos lá. Agora pra mais dois lugares: Irlanda e Manchester. Com um grupo de fãs, e com o Fantástico (Zeca Camargo) cobrindo a nossa viagem. Dessa vez minha mulher não pôde ir, pois Pedro acabara de nascer. Então a viagem pra mim não teve o mesmo significado. Eu queria voltar para casa, mas curti os oito dias lá. Filmamos no Casbah Coffe Club, em balsas, em castelos, em muitos lugares aos quais eu ainda não tinha ido. Mas faltava uma parte minha. Enfim, levamos material inédito que tínhamos composto no Brasil – cinco músicas. A ideia era lançar um filme e um disco, só de inéditas. E filmar a matéria para o Fantástico.

Nessa viagem o que mais me marcou foi ter tocado por uma noite com The Quarrymen – a primeira banda de John Lennon. Eles não levaram baixista. E tocariam também no Hard Rock Cafe de Londres, no intervalo dos dois sets dos Britos, para a ABC Trust, ONG beneficente de Jimmy Page. Quando terminou o primeiro *set* dos Britos, fui assistir ao show deles; o cantor principal olhou pra mim e me chamou. E lá fui eu com meu Music Man fazer o show todo com eles. Fiquei olhando para o braço da guitarra e conversando com o tecladista pra saber os acordes do *Skiffle*. Mudava a toda hora! Fiz o show completo; teve canja do George em uma música, e também de um baixista amigo nosso (Coquinho), que veio a falecer anos depois. Foi impressionante tocar com os caras que começaram com John. Nunca pensei que isso pudesse acontecer. Enfim, esse episódio marcou minha viagem.

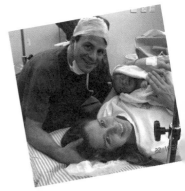

Em seguida, na Irlanda, fiz uns clipes com as músicas inéditas dos Britos, em cima de uma balsa. Fazia um frio gélido e chovia.

A matéria do Fantástico foi enorme. Cinco minutos no ar, ao final do programa. Está no YouTube, assim como todos os clipes dos Britos. Lançamos o DVD no Canecão, antes da segunda viagem. E em 2006, depois dessa nova viagem à Inglaterra, fomos condecorados com uma medalha por serviços prestados ao Reino Unido através da música, numa solenidade em São Paulo. A medalha nos foi entregue pelo príncipe inglês Andrew. Fizemos um *pocket show* acústico nesse dia também. Os Britos. Minha outra banda. Que nos levou à Inglaterra e ao mundo mágico dos Beatles.

Mudanças a Caminho

O Barão iria parar em fevereiro de 2007. À essa altura, agosto de 2006, já me precavendo para o futuro e com mais de cinquenta músicas e letras compostas (algumas no ônibus com Barão, na estrada), eu havia feito um site, dez perfis no Orkut, e preparado com cartazes na rua a minha estreia em carreira solo. E fui construindo isso em reuniões no Centro Vida, com o incentivo de todos. Não seria apenas um disco independente, mas uma carreira com continuidade e gerenciamento. Na terapia individual eu tratei muito disso e foquei em mim.

2007

Paul McCartney lança o disco Memory Almost Full

Eu lanço minha carreira solo!

Continuei gravando, produzi uma banda chamada O Espantalho, e compus com eles "Quem Não Viu", que foi pro meu disco, além de ter gravado cinco músicas novas com Os Britos. As músicas eram cheias de efeitos, psicodélicas, e eu acabei levando-as para a Som Livre, a gravadora dos Britos. O pessoal da Som Livre criticou: *"Hum, cara, não gostamos, não é muito comercial"*. Aí eu emendei: *"Posso trazer umas músicas minhas para vocês ouvirem?"*. Eu já tinha cinco, praticamente prontas. Mas o Kadu tinha viajado, e eu só teria dois dias até a reunião para mostrar as composições. Liguei pro Rodrigo Lopes e falei que precisava gravar voz e botar mais umas coisas para formatar melhor as músicas. E só tinha dois dias! Conseguimos. Levei para o Gustavo Ramos, presidente da gravadora e "fã dos Britos". Ele começou a ouvir e se entusiasmou: *"Caralho Rodrigo, o que é isso? Isso é foda! Que trabalho é esse, isso é muito bom!"*. Ele adorava Steve Miller Band, Peter Frampton, as coisas que eu curtia. Ali eu tive o aval do Gustavo e do André Werneck, diretor artístico e um grande amigo. Os dois logo exigiram: *"Queremos ver um show"*. Eu disse que ia fazer a temporada na Letras e Expressões, e eles acertaram de assistir.

Quando o Barão fez os shows de despedida no Vivo Rio, início de fevereiro, os cartazes da minha temporada solo na Letras e Expressões já estavam nas ruas – "Rodrigo Santos, baixista do Barão Vermelho e dos Britos – carreira solo." Aos montes. Pedi ao Frejat que anunciasse minha estreia ao microfone, pois aquele público de 2.500 pessoas seria um público em potencial para assistir aos meus shows solo na semana seguinte. E foi mesmo. O público lotou os shows durante todos os dois meses, levando à prorrogação de temporada. O Gustavo Ramos e o André Werneck, da Som Livre foram me ver num desses shows, na semana do Carnaval, quinta feira seguinte à quarta de cinzas. A galera, que conhecia as músicas pelo site e pelo Orkut, cantava direto, até as novas. Montei um show com composições novas e antigas, como "Cigarro Aceso no Braço"; uma nova versão para "Máquina de Escrever", na qual a galera se amarrou; e "Cara a Cara", que não tocava em shows do Barão. Foi um show 100% autoral. Só cabiam 110 pessoas na Letras e Expressões. Todas as noites iam 180. Para as que tinham de voltar da porta, eu pedia que viessem no dia seguinte. E elas vinham, e sempre lotado. Montei um esquema de canjas, que deu muito certo: sempre alguém da nova geração, alguém da minha geração e um medalhão. Assim, eu tinha três canjas de peso por noite, tipo Leone, Ney Matogrosso e Toni Platão; ou Biquini Cavadão, Zélia Duncan e Canastra. Por lá passaram João Penca, Leo Jaime, Autoramas. Montei toda a temporada, tudo esquematizado e divulgado pelo Orkut e pelos pôsteres azuis que espalhei em vários lugares. E foi renovada por mais um bom tempo. Aí vieram Frejat, Leo Jaime de novo, Blitz. Fizemos um cenário, eu e meu cunhado, o arquiteto Leonardo Lattavo, no qual eram reproduzidos os óculos que eu usava muito na época. Os pôsteres passaram a ser vermelhos.

E foi ali, ao sentirem o clima dessa temporada, que o Gustavo e o André decidiram marcar uma reunião no dia seguinte para a assinatura do meu contrato. Eles pretendiam comprar o disco e perguntaram quanto eu queria. Informei que já tinha gasto 20 mil com as três mixagens no Mega, e a pré-produção com o Kadu, baterista e produtor, tudo anotado em um livro-caixa. Eles na hora toparam, queriam ser os donos do disco. O próximo passo foi me darem 30 dias de graça nos estúdios da Som Livre para acabar o que faltava. E esquecer as mixagens no Mega. Íamos refazer tudo com o Alberto Vaz, um puta *mixer*, que estava em Nashville. Fiquei respirando Som Livre, ia do estúdio ao *marketing*, ao financeiro, tudo em poucas escadas. Usei muitas músicas nesse disco, eu já tinha umas setenta composições novas. Muitas iriam para o segundo disco, como "O Diário do Homem Invisível".

O Werneck foi me assistir na Melt, e aproveitei para lhe mostrar a capa que eu havia escolhido para o disco: a xícara em cima da mesa. Ele mandou, na lata: *"Péssima notícia para você, esquece esta capa com a xícara!"*. Perguntei por que, pois, tinha tudo a ver, eu abria o disco falando do café. Ele explicou: *"O Cat Stevens, ou Iusuf como é chamado agora, acabou de lançar um disco chamado An Other Cup, e a capa é uma xícara em uma mesa!"*. Eu logo pensei: *"Porra Cat Stevens"* e estas coisas de Tea for the Tillerman... Werneck alegou que ia ter muita mídia, matérias com a capa do *An Other Cup*, e isso inviabilizaria a minha capa.

Assim, a capa da xícara de café caiu. Lembrei de uma foto que minha mulher tinha feito em Liverpool, na viagem com os Britos. Eu estava em Strawberry Fields, com folhas de outono nas árvores, olhando para cima. Escolhi aquela foto para a nova capa. Mas, infelizmente, a foto não tinha resolução. Procurei o Daryan Dornelles, que tinha feito as capas do DVD no Circo e do *Songbook* do Barão, e perguntei se ele conseguiria melhorar aquela foto. Ele curtiu o disco, mas disse que faria uma foto nova. Fomos para o Aterro do Flamengo, em frente ao Monumento dos Pracinhas, onde ele lembrou que se abriam flores amarelas, lindas, duas vezes por ano. Estávamos bem na época. Seria algo tipo Pink Floyd. A ideia seria a minha foto, o céu azul e as flores amarelas. Fizemos umas quarenta fotos, ele deitado no chão, dando uma sensação de *Terra de Gigantes*. Estava nublado naquele dia, e isso acabou sendo legal, pois tem um lado meu meio sombrio.

Fiz também umas fotos na estrada, pegando os postes e os fios elétricos. Achei que também tinha que ter este lado urbano, uma vez que "Cidade Partida" e "Cigarro Aceso no Braço" são músicas pesadas. Assim, teríamos as flores amarelas (a parte *folk*, bucólica) e fios elétricos (a parte elétrica e neurótica, de rock, de nervoso, de cidade). Eu tenho estes dois lados e queria isso no disco. Mais tarde, quando gravei o clipe de "Nunca Desista do seu Amor", as flores estavam presentes e também as fotos dos fios. Fui numa escola pública e levei um gravador pra registrar barulhos de crianças no recreio, pra frisar o início da canção ("*A criança na porta da escola / Sorrindo sem traços de dor / Corre atrás de uma bola / E não volta mais*").

A capa foi aceita, assim como as fotos dos fios que a Patricia fez. A Som Livre fez toda a produção e diagramação, além da arte da capa. Adicionaram uns pássaros nos fios, para serem "eletrocutados", meio Hitchcock.

Insisti que queria a assessoria da AZ, agência de marketing, no projeto. Rachei rádio, ações de rua, consegui de graça (presente de um amigo) ação em bancas de jornal e anúncios em ônibus. Só teria o custo da arte, que eu calculava em 4 mil; pedi 2 mil à Som Livre. Depois vi que o custo seria de 8 mil e então pedi mais 2 mil. Se eu fosse pagar pela ação, o custo seria de 90 mil reais. A AZ bolou também um incenso para as ações de *marketing*.

Faltavam ainda três músicas para mixar, e eu tinha dois dias para entregar tudo. Era uma quinta-feira. Eu ficava direto na Som Livre, nos estúdios, e no andar de cima, no *marketing*, com a galera da AZ. Quando eu chegava, a turma da Som Livre nem acreditava: "*Pô Rodrigo, você não para!*". Nessa quinta tinha uma reunião agendada, mas seria desmarcada, então não era para eu ir. Pedi que não desmarcassem, pois eu queria falar com eles sobre as ações. Estou lá, falando das estratégias, quando minha divulgadora sai da sala. Logo em seguida ela volta, com uma pergunta: "*Rodrigo, você consegue gravar uma música para AMANHÃ?*" Me espantei: "*Como assim amanhã?*" Ela explicou que a nova novela, *Sete Pecados*, precisava de uma música sobre um dos pecados. E mais, já havia duas músicas concorrendo. Pedi para ouvir as duas, e ela alegou que não podia, pois não estavam lá. Aí comecei o nosso bate-bola:

– *Alguma delas é rock?"*

– *Não!*

– *Posso escolher o pecado?*

– *Não, só sobrou a Avareza.*

–*Tem sinopse do personagem?*

– *Não.*

– *Tá, mas não tem nenhum rock mesmo?*

– Não, uma é bossa nova; e a outra, MPB.

– Pra quando é mesmo?

– AMANHÃ!

– Gravada e mixada?

– É!

– Ok, aceito. Deixa comigo. Vou fazer um rock!

E eu ainda com duas músicas para finalizar e três para mixar. Era quinta-feira e eu tinha que entregar o disco no sábado! Aceitei o desafio!

Era o final da tarde, desci para o estúdio e falei com o Kadu: *"Para tudo!"*. Liguei para o Mauro Santa Cecília e disparei: *"Preciso fazer uma música sobre avareza e é com você!"*. Sugeri um tom "duro". Ele achou legal e me perguntou qual era o personagem. Respondi que não sabia, mas sendo novela das 7, Jorge Fernando, Ary Fontoura, eu pensava que tinha de incluir humor, algo social, pois avareza é um sentimento porco, etc. Fomos seguindo essa linha. Cada um fez um esboço do seu lado, e conversamos de novo às 8 da noite. Achei legal o lance do *"Pão-Duro" / Economiza até gota de latinha"*, mas a meu ver tinha de puxar também para a avareza de espírito, mesquinho de amizade, egoísta. Trocamos mais algumas frases, e às 10 da noite a letra estava pronta. Beleza, agora a música! Peguei o violão e fiquei dedilhando. Decidi que tinha que ser em Ré, um *folk rock,* agitado – Jorge Fernando, festa, "Pense e Dance" (afinal o Barão veio com esta música na sua volta e foi para novela). Criei um *riff,* pois este tocaria nas vinhetas da novela. Na gravação parece uma guitarra, mas sou eu no violão. Mostrei como a música estava ficando para o Fernando, que me ajudou com um acorde ali para a segunda parte. Perguntei se ele toparia gravar comigo até às 4 da madrugada. *"Dou parceria para você e o Kadu"*. A levada seria meio *"Sledgehammer"*: *"Chegou o pão-duro / Sempre tira uma casquinha"*.

Gravamos até às 4 da madrugada, como planejado. Fui para casa, dormi de 6 às 10 da manhã, e voltei para a Som Livre. Às 11 horas o Humberto Barros foi gravar os teclados, eu gravei voz, os vocais todos, pois a apresentação da música era às 13 horas. Pontualmente, chegaram o Mú Carvalho e alguns executivos. A banda estava no estúdio, que ficou lotado. Eles escutaram, e os comentários logo surgiram: *"Caralho, parabéns Rodrigo, ficou foda!"*. Até então eu não sabia se ia entrar. Então minha divulgadora me tranquilizou: *"Eles gostaram pra caramba"*. E eu fiquei naquela: *"Pô, começar com meu primeiro disco e ter música em novela! Que máximo!"*.

Eu estava indo para casa, já na saida, quando vieram o Mú e o Mariozinho Rocha, presidente da Som Livre. O Mu me apresenta: *"Mariozinho, este é o Rodrigo, que fez "Pão-Duro", que você gostou"*. Mariozinho me cumprimentou: *"Parabéns Rodrigo, ficou muito boa, puta música!"*. Na hora eu tive certeza: *"VAI ENTRAR!"*. E pensar que a reunião geradora de tudo isso correra o risco de ser desmarcada! A divulgadora não teria me encomendado a música. Valeu a pena a minha insistência em comparecer à reunião!

O disco saiu em julho, vendeu bem e teve boa mídia. Saiu com um selo em que se lia: *"Com os sucessos 'Nunca Desista de seu Amor' e 'Pão-Duro'*. A primeira entrou na Nova Brasil, e fez sucesso, foi a mais tocada em cinco cidades: Salvador, Recife, Brasília, São Paulo, Campinas (MPB FM) e Rio de Janeiro (OI FM). "Pão-Duro" acabou sendo a mais tocada da novela, incluindo nas chamadas. Houve muita divulgação na imprensa, principalmente as matérias em que eu falava sobre o fim do envolvimento com drogas e álcool. "Cidade Partida" teve boa mídia, e acabei conhecendo os pais do João Hélio, que vieram à minha casa. Também conheci a viúva do Betinho (Herbert de Souza), por causa da adaptação do poema dele.

Me senti "vingado" da recusa da Warner, que nem quisera escutar as músicas. Agora eu estava na Som Livre! O show de lançamento foi na Cinemathèque, dois dias simplesmente lotados, abarrotados. Foi recorde de lá. Depois fomos para uma temporada na Melt, e novamente bati um recorde de público.

Mas eu precisava fazer dinheiro, pois a temporada da Letras e Expressões dera prejuízo. Trabalhei bem o disco nas rádios, entrevistas, organizei festas, usei a verba que eu tinha separado do Barão. Cartazes de rua, arte de mobiliário urbano, o custo da AZ, a banda que montei com Fernando, do Barão; Nani, dos Britos; Valadão no baixo; Humberto Barros nos teclados; e, claro, Kadu na bateria — tudo isso tinha um custo. Além de meu empresário.

Consegui que a Som Livre custeasse dois clipes, que fiz com o Humberto Barros. Um foi para *"Pão-Duro"*, no qual consegui o caminhão de banheiros químicos de um amigo, para uma manhã de domingo, às 8 horas. Peguei emprestados alguns ternos e distribuí entre meu sogro, meu empresário, a banda, meu filho; levei cachorro, *skate*, enfim, tudo para montar a história do cara que era tão pão-duro que ia para o trabalho na boleia do caminhão. O outro clipe foi para *"Nunca Desista do Seu Amor"*, eu e minha mulher, tipo John & Yoko, numa estrada, os fios elétricos, as flores amarelas, gramados, cachoeiras. Ficou muito bom. Uma parte desse clipe foi gravada na casa do Tom Capone.

Chegou o fim de 2007, e eu troquei de empresário. O Lúcio, empresário dos Autoramas até hoje e meu amigo de infância, quis trabalhar comigo. Ele era sócio do Marquinhos (Marcus Barros), que tinha trabalhado na PolyGram, e do Jorge Valbuena, do segmento corporativo. Eles faziam muitas ações em praias e queriam me colocar em quatro eventos que acertaram. Fechei com eles.

Um amigo, Gilmar Ferreira me indicou para fazer o *Prêmio Extra de Televisão*, no Vivo Rio, onde eu tinha que apresentar as cinco indicadas. Fiz um *medley* de cinco minutos, onde levei, no violão de cordas de aço, com a minha banda e a participação especial de André Estrella (violão *nylon*), músicas de Zeca Pagodinho, Martnália, Negra Li, Vanessa da Mata e Zélia Duncan, Debora Bloch fez a apresentação, e cantei "Bete Balanço" com ela.

Fui montando a minha estrada, alguns shows maiores, outros menores, uns eu bancava, e minha grana diminuindo. Cheguei a abrir para o Lobão no Circo Voador.

```
Paul McCartney lança Hope for the Future

Voluntário da Pátria
```

Quando iniciei minha carreira solo, em 2007, compus uma música chamada "Cidade Partida", em homenagem ao menino João Hélio, arrastado pelo cinto de segurança quando o carro em que viajava com a mãe foi levado por bandidos, durante um assalto. Eu estava em casa, abri o jornal, e quando li a tragédia comecei a chorar. Eu tinha filho da mesma idade do menino. O desespero dessa situação horrorosa me atingiu fundo. Então compus "Cidade Partida"; escrevi a letra, de primeira, e fiz a melodia em seguida. Eu tinha um show dos Britos em Petrópolis, à noite, e à tarde subimos a serra para passar o som. Lá chegando, fomos todos para a cachoeira da fazenda de um amigo nosso em comum, Paulo Masset. Mostrei a música para o George Israel, que adorou. Então o convidei a terminá-la comigo. Fomos andando pela fazenda, levando os violões, e achamos uma casa meio abandonada, com móveis antigos e empoeirados. Entramos e resolvemos continuar a música ali naquele ambiente meio sombrio, para inspirar a canção. E terminamos em quinze minutos. Ficou muito forte, a música. Resolvi incluí-la no CD que estava gravando e ia lançar pela Som Livre – meu primeiro solo.

O CD tinha um lado *folk*-bucólico, com letras que falavam sobre drogas e existencialismo, e também um lado elétrico nervoso e ativista, que falava de avareza de espírito, amor e críticas sociais, como "Cidade Partida" e "Pão-Duro". Na primeira havia um verso – *"e agora a cidade se junta pra tentar dormir em paz... e depois se parte em pessoas perdidas, vivendo como animais... e a vida segue"* –, no qual eu falava das tragédias sociais que aconteciam repetidamente no Rio de Janeiro, e no Brasil todo. Quando havia uma comoção nacional, todos se abraçavam. Mas rapidamente aquele sentimento se dissipava, e a vida voltava à "normalidade animal" de cada um por si.

Nesse período, eu, que sempre gostei de causas sociais e de encontros circenses, saraus, coisas diferentes, de me misturar a poetas, artistas de circo, etc., fui convidado pelo grupo Voluntários da Pátria para falar sobre essa canção, e também sobre minha parada com drogas, através de músicas, palavras, o que fosse. Era um grupo itinerante, que fazia da palavra, da poesia e da arte um veículo para participação com jovens em universidades; em presídios; em movimentos, como aquele a favor dos bombeiros; em causas variadas e com abordagens sociais, poéticas e atuais. Tomei parte em algumas ações como grupo, umas oito. Dentre elas, destaco um protesto contra o Senado, durante o qual, num domingo, rodamos do Leblon ao Leme, pela areia da praia e à beira d'água; éramos mais de trinta manifestantes com faixas e cartazes onde se lia "Senado Covarde". Outra ação ocorreu em Curitiba, num anfiteatro lindo, e valeu mais pelo tipo de show-poesia-palavras de ordem, e muita arte cênica também. A parte em que figurei foi mais musical, pois eu já vinha fazendo encontros musicais com o grupo em saraus com transmissão por *webcams*, ou nos saraus em casas de amigos. Um dos encontros foi na Universidade Federal, no Fundão, na Ilha do Governador. Era à noite, muita gente na quadra, e fizemos uma apresentação em que se alternavam poetas, cantores, dançarinas, e tudo fluiu muito tranquilo. Na época em que entrei para essa trupe, não havia mais as visitas a presídios (onde levavam livros para doar), mas tivemos algumas manifestações nas escadarias da Alerj. Eu participava também para compor a parte musical. Cantava Cazuza, Barão, e músicas próprias. Em Curitiba recitei duas letras minhas, em vez de tocar no violão. Era bacana. Participamos de ações bem legais, me diverti muito e fui parte de um todo durante alguns meses. Mais tarde eles suspenderam as apresentações (e protestos), interromperam as atividades, e tudo parou. Mas enquanto estive lá, conheci pessoas incríveis e pude estar perto de meu amigo Tavinho Paes, com quem já havia composto duas canções que entraram no disco do Lobão *O Inferno é Fogo*.

Ainda sobre a "Cidade Partida": a pedido do jornal *O Dia*, que descobriu a canção, fizemos uma matéria com os pais do João Hélio, que se emocionaram muito ao escutarem a música. O casal foi até a minha casa, e ficamos, eles, minha mulher e eu, conversando durante cinco horas. Sobre tudo. Estavam muito abalados naquela época, pois a perda do filho acontecera uns três meses antes. Foi uma experiência muito emocionante, e nos falamos algumas vezes depois, por telefone. Foi difícil, tentamos passar nossos sentimentos e emoções, falei sobre a parada com drogas, sobre o sistema, sobre a loucura em que estava tudo, e sobre seguir em frente. É disso que se trata... seguir em frente.

Sou um voluntário da emoção e do presente. O que me torna um voluntário do futuro, que acredita na família, no trabalho e no amor.

Olhando Para a Carreira Solo

As Músicas nas Rádios

Para explicar a carreira solo, tenho de fazer uma breve explanação do que veio acontecendo com o mercado fonográfico no Brasil e no mundo desde a década de 90. Depois da entrada da nossa geração na cena nacional, com a manutenção de alguns nomes durante as décadas seguintes – fazendo bons discos, sabendo perpetuar a carreira e toda uma estrutura que se move de acordo com a competência da relação gravadora/imprensa/artista –, surgiu uma nova era. Nos anos 80, ainda éramos um núcleo que se movia junto com a gravadora de acordo com cada trabalho lançado. No final da década de 80, e com o inicio da era Collor, em 1990, algumas mudanças ocorreram no Brasil: o surgimento da lambada, com Beto Barbosa, e a popularização do gênero sertanejo, que se abraçou ao novo presidente-larápio alçado ao poder. Nós, os roqueiros, éramos PT, do Lula nessa época. Todos queríamos testar a esquerda no poder, na primeira eleição direta depois da ditadura. E quando Collor venceu, foi uma ducha de água fria na geração toda. Como os sertanejos apoiavam o Collor e faziam "showmícios" (nome dado a shows em palanques políticos na época – eram milhares pelo território nacional), o mercado se abriu pra eles também. E as rádios, idem. No meio disso, surgiu a cena de Seattle nos EUA. Pearl Jam, Alice In Chains, Soundgarden, e a mais representativa de todas, o Nirvana. Enquanto no Brasil o mercado começava a tender pró-sertanejo, lá fora o rock de garagem surgia de novo com força. Era um alento. Aqui, mesmo no meio dessa mudança de cena, despontava a MTV Brasil, e entrava em cena o festival Hollywood Rock, na Praça da Apoteose no Rio de Janeiro, e no Estádio do Morumbi em SP. Essas duas vertentes deram sobrevida ao *rock* dos 80 e dos 90, com novos clipes exibidos à exaustão na "bombada" MTV, e as bandas arrebentando e mostrando de novo seu valor a públicos enormes nos festivais. Foi assim com Barão, IRA, Titãs, Paralamas, Marina, e outros. Na metade da década de 90, também impulsionada pela MTV e pelas rádios, uma nova cena de rock chegava: eram Raimundos, Skank, Jota Quest, Cidade Negra, Chico Science & Nação Zumbi, Planet Hemp, e o nascimento do RAP nacional, com Gabriel O Pensador e Racionais Mcs. Logo a seguir, vieram o Charlie Brown Jr. e a Pitty. Algumas outras bandas surgiram, muitas entraram nos campeonatos Rock Gol da MTV, nas rádios de rock, nas revistas, matérias de jornais, etc. Realmente elas se somaram ás bandas dos anos 80 e um novo bloco de rock estava formado para concorrer com os novos gêneros popularescos que dominavam as rádios e TVs. Além do sertanejo de Leandro & Leonardo, já estavam estourados o Axé de Daniela Mercury (que fez o carnaval sair de Salvador – com seus trios elétricos – e virar uma febre, espalhando-se pelo Brasil de Norte a Sul em intermináveis Micaretas); o pagode romântico do Só Pra Contrariar e outros; a música eletrônica do Prodigy e do The Chemical Brothers, no exterior (e esse movimento rapidamente se transformou em milhares de festas com DJs, na Europa, nos EUA e, claro, aqui no Brasil); o funk carioca, e muito mais coisa que nem vou citar aqui. Enquanto isso a sobrevida financeira do rock era renovada principalmente pela gravadora SONY Music, que investia no novo rock, bem como no rap do Gabriel, o Pensador e no reggae do Cidade Negra. O Skank estourava nas rádios, o Barão com os discos *Álbum* e *Balada MTV* renovou seu público (ambos os discos são os mais vendidos da história da banda), e o festival Hollywood Rock bombava. Isso ocorria paralelo ao que começava a acontecer nas rádios. Apesar de essas bandas de rock ainda tocarem bastante nas rádios até o inicio dos anos 2000, houve uma mudança gradativa para o descartável gênero popularesco. O sertanejo se transformaria em sertanejo universitário (uma espécie de ramificação pop do gênero), e alguns padres entrariam também no mercado de shows, vendas de discos e execução em rádios, isso lá pra 2010. Então os 90 foram ainda do rock, que entrou no novo século com força ainda. Não como era antes, porém com certo gás, imprimido pelo Charlie Brown Jr. Mais tarde, já avançando nos anos 2000, as bandas lá de fora que deram força à renovação do rock internacional dos 90 mantinham sua popularidade – como Oasis, Red Hot Chilly Peppers e Guns & Roses. Já as novas bandas foram as primeiras a se aprofundar na nova ferramenta que surgia. A internet era arma do novo rock, que já começava a sentir os efeitos também da pirataria e do fim da venda maciça de discos. O CD e o MP3 causaram danos ao mercado fonográfico. Danos irreversíveis, eu diria. O "negócio" da música estava acabando, e ninguém sabia pra onde iria. Claro, iria se transformar, mas seria demorado. Enquanto o público ainda tinha medo de consumir o mercado digital, comprando pela internet, o produto físico caía a olhos vistos. A vendagem despencou pra todos os artistas, de todos os gêneros, e as gravadoras foram diminuindo, quebrando, ou então se juntando, numa fusão, para tentar respirar no combalido mercado. A verdade é que isso foi um baque, e ao mesmo tempo de certa forma igualou todos os artistas: novos, antigos, medalhões ou iniciantes, todos teriam de se virar pra alcançar um público diferente daquele que vinha pelas mãos das rádios e gravadoras. As gravadoras viviam de vendas de discos, ganhavam muito com isso. Um percentual enorme em cada disco. E essa transição acabou por fazer com que elas não obtivessem mais retornos em vendas; portanto, não investiriam mais no artista (rádios, clipes, *marketing*, assessorias, etc.), salvo raras exceções já consagradas no meio musical. Os outros foram parar numa situação inusitada: sem dinheiro pra investir em novos álbuns e respectivas divulgações, mas ainda com público grande das vendagens anteriores. O que fazer? Ir pra estrada. As gravadoras ainda tentaram um meio de investir e ganhar 20% do cachê dos shows dos artistas, mas não deu certo. Todos os departamentos criados nessa direção acabaram. Não aconteceu nada. Então, novamente como iniciantes, os artistas tiveram de arregaçar a manga e encarar a nova realidade. Muitos truques foram tentados, sem sucesso. O certo é que o show só o artista poderia fazer, não havia "digital" do artista. Então, todo mundo se viu num gueto novamente, a internet. Foi nesse cenário, que comecei minha carreira solo.

Antes mesmo de lançar um primeiro disco, montei um site, entrei no Orkut, e até hoje eu mesmo cuido de toda a parte de redes sociais. Faço sozinho, com pequenas ajudas de assessoria, para criar eventos, etc. Em 2007, a Som Livre dividiu algumas ações comigo, no meu primeiro CD, mas rádio (que era a força mais cara que a gravadora dava ao artista pra estourar as músicas e depois conseguir o retorno em vendas de discos) era comigo mesmo. Os artistas que se acostumaram a ter tudo na mão ficaram num hiato. Eu comecei já com essa dificuldade. Então fui criando meus próprios departamentos terceirizados de divulgação: assessorias de radio, TV, imprensa e *marketing*. A cada disco que eu lançava, contratava esses profissionais. Enquanto isso, eu mesmo fazia o trabalho de rádios, cartazes nas ruas, marcação de shows, internet, e fui abrindo os Orkuts, um a um. No final, eu tinha onze Orkuts pessoais e uma comunidade de 100 mil pessoas. E isso funcionou. O público do Barão veio até mim, e eu fui até ele. E muita gente veio chegando e descobrindo o trabalho solo. Desenvolvi, a cada CD, ações novas de *marketing*, inventadas em casa e colocadas em prática depois. Foi assim com shows em cima de uma Kombi pra divulgação do segundo e do quarto CD. Foi assim com toda a carreira solo. A cada disco, eu contratava profissionais diferentes e no CD de 2013, totalmente independente, eu tinha 11 profissionais contratados pelo país. De norte a sul, fiz divulgação em mais de dez estados, e três músicas tocaram em mais de oitocentas rádios, incluindo RJ, SP, BH, RE, SSA, FO, SC, PR, RS e outros. Quando surgiram o Facebook e o My Space, fui fundo neles também. Preparei material em vídeos de todos os meus shows - com ajuda especialíssima de nosso companheiro de viagem, Amir Ghazy - e fui fazendo também os clipes oficiais das músicas dos CDs. A divulgação era feita nos três Facebooks pessoais e na FãPage oficial. Ao mesmo tempo, renovei meu site oficial (canal principal de tudo) umas quatro vezes, com quatro profissionais diferentes. Isso era custo meu. Sempre foi bancado com meus próprios shows. No DVD *Ao Vivo em Ipanema* de 2010 – que saiu em 2011 e entrou nas TVs em 2012 –, eu fiz tudo relacionado a investimentos. Fui de porta em porta procurar os amigos que poderiam ajudar no patrocínio dos dois eventos. E consegui a soma suficiente pra fase de captação em vídeo e realização dos shows. Divulguei sempre pela internet e pelas mídias abertas. Sempre conjugadas, como uma gravadora faria. E na fase 3 – mixagem, masterização, capa e contratação de assessorias para lançar o DVD na mídia aberta – fiz o *Crowfunding* (sistema cooperativo dividido em cotas, pelo qual os fãs podem ajudar a pagar o DVD, cada um tendo direito a nome no produto, shows em sua casa, ou apenas o CD/DVD autografado, enviado pelos Correios). O site escolhido por mim e por Luiz Paulo Assunção, meu sócio no DVD, foi o Movere.me. Conseguimos bater a meta financeira das cotas (tem-se dois meses pra isso), e o DVD foi bem lançado, com a ajuda de fãs, amigos e familiares. Enfim, o mercado mudou, a crise no rock também (as rádios de rock acabaram quase que 90%), e as TVs abraçaram os gêneros popularescos. Então fui à luta com os shows. Como empresário, consegui marcar uma agenda invejada por todo o meio musical, de 200 a 220 shows por ano. Primeiro fui à cata pelo Orkut. Depois, pelo Facebook e pelo meu site chegavam outros convites. Essa foi a linha de trabalho. Criei primeiro um jeito de chegar aos lugares com banda local, pra poder levar o disco e vender na estrada; também promovi ações nas livrarias, novo mercado para mostrar o disco e vender 2 caixas com 20 CDs pra cada livraria. Travessa, Cultura, Saraiva, Modern Sound, etc. Em seguida, transformei a banda de quinteto em um trio (já em 2010), o que me permitiu mostrar para o contratante que, pelo mesmo preço de me levar para uma apresentação com banda local, ele poderia ter o meu show, apenas acrescentando mais duas aéreas. E eu ia como produtor, empresário, *roadie*, e artista. E para tanto montei um show muito certo, incluindo musicas autorais e contando minha história no rock. Isso me deu fôlego para montar novos shows e lançar novos CDs. No lançamento do meu CD de 2013, coloquei no palco uma banda com 3 naipes de metais, 3 *backing vocals*, teclado, percussão, além do meu trio de sempre. Fiz cenários novos para os lançamentos de cada CD. Só foram usados no RJ. Não tinha condições de levar pra estrada. Me capitalizei e consegui fazer a roda girar. Acumulo várias funções. Centralizo toda a carreira. Delego algumas funções, mas no mercado digital e físico, soube como criar meu próprio público e gerenciar toda minha carreira de shows, discos e clipes. Quando se tem vontade, se consegue. A mim, a crise do mercado fonográfico não atingiu, pois já comecei no meio do furacão, do zero.

Quando as músicas da minha carreira solo começaram a tocar nas rádios, tive a mesma sensação de quando ouvi "Dengosa" do Front no cinema, na trilha do filme *Rock Estrela*, "Tempos Difíceis" foi a primeira, em 2007. Eu e Kadu ficávamos o dia inteiro divulgando no Orkut e mandando SMS para a rádio Oi FM (em 7 estados). Depois "Pão-Duro" entrou na novela *Sete Pecados* da TV Globo, e foi a mais executada. O tema de guitarra tocava também na vinheta das chamadas dos comerciais. Tocou muito. E eu ficava vendo a novela, só pra escutar a música. Depois veio o "Nunca Desista do Seu Amor", na Nova Brasil FM, em seis estados. Em seguida, "Estrangeiro", que também entrou na Nova Brasil. Tudo isso em 2007.

Antes disso, em 2003, havia tocado uma parceria minha com Frejat e Mauro Sta Cecilia, chamada "Quando o Amor Era Medo", numa outra novela da Globo. Só que era do disco solo do Frejat, na voz dele. Então comecei a escutar tocando nas rádios minhas próprias músicas da carreira solo, na minha voz. A primeira, do Front em 1986, e mais tarde as que compus, a partir de 2007.

Em 2009 tocou "*Não Vá*", na Transamérica; em 2010 foi a vez de "*Waiting on a Friend*" na Oi FM RJ; e em 2013 foram quatro músicas do CD *Motel maravilha*, em mais de 600 rádios pelo Brasil: "Azul", "Remédios", "Essa Canção é Nossa", e "Motel Maravilha".

O DVD *Ao Vivo em Ipanema* e os clipes oficiais de "Remédios" e "Azul" passaram nos canais Bis, Multishow e Music Box Brazil. Sempre que passa, eu vibro. E foi assim em 1986 também.

2008

Ringo Starr lança o disco Liverpool 8

Minha Carreira Solo Decola

E veio 2008. Passei a ter oficialmente "três empresários" trabalhando comigo. E estes usariam a mesma estratégia que empregaram com a Dani Carlos: abrir um show grande na Praia de Copacabana e depois fazer o Canecão. Eu abriria para o Skank. Quando os executivos da TIM, promotora do evento, souberam que eu ia abrir, perguntaram: *"Quem é Rodrigo Santos?"*. Eles não queriam mesmo, mas um diretor aceitou. No cartaz vinha o nome do Skank em letras garrafais e, bem miudinho, *"Abertura Rodrigo Santos"*.

No dia anterior eu teria show em Búzios, com a Blitz e Jorge Vercilo. Entretanto choveu na hora do meu show, que foi cancelado. Ia ser o meu primeiro show grande. Tinha galhardetes espalhados por toda a Búzios

No dia seguinte, 20 de janeiro, Praia de Copacabana, nublado, e eu pensando *"só falta chover também!"*. Fiz uma *set-list* muito legal, variado, com "Sangue Latino", "Esta Noite Não", *"La Bella Luna"*, "Puro Êxtase", "Bete Balanço", "Geração Coca-Cola", "Nunca Desista de Seu Amor", "Pro Dia Nascer Feliz". E uma surpresa. Ousei colocar *"Love of My Life"*, e me dirigi ao público, antes de começar a cantá-la: *"Eu falei que se fizesse carreira solo ou um disco, sei lá, eu ia ousar cantar esta música, mesmo rouco, no lugar que estivesse mais cheio na minha carreira solo. Que é hoje, aqui, em Copacabana! Então, vamos tocar e vocês me ajudem, pelo amor de Deus!"*. Antes, o Jorginho se opusera: *"Você não vai cantar "Love of My Life", você está louco?"*. Mas eu teimei, aquela coisa de artista teimoso. Acabou o show e todos os executivos da TIM elogiaram: *"Meu irmão, o melhor show, de todos os oito que já fizemos"*.

A apresentação na praia de Copacabana foi emblemática, para mim, pois cantei para uma plateia de 70 mil pessoas. Nesse ano eu não lancei disco. O Gustavo Ramos, presidente da Som Livre, que era roqueiro, e havia me contratado um ano antes (e também contratou o George Israel, o Moska e o Toni Platão – a "galera roqueira"), estava ainda à frente da companhia em 2008. A Som Livre tinha a ideia de colocar nós quatro em um ônibus para excursionar, tipo *Magical Mystery Tour*. Mas Gustavo saiu depois do Carnaval, e o novo presidente, Marcelo Toller, voltaria com a proposta de lançar apenas discos de novelas e não se interessou quando falei do meu segundo disco, *O Diário do Homem Invisível*. Mas foi super solícito e recomendou que eu converssasse com o departamento de *marketing*, pra ver no que poderiam me ajudar.

Marquei uma nova temporada na Letras e Expressões, com o George Israel. Enchemos de fotos nossas quando crianças, em cartazes de madeira, abajures, sofás, LPs pelas paredes. Ele tocava sax, violão; eu tocava baixo, violão, fazíamos também dois violões. Enfim, lotou!

Minha estratégia para 2008 foi marcar shows em vários lugares, fazendo contatos pelo Orkut. Pedia um tanto, tocava também com bandas locais, e fazia uma participação como de fosse um show meu. Levava meu disco debaixo do braço, ia nas rádios, etc. Até que pintou uma temporada na Cultura Inglesa, a maior sorte. Eu estava em São Paulo, divulgando o disco, e um amigo meu, Dani, do VisitBritain, me chamou para ir ao prédio da Cultura Inglesa. Me desculpei: *"Tô com o horário apertado"*, mas ele insistiu: *"Vem cá que eu vou te apresentar o Laerte, que está trabalhando nessa parte de marcação de shows na Cultura"*.

Fui até lá, ficamos conversando, ele foi me mostrando o lugar. Dei-lhe o meu disco, falei que estava em carreira solo, e ele ofereceu:

"*Fazemos uns eventos aqui e teremos o encerramento de um festival de música dos alunos e sempre chamamos um artista de nome. Ano passado foi o Nando Reis, no outro na foi o Nasi, você gostaria de fazer esse ano?*". Eu topei, claro, tinha cachê. "*Você poderia também ser jurado e apresentar os concorrentes?*", perguntou-me ele. Foi sensacional, e eu fiz um *pocket show* de 40 minutos, voz e violão. Ali eu ganhei todas as unidades da Cultura Inglesa do interior de São Paulo e Santa Catarina. Os alunos votavam, eu ganhei todas as notas ótimas, e o vídeo da apresentação fez sucesso nas outras unidades. Acabei fazendo 70 shows na Cultura Inglesa. Alguns shows eram em teatros, outros eram em garagens mesmo, outros ainda eram em *shoppings*, com palco miudinho e cadeiras em volta. Acabei fazendo um bom barulho com esses shows da Cultura, teve matéria do "Caderno de Cultura de Bauru" do *O Globo*, no qual fui chamado de "*Operário da Música Nacional*". Deu para ganhar uma grana. Eu queria mudar o formato dos shows, mas o pessoal da Cultura queria o mesmo, e lá ia eu.

Quando a verba da Cultura começou a diminuir, eu passei a ir de ônibus para São Paulo, às vezes sozinho, para voz e violão, às vezes levando só um da banda e lá eu tocava com a galera local. Assim, mantinha os ganhos.

O Canecão seria em abril, e eu pensava em chamar a Zélia, o Ney Matogrosso, mas acabamos fazendo só eu e o George, por causa da temporada que vínhamos fazendo juntos na Letras e Expressões de Ipanema. Propus a ele: "*Não temos nada para 2008, mudou tudo na Som Livre. Se a gente gravar um DVD deste show damos uma sobrevida aos nossos discos, pois estamos neste hiato da gravadora*". O cenário quem fez foi o irmão da minha mulher, Leonardo Lattavo, junto com Pedro Moog – sócios da premiada Lattog. Foi o primeiro cenário da vida deles. Depois fariam também o cenário do show do DVD *Ao Vivo em Ipanema* no teatro. Além dos óculos que trouxemos do cenário da Letras e Expressões, eles acrescentaram flores. Tudo num material de acrílico e madeira, que ficava pendurado e girando no ar. Lindo.

Fizemos um show de quatro horas e meia no Canecão, chamado depois pela galera como "o maior show do mundo", porque tinha várias partes. Primeiro eu e o George abríamos com bandolim e violão, depois baixo, tocando quatro músicas. Depois, o show do George, com cinco músicas. Eu vinha com o meu show, mais cinco músicas. Convidei o Autoramas para tocar "O Diário do Homem Invisível", que não estava no primeiro disco, mas ia entrar no segundo. Toquei também "32 Segundos", outra nova para o segundo disco, com um quarteto de cordas, "Love of My Life", "Um Pouco Mais De Calma" e "Nunca Desista Do Seu Amor". Em seguida veio uma parte só George e eu, piano e baixo. Agora era a vez dos Britos; a gente troca de roupa, óculos escuros, casaco de couro e tocamos quatro músicas. Os Britos saem do palco, voltamos, George e eu, e tocamos piano e violão. A gente sai e entram duas bandas, com duas baterias. Tocamos oito músicas. Foi um show lindo, enchemos a casa. Depois, George seguiu a carreira dele, e eu segui a minha. Voltei para a Letras e Expressões, para mais uma temporada.

Por conta de uma competição entre mim e George (ambos em carreira solo), uma coisa chata: logo após a gravação do DVD no Canecão, nós brigamos. Cada um foi pro seu lado, e isso durou alguns anos. Fiquei triste, pois tenho o maior carinho pelo George, por seus filhos e sua família. Porém naquele momento o rompimento aconteceu. E não foi culpa de ninguém. Só que quando nós encontrávamos pra tocar com os Britos ou em casa de amigos, a sintonia era perfeita. Como se nada houvesse ocorrido. Impressionante. Depois de algum tempo, vimos que era muito idiota essa competição, e que ambos perdêramos tempo de amizade e possibilidades musicais com a briga. Mas sempre houve respeito e admiração de lado a lado, esse afastamento seria reparado mais à frente, e retomamos nossa amizade.

Apesar de o Canecão não ter saído em DVD, foi um momento bacana da carreira solo. Tocar no Canecão. Não havia imaginado isso ainda. Na verdade, foi um marco. O lado ruim é que gastei uma grana que não tinha, e o produto não saiu. Tive que pagar um monte de coisas, me enrolei financeiramente por um bom tempo. Não consegui me recuperar até o ano seguinte. E o DVD, recusado pela Som Livre porque eu e George estávamos em carreiras separadas na estrada, não saiu até hoje. Mas temos ideia de lançá-lo, um dia.

Na festa do 1º de Maio me apresentei no *Tributo a Cazuza*, na Praia de Copacabana. Toquei "Bete Balanço", "Codinome Beija Flor" e "Pro Dia Nascer Feliz", com Caetano, Ney Matogrosso e Paulo Ricardo. Este show me deu importância como cantor.

Em seguida teve o *Prêmio MTV*, em Salvador, com todos "na beca". Cantei "Puro Êxtase". Minha carreira estava sendo bem divulgada nos jornais.

Mas eu precisava me capitalizar rápido. A saída foi fazer canjas em todos os lugares para ficar em evidência. Eu estava sempre no Estrela da Lapa. Depois fiz o Conversa Fiada. Mas eu precisava mais. Fui conversar com Serrado, da Melt, a fim de pedir para tocar lá nas quintas-feiras, era um dia que bombava. Ele alegou que não poderia, pois Os Impossíveis já estavam com as quintas, mas ele me daria as terças. Argumentei que terça era um dia "morto", eu tinha feito um ano de Britos lá, todas as terças, e só lotou no meu aniversário e no do George. No resto das terças foi deserto. Pedi então um mínimo para eu poder levar a banda, tipo 1.000 reais. Assim, eu daria 200 para cada um, e ficaria com 200. Éramos eu, Kadu, Fernando, Valadão e Humberto. Concordei com as terças, porém, com a uma condição: que ele me deixasse fazer o que quisesse até a hora do show. Eu queria uma lista VIP, todo mundo de graça! Ele pulou, e eu emendei: *"Até 11 da noite a casa é vazia. Eu vou colocar 700 pessoas aqui consumindo. Você vai ganhar um dinheiro que você hoje não tem. Eu quero as quintas-feiras e com cachê dobrado!"*. O que eu fazia era convidar todo mundo pelo Orkut. Ligava para a galera das bandas independentes e perguntava se eles queriam tocar comigo na Melt, e se levariam umas cinquenta pessoas, tudo de graça. Eles respondiam que iam levar 100! Amigos levavam amigos e davam canja. Logo de cara coloquei 700 pessoas. Na terça seguinte foram 650. Na outra 750. Depois de nove terças simplesmente lotadas, eu finalmente ganhei as quintas-feiras e tive o cachê dobrado. Sobrava mais grana.

No final do ano comecei a compor para o novo disco. Ia virar 2009, e eu não tinha lançado nada neste ano. Estava preocupado. Já tinha prontas algumas músicas: "O Diário do Homem Invisível", "Não Vá". Compus "Trem-Bala", "32 Segundos", "Sete Vidas", Leoni me mandou dois sonetos, e eu fiz uma música com eles. Quando as músicas para o disco estavam ficando prontas, voltei à Som Livre e conversei com o Bruno Graça Cortes, que foi super gente boa. Perguntei se a gravadora topava fabricar 1.000 cópias, fazer a arte e distribuir o disco. E eu ia encartar uma faixa interativa, com a última grana que eu ainda tinha juntado. E, claro, eu precisava de uns quatro ou cinco dias no estúdio.

Num pré-*réveillon* na Melt, chamei todo mundo e acabaram indo 1.500 pessoas. Mas só cabiam 800! As pessoas saíam e entravam. Foi até às 8 horas da manhã. Leoni, Hyldon, Arnaldo Brandão, Biquini Cavadão, bandas novas, todos cantavam duas músicas e desciam, subiam outros e cantavam, e foi assim madrugada adentro.

2009

Lançado o disco Let It Roll, de George Harrison

Preparando Meu Novo Disco

Como eu estava com a grana curtíssima, ia a pé, do Jardim Botânico até o Flamengo, à casa do Humberto Barros. Dessa vez eu queria tudo diferente no disco, e o Humberto ia produzir comigo, trazendo uma "psicodelia" para a produção, típica dos tecladistas. Tudo sendo gravado na casa dele, a bateria no Kadu, e as bandas gravariam na Som Livre. Paguei pelo trabalho dele com dois baixos meus. Fiquei apenas com um, o azul, pois o Music Man eu já havia penhorado com o Frejat (que me deu uma força, guardou o baixo pra mim pra quando eu tivesse possibilidade de comprá-lo outra vez. Foi bem legal da parte dele. Comprei-o novamente na semana do meu show no *Rock in Rio 2011*). Não tinha mais grana. Humberto também filmava tudo o que estávamos fazendo. Entre janeiro e fevereiro fiquei gravando o disco. Lá na casa do Frejat, eu toquei com o meu "baixo penhorado". Enquanto o Rodrigo Lopes mixava as gravações no estúdio do próprio Frejat (que o cedeu gentilmente para as mixes), eu ia postando tudo no Orkut, usando o Wi-Fi do estúdio. Meus onze Orkuts iam sendo atualizados, a cada passo das gravações.

Pelo fato de eu fazer muitos shows com bandas independentes de várias cidades, como Manaus, Salvador, São Paulo, Rio, Porto Alegre, tinha a facilidade de pedir-lhes que gravassem comigo. Assim, com eles mesmos como a banda local, eu teria também o seu público garantido quando fosse fazer um show. Acabei gravando com os Autoramas, que deram um tratamento *"surf music"* para a faixa título, os Filhos da Judith colocaram *"mellotron"* em "Perto de Você", fora as contribuições especialíssimas, nas outras faixas, do Canastra, Miquinhos, Cidade Negra, Ney Matogrosso, Helio Flandres e Marília Bessy. Eu estava com verba curtíssima, mas queria trabalhar com o Nilo Romero. Pedi a ele que produzisse apenas uma música. Pensei na "Não Vá", para gravar em ritmo de *reggae*, e com o Cidade Negra. Romero achou perfeita a escolha, tanto do ritmo quanto da banda, pois ele estava produzindo o novo disco do Cidade, em sociedade. Acrescentou que no dia seguinte podíamos ir gravar no estúdio deles.

Como eu tinha uma atração por corais, lembranças de minha tia, queria uma "volta ao coral" no disco. Por coincidência, o Pedro Paulo Araújo me indicou o maestro Rodrigo D'Ávila, que cuidara do coral "Princesas de Petrópolis". Eu conheci o Rodrigo quando fiz um show no Nucrepe. Com o coral eu gravei "A Última Vez". E depois nos apresentamos cantando *"Hey Jude"* e *"I'm Still Haven't Found What I'm Looking For"*.

Eu queria um disco parecido com a reedição de luxo do *Smile*, disco solo do Brian Wilson (ex-Beach Boys), com um livreto lindo. Mas a Som Livre vetou, em razão dos custos. Só iam rolar cinco lâminas. Então eu mudei a ideia. Desenhei a capa. Ia fazer algo tipo *Abbey Road* com Brian Wilson, tudo interligado. A capa ia trazer todos os que participaram, entre outras sacações. Desenhei cada letra, de cada frase, de cada música. Como eu já tinha o "Diário do Homem Invisível", com o Leoni, decidi que este seria o título do disco, pois eu era "invisível" no mercado nesse momento. Mostrei o desenho da capa ao Daryan, e ele pirou: *"Deixa eu fazer a foto da capa!"* Falei que estava sem grana, só tinha verba para encartar a faixa interativa, que seria o clipe do *Diário do Homem Invisível*. Daryan respondeu que não ia cobrar, pois estava entusiasmado, ia ser uma capa "foda", *"rock and roll"*. Minha ideia era fazer uma capa que misturasse Tom Petty (eu tinha curtido uma capa dele), bem colorida, com "Domingo no Parque" e *"All Things Must Pass"*. Daryan marcou as fotos para a Quinta da Boa Vista, bem no clima que eu queria. Estava um mormaço terrível no dia, e fomos todos empilhados em uma van, com a produção. Os Filhos da Judith foram de branco e preto; a Carol foi no seu personagem, de sombrinha; eu, de óculos, lendo o diário; minha mulher de cigana, com uma bola de cristal; o Edu levou a sua tuba, que acabou usando no disco, pela primeira vez. A arte que eles fizeram ficou linda. A contracapa era uma cartola em cima de uma cadeira.

A capa acabaria sendo premiada pela revista *Fotografe Melhor* como uma das três melhores do ano.

O disco foi lançado em julho de 2009, exatos dois anos depois do primeiro. A Som Livre só lançou, mais nada. Não houve trabalho de divulgação por parte da gravadora. O foco deles era outro. Mas lançaram pelo menos – e distribuíram em alguns lugares, sou super grato. Todas as ações seriam por minha conta. Pensei em lançar com a galera que participou da capa do disco. Primeiro fiz a Saraiva com a Marília na percussão e eu no violão. Saiu uma matéria muito boa no *Globo Online*: "*Rodrigo Santos, o mestre de cerimônias da geração roqueira*". Depois fiz o Posto 8 (Jazz Mania), numa sexta e sábado de outubro. O disco estava lançado oficialmente. Posto 8 lotado e cheio de participações. Foram dois dias. No segundo dia, pegamos estrada por oito horas até chegarmos a Capitólio MG, para um show num Moto Clube. E deixei agendada a Modern Sound, em Copacabana, para dezembro. A Modern Sound abriria outra porta...para o terceiro CD, *Waiting on a Friend*...

Na Modern Sound foi um show de canjas: Filhos da Judith, Marília, Zélia Duncan. Era uma terça-feira, geralmente dia de casa vazia, mas esta lotou. Não tinha cachê, mas as vendas do CD foram ótimas no dia. Logo depois do show, o Marcelo Fróes comentou comigo: "*Você cantou pra caralho! Não vi isso nos discos*". Respondi que a mudança era efeito da estrada. Ele me convidou para fazer um "disco de intérprete". Objetei que ainda estava lançando o segundo disco, e ele já queria que eu gravasse outro? "*Só se eu não gastar nada! Estou duro!*". Fróes disse que tinha estúdio, tinha o selo dele e lançaria o disco. Só fiz uma ressalva: "*Não pode ser em português, pois estou trabalhando este disco atual*".

Começamos a combinar o repertório. Teria Bob Dylan, U2, compositores brasileiros com canções em Inglês, como Gil e a sua "*It's Good to Be Alive*", Caetano com "*You Don't Know Me*", o Fábio Jr. (na verdade o "Mark Davis"), com sua *"Don't Let Me Cry"*, e, claro, Stones com *"Waiting On A Friend"*. Os Beatles não poderiam ficar de fora, mas eu não gravaria músicas do grupo, porque isso eu já fazia com Os Britos. Escolhemos músicas da carreira solo deles. Do George eu escolhi *"Just For Today"*, tema do AA. As grandes surpresas foram as "semi-inéditas" do John e do Paul. A música do John era *"Life Begins At 40"*, uma demo que ele acabou não colocando em seu último disco, *Double Fantasy,* e deu para Ringo gravar, uma vez que este também fazia 40 anos em 1980. Com o assassinato de John, Ringo engavetou o projeto, e a música só apareceria em disco em 1998, numa caixa de raridades que Yoko Ono lançou. A música do Paul, *"Did We Meet Somewhere Before"*, foi composta para a refilmagem de *O Céu Pode Esperar*. Mas não entrou. Acabou sendo usada no filme dos Ramones, *Rock and Roll High School*, mas não saiu na trilha sonora. Faz parte do disco *Cold Cuts*, que Paul está há décadas por lançar. Meu disco teve muitas notas na imprensa por causa destas duas músicas.

2010

```
Ringo Starr lança em Janeiro o disco Y Not
Rock na Kombi
```

Em janeiro desse ano, eu fui com meu filho à Livraria Argumento (eu conhecia o dono, Gasparian, batíamos papos e tal.). Enquanto víamos os discos, reparo que só tem o *Um Pouco Mais de Calma*. Perguntei se a Som Livre estava entregando direitinho, se o *Diário do Homem Invisível* já tinha chegado, etc. Gasparian ficou surpreso: "*Ué, você lançou outro disco?*". Pensei logo "*Putz, este disco vai ficar largado, e é um puta disco*". Propus que ele comprasse uma caixa, e eu faria um *pocket* na Argumento. Ele topou, mas alegou que não podia ser dentro da loja, por causa do espaço. Sugeri fazer do lado de fora, mas lá não podia montar palco, por causa da Prefeitura. Nessa hora, nos entreolhamos e pensamos a mesma coisa. Vejo a Kombi dele e pergunto se podia fazer em cima dela. Concordou que era uma boa ideia, podia sim. Marcamos para um sábado, depois da praia, torcendo para não chover. A Argumento entrou com o som e a Kombi, além de comprar uma caixa com os CDs. Um amigo, Marcelo Carneiro, trouxe a cerveja dele, a Colorado, para a galera. Como a banda estava de férias, resolvi fazer com os Filhos da Judith uma ação com 5-6 músicas, para bombar na rua. O disco ficou exposto na vitrine. Nesta época eu estava atuando nos Voluntários da Pátria. Um dos rapazes de lá perguntou se ele poderia levar cuspidores de fogo, a turma dele da Baixada, grafiteiros, malabaristas, entregadores de rosas. Fechei na hora, era a cara do disco! Eles se apresentaram durante meia hora, e depois eu subi na Kombi. Kadu acabou aparecendo e tocou também. Fernando Magalhães tocou a guitarra, e

Bruno Araújo (ex-Front, Legião e Lobão) ficou com o baixo. Eu toquei violão. Lotamos a rua!!! Perto do final, um bloco de Carnaval estava passando, (era final de janeiro) interagiu com a gente, e a Dias Ferreira parou! Vendemos todos os CDs, até os da vitrine. Foi uma ação bem-sucedida! Tive convites para repetir a Kombi, até na PUC-RJ.

> Paul McCartney lança Live in Los Angeles, CD exclusivo do Mail on Sunday
>
> Gravando e lançando meu terceiro disco

Fiz o disco em um mês, ao longo de fevereiro, produzindo praticamente sozinho. Gravei duas músicas no estúdio do Clemente, e ele produziu outra com o Nani. As restantes foram no estúdio do Márcio Biaso. O núcleo base dos músicos éramos eu, Fernando, Kadu, Sergio Serra, Billy Brandão e o Humberto Barros. A gravação mais emblemática foi a de *"Waiting On A Friend"*, onde estavam Frejat e todos os Barões, Os Britos, Dadi, Sergio Serra, Billy Brandão, um total de 14 pessoas gravando!

E aí? O disco *Waiting On A Friend* pronto, e mais um lançamento! Tinha que ser diferenciado. Meu empresário queria o Teatro Ipanema, um lugar chique, disco em Inglês. Reservou para setembro. Ao mesmo tempo eu fecho uma temporada no Estrela da Lapa, todas as quintas de abril, que não era lá um bom dia. E era um mês chuvoso. Mas segundo a gravadora, o disco ficaria pronto fim de março, começo de abril. Eu animado, *"Vamos nessa!"*. Meu empresário, receoso.

Eu, que não parava quieto, vivia no pé de um amigo, o Marcão, que tinha sido da Warner e agora estava na OI FM, para ele dar uma força e divulgar o *Diário do Homem Invisível*. Ele colocou "Nunca Desista do Seu Amor" na programação, depois de um bom tempo. Como eu estava lançando o *Waiting On A Friend*, disco novo, perguntei se ele não podia colocar também a música título. Argumentei: *"É em Inglês, mas tem eu e o Frejat cantando, os*

Barões todos estão ali". Ele achou ótimo, tudo a ver, e colocou também na programação. Perfeito, tudo bombando nas rádios e...

... o disco não chegou!

A temporada no Estrela da Lapa solta, largada. E eu pensando no que ia fazer. Duro, devendo até o talo, sem cheque, sem cartão, ferrado de grana, tendo de pagar meu quinteto, técnico de som, etc... Como ia fazer? Achei a solução para não furar com o Estrela da Lapa e atrair o público: voltar para o baixo! Só eu, Fernando e Kadu. Um trio! A ideia era tocar 5 "lados B" do Barão, músicas que nunca foram tocadas ao vivo antes pela banda, mais 3 do novo disco; anunciei pesado nas redes sociais (agora eu já estava no Facebook), e convidei para a canja apenas amigos baixistas, como a Elisa Schinner e o Cambraia. Passei para eles o que deviam tirar, e na hora eu chamava. Aproveitava, falava do disco e tal. A temporada encheu, e o disco chegou no final. O melhor de tudo, o "formato trio" funcionou. O quinteto acabava ali.

Surge o meu Power Trio!

Quando me contrataram para fazer uma participação com uma banda local em Florianópolis, eu pedi mais duas passagens para ir com o trio. Não mexeria no valor do cachê, só pedi as passagens. Assim criei um show novo, não usando mais bandas locais, exceto quando fui gravar meu DVD. O trio foi super bem no Estrela da Lapa. Ali que tudo aconteceu e formatou. Mudamos a maneira de tocar, pois eu não estava mais no violão preenchendo. Os solos agora eram com duas notas, em vez de uma só. Falei pro Kadu: *"Faz tudo o que você sempre quis: sai virando! Guitarra idem! O baixo preenche"*.

Fiquei com um disco lançado, e sem show para fazer, a não ser o Teatro Ipanema em setembro. Mas ainda era maio! Com a OI FM dando uma força e tocando *"Waiting On A Friend"*, começaram a pintar uns shows para o trio, como um no Parque Garota de Ipanema.

O *Verão Oi* no Arpoador, foi muito especial. Sol todos os dias, entrevistas na unidade móvel da Oi em frente ao parque, e o nosso dia foi o mais lotado. Uma multidão pra nos ver. E arrebentamos, num show antológico. Ali posso dizer que foi um divisor de águas. Ao andar pelo Arpoador depois do show, procurando um restaurante com a família e amigos, passamos por uns bares lotados. Todos aplaudiam de pé quando passamos. Era a maior galera, que acabara de ver o show. Me senti um artista famoso ali... rs. Falei com todo mundo, e agradeci o carinho de todos.

Mas o Teatro era um problema. Eu agora era um trio, o disco era em Inglês, eu só tocava uma das músicas. O que fazer? Tenho que colocar luz, som, tudo no Teatro. Existia o valor sentimental, mas e o custo? Não tinha mais um produto para divulgar. Aí veio a grande ideia: GRAVAR UM DVD!

Meu primeiro DVD e meu novo empresário-sócio-parceiro

O som e a luz que eu ia contratar já seriam para o DVD. E eu só poderia gravar ou no Teatro Ipanema ou em cima da Kombi. Não tinha grana para os dois. Um amigo meu Bernardo Egas ia tentar conseguir a Antártica para bancar a Kombi. Corri atrás de outras pessoas, amigos como os donos da academia Proforma no Leblon, o dono do Hotel Marina, etc. Um dava mil, outro dava 2 mil, outro 3 mil. A Spoletto (eu estava fazendo alguns shows para eles), e a Capemisa também contribuíram, e fui juntando. Mas ainda não dava para gravar. Para conseguir mais colaboradores e tornar o produto atrativo, pensei em convidar todos que haviam participado dos meus discos, como Leoni (primeiro disco), Ney Matogrosso (segundo disco), João Penca (segundo disco), Isabella Taviani (terceiro disco), Frejat (terceiro disco). A Zélia e o Zé Ramalho tinham compromissos e não poderiam participar. Tive uma ideia: *"Vou fazer a Kombi e o Teatro!"*. Ofereci de porta em porta, inclusive para o Brasas – uma vez que um dos discos era todo em Inglês. Eu propunha: *"Gente tenho isso aqui para oferecer, qualquer mil reais e eu coloco a logomarca no banner"*. Pepeu foi uma adição de última hora. Decidi que o show do Teatro Ipanema seria autoral, com músicas dos três discos, uma inédita. Seria com o quinteto. Na Kombi seria o trio, a fim de ter material de venda para os contratantes. Leo Jaime seria na Kombi; Miquinhos, no Teatro, assim como o Ney.

Eu precisava providenciar a liberação da Kombi, quando Bernardo me informou que infelizmente não daria mais tempo de o Guaraná Antártica patrocinar o show da Kombi. Estava muito em cima da hora. Mas ao mesmo tempo me disse que em outubro um amigo seu ia fazer a edição carioca do *WQS* (campeonato de *surf*), durante dez dias no Arpoador, e ainda não tinha nada para a parte musical. Perguntou se eu queria, mesmo sendo no mês seguinte. Respondi, na lata: *"Porra, claro!"* Eu queria que fosse gravado em Ipanema, não me importei de atrasar a filmagem da Kombi, que passou a ser no dia da final do campeonato.

Vinte dias antes da gravação do DVD eu fiz voz e violões no *shopping* Cittá America, no Rio. Fui de táxi, levando o Fernando e meu filho, que ia andar de *skate* com os amigos. De repente, vem um cara falar comigo: *"Oi, eu sou o Luiz Paulo, te vejo muito no Facebook. O Renato Costa, que trabalhou com o Ivan Lins, é meu sócio e gosta muito de você. Vamos ali em cima na loja bater papo, e eu vou assistir ao seu show"*. Beleza. Depois do show, que bombou, ele me ofereceu uma carona de volta à Zona Sul. No meio da carona, ele me diz: *"Que legal que você está anunciando um DVD. Pena que a gente não se conheceu antes. Eu tenho uma produtora de vídeo"*.

Ele pensava que eu já tinha gravado o DVD. E eu ainda naquele esquema de "meu primo vai levar uma câmera, um amigo ia levar outra, mais outra, e cada um ia filmar de um ângulo". O DVD ia existir, eu só não sabia como ia ser! Levantara orçamento com um monte de gente, mas até o mais barato era caro. Perguntei ao Luiz Paulo se ele tinha as câmeras, e ele me informou que era sócio do João Elias Jr, já tinha feito vários trabalhos. Indaguei: *"Quanto é?"*. E ele respondeu: *"Não é, a gente entra de sócio!"* Não acreditei! Câmeras *Full HD*, seis para o Teatro e três para a Kombi. *"Não vai ter problema?"* Luiz Paulo riu, tinha acabado de fazer um DVD do Andy Summers, do Police, junto com o Roberto Menescal. Disse que ia me apresentar ao Andy, quando soube que eu era apaixonado pelo

Police. Mesmo ainda sem intimidade alguma com ele, falei brincando que se estivesse mentindo eu ia meter porrada nele. Ele afirmou: *"Eu não minto nunca!"*. No dia do Teatro Ipanema lá estavam as seis câmeras e os seis operadores!

Coisas do destino: O campeonato de *surf* apareceu na hora certa e salvou a Kombi em Ipanema. Luiz Paulo apareceu na hora certa e salvou toda a gravação do DVD.

O show do Teatro Ipanema eu fiz virado, vindo direto do interior de SP, onde fora descolar mais um cachê para ajudar nos custos da produção. Foram dois shows no DVD, um no Teatro e outro na Kombi, com duas horas cada um, a fim de acumular material suficiente para trabalhar o melhor do melhor. O que foi cortado dava para montar outro DVD, 100% diferente do primeiro. Muitas participações, como Leoni, Ney Matogrosso, e os Miquinhos (com "Pop Star" e uma multidão em cima do palco). O áudio foi captado pelo Fausto Prochet, baterista do Matanza e do Kita. Não masterizamos – não achamos necessário. Mixamos na casa dele. Ajustei algumas vozes; deixara alguns microfones "bem baixinhos" na gravação, pois sabia que o quinteto poderia cometer erros de vocais, e dessa maneira ficaria mais fácil consertar.

Até o Teatro Ipanema eu ainda estava com o Lúcio, o Jorge e o Marquinhos como empresários. Mas fui eu que marquei 99% da agenda. Criei também as ações de divulgação dos discos, e consegui o clipe de *"Não Vá"* de graça, contando com a amizade de Pedro Paulo Carneiro e a gentileza das atrizes Bel Kuntner, Ana Lima, Leticia Spiller e Guta Stresser, que participaram lindamente da filmagem! Decio Cruz, meu grande amigo e editor da Warner Chappell, me ajudou muito também, patrocinando uma parte do empreendimento. Decidi então ficar sem empresário, para gerenciar toda a parte financeira e de ações que eu queria fazer dali pra frente. Em 2011, eu ficaria sozinho, sem empresário. E faria 200 shows! Mas isso tudo foi avisado com antecedência a eles, que concordaram com a minha decisão.

Antes do show do Arpoador, fiz uma apresentação em Novo Hamburgo, RS, para compor orçamento. Na véspera! No aeroporto

ZÉ RAMALHO gravou um dueto com Rodrigo Santos, que lança novo CD pelo selo Discobertas, com show de lançamento amanhã, no Estrela da Lapa

Waiting On A Friend

de Porto Alegre, tudo atrasado na manhã do dia da gravação do DVD. Conheci um cara ali na sala de espera, ficamos conversando sobre drogas, e ele se dirige ao amigo que estava a seu lado: *"Tá vendo?"*. Ele também estava passando pelo mesmo problema. Ambos tinham estado no show de Novo Hamburgo. Eu disse que estava indo direto para gravar o show na Kombi e estava morrendo de medo de não dar tempo. O cara comentou sobre o show da noite anterior: *"Que show foi aquele? Excelente!"*. Comprou um livro, *O Poder do Agora*, e me deu de presente. E desde aquele dia já contratou dois shows meus!

Quando o voo estava chegando no Rio, eu vejo da cima tudo coberto de nuvens e fiquei apavorado com medo de chover na gravação do DVD, pois seria ao ar livre. Cheguei em casa, tomei um banho e parti para o Arpoador. Abriu um tremendo sol! Usei o tapume das premiações para abafar o vento e não dar ruído nos microfones. Colocamos a Kombi entre a praia do Diabo e a praia do Arpoador, portanto ventava muito. O tapume foi providencial. O público, quase todos frequentadores de Ipanema das antigas, surfistas, etc., foi "super *rock and roll*". Fizemos um show alucinante, impecável, misturando músicas da carreira solo a sucessos nacionais e internacionais. O show da Kombi foi inesquecível, mais uma vez. Lúcio Maia me ajudou muito. Ele fez a produção toda da kombi no arpoador. Tenho a agradecer bastante a Lúcio, Jorge Valbuena e Marcus Barros. Durante um bom tempo fomos parceiros e até hoje fazemos coisas juntos. Os *roadies* Alex Olímpio, Pedro Antunes e Luiz Loureiro também. O cenário da praia era ... a praia. Arpoador, um dos cartões postais do Rio

Para o DVD ser autoral ao máximo, só cinco músicas da praia iriam entrar. Tinha Leo Jaime, Pepeu, Evandro Mesquita, Marília e Mano Góes. Os dois últimos não entraram, porque eu precisava de dois clipes só com o trio. Assim, entraram "Corações Psicodélicos", para registrar a fase com o Lobão, e "Na Rua, Na Chuva, Na Fazenda", para a fase com o Kid Abelha. Dessa forma eu mostraria aos contratantes que o *Power Trio* era versátil, a gente cabia em palcos pequenos, era móvel e tinha pegada!

Encerrei o ano, feliz, me concentrando nas edições e mixagens na casa do Fausto. Passei as férias fazendo isso. Acertando os dois shows. O resultado sairia muito melhor do que eu imaginava. Iria parar em todas as TVs.

2011

Paul McCartney lança o disco Ocean's Kingdom

O ano em que bati meu recorde de shows

Meus shows começaram a bombar. E a agenda triplicou. Eu cuidava de toda a agenda, e os 30% economizados com saída dos empresários no ano anterior mudariam minha combalida vida financeira, de negativa para positiva. Para os shows com o *Power Trio* passei a pedir bons hotéis, passagens aéreas e vans ou carros grandes, para podermos realmente descansar no meio da maratona.

Rock In Rio - lançando o DVD e incendiando a Rock Street

O DVD foi lançado em maio de 2011. Para a duvulgação, contratei novamente a AZ Produções Artisticas, (de Alice Pellegatti e Suzy Martins), as melhores nessa área. Ao mesmo tempo, o canal Multishow HD, pediu pra exibir o DVD em sua programação, em virtude das canções, da qualidade da gravação do produto, e de tantas participações especiais. As imagens ficaram muito boas, as tomadas feitas pelo João Elias e sua equipe foram de alta qualidade. Fizemos muito poucas edições na Produtora Filmação. Eu dava apenas dicas e pitacos do tipo *"agora entra a praia"*, *"troca essa música por essa outra"*, etc.

O Multishow HD fez 70 exibições do DVD ao longo do acordo fechado. Depois fechei uma parceria com *o Music Box Brasil*, que exibiu mais de 50 vezes até hoje. Em 2016, faremos também um documentário — sobre a minha vida. Mazzeron, o diretor do canal, veio a se tornar um fã da carreira solo e um parceiraço.

Em setembro aconteceu o *Rock in Rio*, na sua quinta edição. Fui escalado para o dia 30, na *Rock Street*, com o Power Trio. Aproveitei e deixei 4 caixas de DVDs na lojinha do festival, e divulguei como "Lançamento Oficial no Rock in Rio". Nosso show foi catártico. Fomos além do horário estipulado, com consentimento da produção. Eu falava para a galera: *"Vai começar o show da Ivete, vocês têm que ir para lá!"*. A rua simplesmente lotada, todo mundo cantando, pulando, suando. Foi memorável ouvir os aplausos e gritos de *"Palco Mundo!"*. Ficamos realmente emocionados.

Fiz muitos shows nesse 2011. Ganhei uma "residência" na boate Praia, na Lagoa, onde se reuniam *promoters* do Rio, formadores de opinião, artistas, jogadores de futebol, astros do MMA, enfim, todos conhecendo o meu show, que começava sempre à 1 hora da madrugada de domingo. Ali multipliquei a venda de shows para o segmento corporativo. Um falava com o outro, e todos ligavam para mim.

O DVD ajudou muito nisso, pois eu sempre dava cópias para os contratantes. Ainda sem empresário, eu montava o repertório para os shows, fossem festas, fossem corporativos, casamentos, eu sempre tinha um formato específico. Sou bom negociante da marca Rodrigo Santos. Fechei o ano com 220 shows!

Mas quando chegou novembro, eu estava morto. Fizera uma maratona pesada entre interior de São Paulo, Rio e Bahia — com muitas idas e vindas, sem dormir. Oito shows seguidos, em três estados diferentes, com trajetos quase insanos. Um contratante me vira no *Rock in Rio* e quis o show, num domingo, em Maraú, BA. Isso deu a pirada na logística já montada no interior de Sampa. Ok, iríamos à Bahia no meio da turnê, e voltaríamos para São Paulo. Saímos de Ribeirão Preto num voo para Campinas, que precisou arremeter na hora do pouso, adrenalina a mil. Em seguida, outro voo, agora para Ilhéus. Lá pegamos uma van para Maraú. Depois, 40 minutos de lancha, até o lugar do show, que durou três horas.

Voltamos a São Carlos, SP, para continuar os shows pelo interior paulista, os quais incluíam também a cidade de Americana (neste último, em razão do programa *Amor e Sexo*, no qual Fernando e Kadu tocavam, fiz metade do show com banda local, até ambos voltarem à noite. Acabei fazendo um show de quatro horas).

Chegando ao Rio, fui jantar com o Luiz Paulo no Belmonte. Quando eu lhe relatei a última maratona, a loucura que era marcar shows, fazer a logística, e ainda ser o artista, ele exclamou: *"Você precisa de um empresário, de um secretário, você faz tudo sozinho!"* Perguntei se ele queria trabalhar comigo. *"Eu já tenho 40 shows vendidos para 2012"*.

Encerrei 2011 fazendo dois shows de *réveillon*: primeiro no Iate Clube, e depois no Forte Copacabana!

2012

Ringo Starr lança em janeiro o disco Ringo 2012

Rodrigo 2012 - novas parcerias, novo disco, novo show

Começo o ano trabalhando com o Luiz Paulo. Descentralizei um pouco o lance dos shows, e passei a deixar que ele marcasse. Cumprindo sua promessa, ele ia me apresentar ao Andy Summers assim que este viesse de novo ao Brasil.

Neste início de 2012, comecei a pôr em prática o projeto *A Festa Rock*. Minha primeira ideia era contar a história do rock nacional em 10 CDs, com 10 músicas cada. Músicas que tivessem o mesmo conceito de ideias e fossem do meu gosto. Queria gravar com o trio Rodrigo Santos & Os Lenhadores – seria *A História do Rock* pelas nossas lentes. Quando falei com Luiz Paulo sobre isso, ele disse que Menescal ia adorar esse projeto. Era semelhante ao que ele havia feito com Emilio Santiago, anos antes. Só que Emilio era samba. O meu era rock. Menescal sugeriu *medleys* de 3 músicas cada (ou 5, 6 minutos no máximo), e eu adorei, pois meu show já tinha alguns *medleys*. Criei outros em casa. Foi difícil, pois tem muita música boa no rock nacional. Menescal também propôs que fosse como uma festa, dentro do estúdio, com público: *"Seu show é uma festa. Você é uma festa! Seria como uma Festa do Rock!"*. Adorei isso. *A Festa do Rock*. Depois mudamos para *A Festa Rock*, pois achamos mais sonoro. E lá fomos nós, Os Lenhadores, pro estúdio do Menescal – de barquinho – gravar o disco.

Eu fazia os *medleys* em casa, voz e violão, e cronometrava. Com eles decididos, escolhi os andamentos em que as três músicas de cada *medley* se encaixariam melhor. Tinha de ser um meio termo entre, por exemplo, "Mulher de Fases" e "Nós Vamos Invadir sua Praia". A cada segunda feira, eu chegava ao estúdio do Menescal com os *medleys* anotados e eu mostrava pro Fernando e pro Kadu, e orientava: *"Fica em Ré para ir para a próxima"*. No dia seguinte, eu colocava a voz. Gravamos o disco em quatro sessões, durante um mês. E Menescal também deu a ideia de, em cada volume, incluir pelo menos uma música da minha carreira solo, para o trabalho estar sempre progredindo. Achei muito bom isso. Para o Volume 1, escolhi "Trem-Bala".

A ideia era misturar, no Volume 1, músicas de todas as épocas, de variadas vertentes, de Jorge Benjor e Charlie Brown a Paralamas e Barão. Nos 10 volumes estarão distribuídas as músicas de artistas que influenciaram minha geração, ou que vieram depois também. Então, pro primeiro volume, reunimos Ultraje; Raimundos; Gilberto Gil; Benjor; Barão; Charlie Brown; Legião; Paralamas; Skank; Nando Reis; Los Hermanos; Novos Baianos; e outros. Bem variado. E saímos tocando os três *medleys* direto. Gravamos, em três horas, os *medleys* iniciais, tocando juntos no estúdio, como num show ao vivo ou como se davam as gravações antigas dos Beatles. No dia seguinte, de manhã, eu ia encontrar Luiz Paulo e Menescal, pra gravar minha voz (cansada do dia anterior pelas vozes guias, e pelos quatro ou cinco shows de fim de semana que eu vinha fazendo. Mas a ideia era essa. Passar ao CD a sensação de show. Depois gravaríamos o público (15 pessoas) num único *take*. (Essa última parte acabou só se realizando dois anos depois, em 2015, quando nasceu a decisão de fazer também o DVD, agora gravado em outro lugar e com público maior, 30 pessoas). Gravamos 8 *medleys* de 24 músicas, em quatro dias. O disco estava pronto. Foi a maior levação de som entre nós, Fernando, Kadu e eu. Menescal adorou.

Por esses dias meu empresário, Luiz Paulo, me liga e diz que agendou um jantar em sua casa, para eu conhecer o Andy Summers. É claro que fiquei super nervoso, pois sou muito fã do Police. Fomos, eu, Patricia e o Menescal. Luiz e sua mulher, Diva, nos recepcionaram carinhosamente. Luiz falou para eu me acalmar. Ficamos todos conversando até o Andy chegar. Nessa hora, eu gelei: *"E agora?"*. Luiz Paulo nos apresentou, e começamos uma tímida conversa, eu com meu Inglês enferrujado. O primeiro assunto foram as fotos do livro do Andy, que o Luiz tinha em casa. Andy perguntou se eu havia ido ao show do Police, no Maracanã, e eu, triste, disse que não. O Luiz entra na conversa e explica: *"É porque ele tem 25 shows por mês, todo mês! Não deve ter podido ir "*. Andy achou graça, e ficamos numa animada conversa por três horas.

Depois do jantar conversamos sobre música. Comecei a trazer sem parar todas as minhas dúvidas e curiosidades. Perguntei como era o arpejo de *"Every Breath You Take"*. Ele riu e pediu ao Luiz Paulo a guitarra que havia lhe dado de presente. Super simpático, começou a mostrar, e eu falei que tocava de outra maneira. Aí ele revela o "truque" de *"Message in a Bottle"*: duas guitarras, sendo uma em terça, um diferencial. Ao final, nos despedimos, e o Luiz marcou um almoço apenas para nós três.

No dia seguinte, eu achava que o nervosismo havia terminado na noite anterior. Marcamos no Gula Gula de Ipanema. Cheguei mais cedo, caminhei pela praia, para relaxar. Conversamos muito só nós dois, o Luiz saía com a desculpa de falar ao telefone, a fim de nos deixar à vontade pra trocar ideias. Perguntei ao Andy muita coisa sobre os músicos dos anos 50, 60, 70 e 80. Tiramos uma foto juntos, foi parar no meu Facebook. Perguntei se podia colocar, e ele disse ao Luiz Paulo: *"Claro que pode!"*. Foi uma tarde bacana, e me despedi ali. Andy ia viajar pra Los Angeles no dia seguinte, e voltaria depois para divulgar o disco com a Fernanda Takai. De lá ele enviou uma foto super simpática, segurando meu DVD *Ao Vivo em Ipanema*. Fiquei emocionado.

Chegou julho, e o Andy retornou ao Brasil, durante a *Rio +20*, onde ele ia tocar com o Gil. Fui com o Fernando, a esposa dele, Kátia, e meu filho Leo. Na passagem de som, ele tocou "Expresso 2222". Música dificílima! Seu técnico, Dennis Smith, assistira ao meu show acústico no Café Del Mar, uns dias antes, e tinha falado bem de mim para o Andy: *"Tem que ver como ele segura a galera!"*. O Gil foi super carinhoso comigo. Depois, jantamos todos na Fiorentina. Luiz, sem eu saber, já tinha acertado uma canja do Andy no meu show do dia seguinte, no Rio Scenarium. Andy lhe havia dito que eu era *"um cara legal"* e já tinha topado. Só faltava eu falar com o Andy e fazer o convite oficial. E foi o que fiz.

O Rio Scenariumn estava lotado. O Luiz e o Andy ficaram lá em cima, na minúscula salinha do DJ, em pé, durante as cinco primeiras músicas. Ele curtiu o trio. Era uma canja não noticiada, quem estava lá foi premiado. Quando anunciei o nome dele, a galera foi ao delírio! Tocamos *"Message in a Bottle"* e *"Every Breath You Take"*. E eu preocupado com as letras, em não errar nada, fiquei com a minha "cola" do lado. Ao final do show, no camarim, Andy fez altos elogios ao Kadu: *"Você é o número 1!"*. Kadu não fala inglês, mas entendeu o *"number 1"*. Para nós isso foi muito importante, pois éramos fãs do Andy desde os tempos de minha casa em Petrópolis, quando escutávamos a obra toda do Police e nos impressionávamos a cada música do disco *Synchronicity*.

Acabei não vendo o show do Andy com a Takai, no Miranda. Quando ele voltou para os Estados Unidos, perguntou ao Luiz se eu queria as oito ou nove músicas autorais inéditas que ia mandar para um artista, na Índia. Respondi, entusiasmado: *"Claro que sim! Uma honra!!!"*. Ele me mandou várias, e eu comecei a trabalhar compulsivamente em cima delas. Primeiro traduzi do inglês para o português, a fim de saber qual era o assunto de cada uma. A princípio seriam versões, mas comecei a mexer muito, principalmente em uma delas, "*Give me One More Day*".

E, ao mesmo tempo, eu decidi que era a hora de gravar um disco....

Paul McCartney lança Kisses on the Botton, seu 22° disco

Motel Maravilha, meu quinto disco solo

Eu não teria nenhum lançamento para este ano, mas o Barão programou sua volta para uma turnê, com 25 shows, e eu aproveitei para gravar um novo disco... "Estou capitalizado, posso chamar de novo o Nilo Romero para produzir algumas músicas". Eu estava cheio de músicas novas: "Essa Canção É Nossa"; "Azul"; "No Silêncio Dessa Manhã"; "O Processo" (que compus para o Ney, mas ele acabou não gravando); "Meu Bem". Eu ia mostrando as canções para os Barões na estrada, e a galera adorando. "Remédios" foi aprovada por todos. Era a hora de gravar o novo disco.

Quando mandei as canções de voz e violão para o Nilo, pedi que ele escolhesse para produzir a que mais gostasse, como fizemos no *Diário do Homem Invisível*. Eis que ele manda um e-mail: "*Me liga URGENTE*". Pergunto o que era, e ele diz:

Eu quero fazer o disco todo! Você finalmente tem um disco completo, um disco nas mãos! E preço a gente negocia, vamos nessa!

As músicas foram compostas em situações de meu cotidiano.

"Remédios": eu estava no Hotel Portobello, com minha família. Fui para a praia com meu filho e levei o violão. Quando cheguei lá percebi que estava sem a minha bombinha de asma (doença que me persegue desde criança), e sem Novalgina para a dor de cabeça que estava incomodando. Então me veio a ideia de que hoje em dia se toma remédio para tudo, e comecei a pensar a música. O arranjo ia ser meio "*La Bamba*", mas acabou virando um rock. Escrevi a letra toda em um guardanapo, ali na praia mesmo, para não perder nada.

"Essa Canção É Nossa": essa veio de uma conversa entre mim e minha mulher, no Réveillon de 2012. Comentei com ela sobre a vez em que a galera do Barão, já sem o Cazuza, foi a uma sessão de passes espirituais. Um lençol tinha sido colocado sobre todos eles, e começaram a cair alguns objetos pessoais e um pouco de terra. Seriam os "encostos" feitos contra a banda. Depois desse episódio a banda decolou novamente. A Pati não acreditou praticamente em nada, e eu acredito praticamente em tudo. Daí veio a música: "*Você não acredita em nada / Eu acredito em quase tudo / Mas temos a mesma visão do mundo / E essa canção é nossa*". O Nilo gostou da música, e ela veio a abrir o disco.

"Azul": a versão original era para uma campanha publicitária da companhia aérea Azul. Era uma música boa, eu não queria descartá-la. Mudei a letra junto com o Nilo. Ela foi pro disco e acabou sendo a mais tocada pelas rádios.

"Canção do Amanhã": totalmente inspirada no John Lennon. O disco já estava fechado, e eu compus a música no quarto do meu filho. Gostei muito dela. Mandei para o Nilo, e ele protestou: *"Você tá doido? O disco tá pronto!"* Decidi trocar uma das músicas. Gravamos no estúdio do Dado Villa-Lobos. Eu não pretendia gravar nada na música, só voz. Estava sem tempo. Como o estúdio é aqui do lado da minha casa, dei uma passada rápida pra ver o Kadu gravando a bateria. Quando cheguei, o Kadu já tinha terminado, e o Nilo estava em frente à mesa de som, pronto pra gravar o baixo. Estava com um baixo Hofner no colo. E quando me viu, intimou: *"Já que veio, assume aí!"* E me deu o baixo. Concordei: *"Opa! É um Hofner, e a canção é meio John Lennon, vamos nessa!! Nunca tinha gravado com um Hofner! Pode ligar aí!"* E fiz um baixo estilo Paul McCartney!

Havia um porém: a *Festa Rock* estava pronta e eu ia lançar! O Nilo pediu para lançar antes o novo disco, já batizado de *Motel Maravilha*; segundo ele, eu tinha um "discaço", a minha hora como compositor tinha chegado. E se eu não lançasse antes, ele ia broxar e sair do disco. Ele me convenceu e fui gravar o *Motel Maravilha,* em janeiro e fevereiro de 2013.

Barão na estrada de novo

Ano fechando, e ainda aconteceriam shows da turnê comemorativa do Barão até março de 2013, quando fecharíamos o acordado de seis meses de comemorações. Começamos a ensaiar com o Barão em agosto, pra estrear em outubro na Fundição Progresso. Era uma emoção só, voltar com o Barão pra estrada! Aguardamos cinco anos pra isso.

Aqueles encontros reuniram todos os integrantes, incluindo Dé Palmeira, que estava remixando o primeiro disco do Barão, dessa vez com uma música inédita que não havia entrado em 82, "Sorte e Azar", com a voz original de Cazuza. O disco seria o mote para a volta e a turnê dos 30 anos. Em um estúdio ao lado, os quatro integrantes da formação original – com o Dé à frente – faziam a remixagem. No outro era o ensaio pra volta, com a formação que já dura vinte e cinco anos: Frejat, Fernando, Peninha, Guto, Mauricio e eu. Dé tocaria violão, em três músicas. E faríamos uma grande celebração. No estúdio, recebemos a visita do *Fantástico*, do *VideoShow*, do *RJTV*, e de muita imprensa. Foram dois meses ensaiando direto. Fizemos uma sessão de fotos de divulgação em São Paulo, com figurino, maquiagem, etc. Uma produção boa. Escolhido o lindo cenário com Zé Carratu (que posteriormente faria a capa e cenário do *Motel Maravilha*), fomos pra estrada. Foi legal levar meu filho Leo – então aos 13 anos – pra ver como funcionava a turnê do Barão. Ele convidou os amigos. Na época em que o Barão tinha parado, ele era um menino de 8 anos de idade. Agora, adolescente de 13, ficou amarradaço! E eu também.

Então era muita coisa acontecendo ao mesmo tempo em 2012. Resolvi curtir a volta do Barão (que iria até abril de 2013) e lançar o *Motel Maravilha* depois da turnê, lá pra junho. Então, nos ensaios do Barão nos divertimos muito.

Durante a turnê do Barão, eu mostrava músicas da *Festa Rock* e do *Motel Maravilha* pra galera. No avião, no ônibus, etc. E escutava opiniões sobre as inéditas. Foi muito bacana isso. Levamos som no quarto de hotel, Guto, Mauricio e eu, cada um mostrando suas inéditas.

Todos os ingressos esgotados antecipadamente, em todos os vinte e três shows que fizemos. Fomos a São Paulo, Belo Horizonte, Brasilia, Curitiba, Porto Alegre, Rio de Janeiro (Circo Voador duas vezes, Citibank Hall na Barra e Fundição Progresso) e muitas outras cidades. Foi sensacional. Gravamos um documentário também, ainda não lançado. Foram seis meses de shows hiperlotados, numa vitoriosa turnê, na qual fizemos bilheteria – sem patrocinador ou lei de incentivo – e nos demos muito bem. A força do Barão Vermelho é impressionante. E adorei o fato de Dé estar nos shows do RJ e de SP. Foi muito bacana isso. Ver Mauricio de volta à divulgação, não como participação especial, e sim como integrante. Adorei ter todos ali. Uma família grande! Esse é o Barão! E a cada lugar que fomos, pudemos constatar que a banda está completamente viva e com público gigantesco. Tocar juntos de novo foi emocionante.

Frejat e eu decidimos manter marcados na agenda os shows solo da carreira de cada um. Nos esforçamos para que os shows não coincidissem com as datas do Barão. E deu certo. Eu continuei minha média de 14, 15 shows por mês e fui pra estrada também com os Lenhadores. E gravando o *Motel Maravilha* ao mesmo tempo. Foi uma loucura. Terminei o *Motel* em abril de 2013. Havia começado a gravar em janeiro/fevereiro de 2013. Antes rolara pré-produção e decisão da escolha das músicas, arranjos, etc. Nilo Romero arrebentou. Segurou a onda de eu estar na estrada direto e assumiu o disco com categoria. Gravou vários instrumentos, e eu dava a direção por e-mails. Durante a semana, eu ia ao estúdio dar uns arremates e gravar voz, etc.

Enquanto isso, na estrada, os Lenhadores iam de Norte a Sul na "turnê que nunca acaba", e o Barão explodia as bilheterias de todo país. Pena que se encerraria em abril de 2013. Havia pedidos pra mais um ano de show. E como terminou em abril, fiz o show solo no *Rock in Rio*. Frejat também. Foi em setembro de 2013. Cada um num palco diferente, começando à mesma hora, 18h, com a mesma música. Isso foi engraçado! E eu lancei o *Motel Maravilha* lá.

Quando o Barão parou, fizemos uma despedida emocionada no último show e combinamos estar juntos na próxima comemoração, provavelmente dos 35 anos, em 2017.

```
Paul McCartney lança seu novo disco, New
Gravando e lançando o Motel Maravilha
```

Concordei com o Nilo, durante a pré-produção, e segurei a *Festa Rock*. Agora era a hora de gravar o novo disco. Como eu estava na estrada, com o Barão e com os Lenhadores, pedi que ele gravasse baixo e guitarra, e eu faria uma voz guia. Nilo pediu o violão guia, mas eu disse que não ia rolar violão, que aquilo era só para ele conhecer a música. *"O disco é de guitarras, diferente dos outros. E quero backings diferentes, com vozes femininas, quero cordas, quero um disco festeiro."* Ele gravava em cima da minha voz, eu ouvia e falava: *"Esta está pronta!"*. Ele, surpreso, iniciou o diálogo:

– *Como assim pronta? Não vai gravar com o trio?*

– *Pra quê? Seu baixo está ótimo; uma coisa é o meu show, outra coisa é o disco. Seria andar pra trás. Quero metais, vocais femininos, e não vou fazer melhor no baixo do que você já fez. As guitarras idem, você criou belas linhas e riffs. Vamos fazer assim: deixa o que você já fez, colocamos a bateria, e o Fernando grava as outras guitarras. E vamos em frente!*

– *Tem certeza?*

– *Sim*!

Eu colocava voz sempre às segundas-feiras, minha folga. Uma das músicas do Andy estava com a minha cara, mexi muito nela, mudei um pouco do foco ecológico original e acrescentei umas pitadas de política. Luiz Paulo ia mostrando para o Andy, e este autorizava as mudanças. Nilo Romero era de opinião que ou bem o cunho da música era 100% político ou não era. Ficaria coisa de adolescente. Pensei em novas mudanças para a letra. Depois dos arquivos em mp3 com as oito músicas, o Andy mandou a sessão aberta da que eu escolhi. Lá tinha as guitarras dele e os instrumentos da banda que usou para gravar as demos. Eu ia tirar tudo, e o Andy pediu que eu deixasse as suas guitarras. Claro que concordei, afinal a música era dele. O Nilo fez uma linha de baixo com pedal *wah-wah*, mas eu disse que nessa música eu seria o baixista. Seríamos eu e o Andy. Ele concordou, e mandou outra linha de baixo fazendo um contracanto. Este baixo me levou a fazer nova melodia. A original era muito marcadinha, funcionava para o Inglês, mas não para o português. Fiz o arranjo bem mais suingado. E mudei completamente a letra da música, que em vez de falar de ecologia falou de amor. Andy gostou, e revelou ao meu empresário que a primeira versão da sua letra também falava de amor. Para ele liberar, uma vez que até a melodia eu mudara, pedi ao Luiz Paulo que mostrasse a ele como ficaria. Gravei a música encurtando um pouco do solo, pois a letra era menor naquele trecho, colocamos naipe de metais, e ele ficou satisfeito. Como não era uma versão, e sim uma real parceria no Brasil, perguntei se poderia ser creditada como uma música dos dois. Andy aceitou, só pediu que a parte que lhe cabia fosse editada pela sua editora. O título em português ficou "Me Dê Um Dia A Mais". Essa parceria gerou boas notas na imprensa quando o disco saiu.

Assim que acabou a turnê dos 30 anos do Barão, eu parti para lançar o disco. Fiz lançamentos do *Motel Maravilha* em vários locais, sempre lotados, com produção esmerada, cenário e iluminação temáticos, músicos de primeiro time no palco, além de meu *power trio*. Rodrigo Santos virou uma gravadora, com esse disco independente. Criei / contratei um departamento de divulgação (nove pessoas), de *marketing*, de rádio, de TV. O disco tocou em 700 rádios (músicas "Azul", "Remédios" e "Essa Canção É Nossa"), os clipes de "Azul" (comigo em cima da Pedra Bonita) e de "*Remédios*" (com participações especialíssimas do Mièle, da atriz Laila Zaide, e até de minha mãe) bombaram nos canais fechados de música.

O disco foi bem trabalhado, entrou 2013 tocando direto, e não parou até hoje! A *Festa Rock* ficou guardada até o *Motel Maravilha* ser bem digerido. Prensei 300 discos para cada divulgador, a fim de serem distribuídos pelas rádios do país. Em cada evento corporativo eu levo 100 discos. Em vez de distribuir palhetas ao final do show, cada pessoa recebe meu disco promocional, amostra invendável, com nome, meu endereço, meu *site*, minha música. A carteira de clientes aumentou, todos me contrataram novamente, e em alguns eu já retornei até dez vezes. Em vez de eu distribuir palhetas, ao final do show cada divulgador recebe meu disco, com nome, meu endereço, meu *site*, minha música. A carteira de clientes aumentou, todos me contrataram novamente, alguns até para mais dez apresentações.

Esse lance das rádios é complicado. Todas adoraram o disco e tocaram as músicas. Mas em duas delas o programador me mostra a lista com as *100 Mais* das duas rádios da rede: só pagode e sertanejo. De "diferente", Naldo e Anita. Por isso não entrou "Azul" nas rádios em rede, apesar de eles elogiarem bastante a música. O momento estava complicado para o novo *pop rock* no cenário musical.

```
Meus CDs se inspiraram nas "cores" dos discos dos
Beatles
```

Bem, não sei por que eu descobri que estava meio que sendo influenciado pelos Beatles em minhas capas solo. Principalmente nas cores. A primeira, *Um Pouco de Mais de Calma,* com céu cinza, me remetia a *"Please Please Me"*. A segunda capa, a do *Diário do Homem Invisível*, tinha a ver com a coloração de *"Abbey Road"*. A terceira, *"Waiting on a Friend"*, me lembrava o *Álbum Branco*. O CD *Ao Vivo em Ipanema* seria, assim, um tipo de *"Let It Be"*, preto. O vermelho (como *Sgt. Pepper's*, foi o *Motel Maravilha*. Mas só me toquei disso depois. Um dia coloquei os quadros das minhas capas na parede de casa e achei muito interessante a semelhança.

Gosto de cores. E farei ainda muitos álbuns. Mas isso aconteceu por acaso, até porque as capas do primeiro e do segundo disco seriam outras: uma xícara de café, um desenho e uma sombra na parede, tipo Pink Floyd. Quando troquei a capa, não me toquei que essa sequência de cores começava a existir.

Mais Um Rock in Rio

Com o sucesso de 2011, lá estava eu novamente na *Rock Street*. E desta vez com uma canja especialíssima: Sergei cantando "*Satisfaction*". Foi inusitado. Muito legal. Começamos no mesmo horário que o Frejat, no Palco Mundo. E ambos começamos com a mesma música, "Maior Abandonado".

Na hora da entrevista, que sempre era com o Palco Mundo, o Multishow e os fotógrafos foram para a *Rock Street,* pois ia acontecer um casamento. Seria antes do meu, mas acabou acontecendo depois. Com isso, pela primeira vez, um show da *Rock Street* teve transmissão ao vivo.

E com o *Motel Maravilha* já lançado, era hora de finalizar a *Festa Rock*. Faltava a parte do público, com todo mundo cantando. Fui para o estúdio Albatroz (do famoso barquinho), do Menescal, para finalizar. O único *medley* em que não conseguimos liberação das músicas foi o do Tim Maia, pois a editora não autorizou.

Lançada a caixa Live at the BBC - The Collection, dos Beatles

Entre os diversos shows que fiz nesse ano, ainda arrumei tempo para participar de um projeto do meu biógrafo, Ricardo Pugialli: tocar o disco *With the Beatles* e outras músicas do prérepertório dos Beatles. Reunimos Os Britos e, com a banca carioca Bulldog Classic Rock, que iria recriar o *Álbum Branco*, tocamos no Teatro Net Rio, tendo, como convidado especialíssimo, Robertinho de Recife.

Mais tarde, também com o Pugialli, faríamos *O Concerto para Bangladesh*, completo, com as duas bandas no palco, mais vocalistas e músicos convidados para a sessão indiana do concerto. Fizemos em 2014 e 2015, nos Teatros Net Rio e Rival.

Em 2013 fiz um pré-*Réveillon* num local aberto, lotado, onde prestei uma homenagem a Arraial d'Ajuda, chamando ao palco várias pessoas que lá conhecera no passado, aos 13 anos, as quais ainda moravam na região, cuidando de pousadas, etc. Fiz uma homenagem especial ao Lobão, ao microfone. Foi um show muito bacana, três horas de duração, sem álcool e drogas, e com muito astral. Kadu comigo novamente, lá onde também viveu algumas histórias. Arraial d'Ajuda foi um dos lugares onde eu também respirava música. Foi ao mesmo tempo local de aventuras boas e ruins, e onde uma das descobertas – já contada no livro - também seria determinante para desviar meu caminho.

Só que de tudo isso ainda fico com a magia musical do lugar, dos romances, do astral da lua e do sol, e das milhares de "levações" de som com músicos de várias nacionalidades. E hoje em dia, vou pra lá em outra esfera, com um olhar mais contemplativo, e ao mesmo tempo continuo a cantar e tocar.

2014

Every Little Thing "We" Do Is Magic
Andy Summers, Menescal, surf e som

2014 começou cheio de planos e ideias. Em novembro teríamos a nossa primeira turnê em companhia de Andy Summers. Era uma coisa muito significativa pra mim. Um marco. Me lembro de pensar nisso no *réveillon* de 2013 pra 2014, em Arraial D'Ajuda. No Eco Resort fizemos um show memorável, e toquei algumas do Police, já falando sobre essa turnê que possivelmente aconteceria. Entramos o ano bem, numa viagem com as nossas famílias, curtindo parque aquático, praias, etc. Nesse ano saiu uma matéria minha bacana na revista americana *Brazil Best*, sob o título "Rodrigo Santos é puro Rock Brazil". Falava do trio com os Lenhadores, da quantidade de shows, dos *Rock In Rio* de que participamos, etc. Foi nesse ano também que gravei o programa *Zoombido* pela primeira vez. Apresentado pelo Moska. Era o efeito do CD *Motel Maravilha*, lançado no ano anterior. Muitas rádios estavam tocando as músicas "Azul" e "Remédios", dando sequência ao trabalho autoral.

Enquanto isso fui compondo quase cinquenta músicas novas, já preparando novo CD pra depois do lançamento de *A Festa Rock*. Entretanto, decidimos (eu e Luiz Paulo) deixar a *Festa Rock* pra 2015, uma vez que o grande lance de agora seria a turnê com Andy. Era melhor fazer uma coisa de cada vez. Então deixei correr o *Motel Maravilha* mais um ano e fui compondo músicas novas, quem sabe pra 2016. O ato de compor me alimenta de vida. Um dos momentos mais plenos é quando se termina uma canção. Ou então quando se começa, e a folha em branco vai tomando corpo. É inebriante, e me lanço inteiro na canção. Às vezes componho várias na mesma noite. Vão brotando. Assuntos diferentes, melodias diferentes e harmonias variadas. Uma canção vai chamando a outra. Não sei por que isso acontece, mas quando acontece, saio escrevendo sem parar. E procuro depois as melodias, acertar letras, etc. Componho de maneira muito diversa, variada. Pode partir da música e da melodia feitas num carro, ou andando de bicicleta. Pode partir de letras. Faço pelo menos uma música por semana, como exercício. Compus muito com José Roberto Camargo para o *Motel Maravilha*. Escolhi três. Tenho mais umas quinze com ele. E umas cinquenta sozinho. Isso se torna prioridade, de repente. Às vezes me bate: *"Está na hora de um novo disco autoral"*. E então, na minha cabeça, ele já começa a ser desenhado. Claro que muita coisa muda até chegar ao resultado final, porém a cabeça já começa a girar, girar e girar.

E nesse ano compus muito. E fiz muito show. Muito. Foram 210 shows, em 2014. Desses, muitos foram festas fechadas, casamento, empresa ou formatura. Esse mercado se abriu pra mim desde 2011, 2012. Pegou corpo em 2013 e explodiu em 2014 e 2015. Pra 2016, já tenho mais de 30 shows na agenda. Apresentações variadas, dos mais diversos tipos. Vou misturando com os shows abertos, de *pubs*, prefeituras ou shoppings. Nessa hora costumo parafrasear o Dadá Maravilha (ex-jogador de futebol): *"Não existe show feio. Feio é não fazer show"*. Meu lugar é na estrada. Ritmo de jogo. Por isso estamos sempre afiados, pois não paro de marcar shows. Às vezes, de 4 em 4 meses, um fim de semana de férias. Como muitas dessas festas são no Rio, fico bastante com minha família, pois não preciso passar som (já temos a cena salva no *pen drive*) e só vou na hora de me apresentar. Isso possibilita fazer três shows no mesmo dia até.

Nesse ano fizemos muitas coisas boas. Em Belo Horizonte, pra 5 mil pessoas, fizemos o *Saint Patricks Day*, botando a galera pra cantar tudo. Quatro turnês no Sul foram bem bacanas. O público já nos conhece e lota as casas noturnas. As rádios tocam "Azul", o nome está girando. Fomos a Cascavel, Curitiba, Maringá, Florianópolis, Brusque, Ponta Grossa, Joinville e muitos outros lugares. Turnês muito bacanas, com bons quartos de hotel, *single*, e viagem enxuta – só nós três da banda e, às vezes, o Dico, técnico de som.

O fato de sermos três, no máximo quatro, me permite ir a todos os lugares de avião; se precisar ir por terra, vamos num carro bom, alugado. Nos revezamos na direção. Às vezes o próprio contratante nos leva, da capital para o interior. Geralmente uns 100, 200 km de carro. Fizemos muitos shows em Minas Gerais também. O festival de Governador Valadares (*Fest Rock*) foi sensacional, lotado. Éramos eu, Suricato e Tia Nastácia. Nesse dia, fui para o quarto com pessoal do Tia, e compusemos uma música. Dei canja no show deles, e eles no meu. Passamos praticamente o dia juntos. Foi o maior barato. Fomos cinco vezes a Belo Horizonte, onde tocamos em cinco lugares diferentes. Fomos a Brasília; Macaé; Niterói; São Paulo; Volta Redonda; São José do Rio Preto; Ribeirão Preto; Presidente Prudente (Sesc); Teresópolis (*Moto Fest*); Araraquara; Lapa (PR); Ipatinga; Itambé; Arraial D'ajuda; Conselheiro Lafaiette; Caraguatatuba; Teresina (inauguração de *shopping*), Búzios (8 vezes); Caçapava; Campinas; Cataguases; Colatina; Friburgo; Goiânia,

Outra apresentação bacana se deu na *Festa da Música*, em Canela. Fui duas vezes: em 2013 (com Barão para receber um prêmio e uma homenagem, e acabei sendo o cantor, pois Frejat não pôde ir), e 2014 (com os Lenhadores – tocamos no auditório e em mais dois lugares). Nesta vez, levamos *jam sessions*, tocamos o terror. Foi demais. Joguei também – de novo – o *Gre-Nal*, num estádio lotado. Ano passado, nós perdemos. Dessa vez joguei pelo Inter, e ganhamos de 4x1. O grande lance da *Festa da Música* é que você encontra centenas de artistas de todas as vertentes, e também editores, compositores, associações de arrecadação, assessores de imprensa, todo mundo. E as rádios, TVs, etc. entrevistando a gente, mostrando nosso trabalho. É bem legal.

O *Lagoa Rock* em Macaé também foi emblemático. Três mil pessoas na Lagoa de Imboassica. Final de tarde, pôr do sol. Mandamos ver. A galera cantou tudo e pediu bis. O show acabou à noite, com todo mundo pedindo autógrafos na beira do palco. Claro, atendi a todos. Foi no primeiro semestre. Fizemos outro em dezembro igualmente poderoso. Sensacional.

O evento *Violência Zero* na Lapa RJ também foi muito legal. Sempre que posso faço esses eventos sociais. Quando me convidam, vou. E estava lotado. Tocamos quatro músicas, uma autoral e três do Barão.

Os shows do *Rio Gastronomia* (*O Globo*) no Jóquei – pelo segundo ano seguido – *Rider Weekend Jóquei*, *X-Terra* em Mangaratiba, e *Vivo Open Air* na Marina da Glória também foram muito bons. Todos lotados e muitos pedidos de bis. O repertório de sucessos pegou a galera das festas. Esses shows às vezes eram misturados a turnês no Sul, Centro-Oeste, Nordeste ou Norte. Por isso estou sempre viajando de lá pra cá, sem parar. Fizemos muitos shows no Rio de Janeiro, além desses citados agora. Muitos foram no Rio Scenarium, local onde colocamos 700 pessoas frenéticas e ávidas por *rocknroll*. O legal, é que numa casa conhecida tradicionalmente por tocar chorinho e samba, nós fomos eleitos o melhor show da casa. Tocando só rock! E fizemos uns quinze shows lá. Sempre muito cheios. Os garçons adoram nosso show. Os seguranças também. Isso costuma acontecer na estrada e nas festas também. O pessoal todo da casa nos curte. Tratamos todo mundo bem. E nos tratam muito bem. Faço produção na estrada também. Cuido de bastante coisa. E Kadu e Fernando me ajudam quando preciso. Fazemos shows também no Saloon 79, nosso Cavern Club carioca.

Foi legal ter feito teatros também, como Oi Casagrande e Rival. Nos teatros posso colocar cenários (e pra cada disco tinha um diferente), luz, roteiro autoral, etc. Faz bem pra carreira solo. Faço alterações em todo o show nessas ocasiões. E modifico a banda também. Acrescento integrantes ao meu trio.

Fiz também um show muito comentado, na Praia de Ipanema, no projeto *Verão Rio – O GLOBO*. Nesse show, mostramos aquilo em que um show de rock pode se transformar, quando apresentado numa praia, no pôr do sol. Foi antológico. A praia lotou e ficamos em vez de uma hora, duas horas tocando, com a platéia pedindo bis sem parar. Muito louco. Meu filho menor estava com minha mulher nesse dia e invadiu o palco. Ficou dançando à frente do palco, ao meu lado, fingindo que tocava guitarra, na maior performance... Muito emocionante. Aliás, sempre que um filho meu sobe ao palco, eu me emociono. Pedro estava *"in concert"*. Leo já subiu várias vezes pra tocar comigo, inclusive no *Rock In Rio* de 2013. A primeira vez em que ele subiu ao palco com a gente, foi num show dos Britos, e Leo tinha 6 anos de idade. Ele ensaiava uma performance comigo aqui em casa, em 2005. Era a música *"Anytime At All"*, que ele adorava e eu cantava no show. Fizemos o Shopping Iguatemi, e Pati e Leo foram. Ao final, Leo subiu e ficou fazendo a coreografia, fingindo que estava tocando guitarra conosco. O público adorou! Leo deu autógrafos depois. Ele nem tocava violão ainda. E nem o Pedro, nesse dia em Ipanema. Só mímica. Eu adoro! O público também.

A esses shows de estrada, se somaram as festas fechadas, que foram dezenas. Copacabana Palace, Marimbás, Marina da Glória, Mangaratiba, e muitos shows em casamentos (Búzios, Espírito Santos, Rio, Niterói, Brasilia, etc). Em alguns fins de semana podia chegar a quatro shows. Ou cinco. No mesmo fim de semana. A nossa resistência é de aço. Já houve situações de fazer um show aberto à 1 hora da madrugada em Lafaiette (a 7 horas de Búzios), outro às 16 h, numa festa fechada em Búzios (a 2 horas de Niterói), e mais um, às 22h30, em Niterói (casamento – não podia atrasar nada). Três shows em 24 horas. Isso aconteceu várias vezes. Só em dezembro foram 24 shows e 15 festas. Numa destas no Marimbás, fui subir ao palco pra começar, e de repente minha perna escorregou, e eu desci rasgando a canela na ponta de metal do praticável. Eram dois ambientes, e o presidente já fazia o discurso na sala ao lado, pra começar o show. Morrendo de dor, coloquei a mão na perna e senti o sangue na calça. Pedi ao DJ que voltasse a pôr a música. Levantei a calça, e o sangue espirrou. A meia já toda ensopada e vermelha. Havia um buraco na minha canela. E estava doendo. Muito. Estiquei minha perna pra cima, apoiei na perna do Kadu, chegou um médico-bombeiro do local e fez um curativo com pomada e gases. E avisou que eu precisava de sete pontos na perna. Era pra eu ir logo para o hospital, ou ao menos não deixar passar mais de seis horas. Decidi que ia fazer o show antes. O pessoal da produção já tinha visto o ferimento e ficara chocado. Reagi: *"Vamos nessa, vou tentar aguentar"*. Acabamos fazendo um show de duas horas, a perna latejando. Fizemos bis, e dali fui pro hospital, convencido pelo meu empresário e pelo Kadu. Ambos foram comigo. Foram seis pontos, e um final de ano, sem poder mergulhar decentemente nas águas lindas de Arraial D'ajuda. Mergulhava rápido e já saía pra fazer curativo. Mas não posso me queixar dos 24 shows em dezembro. E nem de novembro. Novembro é um capitulo â parte. A turnê com Andy Summers havia sido espetacular.

Foi um ano tão mágico que vou transcrever um trecho dos meus famosos "Diários de Bordo", para passar a emoção da época:

Estou ainda muito emocionado, pois ontem foi a despedida de 2014, e já com planos pra 2015. Então saí escrevendo o que veio à cabeça agora! Essa turnê com Andy Summers foi foda!! Quase toda feita no braço, sem patrocínio, a gente bancando tudo, das aéreas e visto de trabalho, aos cachês de todos. Da imprensa, de spots de rádios, etc, seja com a venda de ingressos, seja com alguma ajuda de custo do projeto Inusitado na Cidade das Artes (para bancar o básico da produção e o som de outros shows), e principalmente do próprio bolso – comprei ingressos de presente para a galera). O que fica no saldo final, pra gente, é que todo esse momento foi perfeito, e o show do Rio de Janeiro talvez (pelo glamour e pela mídia) possa ser considerado o show o oficial da turnê, O SHOW.

Não menos, nem mais do que os outros cinco shows, mas pela data (o penúltimo) conseguimos um equilíbrio muito bacana!! Pela luz também, porque levamos iluminador pro show do Teatro Oi Casagrande! Mas vamos à parte em que entra toda a emoção: São Paulo (o último) já foi *aquele* show, a galera cantando tudo mesmo, desenfreada, em pé, mas o *glamour* do show da Casagrande foi diferente, por ser teatro, e estar *sold out*. Estávamos com medo, pois era o quarto show seguido no Rio, e numa segunda-feira!!! Mas bombou!! Enfim, voltando ao início, nós nos preparamos muito bem em trio, um mês antes, e também ensaiei com Menescal no seu estúdio, um dia antes da chegada do Andy Summers ao Brasil. Ensaiamos a parte bossa-nova além de "*Every Little Thing She Does Is Magic*".

Andy chegou, Luiz Paulo e eu o levamos ao Jam House Studio. Já ficamos musicalmente entrosados, porém buscando trazer as músicas mais pra trás, menos frenéticas como vínhamos ensaiando antes em trio "lenha". Mais adiante descobriríamos a importância dessa "trazida pra trás". A música superou a ansiedade, foi um golaço do Andy Summers. Era isso que ele queria, e mudamos bastante. Hoje, tenho certeza que foi uma linda decisão, pois as melodias sobressaíram muito, também no repertório do Barão. Pra mim, como cantor, foi muito desafiador e interessante. Como baixista também. E pra Kadu e Fernando, da mesma forma. "*Message in a Bottle*" teve as guitarras valorizadas. Nada como a experiência de um Andy Summers!!

E no dia seguinte já fomos para o *Inusitado*, na Cidade das Artes, passar o dia e o som!! Ensaiar a parte bossa-nova, etc. Uma honra ter nosso próximo disco produzido por Roberto Menescal, com o seu astral, com o respeito que ele presta ao nosso trio, e todo feito em seu estúdio do "barquinho"!! *Festa Rock* vem para divertir, mesmo! Menescal, nesse dia do *Inusitado*, foi de uma nobreza ímpar. Um mestre. Sempre muito preciso nas colocações e com muita musicalidade. Eu estava tranqüilo de estrear a turnê em sua companhia. Muito feliz mesmo. E o que dizer do Andy? Fizemos apenas um ensaio, e ele estava na maior *vibe*. Um cara extremamente musical e generoso. E um ídolo meu. Estar vivendo semelhante momento, com esses dois gênios, era pra mim um sonho. Mais um sonho se realizando. Talento, competência e generosidade, marcas registradas de ambos! Foi tudo muito fácil e muito tranquilo! Todos os dias e todos os shows!!

Dessa forma, e refrisando algumas coisas, o show do *Inusitado* foi bem importante, pois era o primeiro, cheio de nuances, climas, entradas e saídas, e com o maior som instalado no local. André Midani foi o curador do projeto. Midani fez e faz muito pela música brasileira, há décadas. Nos encontramos à tarde, no *sound check*. Trocamos ideias, e ele lembrou do dia em que levei um dos meus discos solo à sua casa. Ele me recebeu muito bem na época. E comemorou nesse dia: *"Você conseguiu! Que bacana! Você conseguiu!"*. Fiquei orgulhoso, pois além de minha admiração pela pessoa dele, Midani foi o cara que mais deu força ao Barão, logo que Cazuza saiu da banda. Trouxe o Barão pra Warner Music. Por isso fiquei bastante envaidecido com o elogio.

O show foi em cinco partes. A primeira teve a participação da Cris Delanno dando um show de voz na bossa-nova, com Andy e Menescal. A segunda parte foi só com Menescal e Andy, tocando clássicos da bossa e algumas músicas instrumentais. Na terceira parte eu cantei com Menescal e Andy *"Roxanne"*, no melhor estilo banquinho e violão – *"Roxanne"* em bossa-nova, para mim bem inusitado... eu havia feito nesse formato com Menescal no lançamento do *Motel Maravilha*, mas nunca com o Andy junto também. A quarta parte foi com Rodrigo Santos & os Lenhadores, com o *power trio* mandando ver no "barulho", e nos juntando depois ao Andy, para a quinta parte, tocando The Police e com aquele bom nervosismo da estreia da turnê. No dia seguinte ao primeiro show, repetimos a dose, e dessa vez foi transmitido ao vivo pela TV (canal Bis-Multishow).

E os quatro dias seguidos em que passamos quase vinte horas juntos em estúdios e na Cidade das Artes foram de arrepiar!! O show no Village Mall foi um corporativo bacanérrimo, todo mundo em pé dançando e cantando! O da Lona Cultural de Jacarepaguá foi daqueles com a galera fazendo o maior barulhão, bem rock, cantando tudo com super entusiasmo!! Já o do Teatro Oi Casagrande Leblon aliou o nosso crescente entrosamento (ainda não tão desenvolvido nos dois primeiros shows, até pelo fato de termos tido um ensaio apenas, mas aumentando a cada show) à grande quantidade de amigos músicos, fãs e familiares, ao maravilhoso som (o Dico brilhou em todos!!!), à belíssima luz de Rogério Lucas, ao palco muito bacana, com o maior público da turnê. A tudo isso se acrescentaram a nossa foto na capa do jornal *O Globo*, a felicidade do Andy com nosso entrosamento num tipo de palco e local que ele prefere (teatros), a linda participação do nosso companheiro e líder "barônico" Frejat, a emocionante presença do Leo (meu filho) tocando baixo em "Bete Balanço", na maior categoria (e Andy o filmou da lateral do palco, amarradão), os amigos que eu não via há tempos (com direito a aplausos efusivos, pós-show, na Pizzaria Guanabara, ao melhor estilo anos 70,80), e o visual incrível visto de cima do palco, com a plateia tomando todos os espaços do teatro. Este show do Leblon foi o auge, e teve a devida importância destacada pela mídia carioca (que foi muito generosa e classificou nosso show de emocionalmente e tecnicamente antológico, impecável).

A mistura de repertórios de Police e Barão foi a tônica da turnê. Andy e eu nos limitamos somente a isso, ainda que tenhamos nove canções inéditas compostas juntos. E funcionou! Entretenimento com pitadas de improviso e diversão entre nós, no palco. No show do Casagrande fiquei mais relaxado para cantar em tons tão altos, como os das músicas do Police, misturados aos tons graves ou rasgados do Barão. Tentei achar uma *mix* de tudo isso, sem perder o *punch* e a minha personalidade. Também quis que Frejat, nosso companheiro amigo de estrada, estivesse conosco nessa festa. Ambos combinamos não fazer nada do Barão juntos, guardar para um eventual encontro futuro (nada ainda conversado sobre isso), e simplesmente curtir aquele encontro com um cara que viemos escutando tanto em nossas vidas. Por isso acertamos que a parte "Barão" ficaria toda na minha voz, em companhia dos Lenhadores, os Impecáveis Lenhadores Kadu e Fernandão, que deram um show de tudo, da generosidade à musicalidade. Meus amigos que me fizeram chorar. Kadu chorou também! Fernando ficou também bem amigo do Andy, e tocou "pra cacete" todo o repertório! Esses dois são "foda"! Tamos juntos!

No teatro, eu não quis pedir pra todo mundo ficar de pé (como sempre faço em teatros, ao final), pra não forçar a galera que eu já sentia "amarradona". Deixei todo mundo à vontade para fazer o que quisesse, sem promover obrigatoriamente aquela catarse dançante. Isso deu um ar de cumplicidade, aliado aos repertórios e à beleza de um show em teatro!!

E finalmente, São Paulo, foi como se fosse, por exemplo, um show no Circo Voador: todo mundo de pé, cantando alto, e com a participação-surpresa e especial do nosso amigão Lobão, que tanta força nos deu (a mim e ao Kadu) na história do rock! O Lobo "Até Quando Esperarsubiu, pediu para fazer um solo de batera, levamos o maior som com Fernando e mandamos um "*Vida Louca Vida*" invocado!!! Versão "quarteto lenhador"!! Ele no palco é "foda"! Meu ídolo! E fora dele também. Lobão e eu só falamos de política depois do show, não no palco. Dias antes, o Lobo havia declarado que deixaria o país, em razão dos acontecimentos políticos. O público gritava para ele, sem parar: *"Fica!!"*. Uma cena muito bacana e impactante, pois a plateia sacou a nossa musicalidade e emoção. Ele nos chamava de "meus meninos"... Estamos unidos contra o governo e conversamos sobre isso um pouco. Depois de sua participação ele ficou assistindo amarradão à parte Police! Todos nós emocionados!!! Apresentei-o ao Andy, a quem já havíamos contado da importância do Lobão, como músico, artista, ativista, líder, criador da campanha pela numeração dos discos, etc., mas principalmente de nossa relação mantida desde daqueles quatro ou cinco anos tocando juntos, entre 1988 e 1992, um carinho que permanece até hoje.

No show de São Paulo teve a despedida de Andy, aquele clima de último dia da turnê!!! Já com saudades! No final, *bis* e *tris*, e a sensação de vitória dessa miniturnê; os elogios à minha voz cantando Police me deixaram feliz. Foi dedicação total durante meses. Ainda no hotel, combinamos a volta em 2015, com mais músicas do Police no repertório! Acho que nós descobrimos uma turma durante esses dez dias! Muita intimidade, e a música falando acima de tudo.

Depois do último show, às 2 da madrugada, conforme eu prometera no primeiro ensaio do dia 10 de novembro, dei um presente para o

Andy: meu baixo Yamaha laranja! E foi de coração! Uma turnê com um ídolo (e agora um amigo muito bacana e divertido, seja em aeroportos e aviões, seja em restaurantes, na praia, etc.). Cantar e tocar as músicas do Police ao lado de Andy Summers, para mim, não tem preço. Foi uma dádiva do cara lá de cima!

A música venceu. Posso dizer que foram dias intensos ao lado de pessoas mágicas!!

2015

Walking on the Moon

A maratona não para

2015 despontou já com muita novidade. É o ano em que completo 10 anos sem álcool e drogas. E esse fato, por sí só, já seria meu motivo de comemoração. Não sinto vontade desses hábitos há muitos anos, mas me cuido muito para manter a abstinência, seja na terapia, seja na preservação e valorização de todas essas conquistas. 10 anos limpo... quem diria. Vamos em frente. Muitos eventos neste ano: a nova turnê com Andy Summers, a apresentação no *Rock In Rio;* o lançamento do CD/DVD *A Festa Rock,* e também desta biografia. Muita coisa.

O ano já teve início, e eu já com a cabeça ocupada. Ainda bem que vim de mais um *Réveillon* na Bahia com a família. Energias renovadas.

Além dos shows costumeiros na agenda do dia a dia, o ano abriu com um desafio: minha estreia solo no Circo Voador. Já havia feito ali algumas participações solo, mas nunca em uma data só minha, um show inteiro. Isso foi conquistado em 2014, após convite feito pela Maria Juçá. Escolhemos a data de 20 de janeiro, um sábado. Muito bom. Apesar de no mesmo dia estarem acontecendo simultaneamente muitos eventos no Rio (Nando Reis, Blitz, volta do Anderson Silva ao MMA, etc.), acabamos colocando um ótimo publico (900 pessoas), e foi uma noite sensacional. Convidei Lobão e Roberto Menescal para participações especiais. Um luxo! Com Lobão revivemos grandes momentos daquela banda que tocava com ele nos anos 1988-1992 (eu, Kadu, Nani Dias). Mandamos ver em

"Vida Louca Vida", "Vida Bandida", "Canos Silenciosos", "Essa Noite Não", "Me Chama" e "Corações Psicodélicos". O público foi à loucura. E nós também, muito tempo se passou desde que tocamos juntos, porém parecia já ensaiado. E com Fernando Magalhães junto. Rock na veia! Menescal foi de uma categoria só. Tocamos *"Roxanne"* em bossa-nova, pra contrastar mesmo. E também o *"Pro Dia Nascer Feliz"*. Ao final, tocamos todos juntos a música "Me Chama", com a participação de Menescal e George Israel (sax). Toquei nesse dia músicas emblemáticas como "Declare Guerra", "Que País É Esse" e "Até Quando Esperar". Da carreira solo foram "Trem-Bala", "Nunca Desista do Seu Amor" e "Remédios". Chamei duas bandas novas para fazer a abertura. Meu filho Leo deu canja também, no baixo. Tá ficando bom, o garoto. Aulas na escola Antonio Adolfo, etc. Filhos de amigos também deram canja (Pedro Masset e Fred Israel). E o saldo final da noite foi maravilhoso. Camarim lotado depois, e me sentindo realizado em pisar no palco do Circo Voador — o berço do rock nacional — pela primeira vez em carreira solo.

O ano começou bem! Fiz palestra sobre drogas no colégio Andrews, dentro do *Programa Semana da Saúde na Escola*, e foi muito interessante. Foi uma palestra bem pessoal, para muitos alunos que também eram amigos do meu filho. E estou convidado para repetir em 2016. Foi difícil, mas muito focada. E com *pocket show* ao final.

Minhas manifestações continuam ativas, como sempre foram, desde o comício da Candelária, até as passeatas de 2013 e 2014 contra o governo central, o mesmo no qual um dia eu acreditara e votara em 1989, o mesmo que eu elegera em 2002, e agora achava por bem rejeitar, pois sua ética e ideologia haviam mudado. Vou a passeatas sempre, pois acho importante o povo nas ruas, buzinando nos ouvidos do sistema vigente. Quando ocorreu no Rio de Janeiro um surto de menores que esfaqueavam pessoas em assaltos, tive amigos feridos. Eu e minha mulher demos entrevistas, e pelo *Facebook*, em contato com milhares de pessoas, conseguimos reunir uma multidão para a passeata contra a violência. Nos juntamos ao primeiro pelotão de pessoas que estavam no protesto, contornando a Lagoa Rodrigo de Freitas inteira. Alguns carregavam rodas de bicicleta (em alusão aos ciclistas assassinados) e muitos cartazes. Levamos o nosso. Num domingo de sol. Todos com camisas pretas ou brancas, e cartazes pedindo segurança. Sempre estarei presente nas passeatas em que acredito, pois elas são a força do povo. O movimento saiu na primeira página de todos os jornais. Patricia e eu também participamos da passeata contra o governo, na praia de Copacabana (fomos chamados a subir no carro de som, durante a manifestação).

Gravei o *SuperStar WEB*, continuação do programa de bandas novas que a TV Globo lançou em 2014. Foi uma tarde lá na Barra. Também fui convidado para a coletiva da *Rock Street*, com Roberta Medina, Marisa Menezes e Ze Ricardo. Pessoas que conheço há bastante tempo. Adorei estar ali e ter recebido novamente o convite pra fazer a *Rock Street*. Fomos muito bem em nossas participações nas edições anteriores.

E mais uma notícia boa no meio do ano: assinamos contrato com a gravadora Coqueiro Verde pra lançar o CD/DVD *A Festa Rock*! Muito bacana. Fomos, Menescal, Luiz Paulo e eu assinar o contrato. Uma tarde aprazível e de muito papo. Pronto, temos um parceiro pra lançar o disco. Resolvi bancar o DVD, e eles toparam encartar junto com o CD. Alugamos o Polo Cine Vídeo, chamei 30 amigos/fãs, e fizemos o *playback* dos oito *medleys* do disco. Joao Elias Jr. dirigiu. Foi animadíssimo. Preparamos um cenário simples, porém festeiro. Levei seis baixos pra preencher o cenário. Isso foi um dos muitos eventos de 2015.

Ate bloco de carnaval eu montei com três outros Barões: Guto, Peninha e Fernando. Ensaiamos Barão e Cazuza e nos apresentamos na Lapa. Também rolou um novo tributo a Bangladesh, no Teatro Rival RJ, onde cantei *"Something", "Here Comes The Sun", "Blowin'in The Wind"* e toquei violão durante todo o show.

E o trio Rodrigo Santos & os Lenhadores continuou com a média de 14, 15 shows por mês. Foram muitos shows passando por cidades de Araruama RJ (festival de rock); Barra do Piraí RJ; Barzin Ipanema RJ, 3 shows; Mangaratiba RJ (torneio de *beach tennis* no Hotel Portobello); casamentos em Búzios RJ; *pubs* em Campinas SP;

Campos RJ (shows Rodrigo Santos e Leoni); São Paulo (Clube Paulistano); Cascavel, PR; Vitória ES; Gávea RJ; Itaipava RJ; Iporanga SP; Mogi SP; Araras RJ; Piraquê RJ; Floripa SC; formaturas no Rio Centro, formatura de Direito da UFF, RJ; Goiania GO; Hotel Santa Teresa RJ; Itanhandu MG; Joinville SC (Shopping Mueller); Jóquei (festa do Leme ao Pontal) RJ; Lafaiette MG; Lapa RJ; Macaé RJ; Maringá PR; Macaé RJ (motoclube); New York City Center, RJ; Queimados RJ; Ribeirão Preto SP; Saloon RJ; Sesc Ribeirão Preto SP; São Carlos SP; Sette Leblon RJ; Shopping Recreio RJ (semana dos pais *O Globo*); além de algumas turnês pelo interior de São Paulo e turnês no Sul (em junho, Curitiba, Floripa, Joinville, Brusque). Muito show, muitas festas fechadas, muitos casamentos e formaturas, uma agenda muito cheia.

Em 2 de agosto comemorei meus 10 anos de abstinência dando uma volta de bicicleta na Lagoa, fazendo um jantar em casa com a família, e falando disso na minha terapia. Fui pegar onda no fim de semana na praia da Barra também. Comemoro mais meu aniversário de abstinência do que o aniversario tradicional.

Esse quarteto esportes – família – terapia – trabalho é a base da minha conquista. E procuro sempre estar em dia com a mente e o corpo, mantendo qualidade de vida. São milhares de compromissos, então tem de ser bem organizado pra conseguir estar presente em todas as áreas. E mais: curtindo. Com prazer. Aprendi isso no Centro Vida. E qualidade de vida é fundamental. Meus exames anuais deram todos ok. Com exceção de uma hérnia de hiato, descoberta em 2014, da qual tenho de cuidar pra sempre, o resto está muito bom. Os exames de sangue, coração, etc., foram perfeitos. São fruto da abstinência. E o *surf* é um prazer. Estar com meu filho na água, com minha família na praia, ter um dia leve, bacana. Isso é prioridade. O *surf* é uma reconquista que começou em 2014, eu estava havia 28 anos sem surfar. Fui levar meu filho mais novo à escolinha de *surf*, me animei pra dar força a ele, e entrei também. Logo, logo eu estava surfando novamente. Meu filho mais velho entrou na onda, até literalmente.... Compramos duas 7.7 e passamos a surfar todo fim de semana. Eu chegava do show de sábado, do aeroporto pra casa, e da casa pra praia no domingo. E um ano depois, encomendamos 2 pranchas menores com Otavio Pacheco – depois de um desses encontros casuais do *surf*, na Prainha.

Em 2015 me dediquei muito também às aulas de inglês. Foram 3 meses de aula particular. Comprei instrumentos novos, e me preparei bem para o que viria a seguir: a turnê com Andy Summers. Andy chegou dia 5 de agosto ao Brasil.

Um mês especial. Desde 2014 ainda não havíamos nos encontrado para tocar. Ele havia acertado com nosso empresário em comum, Luiz Paulo, uma exposição de suas fotos, em São Paulo, o lançamento da edição brasileira de sua biografia, e uma nova turnê comigo. Tudo no mês de agosto! Começou pela exposição de fotos, maravilhosa – tudo em preto e branco – totalmente lotada. Um sucesso que deixou o Andy muito animado para tudo que estava por vir. No dia 7, véspera do primeiro e único ensaio, eu passei no Zaza Bistrô em Ipanema, pra dar um abraço nele, antes de começar o trabalho pesado. E foi muito legal. Levei meu filho Leo junto. Trocamos uma ideia durante uns dez minutos, pois Luiz Paulo e Andy já estavam indo pro hotel Othon. Foi legal o encontro antes do trabalho, num momento de lazer. Foi divertido quando eu falei que Leo estava indo ensaiar Police comigo naquela noite. Andy brincou com ele: *"Please, don´t play so well"*. Rimos muito.

No dia 8, trabalho! Cheguei bem antes da hora acertada para o começo real do ensaio, pra deixar tudo pronto. Ensaiamos durante umas cinco horas no Estúdio Jam House. Aumentamos o tom de bemol para o original e colocamos cinco músicas do Police a mais do que na turnê de 2014. Nesse ensaio, passamos a limpo várias dúvidas e acertamos as novidades. Essas cinco horas passaram até rápido. Foram fluindo as músicas, as escolhas, os caminhos. As nuances e a química vieram com facilidade, talvez pelas lembranças "frescas na memória", da tournê de 2014. Rolou bem! Nos despedimos às 21 horas. Neste mesmo dia à tarde, antes do ensaio, Andy e eu já havíamos feito entrevista e fotos para o jornal *O Globo*.

Claro que no meio disso tudo, Rodrigo Santos e os Lenhadores não param! Saímos do ensaio e fizemos um show em Queimados, RJ, que acabou de madrugada. Na manhã seguinte eu já iria para o aeroporto Santos Dumont, embarcar para um show fechado da Claro, em Belo Horizonte. Era um compromisso marcado com bastante antecedência. E estava lotado. Rolaram canjas muito bacanas do Marco Túlio (Jota Quest) e do Henrique (Skank). O show acabou se prolongando até depois da meia-noite. E no dia seguinte teríamos o primeiro show da turnê com o Andy, em Macaé, no RJ.

O show com Andy seria dividido em duas partes: 6 músicas do Barão, onde eu tocaria com o meu trio. Depois entrava o Andy, e tocariamos 13 músicas do Police. No bis, Fernando voltaria ao palco e tocariamos em quarteto *"Message in a Bottle"* e *"Every Little Thing She Does Is Magic"*. Era um petardo!!

A tournê teve os seguintes shows: Lagoa de Imboassica; Macaé, RJ (dia 9); CCBB, Belo Horizonte, MG (dia 10, fechado ao público); Teatro Bradesco, Belo Horizonte, MG (dia 12); Rota 66, Campo Grande, MS (dia 14); Bolshoi Pub, Goiânia, GO (dia 15); Praia de São Francisco, Niterói, RJ (dia 16); Bourbon Street, São Paulo, SP (dia 19); Jóquei Club Brasileiro, Rio de Janeiro, RJ (dia 21); e Mercado Distrital Cruzeiro, Belo Horizonte, BH (dia 22). Além disso, teve o lançamento da biografia do Andy, em Belo Horizonte no dia 11, e no Rio, dia 18.

Os momentos marcantes dessas duas semanas juntos já começaram no primeiro show. Macaé nos recebeu com diversas matérias nos jornais locais e 10 mil pessoas esperando o show, organizado por Koy Lemos o qual começou um pouco antes do belíssimo pôr do sol. Eu estava obviamente muito nervoso, era a estreia, meu ídolo ali do lado, o vento insistindo em tentar arrancar minhas folhas com as letras da estante, um *set* novo de pedais para o baixo, tudo isso me deixava tenso. Mas o show foi memorável, com aplausos entusiásticos da plateia. Lágrimas, sorrisos estampados no rosto de todos. Que estreia! Andy tocou muita guitarra. As pessoas não acreditavam no que estavam ouvindo, nós levando aquele som, com os sucessos do The Police emendados, um atrás do outro. A parte com os *hits* do Barão também foi muito aplaudida. Vários climas diferentes. Muitos sucessos como "*Every Breath You Take*" e "*Roxanne*" levaram as pessoas às lágrimas, inclusive eu. Saíram depois matérias sensacionais nos jornais: *"10.000 pessoas em delírio*!!". Que estreia – e no dia dos pais !!!

Voltamos para o Rio às 22 horas. Cheguei em casa pouco depois da meia-noite e pude curtir o dia dos pais com minha mulher e filhos até às 5 da manhã. Dormi e, às 7h15 já de pé para mais um show. Íamos novamente para Belo Horizonte, e eu estava preocupado com minha voz. Vários dias sem dormir direito, e vários shows importantes acontecendo. Na van, do aeroporto de Confins para o hotel, já vimos duas matérias de capa inteira e tiramos fotos com os jornais na mão. A expectativa para a estreia em BH no projeto Claro Experiências era a melhor possível. Eu estava feliz. Tocando com um ídolo meu e sendo elogiado por ele em matérias que eu lia nos jornais. Elogiado como vocalista e baixista. Isso me deixou muito emocionado e também concentrado em tocar direito. A música nos uniu – além da amizade de nosso empresário em comum, Luiz Paulo Assunção. Andy estava feliz. Ele já tinha lançado a exposição de fotos em São Paulo, numa noite lotada. E agora viria também o lançamento da sua biografia, em português. Esse era o foco de sua vinda. Os lançamentos. O cronograma em BH era apertado: segunda, dia 10 no CCBB (com lançamento do livro do Andy no teatro). Esse show estava lotadaço, *sold out*. Foi uma loucura. O público começou já em pé, na parte Barão. Cantando tudo e surpreso em me ver cantando aquelas músicas – muitos ainda não me conheciam como cantor. Tinha muitos amigos também: Lelo, do Skank; Podé, do Tia Nastacia, e outros. Muitos fãs do Barão e do Police, e uma plateia que emocionou! Aplausos em cena aberta o tempo todo. Nós adoramos esse show. Ao final, muitos autógrafos do Andy no seu livro (em discos do Police também), e nossos em papéis ou em LPs do Barão que os fãs levavam. Fotos com patrocinadores, etc. Sucesso total. Depois do show fui fazer inalação com soro fisiológico, comer e finalmente dormir.

No dia seguinte, fomos a um coquetel para 50 pessoas, uma festa privada, com o pessoal da Claro e com Barral, o editor que estava lançando a biografia do Andy (*"One Train Later"*) no Brasil. Barral também foi baixista de Lô Borges e um dos caras que mais gravou com o Clube da Esquina. Conversamos e ele resolveu lançar meus dois livros por sua editora. Foi sensacional. Na festa, falei muito com várias pessoas que estiveram no show no dia anterior. Não tive como poupar a voz. Era *"day off"*, mas se tratava um evento importante, e eu não consigo parar de falar mesmo. Andy falou ao microfone e agradeceu aos patrocinadores. Nesse dia ele e eu conversamos também sobre música, sobre minha experiência com drogas (falei da minha biografia, da clínica, etc.). E no meio do papo, falamos sobre chá de cogumelos, viagens, coisas que ficaram pra trás, momentos loucos, histórias de como cada um escreveu o próprio livro, e o porquê de tudo isso. O porquê de a música ser o mais importante de tudo. Muito legal. Andy sempre bem-humorado, inteligente e sarcástico. Da parte musical nem preciso dizer nada. Impecável. Criou uma linguagem única de guitarra. E como fotógrafo e escritor brilhante seguiu a mesma linha, surpreendendo muito a todos. Um artista completo. Saímos da festa à meia noite e meia, e fui pro hotel dormir.

No dia seguinte, mais um show em BH, num outro teatro lindo e maior. Antes do show fiz muitas entrevistas por telefone para jornais e rádios do Mato Grosso do Sul, nosso próximo destino. Ao final, uma fila grande para mais autógrafos, fotos e compra de livros do Andy. Fiquei super feliz com os comentários das pessoas sobre a minha performance. Não era fácil cantar e tocar todas aquelas músicas nos tons agudos. Tive de fazer muito exercício vocal antes dos shows. E foi muito bom ter esse feedback das pessoas ao final dos shows. Fomos pro hotel à meia-noite, e só consegui dormir as 3h50. Fiquei fazendo textos, escrevendo diários de bordo e organizando as fotos para outro livro que vou lançar em 2016.

No dia 13, após conexão em São Paulo, chegamos a Campo Grande. Tivemos uma coletiva de imprensa no hotel Novo Mundo, às 18h30. Foi engraçada! Entrevista bem-humorada, muitos repórteres e muita gente querendo saber da parceria, dos projetos solo, etc. Andy estava com uma presença de espírito sensacional. A cada pergunta, uma tirada boa. No dia seguinte, o show começou às 21h30, com o Rota 66 lotado! Quando veio a parte do Police, alguns improvisos de todos, foi sensacional. E esquecemos de dar intervalo pro bis. Acabamos tocando tudo direto. Tivemos três horas para dormir no hotel e sair às 4h para o avião de Mato Grosso do Sul a Goiânia, com escala em Brasília. Ou seja, mais uma tranqueira. Dormi só por uma hora. Aos poucos, de minuto em minuto, de hora em hora, a gente consegue chegar nas oito horas de sono, recomendadas para qualquer ser humano. Mas músico é um ser mutante, eu acho. Adapta-se a novos habitat e horários. Eu me sinto como um nômade, cigano, algo assim. E meu organismo se adaptou também. Não sei mais em que tipo de animal estaríamos nós, músicos, classificados nos livros de história, geografia, ou anatomia...rs.

Chegamos a Goiânia às 10h40 da manhã e fomos direto pro hotel. Todos cansados, sem dormir direito. A grande notícia é que os ingressos foram todos vendidos. Mais uma casa lotada. Já que este show começava mais tarde, resolvi tirar duas músicas do Barão, para ficar menos cansativo para todos.

Dentre os papos que tive com Andy, nos saguões dos aeroportos, teve um muito legal sobre rock progressivo, *punk*, *folk*, *reggae*, etc. Falamos sobre a morte do grande Chris Squire – uma influência pra mim. Grande baixista. Eu disse que detestava banda sem guitarra. Ele também! Contou-me sobre Jack Bruce. Que quase fez uma banda com ele. Concordamos muito sobre a qualidade das letras. A nosso ver, bandas boas eram as que tinham letras boas. O texto é extremamente importante. O rock progressivo pecava um pouco nesse quesito. Expliquei a ele que, como eu não entendia tanto o inglês, crescera ouvindo até as bandas com letras ruins, por causa das boas melodias, do som bem feito, etc. Com o tempo fui descobrindo quais eram mais "farofa", etc. "Farofa" é o termo designado por nós aqui no Brasil, para um som que seja muito pasteurizado e com letras ruins. Mudando pro rock mais ligado ao punk, ambos concordamos com a força do Nirvana. Falei do The Cure. Comentamos os cabelos do Roberth Smith. Ambos gostamos das bandas mais "rock cru", de garagem, como The Strokes. Perguntei sobre Counting Crowes. Ele curtia também. O primeiro disco era muito bom. Não entendíamos por que os outros discos perderam força. Coisas inexplicáveis que acontecem com algumas bandas. Falamos de John Lennon, Bob Dylan, enfim, letristas em geral. Não gostamos muito dos letristas deprê, aqueles que falam em se matar o tempo todo.... Enfim, trocamos ideias musicais, adorei conversar sobre isso. Andy adora John Coltrane, gosta de jazz e de gente que tem personalidade musical. Concordei. E falamos do Pastorius, de drogas, de coisas que derrubaram músicos. E enquanto eu elogiava muito Sting e também Paul MacCartney como baixistas cantores – ele concordava. Acrescentou que Sting criou baixos muito bons, difíceis de cantar e tocar junto e usava a técnica de dedo (e também de palheta), criando linhas de baixo marcantes, invertidas e nada previsíveis. Muito legal. Foi nessa hora que ele disse que eu era um grande cantor e baixista. E eu, surpreso com aquele elogio: *"Man...really???"*. Andy confirmou: *"Shure!" Você tem energia, personalidade e canta muito bem"*. E eu fiquei emocionado. Muito. Ri, ao mesmo tempo. Disse-lhe que Sting, pra mim, era o melhor no mundo. Aí veio no papo o Flea, baixista do Red Hot Chilli Peppers (concordamos que ele era muito bom, inventara uma linguagem de *slap*). Enfim, falamos muito de tudo e fomos embarcar.

Já no Rio, pegamos a van direto para Niterói. Estava um pôr do sol lindo. Chegamos à praia de São Francisco às 18h – correria – pois o show estava programado para 20h40. E fomos recebidos por Arthur Maia, o Secretário de Cultura de Niterói! E um dos maiores baixistas do mundo. Trocamos ideias rápido antes do show. Eu estava com a voz boa! No camarim, com Andy, comentei que adoro os improvisos do Police, fazemos isso também nos Lenhadores, ele que se preparasse, pois ia rolar bastante improviso, uma vez que que não haveria *Soundcheck*!!! Caímos na gargalhada, ele, Fernando e eu!!

Voltei ao palco para passar o som com *"Codinome Beija Flor"*, e foi a deixa pro público se aproximar. Praia lotada. Clima ótimo. E adrenalina do sexto show em sete dias. Mas agora está mais ensaiado, e começamos até a improvisar! Durante o maravilhoso show, com 6 mil pessoas na plateia, cheguei a chorar – novamente em *"Every Breath You Take"*. Este foi um dos shows mais emocionantes da minha vida. Não tinha a luz na plateia pra vermos as milhares de mãos pra cima, mas eram tantos gritos nos refrãos e *YÔs*, que todos nós adoramos! Obrigado Niterói! Primeira fase da turnê, fechada com chave de ouro! Depois, muitas fotos e entrevistas no camarim. Arthur Maia elogiou bastante tudo. Foi muito legal. Agora, uma pequena parada para repor as energias.

Neste intervalo da turnê, problemas a resolver com contratos de shows pendentes, filho com febre, em casa, etc. Foi uma segunda-feira bem ocupada, e um futebol à noite no Clube Caiçaras pra descontrair. Mas dormi bem. É outra coisa dormir em casa. Na noite seguinte, dia 18 de agosto, foi o lançamento da biografia do Andy no Rio de Janeiro. Na Livraria da Travessa do Leblon. Pelo

Facebook chamei muita gente. Cuidei da voz o dia todo, mas a noite acabei ficando "estourado" de tantas conversas com amigos. A livraria lotou, e Andy assinou e vendeu muitos livros.

No dia seguinte, iríamos a São Paulo, e expliquei ao meu empresário que eu precisava viajar em outro voo, para chegar antes, e ter tempo de resolver compromissos, e depois poupar a voz e descansar já no hotel, em Sampa. Fui sozinho bem cedo. Levei os dois baixos Fender. Convidei Luiz Carlini (Tutti-Frutti) para ver o show. E ainda no aeroporto do Rio, encontrei meus queridos Arnaldo Brandão e Kika Seixas, grandes figuras! Papos ótimos. Arnaldo é meu ídolo. Eu tinha desistido de tocar baixo em 1982, estava passando para guitarra, quando escutei Caetano Veloso e "A Outra Banda da Terra". Arnaldo era o baixista. O disco *Outras Palavras* me fez ir ao show no Canecão. Escutei esse disco o ano todo. Cada baixo lindo. E quando escutei "Rapte-Me Camaleoa" no show, pirei de novo com o som do baixo. Voltei pra casa e voltei a ser baixista. Arnaldo salvou minha vida!! Rs...

Chegando a São Paulo, tentei descansar no hotel, mas recebia ligação de contratantes o tempo todo. Enfim, minha voz estava muito ruim ao telefone. Tentei ficar só nos e-mails. Tracei também estratégia de rádio e TV pra tudo que viria pra frente. Meu coração disparou. Voz ruim e nada de descansar. Fomos passar o som às 18h30, e lembramos lá do mestre-cuca que aplicava a injeção de Diprospan (anti-inflamatório pra garganta). Fiquei mais calmo. Como eu tinha esquecido no Rio a minha boina (marca registrada), acionei a galera conhecida de Sampa para pegar uma pra mim na Galeria do Rock. Também pedi uma emprestada pra Dani e Nicole, figurinistas. Chegou em cima da hora do show! Uma boina igualzinha à que eu comprara em Liverpool, quando fui com Os Britos. Ótimo, adorei ! Na passagem de som no Bourbon Street, treinei um pouco de cada nota alta do Police – fiz aquecimento pra ver como estava a voz. Deu tempo de eu testar, mesmo rouco, *"Roxanne"* e *"Walking On the Moon"*, as mais agudas. Consegui alcançar as notas. E depois tomei a tal da injeção. Fui pro hotel descansar de 20 às 20h50, e voltamos ao Bourbon. *Show time*. Consegui ficar calado até a hora de entrar no palco. Voz esquentando aos poucos. *"Vou conseguir. Sinto isso."*

No camarim aqueci um pouco. Fiz exercícios vocais e dá-lhe maçã e água em temperatura ambiente. Entramos no palco às 21h30, já arrebentando com Barão! Depois das seis primeiras levantarem a galera, chamei o Andy! Tocamos muito bem, e a galera no maior entusiasmo! E a voz rolou! Controlei as agudas bem, e depois larguei a alma. Improvisamos muito em *"Walking On the Moon"* e *"Driven to Tears"*. E as clássicas também foram excelentes! E no final todo mundo dançando! Depois disso o camarim bombou de amigos, e diferentemente do ano passado (quando estava meio desorganizado), fizemos uma fila e atendemos a todos. Apresentei ao Andy o mestre Carlini!!! E fizemos muitas fotos com os fãs.

Resolvi ir direto para o aeroporto. Descansei de 0h40 às 2h50 e arrumei tudo para partir. Estava preocupado com a virose do meu filho, e quis viajar sozinho pra chegar logo em casa pra vê-lo. Antecipei meu voo das 11 para as 6h. Cheguei às 8 da manhã em casa e pude dar assistência ao Pedro, durante todo o dia.

À noite, dei uma passada rápida numa festa organizada pelo meu amigo Paulo Masset, para comemorar também a parceria com o Othon, onde Andy e Dennis se hospedaram no RJ e em BH. Lá encontrei muita gente. Fui com meu filho Leo. Kadu e Luiz Paulo foram também. Encontrei meu parceiro Mauro Sta Cecília, trocamos muitas ideias musicais. O bacana também é que, hoje em dia, os filhos dos meus amigos músicos também são músicos. E amigos do meu filho. Todos se encontram pra levar som. E lá estavam vários deles. Uma geração muito legal e extremamente talentosa. Foi uma festa bem bacana, mas eu tinha de poupar a voz para o show do dia seguinte, no Rio. Fiquei meia hora, e parti com Luiz Paulo.

Enfim chegou o show da turnê que seria o mais importante para mim.... Na minha cidade, perto de casa e cheio de amigos! 21 de agosto de 2015... Rio Gastronomia no Jóquei...evento para o jornal *O Globo*... eu estava muito feliz! Era meu terceiro ano consecutivo fazendo show no *Rio Gastronomia*, só que dessa vez seria com a presença de Andy Summers. E seria um show épico. Pela manhã, fui de bicicleta passar o som, num dia lindo de sol, sem uma nuvem no céu. Encontrei Kadu, Fernando, Luiz, Dennis e Dico. O som estava maravilhoso. Realmente essa apresentação prometia. O show seria em frente à pista onde os cavalos disputam o Grande Prêmio Brasil. Um visual incrível, num evento onde os melhores *chefs* de cozinha, recebem prêmios pelos trabalhos feitos ao longo do ano. E muitos estandes de restaurantes são montados à volta do palco. À tarde, comprei de presente duas garrafas de vinho, uma para o Andy e outra para Luiz Paulo. Logo eu, que não bebo há dez anos, escolhendo vinhos na Casa Carandaí – uma *delicatessen* maravilhosa, onde tomo café e como baguetes com manteiga, quase que diariamente. Pra mim, entrar numa delicatessen e comprar um vinho não tem mais problema nenhum, contanto que não seja eu a beber o líquido que vem dentro (rs), mas não deixa de ser curioso.

Acordei bem, andei de bike, passei uma tarde maravilhosa, e estava pronto para a noite. Uma van passaria lá em casa às 20h. Marquei com Pugialli, Jamari França e Paulo Negrão, lá em casa. Enquanto a van não chegava, mostrei o violão Martin que havia comprado, e Paulo fez uns acordes pra testar. Não tinha ainda estado junto ao mesmo tempo com os dois escritores dos meus dois livros. Foi emblemático aquele dia. Todos na van, junto com a banda. Vamos nessa!

Às 21h, aos acordes de "Por que a gente é assim", começamos pontualmente o show. Não era uma plateia, era uma multidão! Seis mil pessoas!! Segundo a produção do evento, foi o recorde absoluto de público de todas as edições do Rio Gastronomia. Uau!! A parte do Barão enlouqueceu a plateia, e ainda faltava chamar o Andy ao palco. Depois dos últimos acordes de "Pro Dia Nascer Feliz" (com Kadu solando de pé, em cima do banquinho da bateria), convidamos Mr. Summers. Ele parecia feliz quando subiu ao palco, estava adorando a interação da plateia. E eu superei todas as dificuldades de cantar as músicas com as notas mais altas e com a garganta baleada de tantos compromissos seguidos. Mas a gente nem pensa nisso quando está lá em cima. Só pensava em tocar, em cantar, em me divertir. Falara isso na terapia alguns dias antes. É imprescindível a diversão. A música nos uniu. Tem de se divertir acima de tudo. Senão não vale. E esse lema funcionou ao longo de toda turnê. Nesse dia, nosso entrosamento já estava tão grande que os improvisos dobraram de tempo. Foi um momento muito marcante na

minha vida, realmente inesquecível. Ao final, a certeza de que a turnê foi um sucesso total! E nem era o último show, faltava um. Mas tínhamos certeza absoluta, que aquele foi O SHOW!

O último show foi uma festa fechada, novamente em Belo Horizonte, no Mercado Distrital Cruzeiro, com lotação esgotada. A mesma energia, a mesma vibração. E um cansaço indescritível. Garganta em brasa. Mas feliz. Voltamos ao Rio no domingo, dia 23. Nos despedimos ali mesmo, na saída do Santos Dumont, na rua. Fizemos a foto final, e Andy e o Dennis partiriam para Los Angeles. Eu iria pra casa. Passei um ótimo domingo com a família. Fomos à praia, surfei com o meu filho, e à noite, finalmente, apaguei.

Quando acordei no dia 24, já bateu saudades de tudo, e a certeza de um carinho eterno por Andy Summers e Dennis Smith, grandes pessoas. Claro que o futuro poderá reservar surpresas, mas esse PRESENTE foi imbatível e inesquecível! Para todos nós!

Alguns dias depois, várias fotos da nossa turnê foram colocadas na página oficial do The Police, no Facebook. Ficamos muito orgulhosos. Continua viva a turnê, em nossos corações e mentes. Tudo muito mágico. Ainda estou andando na lua.

Rock in Rio 2015

Acordei no dia 26 de setembro, com mais uma daquelas sensações boas, das novas conquistas do ciclo de dez anos de abstinência. A sorte que tive na época em que estava ainda me drogando, eu poderia ter ido embora num piscar de olhos. Algo lá em cima realmente me empurrou a aceitar ajuda. E me enviou anjos da guarda. E fiz a minha parte. Poderia não ter dado tempo, como pude constatar com mais de vinte amigos meus que não estão mais aqui pra contar a história. Tive muita sorte. E agora, usufruo de todos os bons momentos que a vida me apresenta. Mantive os muitos amigos e amigas no meio musical. Isso é de uma valia incrível. E lá vou eu tocar no meu sexto *Rock In Rio*. A terceira vez seguida em carreira solo. A sexta no total. Marquei aqui em casa com um amigo, Vladimir, para registrar em vídeo a nossa apresentação, uma vez que a *Rock Street* não passa na TV. A nossa responsa é grande. Fomos os maiores destaques desse palco em 2011 e 2013, juntando mais de 10 mil pessoas em cada show.. Eu havia dormido às 4h30, depois de um show na Barra. Ainda troquei cordas dos três baixos que ia levar pro festival. Acordei ao meio-dia e fui acertar os últimos detalhes. É o fechamento de um ciclo de 10 anos de abstinência, comemorados com 2 livros. 1 CD, 1 DVD, uma turnê com Andy Summes, e o show no *Rock In Rio*. Então estava cuidando para que tudo desse certo.

A van chegou aqui em casa às 14h, e partimos logo. Trânsito na Barra…foi melhor sair cedo. Nosso show será as 17h30, mas às 16h30 vamos montar e passar. Chegamos à Cidade do Rock. Encontro Cátia Dartora, ex-produtora do Kid! Legal ter pessoas conhecidas em volta da gente num festival. Assisti ao show do George Israel, os filhos dele participando, a banda toda nossa amiga. E meu filho Leo é amigo de todos também, e foi lá dar canja no meu show, assim como em 2013. Agora menos nervoso. Enquanto eu estava pelos camarins, encontrei o pessoal dos Autoramas, também dividindo a noite conosco. Todos amigos. O *backstage* ficou o maior astral. E lá fomos nós pro palco. Encontrei Guto Goffi, batera Barão e Britos, e o chamei para uma canja. Tinha uma hora pra fazer minha apresentação. Meu show dura duas horas. Pensei bastante antes de fazer o *set-list*. Antes, lá em casa, escrevi um cartaz contra o governo e pensei: *"Vou mostrá-lo na música 'Que País é Esse', que está no meu novo CD/DVD. Espero que a reação da plateia seja a que estou pensando. O país está quebrando. Inflação disparou de novo. O dólar enlouqueceu, os escândalos são gigantescos, petrolão, mensalão, o governo envolvido em todos. Hora do cartaz!!"*.

A Rock Street foi enchendo, e na hora da primeira música já estava lotando. "Maior Abandonado" foi muito precisa. O público adorou. E lá, tem que ganhar público rápido, pra não dispersar. O baixo novo, Fender Jazz Bass 79, virou xodó. Um grande som! Público aumentando, e já em "Lourinha Bombril" e "Meu Erro" (ambas do CD *A Festa Rock*) bombaram a rua! E dai pra frente foi uma festa. As músicas do Barão se tiveram a sua vez (pedido inclusive do festival), e em "Bete Balanço" chamei meu filho Leo para uma canja. Ele arrebentou. Foi mais uma vez emocionante estar junto dele no palco. Essas coisas é que fazem desses dez anos limpo, uma dádiva da missão a ser cumprida. E foi mais um dia desses. Encontrei dois companheiros do Centro Vida, Sérgio e Linneu, meus dois maiores ídolos na época da clínica. Duas referências! Coincidência ou não, ambos estavam lá! Muito legal. Muito mesmo. E isso fortaleceu a noite. Leo saiu do palco, debaixo de muitos aplausos, e convidei então o Guto Goffi. Mandamos um "Pense e Dance" invocado. Os três "Barões" juntos no palco do *Rock In Rio* mais uma vez. Não tem preço. E demos um abraço todos nós (com Kadu também) à frente do palco. Voltamos então ao show normal.

A produção nos elogiou muito pelo cumprimento dos horários. Na risca. Não atrasou nem um segundo. Não passamos nem um pouquinho do tempo que nos foi concedido. Foi tudo certinho. Cronometrado. Isso veio com a abstinência, também. Esse cuidado com os compromissos. E fomos enfileirando os sucessos, um atrás do outro. "Que País É Esse?" teve o efeito desejado. Levantei o cartaz contra a Dilma, e o coro da plateia veio fortíssimo! E deixei rolar muito tempo. Estava me sentido vingado da traição que o Partido dos Trabalhadores fez com toda uma geração que acreditou num futuro mais ético, lá atrás, em 1899. Eles fizeram a mesma coisa que condenavam na época em que eram oposição e eu votava neles. Roubaram e saquearam o país. Eu precisava dar uma resposta prática àquela desilusão. E finalmente o fiz, num show lotado e importante. Fiquei muito feliz com a reação de 99% das pessoas. E continuei o show. "Pro dia nascer feliz, "Exagerado" e "Vida Louca Vida" foram cantadas em uníssono pela plateia. E terminamos com pedidos de bis, altíssimos. Foi sucesso total! Fechamos com chave de ouro, com o público e nós em extase total! E acho que não poderia ter melhor momento pra encerrar este livro.

Muitas aventuras, muita música e superação, fizeram desses primeiros 50 anos de vida, uma loucura desenfreada. Que venham os novos discos, as novas turnês, os novos festivais, as novas conquistas e as novas aventuras dos próximos anos. E que a *Festa Rock* seja eterna enquanto dure! Num mundo de sonhos e realidades dançando lado a lado, CARA A CARA!

EPÍLOGO

Todos crescemos e nos desenvolvemos de acordo com nossos valores pessoais, agregados aos que nos passaram em família, ou simplesmente aos que observamos durante a jornada, a partir de nossa vivência, nossos acertos e erros. Acima de tudo, no que realmente acredito é em ser do bem, ajudar os outros, aceitar ser ajudado e dividir experiências. Ser verdadeiro, estar com a família, passar os valores de ética, bondade, amor, companheirismo, sinceridade, honestidade e perseverança para os filhos. Alertar para os perigos, incentivar vontades e riscos, aceitar as escolhas, conversar sobre estas, porém não deixar de dar minha opinião. Acreditei sempre – por todo esse tempo e esse percurso que retratei no livro – que tratar bem as pessoas, mesmo em épocas duras e difíceis, e ser amigo não tem preço. Não perder a essência do bem. Ser o máximo possível transparente. E o resto? O resto são acertos e erros dentro de cada personalidade. E cabe a cada um se transformar internamente dia a dia, buscando aquilo que o faça se sentir mais vivo. No meu caso a melhoria de qualidade de vida, o aprimoramento mental, espiritual e físico serão buscas internas e eternas. E que a diversão e parte lúdica jamais sejam abandonadas; porém, na minha visão atual, que seja com a lanterna apontada para outro lado, que tudo seja dividido entre mim e minha família, pois ninguém é feliz sozinho. A tela do "ser" deve estar conectado com o a do "estar". O pensamento deve levitar dentro de toda a maluquice do dia a dia. É assim que penso. E bola pra frente

Sobre a droga? Essa entrou depois. Me jogou de um lado pro outro também. Sem hipocrisia, me levou a momentos lúdicos, e também me deixou num inferno. Só que a "culpa" de desenvolver a doença, nunca foi do produto, ou de quem vende, e sim da própria cabeça e de como cada organismo lida com isso, com a continuidade do uso, com a compulsão. Então, o que falo sobre esse assunto hoje em dia é: se eu entrei e saí, qualquer um pode fazê-lo. Contudo, isso tem um preço e pode sair muito caro. Pode-se pagar pra entrar e rezar pra sair. Pode-se morrer antes de conseguir sair. Pode-se começar com o álcool. Pode ser com a maconha. Pode descambar pro vício, ou não. Não incentivo mais esse lado da história. Penso sempre que talvez a lucidez seja o grande caminho. O questionamento interno, dia a após dia. "Duvide das suas verdades": era a frase dita pelo Dr. Jaderson a todos os pacientes da clínica. É essa a filosofia que adotei de vida, sempre que algo emperra, ou há uma dificuldade em traspassar o momento, eu paro, penso, reflito, peço ajuda, pergunto, divido com outras pessoas mais próximas, com minha mulher, meus filhos, minha mãe, com minha terapeuta, alguns amigos, ou companheiros de grupo. Enfim, várias cabeças pensam melhor que uma.

Quando falo sobre isso hoje em dia, seja em família, seja com quem me pede ajuda, procuro transmitir minha experiência e faço de tudo pra passar a informação adiante. É disso que se trata, informação. Cada um vai absorver à sua maneira. Minha missão nesse ponto da história é essa. E o faço com prazer.

Devo tudo à música, que me transportou por lugares mágicos, rios límpidos e turvos, lugares solares e sombrios – muitos dentro da minha própria cabeça, porém com uma trilha musical de primeira qualidade, que foi e vai do rock ao chorinho. O rock sempre foi meu baluarte, e o misturo até hoje a outros elementos. A música de uma maneira geral me pegou de jeito aos 11 anos – desde jazz, clássico, novela, baião, MPB, blues, aos gêneros já citados acima, escutei de tudo, o tempo todo. Isso é libertador pra mim. Música saindo e entrando por todos os poros.

A música… a música… esta sempre me acompanhou por todo esse tempo, sempre me emocionou, me ensinou a navegar, me fez rir, chorar, me apaixonar, compor, tocar, me jogar, escrever, criar, viver, viajar, e essa foi – continua sendo e será pra sempre – sem sombra de dúvidas a grande viagem da minha vida.

Um brinde – com água de coco – à música e à vida!

Tenho a sorte de ter encontrado uma mulher como a Pati. Uma grande mulher. Nem todo mundo encontra a alma gêmea. Eu tive essa sorte. E com ela tive dois filhos de ouro. E agradeço a todos os deuses, todos os "santos" dias.

E que santos!!!

Rodrigo Santos

WAITING ON A FRIEND

Rodrigo Santos is a dear friend of mine. We have played onstage together many times and it is a great pleasure to feel the heart and soul that he puts into every performance. He is a special person and his story is inspiring ... did I mention that he is also a badass bass player and that he sings like a bird...?

Rodrigo Santos é um querido amigo. Tocamos juntos muitas vezes e é um prazer enorme sentir o coração e a alma que ele coloca em cada apresentação. Ele é uma pessoa especial e sua história é inspiradora... eu falei que ele também é um baixista "fodão" e que canta como um pássaro...?

Andy Summers (The Police - guitarra)

Rodrigo é uma das boas amizades que ganhei nesses últimos tempos. Um cara que aparentemente vem de áreas antagônicas às minhas, mas que derruba essa coisa de que pessoas de temperamento e gostos diferentes não vão se dar muito bem. No nosso primeiro encontro nos demos muito bem e já saímos planejando vários projetos, só que ele num *speed* muito à frente do meu. Participei de alguns shows com ele e sua turma, já gravamos juntos algumas vezes e sinto que faremos muitas outras daqui em diante. Rodrigo toca um baixo como "gente muito grande" e outro dia ele gravando com sua turma, fiquei reparando nos seus pés que executavam um balé ao som do seu tocar exalando uma energia incrível. Tenho a impressão que nunca o rock e a bossa nova se deram tão bem!

Roberto Menescal (guitarra)

Tenho uma denominação particular para definir a técnica e estilo dos baixistas: Rodrigo tem "CHÃO" quando toca seu baixo, ou seja, solta as cordas com vontade formando uma parede sonora de vibrações graves que não te deixam voar...obrigando você a fechar os olhos e sentir o instrumento como se fosse os passos da música.

Erasmo Carlos (voz)

Rodrigo Santos, assim como todos os santos, parece ter o dom da ubiquidade: está em muitos lugares ao mesmo tempo. Sempre fazendo, sempre inventando, sempre tocando E seja lá com quem esteja, é sempre ele: o Rodrigo Santos, querido e amigo.

Nando Reis (voz, violão e baixo)

Conheço o Rodrigo, como grande baixista do grupo Barão Vermelho e também por acompanhá-lo em sua vitoriosa carreira solo. Depois de um tempo conhecendo mais a sua história pude ver como ele se tornou uma referência na luta contra as drogas, se tornando um exemplo a ser seguido pelos jovens que se iniciam na carreira artística e de uma maneira em geral. Para muitos a droga é um caminho sem volta. Rodrigo provou o contrário.

Danilo Caymmi (voz e violão)

It was so fun playin' with Rodrigo and the Boys. Great musicians and they know how to punk out. Sex Pistols style!"

Foi divertido tocar com o Rodrigo e os meninos. Grandes músicos e eles sabem como arrebentar. Estilo Sex Pistols.

Chris Pitman (Guns'n'Roses - teclados)

Adorei gravar o CD e depois o DVD! Os encontros com o Rodrigo são sempre alto astral.

Ney Matogrosso (voz)

O Rodrigo é uma pessoa que virou um irmão, é mais do que um amigo. Tenho orgulho dele desde a audição que ele fez para tocar comigo, um dos melhores baixistas que eu já ouvi. Eu sempre falei para ele *"você tem que cantar, você tem presença de palco, você é bonito, tem que fazer carreira solo!"* Eu já estava com quase 10 anos de carreira quando começamos a trabalhar juntos. Então, eu o considero um irmão mais novo, de quem tenho o maior orgulho. Fiquei impressionado com ele no show com o Andy Summers aqui em São Paulo, a presença. Se ele já tivesse esta bagagem de hoje nos anos 1980, ele seria um estouro, ia arrebentar! Resumindo, sempre tivemos (e temos) muito afeto, um envolvimento de família mesmo. Uma relação profissional que virou uma grande amizade!

Lobão (voz, guitarra, bateria e violão)

Rodrigo Santos é uma fonte inesgotável de energia. Você percebe isto na intensidade de suas interpretações, no gosto por andamentos mais rápidos, tons mais altos e temáticas mais vigorosas. O morno, o calmo, o *cool*, não são muito vistos em seu universo. Já era assim quando novo, quando o conheci e ofereci o primeiro trabalho profissional. Ele pulou de cabeça, vestiu a camisa e se dedicou. Produzi seu primeiro *single*, o da banda Front, e algumas parcerias de vida definitivas estavam ali seladas. O entusiasmo e a energia frenética foram, em algum momento da vida, também o seu martírio. Mas estamos falando aqui de alguém que tem muito fôlego e se a vida lhe levou ao fundo, fôlego não faltou para voltar com tudo e se refazer com o mesmo entusiasmo. Por isto admiro tanto este cara: é um vencedor na vida e na carreira. E vencedor não é quem ganha sempre, mas sim quem não se detém por pior que sejam as derrotas. Quem continua acreditando em si e no lado bom da vida mesmo quando ela te deixa trancado no escuro por tempos e te mostra os dentes o tempo todo.

Leo Jaime (voz)

Rodrigo, o meu Rodriguinho, meu querido e doce amigo com sua voz linda e maravilhosa. Grande músico, baixista/, isso e o que ele nos permite ver, guitarrista, compositor, e de uma personalidade raríssima em músicos brasileiros, extremamente melódico, lindo, aonde as notas te levam com a graciosidade das ondas de Ipanema a um pôr de sol ... Me influenciou em sua beleza interna, e dedicação à música, pois quando às vezes me esquecia ele aparecia em minha vida e trazia a lembrança de que a música é a nossa alma e elemento primário. Tantos momentos lindos e queridos juntos, tanta gratidão ao sorriso amplo e feliz ao tocar e cantar. Muito, mas muito obrigado Rodrigo, querido pedaço de arte que faz o coração mais quente e feliz de viver com você junto todas as experiências que ainda estão por vir. Muito carinho e amor.

Sergio Dias (Os Mutantes – voz e guitarra)

Eu sempre observava o Rodrigo naquela alegria que ele tem de tocar, gostava da *vibe*, da soma que ele trazia ao Barão, mas sabia pouco de sua vida. Até que fiz uma participação num show do Barão Vermelho, em Manaus. Ficamos mais próximos, e o palco, quando tem que ser, traz à tona uma cumplicidade diferente e combinamos de nos falar, de fazer música. Diferente de um monte de gente que esbarro por aí e mil coisas ficam no ar, ele entrou em contato, conversamos sobre muitas coisas e comecei a mandar umas letras. Foi fluido, fácil, temos muitos pontos de contato e mais a admiração que comecei a ter por sua história, sua coragem, seus saltos. Me identifico com o risco e com a alegria de trilhar nosso caminho nessa profissão. Rodrigo tem garra, saiu do Barão, segurou sua carreira solo com unhas e dentes, chamou a responsabilidade pra si, e assim tem sido. Ele percebeu que tudo dependia dele, que nossos voos, mesmo sujeitos aos ventos, precisam de força na direção. Gravar com ele foi puro deleite e curtição. Nossa amizade se fortaleceu ainda mais depois que gravamos o clipe dessa música, que fala de aceitar o caminho, de reconhecer diferenças e assumir cada passo. A partir de então, nunca sou indiferente ao que ele faz e por onde anda. O carinho está todo ali, naqueles compassos!

Zélia Duncan (voz, bandolim e violão)

Rodrigo é uma daquelas pessoas que você, quando encontra pela primeira vez, se apaixona, tanto pela energia quanto pela simplicidade. O cara tem um coração gigante de quem passou por muitas batalhas e valorizou suas vitórias distribuindo sorrisos e *good vibes*. Como músico ele é enxuto, criativo e tocas notas certas no momento certo. Não é adepto a exageros, sempre deixando a canção soar como ela merece. Tem uma voz cativante e rasgada e composições no melhor estilo Rock Brasil! Foi um prazer enorme gravar e cantar com ele. Espero repetir a dose muitas vezes!

Isabella Taviani (voz, bandolim e violão)

O Rodrigo já se destacava nos festivais secundaristas, em que os colégios iam nos festivais uns dos outros. Ele estava com o Prisma, cantando "Pedra da Gávea", e ele era um garoto lindo, com aquela voz aguda tipo Sting, tocava baixo com aquele charme, tinha esta aura de *pop star*. Eu via ele assim, um cara cheio de luz. Muito alegre, cheio de energia, talento do violão no colo, levando som. Estávamos neste mundo, Neil Young, *folk*, *rock*, e passamos a nos encontrar com frequência no Baixo Gávea. A gente acabou fazendo uma banda. Eu estava saindo do Inimigos, e ele tinha acabado de trabalhar com o Lobão e estava parado. Eram Os Bizarros, junto com o Billy Brandão na guitarra e o Marcelinho da Costa na bateria. O Rodrigo acabou sendo chamado para o Barão ainda nos nossos ensaios, e a assim a banda acabou. Segui minha carreia solo e nos encontramos mais raramente, não era mais como nos tempos do Baixo Gávea, bebendo e cantando Beatles. O momento presente do Rodrigo é o de um construtor, dá orgulho de ver o caminho. É um vitorioso, construiu com as próprias mãos a carreira que ele tem hoje, muito grande, poderoso. Muito domínio do talento.

Moska (voz e violão)

O Rodriguinho era um gato, e eu o via sempre na turma do Léo Jaime, no Baixo Leblon. Ele tem estrela e também traz estrela, cruzou comigo em vários momentos importantes do Kid. O show da Alternativa Nativa, Maracanazinho lotado, muita repercussão e o surgimento de uma nova *sex-symbol*; antes disso, o fatídico show do Estádio de Remo, um divisor de águas da banda, e o surgimento de nova arma, o pandeiro! A gravação e a turnê do Acústico MTV, um momento-magnata da banda, coroando um trabalho duro de seis meses! No estúdio, eu gostava dele porque tocava bem, tinha ideias boas, cantava sempre afinado e sabia fazer harmonia, timbrar. Na estrada, era divertido, irreverente e astral, cantávamos Beatles e Police nos ônibus, ele sempre sabia as vozes. E tinha uma bela figura e postura de palco. Fiquei feliz por ele ter investido na carreira solo. Quanto ao lado *junkie,* houve tensão quando ele não foi ao tal primeiro ensaio. Fiquei na dúvida se daria certo mantê-lo, mas escolhi confiar. O Rodrigo, além de ter talento e ser do bem, é inteligente e soube aproveitar a bronca que eu devo ter dado!

Paula Toller (Kid Abelha - voz)

Rodrigo é um amigo por quem tenho um grande carinho. Ele é um dos melhores baixistas de rock-pop com quem já tive oportunidade de tocar e gravar. A primeira vez em que eu o vi no palco foi numa apresentação da banda "Front" em 84 ou 85. Nesta época assisti a alguns shows deles no "Mistura Fina" da Barra e no "Titanic", uma casa noturna situada no Joá. Este grupo impressionava porque além de eles serem muito novos, todos tocavam muito bem. Nani Dias, Ricardinho Palmeira e Kadu Menezes, este último um músico completamente obcecado pelo estudo da bateria. Apesar de não estarem limitados somente a este estilo musical, o Kadu, assim como o Rodrigo, é também um especialista em rock pop. Felizmente os dois tocam juntos até hoje, e é uma aula assisti-los nesta parceria de mais de trinta anos. Eu me identifiquei logo de cara com o Rodrigo, por um motivo banal: pelo fato de ele, assim como eu, também ser um amante do surf. Rodrigo tinha aquele ar de estar permanentemente de bem com a vida. Rodrigo sempre teve muitos amigos. Ele é um cara boa praça, uma pessoa muito boa, e querido por todos. Sob o aspecto profissional, eu ficava muito impressionado, durante as sessões de gravação e as atuações ao vivo, com a sua precisão, destreza, rapidez de raciocínio, com a capacidade de reunir e sintetizar muitas ideias o tempo todo, e seu extremo bom gosto musical. O Front, Léo Jaime, os Miquinhos, Lobão, Barão Vermelho, Kid Abelha, os Britos serviram para torná-lo ainda mais afiado nas suas convicções humanas, artísticas e profissionais. Na estrada, talvez pela nossa diferença de idade, eu o encarava como um irmãozinho menor a quem queremos, por vezes instintiva e ingenuamente, proteger. Eu lembro de pedir com frequência à nossa produtora para tirar e esconder a garrafa de whisky e algumas bebidas do camarim, numa tentativa de preservar nosso querido amigo. Rodrigo percorreu uma jornada de muita intensidade, aprofundamento e pós-graduação em muitas experiências e transformações de vida. Sustentável leveza do ser. Com a Paty, ele formou uma família linda. E sem ela teria sido impossível viver tantas coisas. Através do trabalho ininterrupto, da sua iniciativa, e com muita energia e apoio dessa família, ele conseguiu acumular muitas realizações e superar inúmeros desafios. Rodrigo continua com o mesmo ar de menino.

Bruno Fortunato (Kid Abelha - guitarra).

Eu assisti a um show do Front no Mistura Fina, mas não conhecia a galera ainda. Fui conhecer mesmo o Rodrigo via a Midnight Blues Band, já que todos os baixistas do Barão tocaram na banda. Depois o Kadu veio tocar com o Kid, e acabamos os três juntos em festas nas casas dos amigos. Tocávamos tipo 4, 5 horas. Pura diversão. Teve uma vez em que estávamos em uma festa, e cada um estava com um violão de 12 cordas. Muito doidos, não conseguíamos afinar e estourávamos as cordas, rindo. Foi a única vez em que não conseguimos afinar nossos violões. O nosso encontro prazeroso mesmo é nos Britos. É a banda onde podemos voltar às origens, tocar juntos mesmo, zoar, a ponto de nos batizarmos de "A Pior Banda Cover do Beatles do Mundo". Foi muito bom para nós dois, pois era a fase de nos afirmarmos como cantores, *"frontmen"*, interagirmos com o público. E é engraçado, pois nossas bandas faziam turnês enormes, gravavam discos, e os Britos são esta coisa leve, completada pelos queridos Guto Goffi e Nani Dias. Rodrigo é um cara adorável, mas naquele período ele foi obsessivo com o vício. Mas no fim, teve um desfecho a tempo. Gravamos muita coisa juntos, ele participou de meu 1º disco solo. Tínhamos uma rotina de toda segunda feira compor juntos, íamos fazer um disco, e este era o nosso laboratório. Fizemos músicas também para sua carreira solo, como "Cidade Partida" e "Motel Maravilha". Isso acabou levando ao famoso show no Canecão, que acabou sendo um dos motivos para nossa briga e afastamento. Ele é muito ciumento, coisa de garoto mesmo, com o lance de músicas a serem cantadas, etc., e existia, claro, uma reação de minha parte. No começo era engraçado, mas acabou afetando o show, pois eu acabei não assimilando, e nos separamos, sem expectativas. Mas sempre que havia um show dos Britos, desaparecia tudo (e voltava depois – rs). Eu adoro tocar com o Rodrigo, nossos filhos tocam juntos, gravam aqui no meu estúdio, o que nos enche de orgulho, pois somos referências para nossos filhos e para os filhos de nossos amigos. É legal ter um parceiro como o Rodrigo, que toca direto contigo, que já vem com a 2ª voz embutida, que toca com paixão!

George Israel (Kid Abelha / Os Britos – voz, sax e guitarra)

O Incansável soldado do próximo passo. Excelente contrabaixista, cantor e *performer*, Rodrigo Santos é uma daquelas pessoas que nos faz acreditar que tudo é possível. Nos dois sentidos. No primeiro, como poderia uma pessoa bonita, talentosa, querida por todos ao seu redor e com uma carreira brilhante, se entregar às drogas da forma como ele se entregou? No fundo do poço, conseguiu voltar de onde quase ninguém volta. O mesmo talento, antes negligenciado em função das drogas, o fez renascer para sua arte, o que acabou sendo também sua salvação. O Incansável soldado do próximo passo está sempre a nos lembrar, em cada gesto, sempre intenso, que o que se leva da vida é a vida que se leva. E que não há tempo a perder.

Nilo Romero (Cazuza, Moska, Kid Abelha e produtor do CD "Motel Maravilha – baixo e guitarra)

Conheci o Rodrigo faz muito tempo, antes do Barão. Já acompanhava ele desde os tempos do Leo Jaime, quando era do Front. Eu já achava ele um dos melhores do Brasil. Dei uma entrevista para O Globo ou o Jornal do Brasil, falando que o melhor baixista internacional naquela época era o Flea. E nacional era o Rodrigo. Vi ele tocar com o Moska e achei ótimo quando ele entrou para o Barão. Passamos a nos encontrar pouco. Mas quando começou sua carreira solo ele falou que ia compor comigo! Até ali eu o via como músico e não como compositor. Até que ele chegou e disse "*Vamos fazer música*". Acabou que fizemos coisas lá no início "undreground" dele, toquei na temporada da Letras & Expressões, no Cinemathèque. Me impressiona a determinação dele, totalmente voltado para o trabalho, sendo seu próprio empresário, marcando shows, comprando passagens. Eu não conseguiria fazer isso. Eu ficava preocupado dele largar o Barão e sair solo, com muito material autoral. Mas ele achou um formato mesclando as "*covers*" com seu material. Me impressiona como ele administra ser um artista solo, que não tinha sido cantor e "*frontman*", e agora com esta agenda lotada, organizando tudo. Um exemplo para os dias de hoje, em que artistas não podem mais ser "primas donas", esperando tudo da gravadora, que a TV vai ajudar, enquanto ficam na esbórnia aguardando o dia em que vão virar sucesso. Não conheço ninguém mais adaptado aos tempos de hoje como o Rodrigo. Fico cansado só de ver a agenda dele. Ele é um exemplo difícil de ser seguido. Chegou num lugar onde não dava mais para ficar, não dava mais para brincar. Pegou o *drive* que ficava desfocado pela droga e colocou no trabalho. Ele aglutina as pessoas em seus "shows maratonas".

Leoni (voz, violão e baixo)

Meu caro Rodrigo. Fiquei feliz quando você ligou e falou tantas coisas bacanas sobre os meus discos. Mas eu também quero falar. Apesar de não sermos tão próximos, quando nos encontramos nos aeroportos da vida, sinto que rola uma boa energia. Sei da sua trajetória, de grande participação na cena do Rock Brasil. Tive a oportunidade de ouvir o seu disco-solo, lembra, você me deu no em pleno voo? É isso aí meu irmão, é uma estrada, é uma viagem, é a nossa vida de artista. Pra chegar até aqui, sei também que a luta foi grande, até você descobrir que a lucidez é a maior loucura. Já sabemos a onda de cor e, para surfar não precisamos mais de nada que vem de fora pra dentro, muito pelo contrário. A ideia do livro é muito boa, o livro eterniza. Sendo assim teremos a oportunidade de compartilhar a sua história, que é uma história de vida que servirá com certeza de espelho e de exemplo pra muita gente, para muitos jovens. Ficamos gratos e reconhecemos a sua generosidade.

Moraes Moreira (voz e violão)

Eu sempre achei o Rodrigo, na minha opinião pessoal, um bom baixista, um artista muito talentoso. Um ótimo compositor, por quem tenho a maior admiração. Um dos artistas mais importantes que temos no Rio de Janeiro e no Brasil. Além do respeito, tenho um enorme carinho. Ele sempre teve esta veia musical de querer ter a carreira solo dele, de mostrar o trabalho, os pensamentos, o comportamento. O conheci desde os tempos do Barão e tive a honra de tocar em dois projetos dele. O primeiro foi especial, ali "em cima da Kombi". Esbanjamos uma alegria fora do normal. A alegria e a satisfação de estarmos ali, tocando juntos pela primeira vez, sublimou tudo! Muito amor e alegria de estarmos juntos.

Pepeu Gomes (voz, guitarra, violão e bandolim)

Durante o *boom* do rock brasileiro nos anos 80, o Rio de Janeiro teve uma agitada cena artística, com inúmeras bandas e músicos que frequentavam o efervescente circuito local de shows, uma época romântica, onde muitos sonhavam em viver de música, ao serem contratados para o *cast* das gravadoras que buscavam descobrir e investir em novos e promissores nomes para vender discos, tocar nas rádios e aparecer nos programas de TV. Foi assim que acompanhei a trajetória de um talentoso baixista ainda moleque, que chamava a atenção de muita gente ao integrar diversas bandas de sucesso passageiro, mas que lhe serviram de plataforma profissional até que fosse convocado para integrar bandas mais consagradas. Em pouco tempo, vi como o moleque Rodriguinho passou a ser reconhecido como Rodrigo Santos, do Barão, do Kid Abelha, duas bandas onde deixou sua marca e ajudaram a construir sua reputação como um dos melhores e mais conhecidos baixistas brasileiros. O tempo parece que não passou para esse músico experiente, que ganhou o centro do palco cantando Beatles e tocando com Andy Summers. Rodrigo hoje continua com espírito de moleque, indo cada vez mais longe em seus projetos solo, com muita garra, vontade de fazer e talento ilimitados. Sua jornada parece estar apenas começando. Valeu Rodrigo!

João Barone (Paralamas do Sucesso - bateria)

Eu era muito amigo da irmã do Rodrigo, uma das gatas mais lindas do Arpoador. E ele era o irmão menor, que ficava sempre por perto quando a gente ia tocar. Eu levava ainda um som meio *"underground"* na casa de amigos. E os pais deles tinham uma casa muito maneira em Samambaia, onde eu tocava com meu parceiro Lui. Um dia a Anna virou-se para mim e disse que o irmão dela estava tocando e tinha uma banda. Eu achei legal, ainda mais porque ele tocava baixo. Aí pintou a Blitz, e eu continuava torcendo por ele. Quando ele entrou para o Barão eu fiquei super orgulhoso, pois o conhecia desde pequeno, e agora ele estava ali, por "perto", tocando numa banda contemporânea minha. E ele nunca se acomodou. Tinha o trabalho dele, evoluindo como compositor, como cantor, e eu sempre achei isso muito legal. Além disso, era um ótimo parceiro de futebol no *Rock Gol*. Um cara alto astral, do bem, passou por várias fases e deu a volta por cima. Tem uma família bacana. Ele e o Fernando tocaram na Blitz, e quando fomos gravar, ele nunca perguntou "quanto vou ganhar"? Ele curte tocar. Faz shows em vários lugares e, de repente, está com o Andy Summers. Torço por ele!

Evandro Mesquita (Blitz – voz, violão e gaita)

Acho que o Rodrigo é um exemplo de superação. Um garoto bonito daquele jeito, talentoso, foi se perder nas armadilhas das drogas. Eu sou um dos raríssimos casos de alguém da minha geração, com 47 anos de profissão, nunca fumei maconha, nunca cheirei. Ele tocou com a Blitz, foi maravilhoso. Ele tem um espírito guerreiro. Admiro como ele divulga seu trabalho, como corre atrás para chegar onde merece estar. O tenho na mais alta conta como músico, como pessoa, talentoso, com uma história de superação das drogas maravilhosa! Vejo ele dar a volta por cima de tudo. É lindo vê-lo cantando Police com o Andy Summers. Eu brinco com ele até hoje que fui o responsável pelo casamento dele com a Patrícia. Ela era minha amiga e me ligou um dia perguntando se eu conhecia ele, baixista do Barão, se era gente boa. Eu falei que era uma pessoa maravilhosa, além de ser bonito e tal. Sempre que vejo ele com aqueles filhos lindos, eu falo *"Rodrigão, tu me deve essa! Enchi sua bola"*

Roberto "Juba" Gurgel (Blitz - bateria)

Tocar com o Rodrigo foi o maior barato. Assim que o Barão deu a primeira parada, o Rodrigo e o Fernando vieram, tocar com a gente na Blitz. Um cara legal, canta pra caramba, digo que está "cantando pra cacete ultimamente". Está mais do que merecido este sucesso, ele está ótimo. Ser humano exemplar, investiu na profissão, cuida da família, merece todo o sucesso que está tendo. Tocou muito com a Blitz, era muito legal, fizemos música junto. Quando precisamos dele na Blitz sempre estava junto, super gente boa. Rodrigo veio para esta Terra para tocar, parou com tudo! A gente curtiu muito, mas depois ele parou. Muita saúde, muito show!

William "Billy" Forghieri (Blitz - bateria)

Nos minutos finais do segundo tempo, um certo capitão Rodrigo me liga e pede que eu escreva sobre sua pessoa, nossa parceria e amizade, para a biografia que vai lançar e que não vejo a hora de ler. Ligo para o Pugialli que me acelera, "dicum força", sobrecarregando meu já sobrecarregado motor envenenado. Entro num sebo para tomar um café e pego um livro, "Os Moedeiros Falsos", de Andre Gide, para ver se consigo "roubar" alguma coisa. Abrindo aleatoriamente no capítulo 5º da primeira parte, encontro esta epígrafe de La Rouchefocald: "Algumas vezes acontecem na vida acidentes dos quais, para se sair bem, é preciso ser um pouco louco". Anotada a epígrafe, continuei folheando o livro e, no capítulo 6º da segunda parte, encontro outra do mesmo autor: "Há certos defeitos que, bem empregados, brilham mais do que a própria virtude". Eu e Rodrigo nos saímos bem de vários acidentes por sermos muito, muito loucos. Por sorte, e como prefiro acreditar, principalmente por ordem de um Poder Superior. Acredito também que nossos defeitos, agora bem empregados, brilham mais do que qualquer virtude que tenhamos ou não, porque subvertemos o sem sentido do avesso, do avesso, do avesso: o tempo perdido, impregnado de álcool e drogas agora é preenchido com pura potencia, vontade, disciplina, amor, paixão, e até mesmo compulsão convertida em trabalho excessivo (Menos é mais Sergio Santos!). Resumindo: sobrevivemos a nós mesmos. E Rodrigo, meu amigo de loucuras e lucidez alucinada, virou o jogo e com um drible surpreendente no penúltimo minuto fez um golaço. O gole da recuperação, do só por hoje, da rendição, da redenção. Por isso, e por tantas, desde que o vi pela primeira vez cantando e arrasando num baixo de 3 cordas num sarau do Souza Leão, que eu entrei pulando o muro, que o admiro e me orgulho cada vez mais.

Sérgio Serra (Ultrage a Rigor – voz, guitarra e violão)

Meu querido amigo Rodrigo foi tocar comigo numa banda num ensaio num bairro da Glória, ele chegou beeeemmn jovem, (sim já fomos e continuamos) e com um baixo e com amplificador enorme que tivemos que descer todos da banda pra pegar de tão pesado que era. Depois ele trouxe uma cantora, pois nossa banda só tinha bateria (Felipe Ovo), guitarra (Andre) e na gaita eu... Depois a Banda continuou com outro formato e depois de vários shows aonde entrou mais uma guitarra (Nitto) e uma voz (João Guilherme), que era irmão do André (guitarra). Fomos fazer um show no extinto Teatro da Galeria com patrocínio da loja da época, "Cores Vivas". Teatro lotado com 300 pessoas que curtiam muita a gente, só garotada e gente bonita na plateia. Éramos uma banda "*cover*" e as pessoas amavam. Tocávamos Yes, Stones, América, Neil Young, etc... Rodrigo sempre sorridente. As pessoas o amavam na banda, principalmente as meninas da fila do gargarejo, na plateia... kkkkk. Depois, quando a banda acabou, o vi tocando várias vezes com os Britos, Barão Vermelho, Lobão! Sou fã! Lembro do sarau que fizemos na cidade de " Araras" na serra carioca. Eu, ele e seu eterno companheiro Kadu na percussão no caso nesse dia a percussão era a própria caixa do violão do Rodrigo... Kadu deu show! Animamos a noite! Rodrigo, além de ser a cara do Rio, é a cara de música boa.

Marcelo Serrado (ator e gaitista).

Rodrigo é um querido. Sempre gostei dele. Sempre que nos encontramos rola a velha brincadeira dos tempos de Los Angeles, quando trabalhamos em um disco do Lobão: *"meu papai"*, *"meu filho"*! Gostamos das mesmas coisas, tocamos baixo. Fiquei muito feliz quando ele foi para o Barão. Acho legal ele cantar, tenho inveja deste ímpeto. Canta super bem. Fico contente de ver como ele está, com muita garra. Admiro o seu trabalho, gosto muito dele, é muito musical.

Liminha (Os Mutantes / produtor musical – baixo, guitarra e teclado)

O Rodrigo é um cara incrível. Ele é irmão de uma amiga minha, é bem mais novo do que eu. Super baixista! Tocou com o Lobão. Quando eu fui para o Barão foi muito legal, muitas viagens, aprendi muito com aquela "galera mais jovem". Fiquei 2 anos com eles. Mas não era a minha banda. Saí para acompanhar o Caetano. Uma vez eu comprei um Fender na época do Barão. Fiquei curto de grana e vendi "de graça" para o Rodrigo por 500 dólares. Quando ele ficou curto de grana, ele me vendeu de volta, por 500 dólares O Rodrigo foi a escolha perfeita, ele é Barão Vermelho! Um músico incrível.

Vendo ele agora, o gás, como corre, consegue shows, a turnê com o Andy Summers. Sou muito fã, maior astral.

Dadi (Novos Baianos / A Cor do Som – voz e baixo)

Rodrigo diz que virou baixista por minha causa. Fizemos muitos shows juntos. O admiro como músico, e o que vejo é uma pessoa concentrada, com belas linhas de baixo. Ele está entre os melhores, na minha opinião. Que continue do mesmo jeito, descobrindo o que gostava. Casou perfeitamente com o Barão, com força de vontade, correndo atrás. Ele é seguro, não joga nota fora! Assim como éramos nos Novos Baianos.

Didi Gomes (Novos Baianos / Pepeu Gomes / Gil - baixo)

O que mais me surpreende no Rodrigo Santos é a capacidade que ele tem de se reinventar. Depois de muito tempo sendo baixista do Barão Vermelho, com a parada do Barão montou Os Lenhadores, virou vocalista principal, gravou bons álbuns solos e caiu na estrada fazendo shows espetaculares por todo o Brasil tocando o que mais gosta: *rock'n'roll*. Isso sem falar na vitória que ele tem tido na sua luta diária e pessoal pela abstinência! Parabéns Rodrigo e boa sorte!

Arnaldo Brandão (A Bolha / Hanói Hanói e A Outra Banda da Terra – voz e baixo)

Fiquei muito honrado com o convite, pois sei da batalha que é viver de música nesse país! Rodrigo é um exemplo disso, um guerreiro que venceu muitas batalhas e é uma prova de que quando o ser humano tem garra e disposição vence todos os obstáculos. Tenho acompanhado sua trajetória, seu talento musical indiscutível e torço para que essa bela carreira tenha longa vida! Forte Abraço.

Sergio Magrão (O Terço / 14 Bis - voz e baixo)

Rodrigo Santos é, com certeza, um grande cara – versátil, criativo e inquieto. Baixista na origem, produtor, violonista, cantor e compositor, já tocou com Deus e o mundo. Sempre se reinventando, permanece fiel ao ditado que diz "Pedra que rola não cria limo" Em sua mais nova encarnação "solo", bate escanteio e cabeceia. É autor de dezenas de canções pop-rock com apelo popular e qualidade suficiente para figurar ao lado do que melhor se produziu na década de 80."

Sérgio Britto (Titãs – voz e teclados)

Sempre achei o Rodrigo um grande músico, um especialista do rock. Há muitos anos, voltando de um fim de semana "intenso" de shows do Barão e dos Titãs, dividimos um táxi do aeroporto Santos Dumont para as nossas casas. Não lembro de nada que falamos, mas nunca me esqueci das risadas. Você lembra, Rodrigo? Rsrs ...

Branco Mello (Titãs – voz e baixo)

Rodrigo, grande craque dos gramados, palcos e asfalto. Música, superação e amizade, muitas histórias". Uhuuuu! Grande abraço

Dado Villa Lobos (Legião Urbana – voz e guitarra)

A primeira vez em que ví o Rodrigo ele tocava na banda do Lobão, mas foi nas inúmeras canjas que dei no Barão Vermelho que nós ficamos amigos. Desde então acompanho sua estrada e bato palmas pra sua força na luta contra os vícios. O Rodrigo foi muito valente, e essa vitória foi determinante para hoje vê-lo tocando e cantando muito no furioso *power trio* "Rodrigo Santos & Os Lenhadores"...

Luiz Carlini (Tutti Frutti - guitarra)

Rodrigo é um grande amigo e parceiro, com quem eu tive a honra e o privilégio de dividir o palco em duas edições do Baú do Raul, no Circo Voador e também em Cabo Frio. E foi com muito orgulho que recebi o convite para participar do seu CD *Waiting On A Friend*, nas faixas *"Helpless"* e *"Positively 4th Street"*

Rick Ferreira (guitarrista de todos os discos de Raul Seixas a partir do "Gita", de 1974)

No final de um show dos Mutantes, em meados dos anos 70, dei um par de baquetas para o Rodrigo Santos — na época um garoto. Embora não tenha sido baterista, o Rodrigo se tornou, isso sim, um músico e compositor cheio de talento e bom gosto, além de ser um guerreiro que consegue caminhar vitoriosamente com suas próprias pernas, construindo uma sólida carreira neste terreno tão turbulento que é o espaço musical brasileiro. Tiro o meu chapéu.

Rui Motta (Mutantes – bateria)

O Rodrigo é muito especial. Ele era muito garoto quando veio para Os Miquinhos. Fomos a primeira banda profissional em que ele tocou. Ele tinha o Front e já chegou gravando nosso 2º LP, junto com os meninos da banda. E partimos em turnê, pois o disco fez sucesso. Éramos uma família. Ele o irmão mais novo e nós cuidávamos e dávamos "duras". Até hoje temos uma relação muito bonita. Sinto orgulho pela volta por cima, canalizar a compulsão para o trabalho. Tenho orgulho pelo resgate da coisa saudável dele. É o meu amigo que mais faz shows hoje em dia. Resgatou seu caminho. São poucos caras que fazem isso. Ele é um exemplo.

Selvagem Big Abreu (João Penca & Seus Miquinhos Amestrados – voz e guitarra)

O João Penca tinha o Bob Gallo como baixista, dentre nós o melhor músico da banda. Mas ele descobriu que cantava bem e largou o baixo. Tentamos alguns baixistas até que o Kadu, que era o nosso baterista, trouxe o Rodrigo. Fomos a primeira banda profissional em que ele tocou. Ele, Kadu, eram do Front, que só tinha músicos virtuosos. Mesmo depois que saiu do João Penca ele quebrava galho para gente. Só ele para chegar de emergência e, em dois dias, estar com o show inteiro pronto. Tocar com ele no DVD, no Teatro Ipanema, nossa casa, foi mágico. Sempre na torcida pelo sucesso dele. Um cara que tem uma "alma azul". Ele teve muita coragem e "saiu do túnel". Parabéns!

Avellar Love (João Penca & Seus Miquinhos Amestrados – voz)

Conheci o Rodrigo lá pelo meio dos anos 80 do século passado; estávamos vivendo o *boom* do movimento rotulado de BRock, que mais tarde receberia ainda outro rótulo de Rock anos 80, a indústria da música tinha descoberto que haveria um grande mercado detonado a partir do estouro nas rádios da música " Você Não Soube Me Amar ", da Blitz. Toda gravadora queria um conjunto de Rock pra chamar de seu, eu já ate me considerava um profissional da música, com os diretores de gravadoras indo aos shows pra verificar a viabilidade da mercadoria ... o segmento Rock que havia surgido timidamente (comercialmente falando) nos anos 60, havia sido ignorado nos 70, e enfim nos 80 era a bola da vez, nunca havia se vendido tanta música no mundo, as gravadoras bombando, disco de ouro, platina. *Rock New Wave*, *Dark*e *Pós- Punk* para os mais moderninhos, eu mesmo fui barrado na porta do Crepúsculo de Cubatão em razão de estar usando uma roupa muito coloridinha. No meio dessa confusão de Chacrinha; Circo Voador; Circo Esperança, que era ali onde hoje tem um estacionamento da Puc; Teatro Ipanema; praia no Posto 9 Ipanema; e danceterias em Sampa e no Rio, a grande mosca era acertar uma música que tocasse no rádio , o que poderia alavancar tudo o que então queríamos, e pode ser resumido pela famosa frase: "*Sex , drugs&Rocknroll*", e uma carreira (profissional). Dado o cenário, voltemos aos nossos personagens. Conheci o Rodrigo junto com os meninos do Front, chamo de meninos porque eram uns dois ou três anos mais novos que eu e minha turma. Acho que estávamos gravando o segundo LP dos Miquinhos, e eles estavam batalhando o caminho deles pela CBS, a companhia que havia contratado o Leo Jaime; isso fez os nossos caminhos se cruzarem, me chamou atenção o entusiasmo e o fato de tocarem muito bem. Como estávamos fazendo o nosso disco contando com o auxilio de músicos de estúdio (após sermos espinafrados pela performance musical no primeiro disco), pedimos para o Front fazer a base de uma música do Leo chamada "Sem Ilusões", e acho que também de alguma outra, um instrumento aqui, outro ali, e nessa fomos em frente na nossa parceria, eles me mandaram uma música pra botar letra, e mais tarde, a participação tanto do Rodrigo quanto do Kadu Menezes e do Ricardo Palmeira na banda de apoio dos Miquinhos. Findos os anos 80, eu tendo saído ou sendo convidado a sair (ainda não entendi) dos Miquinhos, fui fazer outro projeto de grupo chamado Orquestra Xaka Xaka, o que me ocupou durante algum tempo, e também paralelamente comecei a fazer trabalhos de produção musical para cinema, televisão, e fui acompanhando de longe a carreira do Rodrigo como músico de apoio do Lobão, do Kid Abelha, e também quando ele passou a integrar o Barão Vermelho, já sem o Cazuza ... Pulando pros 2000, vi o crescimento do Rodrigo como artista, compositor e, surpreendentemente, cantor e *performer*, a superação dos problemas com drogas, e a força de vontade, nadando contra a corrente de um mercado da música em transformação radical. Sempre me surpreende o pique de encarar as roubadas da estrada num esquema de produção longe do ideal, a autoprodução / divulgação, enfim todas as coisas que necessitariam de várias pessoas trabalhando para aquilo acontecer, e o mais difícil de tudo pra mim: O *power* Trio. E fiquei imensamente feliz quando vi que a minha música "*Popstar*" encerrava o DVD do Show no Teatro Ipanema, assim como se fosse ele vestindo a camisa do personagem e dando um sentido real ao meu delírio adolescente. Então esse cara guerreiro é um legitimo representante dessa nossa geração, pois estava no olho do furacão na época, e pode carregar esse legado com propriedade, e também fornecer as novas músicas pro século XXI (Alô Mariozinho! Se liga!), que já vem curtidas de estrada, experiência e *rocknroll*.

Leandro Verdeal (João Penca & Seus Miquinhos Amestrados – guitarra)

O Rodrigo é como o irmão que não tive. Fiquei órfão aos 6 anos de idade e passei a morar com minhas tias. Quando nos conhecemos, através do Valladão, aos 15 anos de idade, seus pais me receberam super bem, como a um filho. Passamos por várias bandas juntos, até que ficamos um pouco mais afastados quando ele foi para o Barão. Mas eu não deixava de frequentar a casa dos pais dele, principalmente em Samambaia. Ao ponto de ele ligar para lá e quem atendia era eu! (rs) Eu curtia ouvir os discos de *jazz* que o pai dele tinha em sua discoteca. Neste período de Barão, a gente se afastou, até porque ele estava no auge das drogas. Mas ele deu a volta e eu acabei produzindo o 1º disco solo dele. Deu um trabalho do caralho, fizemos bem aos poucos lá no meu estúdio, depois no Valladão (Jam House). Para mim este disco tem uma sonoridade diferente. Ele é muito musical.

Kadu Menezes (Kid Abelha / Lenhadores - bateria)

Conheço o Rodrigo desde a década de 1980, mas era apenas socialmente. Ele já tocava bem, cantava bem. Fui conhecê-lo realmente quando ele entrou para o Barão. E foi uma grata surpresa, uma alegria. Ele foi uma injeção de ânimo para o grupo naquela época. O Barão estava bem ativo, com turnês enormes. Ele entrou e se encaixou super bem. Chegou com opinião e ideias, sempre educado, e acrescentou. Não veio só para tocar o baixo. Apesar de tudo, ele nunca perdeu o humor ou a vitalidade. Estava muito baseado em droga/álcool, era "há há há" o tempo todo. Era uma arapuca que ele conseguiu sobreviver. Toda viagem de volta ao Rio, ele pegava um taxi para casa completamente descaralhado, bêbado, quase lama. Era muita preocupação, com ele e com sua família. Por isso rolou a "dura" nele. Ele teve uma mudança enorme. O que ele conseguiu é inacreditável, graças à dura de 2004, pois só no papo não resolvia. Ele dava uma parada, jogava bola, bebia água de coco e achava que estava tudo bem. Ele se enganava. Se ele não quisesse ser ajudado ele não pararia. Ele viu que ali foi uma oportunidade da vida para ele. E ele soube aproveitar. E a força de vontade em ver pessoas depois, ao lado, bebendo e tal, e ele ali, seguindo à risca seu tratamento. Como ele sempre dizia *"Vontade dá e passa"*. Hoje ele é outra pessoa. Não há parâmetro de comparação, ele teve uma mudança enorme. Ele mostrou agora o grande artista, o *frontman*, cantando e compondo em sua carreira solo. Ele não tinha esta "veia empresarial", de movimentar seu nome, sua carreira. Ele vai chegar no seu objetivo, onde sua música vai estar difundida em todo o país. Eu fico impressionado como ele conseguiu chegar aonde chegou, com a situação da indústria musical como está. E não é por grana não, pois muitos artistas "montados na grana", fazem diversas ações, e não acontece nada! Nosso trio tem "tamanho", preenchemos as músicas, e este formato está funcionando super bem!

Fernando Magalhães (Barão Vermelho / Lenhadores – guitarra e voz)

Conheci o Rodrigo ainda nos anos 80, mas ficamos mais próximos quando ele começou a tocar no Barão Vermelho em 1992. Músico competente, boa praça e meio porra louca, foi um parceiro constante numa fase em que ambos estávamos vivendo na boemia. Depois de muitas turnês e muito roquenrou, ele precisou mudar seus hábitos pra continuar na estrada. E mudou. Por isso, é uma alegria saber que o meu amigo continua na estrada"

Maurício Barros (Barão Vermelho – voz e teclados)

Quando o Rodrigo veio para o Barão eu briguei para ele já entrar gravando, entrar mesmo na banda! A gente andava junto direto, se drogava muito. Quando ele usava, era durante dias. Eu ficava só no fim de semana. Quando ele parou, eu ainda continuei por um tempo, até parar depois, quando a idade começou a pesar. Nossa convivência é muito maneira. Sempre foi um grande amigo, um camarada. Ele teve uma força de vontade muito grande, um cara muiti foda em largar tudo. Eu me espelhei nele, como ele fez. Ele me dizia: *"Peninha, o negócio não é curtir a hora, é pensar no amanhã. Se você pensar no amanhã você não cheira"*. E deu certo! Nunca mais coloquei nada no nariz. Esta força de vontade, esta superação dele são o que me fazem admirar o Rodrigo! Sucesso com a biografia!

Peninha (Barão Vermelho - percussão)

O Rodrigo foi uma grata surpresa pro Barão Vermelho. Depois de substituirmos o Dé, por seu ídolo Dadi, que depois de 2 breves anos, partiu pra tocar com Caetano Veloso e nos fez passar novamente pela experiência de descolar outro baixista, surgiu o Rodrigo. Era 1992 e o novo baixista, subiu no bonde andando literalmente e saiu tocando, gravou um bom disco e caiu na estrada. Rodrigo é um ariano nato, impulsivo, intuitivo, Kamikase. Como todo ariano, como Cazuza e Maurício Barros, extrapolava na loucura, talvez pra disfarçar sua verdadeira alma careta. Tenho algumas parcerias boas com ele, como "Mesmo que seja tarde" e a que mais gosto "Cara a Cara". Sou parceiro do Rodrigo também nos Britos, onde compusemos um cd inteiro de inéditas em português, como "Não Olho Para Trás" que faz parte de meu primeiro cd solo, *Alimentar*. Rodrigo e eu somos bem divergentes, eu diria que sou o oposto dele mesmo, no modo de pensar, escrever, compor, arranjar e produzir arte. Admiro sua força e sua capacidade de insistência no que acredita. Sua vontade de abandonar as drogas e recuperar a família, o trabalho, a auto-estima me comovem muito, embora essas palestras sobre estes assuntos me soem chatérrimas... Afinal de contas, sou das artes práticas e pra mim, a verdade está no meio, então sigo fumando meu baseadinho, tomando meu whiskinho e vou lutando contra a caretice que o Brasil insiste cultivar. Rodrigo Santos é uma torneira aberta no máximo!

Guto Goffi (Barão Vermelho - bateria)

Conheci Rodrigo ainda cedo, por volta dos 14/15 anos de idade, antes mesmo de eu formar o Barão. Ele é um ou dois anos mais velho que eu. Um amigo comum nos apresentou dizendo que ele gostaria de ter aulas de baixo comigo. Aquela ideia me pareceu absurda, mas fui encontrá-lo na casa dos seus pais no Largo dos Leões pra trocamos idéias. Deu pra ver que tínhamos referências parecidas. No final não rolou a aula, mas ficamos amigos, Rodrigo passou a frequentar minha casa e formou uma banda com meu irmão Ricardo. O Front. Depois disso, ainda que não fossemos lá muito próximos, nunca mais perdemos o contato. Ele passou a fazer parte da banda do Leo Jaime e depois de Lobão, e nos encontrávamos pelas estradas da vida. Quando eu saí do Barão Vermelho e eles convidaram Rodrigo pra me substituir, tomei aquilo como uma homenagem, já que a banda procurou alguém do meu círculo de amizades e com influências musicais parecidas com as minhas.Foi numa noite de dezembro, não lembro o ano, perto do Natal, numa reunião na casa do jornalista Antônio Carlos Miguel que Rodrigo me disse que havia deixado de tomar drogas. Pude acompanhar seus problemas com a cocaína e aquilo me deixava preocupado. Mas fui duro com ele e lhe disse: "Você não faz mais do que sua obrigação de pai". Confesso que fui embora dali com poucas esperanças de que aquilo duraria, mas fico super feliz que ele esteja bem e limpo há tanto tempo.Recentemente, quando o Barão completou 30 anos do lançamento do 1º disco, me reaproximei da banda pra comemorarmos a data, e Rodrigo foi super bacana e generoso, dando força pra que tocássemos juntos em alguns shows.

Dé Palmeira (Barão Vermelho / Panamericana – voz e baixo)

A memória mais antiga que eu tenho do Rodrigo foi quando eu trabalhava no Noites Cariocas e o vi, acho que com a banda que acompanhava o Lobão, ou com o próprio. Mais tarde nos encontramos no *Hollywook Rock*, depois da apresentação dele com o Lobão, e ali eu já achava que ele era a cara do Barão. O Dé tinha saído, mas ele não entrou naquele momento. Fiquei feliz em saber que depois os outros também acharam que ele era o cara. E eu estava certo, pois com um mês, dois, era como se ele sempre fosse do Barão. Um cara muito bacana, muito pra cima, colaborativo. Mesmo nos períodos mais graves, jamais causou um problema, tipo não tocar. O problema mesmo era acordá-lo depois dos shows para viajar para outra cidade. Fora isso, sempre foi perfeito. Uma vez, nos Estados Unidos, ele sumiu no aeroporto, e a gente não achava ele. Resolvemos chamá-lo pelo sistema de alto-falantes, e ele veio puto (rs). Tivemos todo cuidado durante o período de recuperação dele. E brincávamos muito tipo "você era menos chato quando estava torto", pois naquele período ele ficava "*pô, não fuma aqui, deixa a bebida lá fora, vai fumar em outro lugar*". Uma vez eu fui assistir a um show seu e em São Paulo, e, no camarim, ele me disse "*olha, uma garrafa térmica cheia de ... café*" (rs). Mas tenho certeza que tudo valeu a pena, pois o que ele construiu depois é muito importante para ele e muitas pessoas. Um cara sensacional. Fiquei muitíssimo feliz com esta volta que ele deu, Graças a Deus. É esforço dele, com ajuda da mulher, dos filhos, dos amigos de verdade. Torço por ele, para ter uma vida mais calma e produtiva.

Duda Ordunha (empresário do Barão Vermelho)

CAPITÃO!! Você fazia parte do naipe kkk!! Acho que nenhum músico conseguia barrar a nossa turma no quesito eficiência de tocar e estar doido ao mesmo tempo. Eu achava que só o pessoal do naipe teria essa "patente", mas na estrada descobrimos um novo companheiro, só que vindo das 4 cordas. E só no Barão pudemos descobrir essa nova faceta. O que tenho que acrescentar é a parte musical porque você é diferente, tipo um roqueiro com suingue e isso é raro né? Ah! Tem o futebol também, não esqueça que fui seu técnico um dia (muito bom) no Rock Gol, e minha maior dificuldade não era o seu posicionamento tático, mas sim, na concentração, botar a rapaziada pra dormir cedo!! kkk.

Serginho Trombone (Barão Vermelho / Tim Maia)

Encontrei pela primeira vez o Rodrigo por acaso, na rua Marquês de São Vicente, na Gávea, pouco tempo depois de ter sido lançado "Puro Êxtase", o disco que contém minhas duas primeiras músicas gravadas, "Por você" e "Vou correndo até você", e a primeira dele gravada pelo Barão, "O Sono Vem". Ele ainda não me conhecia, eu o abordei. Lembro que elogiamos as canções um do outro e combinamos de um dia compor algo juntos. Ficamos amigos logo. Começamos a compor regularmente eu, ele e George Israel. Por um bom tempo, nos encontrávamos toda segunda-feira à meia-noite e íamos até de manhã com pelo menos duas novas músicas, registradas ainda em fita cassete. Algumas (poucas) dessas canções foram gravadas, a maioria não aconteceu. Mas foi um período importantíssimo de criação, de experimentações e de muitas gargalhadas. Trabalhar nunca foi tão divertido. Lembro também como se fosse hoje quando saímos para comemorar, com Pati e Sylvia, nossas mulheres, que a música "Mais Perto do Sol" havia sido escolhida música de trabalho do último disco de estúdio do Barão. Foi uma noite longa. Só que no dia seguinte a gravadora mudou de ideia e resolveu trocar a música de trabalho (para a faixa "Cuidado"). Poucos dias depois, Rodrigo decidiu parar com as loucuras e virar radicalmente a página de sua história. Hoje ele está aí, fazendo seu trabalho, sendo reconhecido. Confesso que às vezes sinto falta do cara das noitadas, sempre pronto pra mais uma dose, muito espirituoso, companheiro, mas reconheço que ele está bem melhor assim. Compulsivo ele sempre será, mas pelo menos trocou as drogas pelo trabalho e pela bela família que tem. Não poderia deixar de mencionar também que ele foi o produtor do meu disco autoral, "Vou à Vila", o primeiro a acreditar que, mesmo não sendo cantor, eu poderia cantar, num disco com minhas canções com meus parceiros. Serei sempre grato por isso e por muitas outras coisas. Por fim, queria dizer que ele está cantando cada vez melhor, muito seguro nos inúmeros shows que tem feito, e que, num trabalho solo em progressão, vem atingindo uma dimensão artística que ele já tinha potencialmente, mas que agora muito mais gente está sabendo que Rodrigo Santos em cima do palco bota pra foder.

Mauro Sta Cecilia (poeta e escritor)

Beatles, Pink Floyd e essas maravilhas do outro mundo aconteciam pra mim na vitrola e no *walkman*, mas só até eu subir num ônibus rumo ao Sul da Bahia, no comecinho dos 80. Meu parceiro de viagem, que eu mal conhecia, sacou o violão e fez a mágica do *The Wall*, do *Sgt Peppers* e de outras catedrais do rock'n'roll ali mesmo, a bordo da gaiola rolante da São Geraldo. Foda. Não preciso dizer que Arraial D'Ajuda inteira ficava em volta da gente – ou melhor, do violão do Rodrigo. *All night long*. Uma noite, nos pilotis da PUC, o Rodrigo me disse que tava indo fazer uma sauna na casa da namorada nova, ali do lado. Perguntou se eu não queria ir também – o que não tinha nada a ver, afinal ele ia ver a gata dele. Mas o Rodrigo tinha essas maluquices, e eu já fui dizendo que não tinha nem calção pra me jogar numa sauna. No que eu falei isso, surgiu do nada, ali no intervalo das aulas, um cara vendendo calção.... Bem, eu comprei o calção, e na sauna tinha duas gatas – sendo que a segunda virou a mãe dos meus filhos. Vai atrás do Rodrigo pra ver o que te acontece...

Guilherme Fiúza (jornalista, roteirista e escritor).

Lá estávamos eu e minha namorada, sentados nos degraus de uma pequena arquibancada que percorria a lateral da casa de shows Canecão, no Rio de Janeiro. Era meados de 1989, e nossos sorrisos de –*"Uau que Demais!!"* – se materializavam enquanto o Lobão empunhava um braço sustentado por uma tipóia-faixa presidencial verde e amarela cintilante, e uma banda energeticamente arrebatadora trazia a casa abaixo. Era a segunda vez em que estava no mesmo recinto com aqueles amigos, com quem viria a trabalhar em um futuro não muito distante. Já os tinha visto um ano antes na turnê do disco *Cuidado!* e ali estava com toda a atenção de quem sabia que via a fábrica de som favorita mandar bala no repertório de *Sob o Sol de Parador*. Foi a segunda vez também, que vi meu querido amigo Rodriguinho como era conhecido na época brilhar, mas a primeira vez que prestava atenção em sua performance, agora com conhecimento causa. Sim, leituras interessadas em encartes de discos importantes eram minha cartilha e eu já poderia dizer o nome de todos ali naquele palco luminoso. A energia que o Rodrigo passava naquele show misturado com a pressão que criava no baixo e nos vocais, junto com o Kadu Menezes na bateria, tudo em forma de trem desembestado, até hoje formam um quadro inesquecível estampado em minha memória. Quando em 1991 a MTV apareceu em terras Brasilis e logo em seus primeiros dias trazia o Rodrigo abrindo o clipe de "Corações Psicodélicos" com suas notas altas e precisas, já dava para entender que ali estava um cara que conduziria muito mais força e diversão ainda naquela geração. Minha história com esse meu admirável amigo começou quando ele entrou para a banda Barão Vermelho. Na época eu estava na banda Heróis da Resistência e me lembro do dia em que a notícia correu, e de ter dito para meus parceiros Leoni e Galli (baterista da banda) *"Boa! Ele é o cara perfeito para o cargo!"* Começamos a fazer parte dessa "turma de colégio" como gosto de pensar sobre todos que estavam reunidos sob o signo de rock Brasil ou seja lá o nome que se queira dar a essa turma que fazia rock e pop brasileiro nos anos que se seguiram. Em 2001 finalmente passamos a fazer parte da mesma banda. Por motivos de um feriado sabático do Barão Vermelho o Rodrigo agora era o baixista da banda Kid Abelha, da qual eu já fazia parte desde 1996. Houve uma grande empatia entre a gente logo nos primeiros dias e a estrada nos juntou como amigos de infância. Nessa época o Rodrigo estava bem no auge de seus dias de "festa" digamos assim, e posso dizer sem medo de me enganar que fui um tipo de anjo da guarda para ele nesse período. Dividíamos o mesmo quarto nos hotéis e não preciso dizer que esse era o quarto mais enlouquecido da banda. Eu gostava de sair para conhecer as cidades após os shows. Sempre gostei de dançar, e acabava sendo levado a centenas de danceterias e bares pela estrada afora, mas de uma coisa eu poderia ter certeza: quando voltava para o hotel, não importava a que horas, haveria uma festa no nosso quarto. A questão dos vícios, da dependência química do meu querido amigo Rodrigo Santos, fazia parte daqueles dias sim, mas de uma forma bem diferente do que se pode imaginar. Era uma coisa autodestrutiva, como podíamos ver e nos dava uma sensação de fragilidade e impotência. Eu particularmente tinha um medo real de perdê-lo para aquilo, mas estranhamente ele nunca se transformava em alguém desagradável ou "impossível" como em muitos casos acontecem, essa era sua maior condenação: ser um maluco perspicaz, de humor rápido e inteligente, e gentil, e ser um *"Viking"* indestrutível. Quem o cercava nunca tinha certeza de fazê-lo parar, afinal, de uma forma inesperada ele parecia muito bem. A verdade é que tive muito orgulho e uma certa paz interior em saber algum tempo depois, quando ele já estava de volta para o Barão Vermelho, que havia começado um processo de "limpeza" em seu organismo e em sua vida. Acompanhar esse processo em todos os anos, vibrar com os aniversários do tratamento, ver sua vida brilhar de outra forma e principalmente: ver seu vício se voltar para a construção de uma nova carreira musical, da qual também voltei a participar ativamente, vem sendo uma das coisas que mais emocionam e me emocionarão sempre. Os tempos que se seguiram trouxeram tanta música, tantas conexões com novas gerações de músicos, tanta energia de criação, discos e shows, muitos e muitos shows. Olho para tudo isso com muita surpresa e admiração. Ter vivido esse turbilhão foi um aprendizado para todos nós e uma grande honra para mim.

Humberto Barros (Kid Abelha - teclados)

Conheço o Rodrigo Santos (pra mim vai ser sempre "Rodriguinho") de outros carnavais. Ou melhor, de outros (e vários) "Rock'n'Rolls"! Muito antes de termos trocado as primeiras notas juntos em jam sessions e ensaios, já o via arrasando pelos palcos com Lobão e etc., ou nos encontrávamos pela noite do Real Astória no BL, onde - obrigatoriamente - todos íamos beber, trocar ideias, marcar de levar som etc.... Foi lá que surgiu a "semi fictícia/emblemática/fundamental e pouco duradoura" banda "Bizarros" a convite do Paulinho Moska, recém-saído dos "Inimigos do Rei" e que chamou a mim, ele e mais batera Marcelinho da Costa para um "power quarteto", que em breve se tornaria o início da carreira solo do Moska e basicamente pode ser ouvido pelo seu 1º disco "Vontade". Era esse o som que a gente levava, mas essa estória vocês possivelmente irão ler no livro. A que não está aqui é que na mesma época eu fazia parte de outra banda, o "Buana 4", que Maurício Barros, saído do Barão Vermelho, montou. Mais ou menos nessa época ficamos sem baixista e começamos a pensar em quem poderíamos convidar. O nome do Rodriguinho veio fácil e rapidamente à tona, pois ele já tinha um som que era bastante marcante, capaz de tocar linhas mais complexas no baixo, assim como segurar o groove quando era preciso, e principalmente fazendo tudo isso enquanto cantava as 2ªs vozes em notas altas e ainda por cima com uma super atitude no palco, energético e feliz. Seria uma escolha talvez óbvia, mas será que ele toparia? Eu lembro de comentar com o Maurício que possivelmente em breve ele seria chamado para alguma 'gig' grande... Não deu outra! Em uma semana (literalmente) que estivemos ponderando sobre o assunto, ele foi convidado para substituir o Dadi no Barão (certamente outra estória que estará no livro!). Durante anos eu fiquei ouvindo reclamações de que seria o "culpado" pela demora em decidir pelo convite - o que teria feito o Buana 'perder' o Rodriguinho - no que eu retrucava que era melhor do que termos convidado e uma semana depois ele largar a gente pra tocar com o Barão! Hahaha,.. Bem, eu não sei se o Rodriguinho sabia dessa estória, mas agora sabe! Parabéns por toda a sua trajetória "montanha-russa" (sempre em alta velocidade) e pelo seu empenho e dedicação com que você se atira em tudo que faz, viu? Tenho certeza que esse livro vai seguir a mesma trajetória de sucesso! Um beijo do amigo.

Billy Brandão (Frejat - guitarra)

Conhecia o Rodrigo de vê-lo em muitos trabalhos. Posso dizer que temos isso em comum. Essa facilidade de tocar com vários artistas de estilos diversos. Modéstia à parte, não é pra qualquer um rs. Imaginava que ele, além de bom músico, tinha também um ótimo astral, que é o que nos faz circular tão bem em vários meios. Rodrigo me convidou um dia para uma participação em um de seus shows, já em carreira solo, e pude constatar o óbvio. Aquele cara era especial e muito gente boa, mas o que mais me surpreendeu foi seu poder de realização. Rodrigo é um cara que corre atrás dos próprios sonhos. Qualidade invejável e admirável. Sou fã e espero continuar sempre perto quando as oportunidades nos colocaram nos palcos desta vida.

Milton Guedes (Lulu Santos – voz, gaita e sax)

Valorizo pra caramba o talento, mas mais ainda a perseverança. Rodrigo tem os dois! A primeira vez em que o vi foi tocando na banda do Lobão. Um puta baixista que tocava com intensidade, presença, e fazia grande sucesso com as meninas. Nunca mais o perdi de vista com outros artistas e bandas. É um dos grandes, dos grandes, baixistas da nossa música. Poderia tranquilamente ser feliz contentando-se somente neste espaço. Quis mais e foi atrás. E como foi! Sua verve pedia que cantasse suas canções. No começo, como cantor era ainda um super baixista. Entra a segunda qualidade. Perseverou e hoje é um ótimo intérprete de suas aventuras. E se tem alguém que trabalha, é Rodrigo. Inspiração e trilha sonora para o nosso dia a dia. Vaaaiiiii!!!

Bruno Levinson (agitador cultural, produtor e diretor de TV)

Sétimo andar na rua Almirante Baroso, Rio de Janeiro, manhã de sábado. Para que o Biquini Cavadão pudesse fazer qualquer show profissional era necessário que tivéssemos pelo menos a carteira de músico prático. E lá estávamos nós, na Ordem dos Músicos do Brasil aguardando a audição de nossos talentos musicais. A prova era bem simples, bastando apenas que nós tocássemos alguma música, conhecida ou não, diante da banca examinadora. Foi então que conhecemos um jovem tímido e franjudo. Rodrigo tinha nossa idade e estava ali pelo mesmo motivo. Sua banda, Front, estava começando a carreira. Enquanto as audições não começavam, ficamos ali batendo papo como crianças que resolvem fazer amizade no recreio do primeiro dia de aula. Mas logo a banca chegou e ele fez a prova primeiro. Tocou "Alice Não me Escreva Aquela Carta de Amor", do Kid Abelha, sozinho no contrabaixo, mas com tal desenvoltura que eu cheguei a acreditar que a banda toda estava lá. Nós do Biquini Cavadão tocamos "Pelo Interfone", do Ritchie. Nos despedimos ali, com nossas carteiras garantidas, sem saber se nos encontraríamos novamente. A história tratou de nos responder esta pergunta muitas e muitas vezes!

Bruno Gouveia (Biquini Cavadão - voz)

Até hoje lembro da primeira vez em que vi o Front no Mistura Fina da Barra, no Rio de Janeiro, em 1985. O Rodrigo já mostrava muito comprometimento com a sua performance e no palco sempre irradiou muito amor pela música, o tipo de artista que estabelece uma comunicação visual em um grau muito elevado com a plateia. Tem também uma técnica única de enxugar o suor do rosto com as mangas das camisetas, nunca vi ninguém fazer isso. E ele ainda faz com classe... *Long Live* Rodriguinho!!!!

Carlos Coelho (Biquini Cavadão - guitarra)

O Rodrigo é um amigo meu. Amigo que encontrei nas noites cariocas e paulistas depois de shows. Um cara que sempre me passou uma energia ótima Sempre generoso e carinhoso! Baixista *Rock'n'roll* e voz afinadíssima E na hora do Palco sempre tocou com tesão e emoção.

Alec Haiat (Metrô - guitarra)

Boas estórias sobre *Rock and Roll* e estrada vividas pelo querido Rodrigo Santos e todos seus Amigos Comparsas de arte e farra! Quando eu o vi tocar na fase do Barão Vermelho contemporânea ao Skank, tive a impressão que todo o bom gosto dele se materializou naquele Baixo "Music Man 20th Anniversary" Caro Amigo, esse espírito família no grupo vale essa vida intensa que temos, a determinação em perseguir a vibração da Música! Abraços!

Lelo Zaneti (Skank - baixo)

Estou há mais de 20 anos circulando pelo universo da música. Já viajei por tantos lugares que até perdi a conta. Conheci diversos palcos, frequentei inúmeros camarins, hotéis, *backstages*... Passei por muita gente! Descobri personagens de todas as classes, raças, índoles, trejeitos e manias. Convivi com almas ilustres que fizeram e ainda fazem a diferença na história do cenário musical brasileiro. Nesse meio tempo, aprendi a observar e a extrair de cada personagem, independente dos seus erros e acertos, o melhor que pudessem oferecer; afinal como todo ser humano, eles possuem lados bons e menos bons. Assim, no meio de tanta energia intensa, sutilmente e quase que pela tangente, fui acompanhando os passos e o comportamento de um companheiro de profissão: Rodrigo Santos, que mais tarde viria me trazer muito mais do que boas canções, mas grandes exemplos de simpatia, humildade, superação, força de vontade e talento. Lembro que uma das vezes nos encontramos em algum *backstage* da vida, quando que ele me presenteou com um CD demo do seu primeiro trabalho solo. Era puro entusiasmo, e em seus olhos estava estampado o sucesso pela determinação. Só por esse instante já teria valido a cena, mas quando parei para ouvir as músicas num quarto frio de hotel, de cara, a primeira canção me arrancou lágrimas por tamanha identificação com o que tinha acabado de ouvir. Era apenas uma pré, a gravação ainda numa guia, mas ali estava escrito e cantado o que mais precisava ouvir naquele instante. Era a canção NUNCA DESISTA DO SEU AMOR que diz no refrão: "Se não houver vento, reme/ Se não houver lua, uive / Se estiver sem ar, se inspire / Mas nunca desista do seu amor / Se não houver chance, crie / Se houver silêncio, grite/ Se não houver palavra, escute/Mas nunca desista do seu amor." A motivação que me despertou naquele momento realmente fez a diferença quanto a algumas escolhas que vieram adiante. E o mais interessante, hoje, foi perceber o quanto existe de verdadeiro em sua obra, e o quanto ele como artista realmente faz o que canta, o que expõe e o que escreve. Transformar dores, aprendizado e evolução espiritual em arte e motivar outros seres humanos a fazer o mesmo é de fato uma atitude muito sublime. Sim, Rodrigo Santos foi ao inferno e voltou!! E quem o conhece, sabe que ele voltou para avisar que a trilha do *Rock And Roll* é instigante, perigosa, sedutora e viciante! Voltou para mostrar que é possível fugir do clichê das drogas, da promiscuidade, da loucura exagerada da liberdade de um músico na estrada e manter a personalidade forte e o foco na íntegra para vencer fazendo sua arte de forma limpa e coerente. Voltou para demonstrar que as pessoas precisam ampliar sua visão periférica sobre o verdadeiro significado do conceito de amizade, amor, família, respeito e perseverança. Enfim, Rodrigo Santos veio escrever seu nome como um dos roqueiros mais bacanas que esse Brasil já teve. E eu o sigo e sigo observando e comemorando suas vitórias mais do que como um amigo, mas principalmente como um fã que descobriu na convivência a essência do seu ídolo.

Tchello (Ex-Baixista e fundador do Detonautas Roque Clube. Atual baixista da banda Motel 11-11)

Rodrigo Santos é, na minha percepção, daqueles personagens extremamente ligados ao BRock, mais especificamente à cena carioca (Outro dia, vendo um vídeo antigo, do extinto programa da Rede Globo chamado Mixto Quente, exibido nos anos 80, ele estava lá, tocando "Rock Estrela" junto ao Leo Jaime). Conheci-o quanto fomos tocar com o Barão Vermelho, isso no final dos anos 90. O Jota começando a ter algum destaque, e o Barão a mil pelo Brasil!! Toda aquela energia emanada era muito estimulante para nós! Era exatamente isso que queríamos!! A partir daí todos os outros encontros pareciam festa pura!! Contagiante!! Rodrigo não é do tipo de abaixar a cabeça e "concentrar", fazendo um tipo introvertido! Levanta o olhar e vai pra cima, empunhando seu instrumento com orgulho!! Como quem diz: "*Yeahhh !! This is Rock and Roll, baby !!*". Com as pausas do Barão passei a vê-lo em carreira solo, tocando e cantando. Sobreviver, resistir e se reinventar são condições importantes nesse mundo!! Em qualquer área, nessa então... Vi e vejo-o fazendo isso!! Desejo todo sucesso e uma eterna vida regada à musica!! *Yeahhh , this is Rock and Roll , baby* !!

Marco Túlio (Jota Quest - guitarra)

Atuava na área de contratos e cachê de artistas quando conheci Rodrigo. Ele entrou na minha sala para assinar o contrato de cachê e de imagem para um clipe do Lobão (não me lembro de qual música), mas me lembro claramente dele entrando com o baixo nas mãos, sem case. Entabulamos uma conversa sobre a importância do baixo dentro da música. Nunca esqueci a impressão energética que ele deixou. Dez anos depois, nos reencontramos, quando conheci Os Britos, banda formada por integrantes do Kid e do Barão. E desde então nos tornamos amigos verdadeiros. Rodrigo é emotivo, determinado e altamente criativo. É um prazer conversar com ele sobre ideias e projetos, sempre tem muito a acrescentar. Se tivesse que destacar um momento mágico do Rodrigo, foi em nossa viagem a Londres, quando dirigi o documentário e DVD dos Britos. Ele tinha acabado de tomar a decisão de parar de ingerir drogas, e a viagem a Londres e Liverpool ofereciam tudo que ele tão bem conhecia. Vê-lo resistir heroicamente aos *shots* de *scotch whisky* e todas as "facilidades" que encontramos no velho mundo, me fizeram amá-lo como a um irmão. Em Liverpool pude documentar com meus olhos e câmera um quase milagre. Às vésperas do último dia de apresentação no *Cavern Club*, em virtude das intensas filmagens, Rodrigo perdeu a voz. Todos nos preocupamos e chegamos a considerar dele não cantar. Inexplicavelmente, quando subiu ao palco, Rodrigo soltou uma voz que não vinha de sua garganta. Ele cantou divinamente com uma entrega que eu jamais havia visto. Se primeiro nos tornamos amigos, em seguida aprendi a amá-lo, dalí em diante virei seu fã eterno.

Pedro Paulo Carneiro (produtor, empresário dos Britos e diretor de TV)

Rodrigo, me lembro bem do Rodrigo do final dos anos 80. Eu era garoto, gostava muito de música, e tive a sorte de viver no Rio de Janeiro naquela época. Rodrigo fazia parte já daquele grupo de pessoas mágicas para mim. Os caras que faziam a música que eu escutava, que tocavam nos shows a que eu ia, que me inspiravam a sonhar. Eu não pensava em ser baixista (era tecladista na época). Rodrigo já se destacava por tocar muito, cantar, pular, sorrir e por ter sempre essa aparência jovem e alegre. Vi-o tocando com um monte de bandas e artistas fodas, de repente o vi com o Lobão, aí foi demais! Logo depois como Barão, ao lado do Frejat, a partir dali ele já estaria naquele lugar muito especial das pessoas deveramente importantes para minha formação como músico e como profissional da música. Rodrigo gosta do palco, gosta da estória do rock, conhece, sabe, respeita, reverencia e, principalmente, agradece, o que eu particularmente acho fundamental para a longevidade. Rodrigo foi dos primeiros que vi tocando com um baixo Stingray, que foi o modelo que também usei durante anos! Quando eu ainda era muleque, resolvi ir passar as férias em Arraial d'Ajuda, juntei uma grana durante um tempo, peguei um bus e fui; um dia estava por lá no meio da praia e escutei uma banda tocando Stones, quando fui ver, lá estava ele, com os seus Kadu e Nani, ali tocando na praia, durante vários dias...fez as minhas férias!!!! Um abraço meu amigo, saúde, alegrias, boa música *and Long live rocknroll!!!*

Mauro Berman (Marcelo D2 - baixo)

Quando eu comecei a me interessar por violão, via na guitarra o caminho natural que me atrairia quando eu montasse minha própria banda de rock e me tornasse o rei das garotas da escola. Foi então que eu fui assistir, nos distantes anos oitenta, na Concha Acústica, aqui em Salvador, ao show do Lobão, em sua turnê bombadíssima "Rádio Blá". O velho lobo estava em sua melhor fase, cheio de *hits* pipocando a todo momento nas rádios e TVs do país, e minha expectativa era a melhor possível. Realmente foi um show incrível. Mas não foi somente o cantor raivoso que chamou a atenção da plateia naquele dia. O som poderoso do baixista boa pinta que arrebentava no palco com uma performance inacreditável, atraindo os olhares e gritos das meninas ao meu lado, foi um show à parte. Foi quando eu percebi que não queria ser somente mais um *pop-star* na cena rock nacional; queria ser como o Rodrigo Santos — o baixista insano do show do Lobão. Rodrigo é um grande talento que tenho hoje como amigo e exemplo. Além de excelente músico, ele se tornou um grande cantor e compositor. Um artista fora de série, cheio de personalidade e competência. Tocar ao seu lado, quando montamos o projeto "Quarto de Hóspedes", foi uma das grandes realizações pessoais da minha carreira artística. Era o garoto ao lado de um ídolo. Não há alegria maior. Sempre uma honra e um privilégio vê-lo tocando e cantando. Passa um belo filme em minha memória. Valeu, Rodrigão! Sou seu fã, irmão.

Manno Goes (Jammil – voz e baixo)

Falar de Rodrigo Santos é falar de influência, ídolo! Falar de Rodrigo Santos e Felipe Cambraia... é *Rock and Roll*! Como uma vez disse nosso grande amigo Tom Capone... *vocês são os baixistas mais Rock and Roll que eu conheço*! Tom, como sempre, estava certo! Uma amizade feita e construída com uma química única, de dar inveja a qualquer laboratório de confecção de cocaína. Uma amizade com base nos sentimentos mais profundos e delirantes. Várias noites não dormidas e muito bem aproveitadas no bairro do Jardim Botânico no Rio de Janeiro, no baixo Leblon, no Mirante. Incansáveis noites em busca de prazer e diversão, de loucura e de amizade... e muito papo. Muito som! Me recordo de ouvir ainda em construção, os acordes e a melodia de uma composição linda do Rodrigo, que para minha alegria, foi gravada no álbum do Barão Vermelho chamado *Puro Êxtase*. O nome da canção é "O Sono Vem". Quando ouvi pela primeira vez não pude conter a emoção e empolgação. Aquilo me tocou de uma maneira linda... me emocionou. Eu estava diante de um ídolo, que virou meu amigo e parceiro, que estava dividindo comigo uma obra de arte que ele sequer havia terminado, me sinto especial por ter feito parte desse momento e tantos outros na vida do Rodrigo. Falar do Rodrigo me vem na cabeça um monte de coisas, desde o tempo que eu o via tocando no programa Mixto Quente com o Front, com o Lobão no Canecão, com o Barão no Imperator. Pirei quando ele entrou no Barão! Amo o Dadi, mas o Rodrigo é a cara do Barão! Eu poderia escrever um livro, só com as histórias das nossas noitadas. Me lembro das nossas incansáveis noites de loucura e belos papos. Mas a cima de tudo me lembro de um ídolo como músico e como pessoa.Um exemplo de talento e perseverança.Acima de tudo, lembro de um amigo.

Felipe Cambraia (Nando Reis & Os Infernais - baixo)

Eu nasci nos anos 80 e tive o privilegio de ter o rock brasileiro como trilha sonora da minha infância. O BRock estava em todos os lugares: nos discos e K7s dos meus irmãos mais velhos, no rádio, e até nos discos infantis — eu desde sempre soube a letra toda de "Pluct Plact Zum", gravada pelo Raul Seixas. O primeiro show de rock a que eu fui foi o do Barão Vermelho no *Hollywood Rock 92*. Eu tinha 11 anos e fiquei arrepiada com aquelas milhares de pessoas cantando juntas "O poeta esta vivo", menos de dois anos após a morte do Cazuza. Ainda lembro daquela imagem até hoje. Engraçado que as duas bandas internacionais que tocaram depois do Barão naquela noite nem de perto causaram o mesmo impacto no meu coração e mente de garota. Foi uma emoção muito forte que rolou naquele momento ali na Apoteose, e o rock me fisgou de vez. Nesse mesmo ano eu encontrei um antigo violão da minha mãe no sítio da minha família, comprei meu primeiro baixo (um Finch modelo Rickenbacker) e comecei a aprender a tocar, tirando músicas de ouvido — de Beatles e Stones a Nirvana e Oasis. Muitos anos depois, já em 2008, quando eu tocava no Autoramas, fomos convidados para gravar a faixa-titulo do álbum solo do Rodrigo, *O Diário do Homem Invisível*. Percebi então que ele, além de excelente baixista, também era um compositor de mão-cheia — e, acima de tudo, gente boa. Foi uma responsa gravar o baixo com ele ali do lado, e fiquei muito feliz por o arranjo ter ficado bacana e ele ter curtido. O Rodrigo, como eu, é beatlemaníaco. Quando eu o convidei pra fazer uma participação especial no show de lançamento do disco de estreia do meu projeto paralelo da época, as Doidivinas, pensei de cara que tinha que ser uma música dos Beatles. Ele topou o convite e tocou com a gente "*You won't See Me*", do *Rubber Soul*, e eu sou grata por ele ter dado essa força pra banda. Em 2013, o Autoramas foi convidado pra abrir os shows da turnê de comemoração dos 30 anos do Barão Vermelho, e pude de novo trabalhar com o Rodrigo, e também com os outros barões. Foi o maior barato. No palco, ou batendo papo no *backstage*, ou em saguões de hotel, volta e meia eu lembrava com carinho daquele show do longínquo ano de 1992. Admiro também a garra com que o Rodrigo toca sua bem-sucedida carreira solo, com uma puta banda ao seu lado, com a agenda sempre lotada e com novos projetos e lançamentos rolando. Eu estou e sempre vou estar na torcida pra que esse sucesso só cresça, porque esse cara merece!

Flavia Couri (The Courettes / Autoramas - baixo)

É incrível como a gente vê, nessa montanha russa que é o rock nacional, uma banda no topo em uma semana e na outra descendo ladeira abaixo. Rodrigo Santos sempre esteve aí. Shows históricos com o Barão Vermelho e o comecinho da sua carreira, 10 anos atrás. Ainda me lembro, como se fosse ontem, o dia em que ele me entregou o seu CD no VMB. Ali começou uma jornada que acredito que seja só um pedacinho do que ele tem pra nos mostrar. Com certeza, Rodrigo é uma grande influência de como um artista pode se reerguer e mostrar como é que se faz. Um dos motivos do rock funcionar neste país é por causa dele. Inclusive, foi Rodrigo quem inventou o emprego deste que vos fala.

Rodolfo Krieger (Cachorro Grande - baixo)

Uma das coisas que mais admiro no Rodrigo é a capacidade de se reinventar. É maravilhoso ver um músico que já tocou com tanta gente fabricar suas próprias asas após o fim de uma grande banda, dedicando-se ao canto, à composição e às responsabilidades de gerir seu próprio negócio, tijolo por tijolo. Rodrigo criou um mercado de shows só pra ele, contrariando todo o cenário atual. Vi esse crescimento desde o início, e é um renascimento inspirador para tantos outros músicos que se veem dependentes exclusivamente dos artistas que acompanham, ou sentem-se desanimados com a falta de perspectiva. É possível, sim, arregaçar as mangas e ir à luta. Desenhar seu próprio caminho por linhas desejáveis. Gerir a vida em primeira pessoa do singular, ao invés de esperar tudo dos outros. Sou muito fã, bato palmas e fico orgulhoso demais por ele. Não existe nada mais *Rock'n Roll* na vida do que dizer não aos excessos, aos clichês, e assumir-se responsável por seus caminhos. Vida longa ao meu Xará!

Rodrigo Suricato (Suricato – voz e guitarra)

Sou Maurinho Nastácia, e venho aqui contar um pouco desses encontros que a música nos permite realizar. Desde muito cedo, acompanhei a carreira do Barão Vermelho, do tempo do Cazuza, do "Bete Balanço", e desde sempre admirei muito o trabalho dessa banda. Há pouco tempo, tivemos a chance de nos aproximar mais, tocando Tia Nastácia e Barão Vermelho, num festival no interior de Minas, se não me engano. Passado algum tempo, nos encontramos de novo, agora com Rodrigo Santos e os Lenhadores, em Governador Valadares, num outro festival. Então, aconteceu um lance massa, que a música tem a magia de fazer acontecer. No hotel em Valadares, nos encontramos nos corredores, e rolou uma jam session num dos quartos. Muito violão, umas cervejas, músicas novas, e uma energia massa de estar tocando com quem você viu e admirou tempos atrás. Isso é uma das coisas que a música nos proporciona. Depois, tive o grande prazer e honra de ter o Rodrigo Santos e os Lenhadores como meus convidados no show do Maurinho e os Mauditos, um outro trabalho meu, num festival Claro que é Rock, da Claro. Tocamos Barão, Rodrigo Santos e os Lenhadores, Raul Seixas e Maurinho e os Mauditos. Noite inesquecível, pra mim, e para quem compareceu ao show. Foi ótimo, muito rock, muita festa, e um encontro que promete muita coisa ainda. Um grande abraço, Rodrigo, e obrigado por tornar essa minha viagem pela música muito mais feliz e gratificante!!!!! Rock, meu amigo!!!!! Abraço nos lenhadores. Até!!

Maurinho Nastacia (Tia Anastácia - voz)

Conheci Rodriguinho no inicio dos anos 1990 nas rodas de viola que rolavam em volta da fogueira em Araras (Itaipava). Nessas rodas de viola, regadas a muita cana com mel, o cara já assombrava a todos nós (fazíamos shows direto na serra com A Bruxa!, minha primeira banda), com a capacidade que ele tinha de enfileirar hits e mais hits a noite toda no violão. E isso quando todos já o conheciam como exímio baixista que acompanhava grandes artistas do rock nacional. Poderia ficar aqui horas escrevendo sobre Rod, o mesmo tempo que ele costumava desfilar canções ao violão. Barão Vermelho, nossas incursões a Garopaba (SC) onde nos transformávamos nos Margaritas Frozen, o Clube da Bossa Nova (rs) madrugadas regadas a tudo, quando também criávamos muita musica boa (rs) e também as peladas que sempre jogávamos (Rodrigo é bom de bola) e mais recentemente o surf. Encontrar Rodriguinho dentro d'água, remando seu pranchão é uma alegria imensa. Inevitável não se lembrar das noitadas, dos exageros que o "*rocker*" Rodrigo Santos cometia. Passaram-se 10 anos, o cara tá limpo, continua sendo o mesmo roqueiro que sempre foi e inspirando a todos nós com seu talento, música e história de vida. Amigo, ídolo, parceiro, inspiração, exemplo. Viva Rodrigo Santos.

Fábio Allman (Monobloco - voz).

Desde que resolvi que seria músico, ao final da minha adolescência, comecei a perceber a figura do Rodrigo Santos. Nessa época as bandas me passavam uma sensação de competição, ficávamos sempre observando a trajetória das outras bandas e comparando com a nossa. Eu tocava no Desvio Padrão, e o Rodrigo tocava no Prisma, que tinha como baterista o

Felipe, Marcelo Serrado na gaita, e João Guilherme no violão e voz. Sempre que encontrava com o Rodrigo, eu o provocava um pouco, tentando me posicionar como mais antenado que ele, estas bobagens da juventude. O Rodrigo gostava muito de Rock mais clássico (Crosby, Stills, Nash & Young, Yes, Pink Floyd), e eu estava ligado em coisas mais novas na época, como Police, B 52, Talking Heads. Ele me contou que tinha feito umas aulas com o Nico Assunção, e que o cara o tinha elogiado muito etc..., sei que ele rapidamente começou uma escalada artística fulminante, foi para o Front no lugar do Bruno Araujo, dali pro Lobão, pros Miquinhos, e daqui a um tempo eu o vi no Barão Vermelho. PHODA. Eu fui tocar no Kongo, uma banda de Ska dos anos 80, e depois fui tocar com os Cassetas & Planeta, onde fiquei por oito anos, e comecei a entender que minha música era uma piada. Numa certa época, naquela dificuldade de grana enorme, o Rodrigo me convidou pra ser curador e produtor junto com ele na Skipper, uma casa bombada do Leblon. Ganhávamos uma grana, e dali surgiu uma das *Gig's* mais divertidas e improvisadas da minha vida. O Alexandre Serrado, dono da casa, nos pediu que montássemos uma banda pra tocar na Skipper de Garopaba, que tinha acabado de inaugurar. Montamos um grupo muito foda, era eu na bateria, Rodrigo no baixo, Serginho Serra na guitarra, Waltinho Villaça na outra guitarra, George Israel no sax, e Fabio Allman nos vocais e percussão. Fomos pra Garopaba sem fazer nenhum ensaio e tocamos 5 noites seguidas totalmente no improviso, somente clássicos do Rock nacional e internacional. Entrávamos no palco a 1 hora da madrugada, e só parávamos de tocar ao meio-dia sabe-se lá onde, tudo com muuuitas risadas e diversão. Surgiam alí os "Frozen Margueritas"; voltamos pra Garopaba na Semana Santa e fizemos de novo esta loucurada toda, com noites memoráveis. Quando voltamos pro Rio fomos tocar em um Kartodromo, do mesmo dono da Skipper, e o show foi uma merda, acabava ali essa banda de verão. Todos saíram em carreira solo. Rodrigo seguiu brilhando com o Barão, e eu fui trabalhar com produção; acabávamos volta e meia nos encontrando em eventos e palcos do *Show Business*. Acompanhei as suas dificuldades com o pesadelo das drogas e vi com muita admiração a sua força pra reverter este cenário. Você ali, Rodrigo, começou a arquitetar a sua carreira solo e se tornou um excelente produtor da própria carreira. A determinação, a garra e a perseverança com que ele conduziu esta nova fase, demonstram a força que este artista sempre teve e a luz que ele carrega. Quase chegamos a tocar juntos nesta nova fase dele, eu tinha uma banda que só tocava The Police e se chamava Ormeganhas; o Lendro Marc, cantor e baixista foi morar no Canadá e chegamos a aventar a possibilidade de o Rodrigo tocar conosco, mas ele já estava com a carreira solo a milhão e acabou que não rolou. Um tempo depois acabei vendo o Rodrigo fazendo uma turnê com o Andy Summers, tocando Police; quase morri, podia ter me chamado pra uma canja né velhão, sei como é, o sucesso lhe subiu cabeça rsrsrsrs. Pois é mermão, sempre fui e sempre serei seu amigo e fã. Espero ainda poder fazer um som com vc algum dia. Um beijo em você e na sua linda família.

Roberto Freitas (Desvio Padrão / Congo / Casseta & Planeta - bateria)

Me pediram para falar do Rodrigo. Ok, fácil! Eu lembro que o Rodrigo já vinha tocando em vários conjuntos antes de 1983; quando minha irmã Luciana Araujo precisou de um baixista para os Eletrodomésticos, alguém do meio indicou o Rod. Ele já tocava muito bem e com energia. Logo começou a tocar com várias pessoas. As datas me fogem, faz uns trinta anos, mas me lembro que quando decidi ir para Los Angeles, fiquei satisfeito ao saber que o Rodrigo iria me substituir no Front. Eu saía da banda diante da relutância de alguns membros em buscar um novo cantor, e abracei a ideia de passar um ano estudando contrabaixo no MI, uma das escolas mais conceituadas do US. Falei pro Kadu na época: "Com a entrada do Rodrigo resolvem-se dois problemas na banda. Ele é um baixista preciso, talentoso e um tenor de mão cheia". Dito e feito, logo o Rodrigo assumia os vocais do Front. Quando voltei de LA continuei tocando na banda do Fabio Fonseca (Cinema a Dois), fui chamado pra fazer o show de *début* da Bebel Gilberto, e depois entrei na banda do Lobão junto com o Grande Zé Luís e Marcelo Sussekind. O Front seguia frenético, agora acompanhando o Leo Jaime. Mas logo o Kadu, o Rod e o Nani substituiriam os Marajás Apedrejados (nome da banda de apoio do Lobão). Estávamos sempre por perto. Fiquei sempre impressionado com a pressão vocal do Lumbriga (apelido nas internas do Rodrigo) e com a base sólida que ele mantinha com o contrabaixo. Ficamos amigos e perdemos muitas noites em claro no Baixo Leblon, conversando sobre basicamente tudo. Me lembro de várias festas em que rimos muito. Eu sempre reclamava de não vê-lo cantar *lead* (ele fazia *backing vocals* o tempo todo). Quando ele foi pro Barão, eu juro que achei que ele cantaria *lead* lá, dividindo com o Frejat. Mas não foi assim... Mais uns compassos de espera, e depois de uma virada heroica para se livrar do álcool e das drogas surgiu o artista que esteve ali, latente, o tempo todo. Sei o que digo. Várias faixas dos discos solo dele foram gravados no KaBrun (meu estúdio de produção), e, portanto, eu conheço bem seu trabalho como compositor. Ainda tive a oportunidade de tocar baixo para ele, quando ele ainda não adotava o formato trio com os Lenhadores. Rodrigo é um grande cara, muito talentoso, com um astral pra cima, um realizador e um exemplo de superação. Abraço !!!

Bruno Araújo (Front - baixo)

Além de excelente cantor, músico e compositor, ele naturalmente está sempre buscando criar um ambiente positivo à sua volta, e ainda virou um exemplo de superação pra sua geração e para as novas também, com certeza. Tudo de bom amigo! Parabéns pelo livro.

Ricardo Palmeira (Cazuza / Front - guitarra)

Pense no melhor baixista que sua banda pode ter. Um cara talentoso, animado, agregador, batalhador, pilhado, incansável, que pensa e age rápido, instintivo e preciso. Esse cara do baixo canta e toca com uma facilidade assustadora. Com 30 anos a mil, ele ainda quer muita estrada pra rodar, muita música pra fazer, tocar, criar. E histórias pra contar... Tudo explicado pelos adjetivos acima. Com Rodrigo Santos, o show não para.

Nani Dias (Front / Britos - guitarrista e produtor)

Quando conheci o Rodrigo era aquela fase mágica, respirando música o dia inteiro. Nossa casa era uma verdadeira *"república musical"*, um espaço livre de ensaio para todas as bandas que eu e meu irmão Bruno Araujo inventávamos, desde o tempo dos saraus do São Vicente. Eu pianista e o mano baixista experimentámos as mais diversas formações de banda, do instrumental ao rock, juntos ou separados. A banda "Fim da Rua", por exemplo, juntava o George Israel, o Frejat, o Bruno e o Felippe Llerena no seu piano elétrico Fender Rhodes 73, gentilmente cedido para eu tocar à vontade. Na faculdade de *design* conheci meus parceiros de Eletro', o Manfredo Jr. e o Guilherme Jardim - criador do LERFÁ MÚ, aquele graffiti-enigma. Era início dos 80's, não existia internet e tínhamos em comum a *technomania gamer: space invaders* em *fliperamas*. O Gui pilotava um TK 85, computador pessoal pré-histórico, A gente se encontrava para levar um som e compor. Foi aí que nasceu "Choveu No Meu Chip", e a gente batizou a banda: ELETRODOMÉSTICOS. Logo apareceu o cantor, Ricardo Camillo, da Intrépida Trupe, mas faltava baterista e baixista. À essa altura rolava a primeira formação do Front, mais uma "banda da casa". Eles entraram num LP de bandas novas e a gravadora procurava uma banda para completar as faixas. Seguindo a dica decisiva do Bruno, e depois de me ouvir cantarolar no telefone, o produtor disse: *"vem a-go-ra mostrar a música"*. Pânico! Ninguém podia ir! Lá fui eu, toda nervosa de *"one-girl-band"*, defender "Choveu No Meu Chip" sozinha no piano, fazendo a voz do Ricardão e meu próprio backing. Deu certo! João Augusto marcou gravação dia seguinte, e o Kadu Menezes e o Bruno gravaram a base conosco em 85. As coisas começaram a correr e a gente ainda precisava do nosso baixista oficial. Aí apareceu o Rodrigo, apresentado pelo Bruno. Conquistou a banda na hora, pela desenvoltura no instrumento, a pegada "Police" e seu estilo descolado de surfista. Rodrigo era um gentleman e logo ficamos amigos. Os outros do Eletro' eram quase dez anos mais velhos que a gente. Dividíamos o mesmo gosto por bandas vocais, tipo CSN&Y, America, e claro, os Beatles. A gente brincava de abrir vozes e esse tipo de sintonia musical dá uma liga que só quem é músico sabe do que se trata: o meu Santo(s) foi mesmo com o dele. Nosso primeiro show foi inesquecível, uma energia boa no lendário Let It Be, em Copa. Rod emanava saúde e tinha uma presença solar. Mais tarde chamou a atenção dos Miquinhos Amestrados, a banda *surf-music* que encaixava como uma luva com aquele baixista com cara de personagem saído do seriado *Armação Ilimitada*. Durante um tempo Rodrigo se dividiu entre as bandas, mas no épico show do festival Cidade in Concert em 1986 curtimos o encontro já em bandas diferentes, seguindo outros rumos. Rod e eu nos falávamos aqui e ali, e não me espantei nem um pouco de vê-lo brilhndo como *side-man* no Barão Vermelho. Mas noutra energia. Só fomos tocar juntos de novo em 1995, numa banda com João Guilherme Estrella no típico vocal grave e rascante, e mais o Kadu, André Estrella e Nani nas guitarras. Vínhamos ensaiando um repertório *R&B/rock* maneiríssimo no Hanói, quando ocorreu o episódio que mais tarde veio a ganhar a fama e alcunha de *"meu nome não é Johnny"*. Por conta disso, fui depor como prova viva dessa atividade musical no julgamento do nosso amigo João Gui. Funcionou. Mantendo o espírito inquieto, Rodrigo de repente alavancou sua carreira-solo. Com a maior inteligência, soube se adaptar ao novo cenário do mercado musical, usando recursos digitais e divulgação nas mídias sociais. Eterna *"nerd"*, reparei desde seu primeiro site. Gostei do percurso e a "reviravolta" que ele deu na vida e na carreira. Fico prosa do amigo. Hoje em dia, vendo o Rodrigo fazendo turnê com Andy Summers, voltei a reparar nele aquela mesma *vibe* feliz lá do início do Eletro'. O primeiro baixista a gente não esquece.

Luciana Lumyx Araújo (Eletrodomésticos – voz e teclado)

Prisma! Bons tempos, a gente se divertia. O Prisma se iniciou nos saraus dos colégios da Zona Sul, tocávamos em todos. Teve o Alex Moreira como baixista na primeira formação, que hoje é produtor e toca no BossaCucaNova. Mas a formação que marcou foi com Rodrigo Santos no baixo, eu e Nito Lima nas guitarras, João Estrella nos vocais, o ator Marcelo Serrado na harmônica, e Felipe Raposo na bateria. O Prisma tinha repertório autoral e alguns covers também, com um detalhe divertido: em plena explosão da *new wave*, com músicas curtas e guitarras econômicas e praticamente sem solos, o prisma tinha uma pegada progressiva, com músicas de 6, 7 minutos e solos de guitarra (eu) intermináveis. Algumas músicas que me lembro: "Fugitivo", "Dilúvio", "Pedra da Gávea" e "Largado". Nosso show mais marcante foi no extinto Teatro da Galeria, no Flamengo.

André Estrella (Prisma - guitarra)

O Rodrigo é como um irmão. O conheci quando ele me pediu para dar aulas de violão e guitarra para ele. Logo começamos a trabalhar juntos, no grupo que eu tinha com o Kadu. Nesta época o Kadu escutava Billy Cobham, John McLaughlin, e eu no Progressivo. Aí, vem o Rodrigo e fala *"Vamos escutar Fletwood Mac"?* Hoje trabalhamos juntos em todas as áreas da música, mas naquela época ele nos deixou mais *"pop"*!

Jorge Valladão (Choque Geral, dono do estúdio Jam House – guitarra e baixo)

A gente se conhece desde sempre, pois nascemos na Icatú. Eu comecei a tocar um ano depois de você, quando eu tinha 15 e você 16 anos. Eu me lembro da música que você escreveu pra Anna, que morava em Londres na época, e de te ver com o Pedro Henrique no Globinho e achar o máximo. Eu comecei a tocar com o Marcos Vinícius, que era da minha sala no Princesa Isabel, e lembro da gente tentar te convencer a comprar um baixo pra fazermos um "conjunto", essa era a palavra que usávamos então. Foi o Marcos que encontrou o seu primeiro baixo, disso você deve lembrar. Eu comecei a escrever algumas músicas, e você, já que estava mais no embalo, também ajudou a terminar algumas das minhas. Me lembro de "Lua' que foi em parceria. Foi meu irmão Albery que batizou a banda de Choque Geral, pois até então éramos Disritmia. Pro show do Planetário, a gente foi no apê dele na Alberto de Campos pra fazer uma sessão de fotos, pra sair no Jornal Hoje, o que foi anunciado pela Leda Nagle, agitado por ele. Depois disso, seu pai patrocinou a gravação do nosso álbum. Eu acabei indo pro exército, e a banda acabou ali. Em 86, quando eu voltei de Nova York, você tava tocando com o Léo Jaime e o Valadão, que me chamou pra eu trabalhar de roadie, o que fiz por alguns meses. Sua evolução como músico nesse período em que estive fora foi notável.

Alonso Cunha (Disritmia / Choque Geral – voz, guitarra)

Na efervescência do Rock dos anos 80, eu e dois colegas de turma havíamos montado uma banda sem grandes pretensões. Após algumas tentativas de ensaio frustradas pelos vizinhos, concluímos que precisávamos de um local para ensaiar. Foi quando um dos guitarristas comentou sobre um vizinho que tocava violão e tinha uma garagem, onde poderíamos aproveitar o espaço. Esse vizinho era o Rodrigo, e nesse momento o "Disrritmia" passou a ter três guitarristas. Um dos três teria que ceder e se tornar baixista. O mais talentoso e versátil cedeu à pressão, e assim Rodrigo assumiu o baixo. Seu primeiro instrumento foi um baixo japonês que imitava o Hofner de Paul McCartney. As cordas distavam quase dois dedos do braço em sua base. Ainda lembro quando ele veio correndo nos mostrar "*Lonely People*" do América, a primeira música que tirou de ouvido a linha de baixo inteira. O tempo passou, e seguimos caminhos distintos, ele confirmando seu talento como músico, e eu enveredei para a área técnica. Trabalhamos juntos por mais de dez anos. Seguiram-se momentos inesquecíveis, como o dia em que assumi a bateria e tocamos juntos com o João Penca e seus Miquinhos Amestrados, no aniversário da Radio Nacional, na Quinta da Boa Vista, para aproximadamente 140 mil pessoas, porque o baterista teve sarampo no dia do show, ou quando o acompanhávamos em suas visitas à Modern Sound, e ele voltava lotado de LPs que corríamos para ouvir todos no escritório do seu pai. O tempo passou, e começamos a nos esbarrar apenas nos palcos e aeroportos, e ficava sabendo, à distância, da fase complicada que Rodrigo estava enfrentando. Tempos depois voltamos a nos encontrar e passamos umas quatro horas conversando em frente à sua casa. Naquele momento percebi que o tempo, para nós, não havia de fato passado. Ainda hoje, nos encontramos e percebo que ele mantém a alegria e uma certa "inocência" de quando nos conhecemos. Após toda luta e dificuldades que enfrentou, só posso considerá-lo um vencedor e digo isso com muito orgulho!

Alexandre Saieg (Disritmia - bateria)

Ainda me lembro dos nossos 11-12 anos, com o sonho de virarmos músicos e formar uma banda. Dado que não tocávamos nenhum instrumento, apelamos à minha mãe, musicoterapeuta profissional, para nos dar nossa primeira aula de violão. Depois de uma semana saímos tocando "*Mrs Robinson*", antes de aprender as cifras de todo o repertório dos Beatles e Bob Dylan. Rodrigo, já pensando no baixo, assumiu o papel de 'Paul McCartney' carioca. Na sequência, precisávamos compor nossas músicas. Passávamos horas trancados no escritório do seu pai 'inventando' letras e músicas para nossa banda futura. Nosso repertório rendeu um "disco" inteiro (na verdade uma fita cassete, com duas cópias únicas) que presenteamos aos nossos respectivos pais naquele Natal. Tal foi o sucesso (meio coruja), que acabamos tocando duas músicas nossas no programa TV Globinho, uma delas a "Anna", incluída no encarte deste livro. Ao longo dos anos, Rodrigo foi seguindo esse caminho, formando suas primeiras bandas (Choque Geral, Prisma, Front) e depois tocando com artistas como Lobão, Leo Jaime, e finalmente juntando-se ao Barão. Enquanto isso nos afastamos quando me mudei para a Inglaterra e depois vivi no interior da Malásia dirigindo projetos florestais entre elefantes e caçadores de cabeças. Quando recebia suas fitas pelo correio, mostrava aos meus colegas locais as fotos do meu "primo *rock star*". Acho que o Rodrigo nunca soube que é bem conhecido no interior de Borneo. Depois de 25 anos longe, nos reencontramos recentemente. E como nos velhos tempos, pegamos os instrumentos, juntamos forças, e isso resultou na faixa "E Não Foi Dessa Vez", também incluída no encarte deste livro. Ciclo completo...

Pedro Henrique Moura Costa (primo - guitarra)

WITH A LITTLE HELP FROM MY FRIENDS

Frejat é um grande amigo e parceiro. Tenho profunda admiração por ele e por tudo que representa como compositor, cantor, guitarrista, violonista, líder, e principalmente o amigo presente que é. Fizemos várias músicas juntos, destaque para "Um Pouco Mais de Calma", título do meu primeiro disco, em que Frejat gravou a guitarra de 12. Compusemos também "Quando o Amor era Medo"; "A Mágica do Dia"; "Tão Inconveniente"; "Vida Frágil" (CD *Carne Crua* do Barão); "Mais Perto do Sol"; entre outras. Hoje em dia nossos filhos se encontram, tocam juntos, isso é muito bacana. Frejat me ajudou muito em vários momentos da vida. Impossível dizer qual o momento mais importante. Foram várias vertentes de "brodagem", em várias e diversas situações. Amigo pro que der e vier. Pra toda vida!

Andy Summers foi uma surpresa da vida, um presente que a gente nunca espera. Depois de sermos apresentados na casa do meu empresário Luiz Paulo Assunção, fizemos uma parceria para o CD *Motel Maravilha*, chamada "Me Dê Um Dia A Mais". Eu fiquei muito impressionado com um mestre do The Police. Nunca esperei tocar ou compor com um ídolo meu.. Ele deu uma canja no meu show no Rio Scenarium, em 2012. Entretanto foi na turnê de 2014 que fizemos juntos, que pude conhecê-lo melhor. Uma pessoa fantástica, um músico excepcional, um gigante da guitarra, criador de um estilo único. E 2015 foi sensacional! Foram 13 dias juntos, 9 shows, lançamentos de livro e um astral incrível. Pude trocar ideias sobre tudo, assuntos variados sobre a vida, música, etc. Musicalmente foi maravilhoso. Eu continuo sem acreditar que estou vivenciando isso com esse cara generoso e gente da melhor qualidade. Bem-humorado, grande escritor, exímio fotógrafo e, acima de tudo, excepcional músico. Ele respira música. Uma honra, tocar com pessoa tão rara. Um momento inesquecível.

Roberto Menescal – Conhecer de perto e fazer trabalhos junto com esse cara maravilhoso que é o "Menesca" foi outra dádiva dos céus. Menescal, gentil, inteligente, bem-humorado, e acima de tudo um cara simples que vive a música e suas vertentes. Não se fechou a um estilo. Foi diretor de gravadora durante muitos anos e sempre soube transitar bem em todos os meios, com a mesma elegância, coisa raríssima hoje em dia, num mercado tão competitivo. Menescal acertou no ângulo vários projetos, e no nosso caso, acabamos por tê-lo como participação especial em três ou quatro shows (Rival, Circo Voador, Teatro Casagrande e outros). Em 2014 fizemos juntos, no projeto Inusitado – Cidade das Artes –, a turnê com Andy Summers. Dois shows maravilhosos. Menescal produziu meu CD *A festa Rock Vol.1*, e foi muito preciso nas dicas. É um mestre. Em tudo. É um prazer estar aprendendo ao lado dele; estamos prontos para lançar o volume 2 e partir para vários outros projetos juntos. Estar ao lado dele, é como estar em paz com a música e com a vida! Não tem preço!

Erasmo Carlos - Erasmo, o rei do *rock'n'roll*. Não conheço ninguém mais honesto e parceiro do *rock*, quanto Erasmo. Ele nunca abandonou o gênero e mesmo assim conseguiu se manter entre os artistas mais populares do país em toda sua história. Erasmão ainda é o ícone da nossa geração. Um cara sensacional, muito do bem!! Se renova constantemente e ainda lança discos maravilhosos. Eu sempre escutei os discos dele, desde que comecei a tocar violão. Era diferente dos outros. Os *rocks* dele me remetiam a John Lennon. Fiquei super orgulhoso quando ele indicou meu disco "Motel Maravilha" no *Twitter* dele. Não esperava! O bacana é que desde "Nunca Desista do Seu Amor", que me dizem que alguns *rocks* meus tem a ver com Erasmo. Essa influência existe sim. E é com orgulho que escuto isso. Há uns anos atrás, meus amigos dos Filhos da Judith (que estão no disco "O Diário do Homem Invisível") foram tocar com ele. Eu fiquei amarradaço em ver que Erasmo estava com essa galera. Com produção do Liminha, etc. Li o livro dele, fui no lançamento e como sempre ele foi muito carinhoso. Uma vez, no ano de 1996, em matéria pra revista BIZZ, eu e Fernando fomos encarregados de entrevistar o Erasmo na casa dele. Cada *Barão* ficava incumbido de entrevistar algum compositor do nosso disco de regravações, "Álbum". E lá fomos nós a casa dele. Foi um papo sensacional, que durou umas duas horas. Muitas histórias divertidas. Ele nos mostrou a casa, o jardim, o aquário no meio da sala... Super agradável. Nos anos 50, 60, 70, 80, 90 e 2000, o rock tem seu mestre. E seja no *Rock In Rio* de 85, ou no de 2015, Erasmo sempre esteve pra gente como "O CARA DO *ROCK*"! Sim, esse cara é ELE !!

Nando Reis - Nando foi o compositor em que mais me espelhei pra começar a carreira solo. Sempre adorei suas canções e o tipo de *folk rock* que escolheu trilhar. Além da proximidade que tivemos, por conta de Barão e Titãs, ficamos amigos também por conta do Cambraia, baixista que toca com ele e também é meu amigo pessoal. Uma história curiosa, da qual nem sei se ele lembra. Eu estava no camarim do Kid Abelha no Pão Music (evento patrocinado em Brasília, no qual o convidado do Kid era o Nando), quando resolvi dar uma andada pelo local. E passei na porta da tenda-camarim do Nando. Ele estava sozinho, esperando para fazer a participação. E me chamou pra entrar. Trocamos ideias sobre o som dele e sobre as férias do Barão, se a banda ia voltar, etc. Ele elogiou a minha música "O Sono Vem", do disco Puro Êxtase, e me incentivou: "*Véio, você tem de fazer seu disco, tem de fazer carreira solo. Você não é "só" o baixista do Barão, você é o compositor Rodrigo Santos. Você tem muito mais a oferecer. Aquela música é muito boa, a melhor do disco do Barão*". Fiquei felizaço, mas disse-lhe que eu não tinha a constância de compor, etc. Estava um pouco desmotivado. Ele respondeu "*É só começar, cara. Sai fazendo. Não é tão difícil quanto parece. De muitas ruins vão sair algumas boas, e depois fica mais em cima, mais fácil. É um exercício. Faz teu disco, cara!*". Eu guardei aquela história e fiquei amarradão. Depois veio a volta do Barão em 2004, nos encontramos mais vezes, e na minha parada com as drogas, em 2005, comecei a compor novamente. E a minha linha de composição sempre foi na primeira pessoa do singular. Muito similar ao que o Nando faz. Então vi verdade naquilo. Lancei meu disco em 2007, e não é que escolheram, para primeira música de trabalho na Oi FM, a canção "Tempos Difíceis"? E como argumento para a escolha, eles disseram para a Som Livre que era uma canção "meio Nando Reis". Vi isso como um grande elogio. Em São Paulo tocou "Nunca Desista do Seu Amor". No Rio entrou "Tempos Difíceis", que foi a mais pedida da rádio em 4 meses de execução. Muito bom. Eu e Nando também conversávamos, em camarins, sobre nossos exageros com álcool e drogas. No final das contas, todos nós estávamos bem. Bem doidos! rs. Entretanto, logo depois, todos ficamos muito mais centrados. O Nando é o mestre da composição pra mim. Só petardos maravilhosos, com letras bacanérrimas, melodias lindas, e violão marcante no rock. Desde "Me Diga" e "A Fila", eu já prestava a maior atenção nas suas músicas. Fui no primeiro show dele aqui no Rio (e nos ensaios também), quando Fernando Magalhães e Mauricio Barros estavam na banda. No Hipódromo Up, no Baixo Gávea. Foi muito bom! O resto foi consequência. E ele como baixista do Titãs já era fodaço. Como violonista, cantor e compositor solo deu uma aula de músicas boas, gravadas pela Cássia, por Marisa, por Cidade Negra, por Jota Quest, por Skank e... finalmente... por ele mesmo. Em suas gravações imbatíveis! Nando (com o perdão do trocadilho infame) é Rei!

Danilo Caymmi - Lá em casa, quando eu era garoto (seja na Icatu, seja em Samambaia), escutávamos muito algumas canções emblemáticas da MPB, num disco dos meus pais, uma espécie de *The Best Of* da Música Popular Brasileira. Entre aquelas músicas estava "Andança", que fora interpretada por Beth Carvalho no Festival Internacional da Canção de 1968. A música ficou em terceiro lugar e era de Danilo Caymmi, em parceria com Edmundo Souto e Paulinho Tapajós. Um clássico das rodinhas de violão de que tanto participei. Danilo faz parte de uma família de notáveis e despontou cedo como músico, trabalhando com o maestro Tom Jobim. Filho de Dorival e irmão de Dori e Nana, Danilo compôs "Andança" ainda bem jovem. Essa canção até hoje é uma das músicas mais conhecidas e executadas no Brasil. Caymmi, também fez trilhas para várias minisséries da Globo. Quem não se lembra de "O Bem e o Mal" da minissérie Riacho Doce e " Para falar de Teresa", em parceria com o pai, Dorival Caymmi, para a minissérie Teresa Batista? Danilo é um dos maiores talentos da MPB, e o talento familiar pode ser visto agora também com o sucesso da sua filha Alice Caymmi, muito elogiada pela crítica. Figura muito engraçada, de humor afiado, eu diria que Danilo é um cara *Rock ´n ´MPB*!! Um dos mestres. Valeu Danilaço!

Luiz Paulo Assunção – O empresário certo na hora certa. Luiz foi meu sócio no DVD de 2010, e nos tornamos grandes amigos. Nos conhecemos no Città America, num show acústico. Quinze dias depois estávamos trabalhando juntos no DVD. E, em 2012, convidei-o para ser meu empresário. Luiz se tornou um dos meus melhores amigos, apresentou-me a Andy, Menescal e Miele, e juntos estamos levantando a carreira solo. Um cara em quem comecei a confiar a cada dia, a ponto de deixá-lo conduzir minha carreira junto comigo, o que pra mim era extremamente difícil. Aos poucos, fui ganhando mais do que um empresário, um amigo pra todas as horas. Mudei meu ponto de vista sobre o que era fazer sucesso, e comecei a procurar qualidade de vida. Essa transição se deve a papos com Luiz e a nosso momento de vida parecido. Estamos sempre conectados e trocando ideias sobre o que fazer mais à frente. Muito legal tê-lo conhecido. Não me vejo trabalhando com outro tipo de empresário. O meio musical é muito ruim, as pessoas totalmente desequilibradas. Luiz e eu buscamos a mesma coisa, o mesmo objetivo, crescer e viver tranquilos. Ao contrário dos empresários do pop-rock, que já estão viciados no sistema e por isso fazem negócios apenas, Luiz Paulo veio da música instrumental e trabalhou com Leo Gandelman, Vitor Biglione e Andy Summers em todos os projetos no Brasil. Então se combinaram, o meu conhecimento de 35 anos de rock e o seu conhecimento dos meios instrumental, da bossa nova e da faculdade Estácio de Sá, onde foi diretor por dez anos. Outra visão do mundo. E tudo isso se encaixou muito bem no meu trabalho.

Chris Pitman - Chris foi um dos caras mais engraçados e loucos que participaram da minha empreitada solo! O conheci através da amiga Ana Paula, na época esposa dele. Chris veio ao Brasil várias vezes e fomos apresentados numa dessas ocasiões. O convidei a participar do meu DVD, levando um som. Na época minha banda não podia, então marquei no estúdio do Robertinho de Recife e chamei Guto Goffi pra fazer. Porém, no dia da gravação, teve aquela invasão da PM a todos os morros do RIO, pra implementação das UPPs. O clima estava tenso na Rocinha. Resolvi desmarcar a gravação, pra não expor o Chris a algo que pudesse dar errado. E nem o conhecia pessoalmente ainda. Deixamos pra próxima vinda dele ao Brasil. Talvez não desse. Porém, o DVD atrasou um pouco pra ficar pronto. Estava na fase de mixagem. E Chris veio ao Brasil. Eu estava fazendo uma temporada na boate praia, todo domingo. Armamos de nos conhecer lá. E sem canja marcada. Porém, ao chegar, já saímos trocando ideias, e o papo fluiu muito bem! Quando ele viu nosso show rolando, não acreditou! Falava assim "*FUCK! foda! Lenhadores!! Lamberjackers! Lamberfuckers !!!* E subiu pra cantar!! Levamos sex pistols, Police e outras! Foi demais. Ele cantava rocknroll. Tinha bandas em LA onde ele era o cantor. E foi divertidissimo. Repetiu o encontro uma semana depois. Depois assistiu um show meu no café del mar. Acústico. E nessa mesma época o chamei pra fazer a participação do DVD ao vivo em Ipanema. Ele topou. Chamei os Lenhadores e no Jam House fizemos uma gravação com filmagem do meu primo Pedro Guinle. Chris estava engraçadão. Se jogava no chão! Cantava com alma as músicas de Cheap Trick e Sex Pistols. Ofereceu cerveja para meu filho Leo (com 11 anos na época) !! Muito doido! E colocamos os 2 clipes nos extras do DVD! Chris cantou outras vezes com a gente. Foi super legal! Figuraça! Fui ver o Guns'n'Roses na Apoteose. Levei meu filho. Ganhamos ingressos de Chris e Ana. Era meu aniversário. Sempre manda mensagens com "*lamberfuckers*"!!!

Ney Matogrosso – Super gentil, Ney foi uma das mais gratas surpresas para minha carreira solo. Eu ficava nervoso toda vez que lhe telefonava, mas ele sempre topava fazer participação comigo. Ney sempre foi um ídolo meu, desde os Secos & Molhados, e ter sua participação na história da minha carreira solo foi muito gratificante. Dividir o microfone com o Ney não tem preço. Começou no Letras & Expressões; convidá-lo foi uma ideia da minha mulher, depois que cantamos num tributo a Cazuza, na praia de Copacabana, em maio de 2008 – DVD Som Livre. No Letras, cantamos duas dos Secos & Molhados, "Flores Astrais" e "Sangue Latino", além de "Metamorfose Ambulante". Essa parceria se estendeu ao CD *O Diário do Homem Invisível*. Mais tarde ele gravaria em seu disco a mesma música que curtira no meu: "Você Não Entende o Que É o Amor". Participou do meu DVD Ao Vivo em Ipanema, sempre na maior gentileza. Sempre fez questão de ensaiar antes das apresentações. Me dou muito bem com Ney, um cara inteligente, fino, sensível, bem-humorado e perfeccionista, e um artista de primeira grandeza. E sempre mandamos muito bem juntos. Uma honra.

Lobão – Sem palavras... um dos caras mais talentosos com quem que já tive o prazer de conviver, tanto como parceiro, quanto como mestre e guru. O que aprendi com Lobão foi ir à luta, não me prender a dogmas ou formatos engessados, e sempre me jogar na vida. O cara mais justo que conheço e fiel às suas convicções. Ele nunca entrava no hotel se não estivessem liberados os quartos de todos – da banda à equipe técnica. Qualquer que fosse a condição em que estivéssemos, ele estava sempre com a gente. E daí surgiu entre nós uma grande amizade e um respeito mútuo. Uma cumplicidade forte. Que dura até hoje. Lobão sempre foi pra mim a essência da palavra *rocknroll*. Um ídolo meu. Até hoje fico impressionado com sua entrega às canções, e com a variedade de suas composições, do clássico e do samba, até os milhões de rocks maravilhosos. Foram cinco anos tocando com ele direto. 5 anos a 1.000... rs. E foi para além da música. Éramos inseparáveis também em levações de som. Lobão participou do meu primeiro show solo no Circo Voador, em 2015. E eu participei do seu show no Miranda, também em 2015. Ele compareceu ao show com Andy Summers em SP (2014), cantou comigo "Vida Louca Vida" e curtiu muito tudo. Gravei quatro discos com ele, e fizemos duas parcerias "Que Língua Falo Eu" e "Bem Mal", ambas do seu disco de 1991. Tenho milhares de histórias pra contar, pois a intensidade desses cinco anos atingiu realmente o grau máximo. Uma emoção quando ele me chamou pra tocar. Minha perna tremeu. O maior roqueiro do Brasil, disparado. E juntos temos opinião política semelhante. Isso nos aproximou de novo em 2014. Meu mestre.

Leo Jaime foi o cara que me jogou no sucesso das turnês hiperlotadas. Leo sempre foi um cara com muito talento, um ícone da música pop, inteligente, espirituoso, bem-humorado e muito amigo. Leo é daquelas pessoas com quem você gosta de conviver. Sempre uma tirada boa, um papo gostoso. Ele participou também da minha carreira solo, tanto na Letras e Expressões, quanto no release de *Motel Maravilha*, ou no DVD *Ao Vivo em Ipanema*, cantando comigo em cima da Kombi, no Arpoador. Nos encontramos por aí frequentemente. Na época de 1986, 1987, Leo frequentou minha casa de Petrópolis. Meus pais gostavam muito dele. E eu sempre ia à sua casa no RJ também. Leo é merecedor de todo o sucesso do mundo. E entende tudo de *rockabilly* também. Abriu muitas portas pra mim. Aprendi muito com ele. Grande amigo até hoje. Um artista completo! Um cara sensacional!!

Sergio Dias - E lá estava eu, em frente à pedaleira do Sérgio Dias, e em frente a ele próprio. Um gigante à minha frente. Eu estava com o peito colado à madeira da beira do palco. Como eu era pequeno, aos 12 anos na época, meus olhos estavam literalmente em frente aos maravilhosos pedais, colocados lado a lado na pedaleira feita à mão pelo Sérgio. Uma viagem interplanetária na minha cabeça. Um mundo mágico se abria. Fui com a minha irmã, Anna Beatriz. Ela já me levara a alguns ensaios dos Mutantes em Nogueira (Petrópolis), e logo a seguir, me levou a esse show no Grajaú Tênis Clube. O show era dos Mutantes e do Terço. As bandas se apresentaram separadas, repertório próprio (Os Mutantes tocaram o disco que eu vinha escutando, "Tudo Foi Feito Pelo Sol"), e depois juntas, tocando BEATLES!! Esse foi um dos melhores shows da minha vida. Era inacreditável ver os Mutantes tocando tudo ali. A mistura com O Terço e o repertório dos Beatles com duas bateras, dois baixos, milhões de vocais e aquela guitarra poderosa — tudo aquilo me deixou impressionado. Mais um reforço na decisão de ser músico. Estava decidido. Era aquilo. E eu, um Beatlemaníaco, fiquei mais ainda louco com aquele show, entupido de gente por todos os lados. As duas bandas mais importantes do Brasil, à minha frente. E o maior guitarrista do Brasil, Sérgio Dias, fazendo solos incríveis e vocais magistrais. Era muito fantástico. Eu olhava tudo, fascinado. Os milhares de amplificadores e suas luzes. As roupas psicodélicas. Um mundo inalcançável, inatingível ainda. O país das maravilhas! Ao final, ganhei a baqueta do Rui Motta de presente. A que ele usou no show. Toda lanhada. Guardei-a por anos a fio. Anos depois, eu já no Barão Vermelho, encontro Sérgio em shows e troco ideias sobre isso tudo. Ficamos muito amigos. A partir daí, tivemos vários encontros musicais. Um ídolo super carinhoso, extremamente musical, como eu descobrira aos meus 12 anos. Serginho é uma pessoa doce, que respira música, deixa os acordes e timbres ecoarem por nossas mentes, faz tudo parecer fácil, e ao mesmo tempo com a simplicidade que uma boa amizade proporciona! Incrível. As influências do rock progressivo e da simplicidade – ou sofisticação – harmônica dos Beatles. Sérgio tem tudo isso. E um jeito simples de viver a vida. Eis que de repente estávamos nós ensaiando em quarteto para um show-tributo a Woodstock no Circo Voador. Fizemos 2 ensaios. Sérgio, Lui, George Israel e eu nos revezávamos pra cantar o repertório de CSN&Y. E nos apresentamos no Circo Voador, com a presença de Kadu numa bateria improvisada. Foi muito divertido! Temos em comum o gosto pelos vocais. Em abrir vozes. Nos encontramos logo depois no estúdio do George a fim de gravar *"Rain"*, dos Beatles, pro nosso DVD de 2005 ("Os Britos Cantam Beatles"). Foi uma tarde ótima, na qual Sérgio e Zélia Duncan se conheceram, e a partir dali veio o convite pra volta dos Mutantes. E fui ver os shows deles na Barra e no Circo Voador. Showzaços!! Depois de gravar o DVD dos Britos, houve o lançamento no Canecão. Sérgio participou, e foi um arraso. Fizemos também "*While My Guitar Gently Weeps*". Uns meses mais tarde, fomos pra casa dele e da Lourdes na serra de Araras RJ. Lá no alto da montanha. E ele, George, Mauro Sta Cecília e eu passamos uma tarde compondo. Um lugar visual, no melhor estilo hippie da montanha. Meu lado "Neil Young" adorou!!! Fizemos 5 músicas, rimos muito, levamos muito som. Voltei pro Rio à noite, com a sensação de que mais uma dádiva inexplicável havia acontecido em minha vida. Estávamos compondo e levando som. Como pensar nisso aos 12 anos, naquele show decisivo na minha vida? Como pensar numa amizade com um cara tão preciso na história da música brasileira? O cara que estava junto da invenção da Tropicália. E inventou a guitarra no Brasil! O Serginho, a pessoa, o mestre, a guitarra, a montanha. Grande, desde que eu era pequeno. Sim, tudo foi feito pelo sol, incluindo o Mutante Sérgio Dias. Um grande e lúdico abraço!

Rui Motta - Quando eu tinha uns 13 anos, fui a um show maravilhoso, que também faria diferença na minha decisão de ser músico. Eram os Mutantes e O Terço, no Grajaú Tênis Clube. Minha irmã, Anna, era amiga dos Mutantes e me levou ao show. No final, depois de as bandas tocaram separadas o repertório próprio, e de – juntas no palco – tocarem umas 10 músicas dos Beatles, o show terminou. E eu impressionado ... ainda colado na beira do palco... de onde assistira ao show todo. Rui Motta saiu pela cortina do palco e atendeu a algumas pessoas. Eu estava entre elas. E Anna contou a ele do meu fanatismo pelos Beatles e por aquele show fantástico.

Eu tinha LPs do Terço e dos Mutantes. Rui foi lá atrás da cortina e voltou com um par de baquetas. As baquetas usadas naquele show inesquecível! Me lembro como se fosse ontem...essas coisas marcam. As baquetas estavam todas "lanhadas", com aquelas serragens do uso no show, e com as marcas das batidas na caixa e nos tambores. Rui tocava muita batera! E me deu de presente! Eu fiquei amarradaço e agradeci muito a ele. Guardei durante muitos anos as baquetas. E foi um momento decisivo na minha vida. Mais um dos momentos que abrem o mundo mágico dos sonhos. Me lembro do palco, da cortina, do local lotado, dos dois shows e das baquetas lanhadas. Ali era o fortalecimento da decisão de ser um músico. Quem sabe um Beatle...rs.

Zélia Duncan - Uma das pessoas que mais me deram força na carreira solo foi a Zélia. Eu já a conhecia da participação com Os Britos, em 2004 e 2005. Pessoa rara, muito generosa e uma artista brilhante. Nosso encontro se deu quando ela e Ney Matogrosso estariam participando do nosso show no projeto *Pão Music*, em algumas cidades. Eu estava preparando meu primeiro CD quando trocamos ideias, conversamos no almoço e também no aeroporto, em Brasília. Quando lhe mostrei minhas letras, ela curtiu, não sabia que eu escrevia... E eu lhe pedi uma ou duas letras. Ela mandou três. E acabei compondo "O Peso do Passado". Mais generosa ainda, ela participou do clipe cantando comigo. A música ficou linda. Mais tarde, Zélia fez participação em cinco shows meus. Cantou comigo, no Modern Sound, Sacadura, Letras e Expressões e outros. Zélia canta muito, escreve muito bem, e aprendi muito com ela. Uma honra ter essa parceira em minha vida. Um dia ela me convidou pra assistir ao seu show na primeira mesa, no Teatro Rival. Foi em 2010 ou 2011. Não lembro o ano. Mas lembro muito bem de quando ela olhou pra mim e me chamou pra subir ao palco. Rival lotado! E acabei fazendo uma participação em "Alma". Fiz uns vocais em contraponto. Eu estava bem nervoso...rs. Zélia também fez o release do CD *Waiting On A Friend*, meu terceiro solo, em 2010. Suas palavras sobre mim, sobre como "abraçar a carreira e se jogar", foram uma emoção ímpar pra mim. Realmente ela é sensacional. Tenho orgulho de conhecê-la e de me tornar parceiro de composições e cantorias.

Isabella Taviani - Isabella foi uma daquelas pessoas que conheci já em carreira solo. Uma voz belíssima, uma pessoa sensacional e de muita musicalidade. Fiquei impressionado quando a vi de perto cantando

"Helpless" comigo no estúdio, para o CD *Waiting On a Friend*. Que força e simpatia! Depois nos encontramos no DVD *Ao Vivo Em Ipanema*, repetindo a canção. Passamos vários momentos trocando ideias, nessa época. Muito parceira, sempre solícita e dona de uma carreira brilhante. Ela transita por várias vertentes, *folk*, MPB, rock, com sua voz potente e o violão maravilhoso. Uma amiga que conheci em 2010, e de lá pra cá se mostrou uma pessoa doce e adorável. Fez discos fantásticos e estourou nas rádios. Maravilhosa!!

Moska – Grande Paulinho Moska! Tive o prazer de conhecê-lo em 1980, tocando no bar Botanic, no Jardim Botanico. Lembrou-me Caetano, tocando violão de nylon, com pernas cruzadas num banquinho, sabia tocar violão como ninguém. E uma voz incrível, já nessa época. Colocava já a plateia na mão! Um domínio de palco incrível. Tínhamos muitos amigos em comum. Atores, atrizes e músicos. E quando nos conhecemos, ficamos amigos rápido. Fui ao show do Inimigos do Rei, e nessa época começamos a andar juntos. Baixo Leblon, Baixo Gávea, etc. – com uma galera. Não demorou e já estávamos montando uma banda chamada Os Bizarros. Com Marcelinho da Costa e Billy Brandão, ambos grande amigos e parceiros também (hoje na banda do Frejat solo e substituindo Fernando e Kadu às vezes no meu show com Lenhadores), montamos um núcleo já prevendo um disco. Entretanto em seguida o Barão me chamou pra a banda. E Moska partiu pra carreira solo. Gravei o primeiro disco dele, *Vontade*. E fiz o primeiro show também, no Mistura Fina da Lagoa. Muito amigo, artista completo, hoje em dia vive um momento brilhante na carreira. Fazendo discos maravilhosos, tocando em rádios e fazendo projetos com artistas internacionais. Moska está lotando tudo! Fui convidado, em 2013, para gravar o programa *Zoombido*, comandado por ele no canal Brasil. Pessoa rara – astral incrível, talento nato, e um cara bondoso e doce. Andamos juntos por uns dez anos consecutivos. Depois o chamei para participar de discos do Barão e do Lobão, fazendo os arranjos vocais. Moska é daqueles amigos com quem você pode contar sempre, um cara ímpar, generoso e multiartista. Compositor sensacional. Grande Paulinho! Bizaaaaarrroooo!

Paula Toller – Nos conhecemos lá pelos idos de 1985 ou 86, quando eu era do Front e Léo Jaime. Sempre fui muito fã do Kid. Escutava os dois primeiros discos compulsivamente, e um dia Léo me apresentou mais de perto a todos eles. Fizemos um show para a BB Vídeo no Estádio de Remo da Lagoa, onde na música "A Formula do Amor", Paula, George e Bruno subiram para "canjear" com Léo (como havia sido na gravação do LP Sessão da Tarde). Nesse dia conheci Liminha também, outro ídolo meu. A partir daí, sempre estive mais perto do Kid Abelha. Ainda em 88, fizemos um show bacana, no Maracanazinho, em dupla – Alternativa Nativa. No nosso dia eram Léo Jaime e Kid Abelha. Ali pude ficar mais amigo de todos, dividir camarins num show lotadaço. Fiz o show com Léo, e depois assisti da plateia ao show do Kid. E quando entrei no Barão em 92, mais proximidade ainda. Fizemos várias dobradinhas em shows. Substituí NiloRomero em 94 em dois shows no Sul. Ali pude ver "Eu Tive um Sonho" (música que eu adorava) estouradaça. E eu lendo partituras...rs. A viagem foi o maior astral. E eis que de repente veio a primeira parada do Barão para férias, em 2001, logo depois do Rock In Rio. Assisti ao show do Kid no RiR, no mesmo dia do Neil Young. Fui no micro-ônibus com eles... E aí veio o convite para excursionar e gravar disco com o Kid. Me indicaram após a saída do Dunga. Eu estava num momento vulnerável... todos desconfiavam do meu profissionalismo. Paula acreditou em mim, mesmo sabendo que eu estava bem doido na época. Talvez porque eu fosse um doido meio responsável ainda... rs. No Kid Abelha, eu já na turnê e nos estúdios ficava impressionado com a voz de Paula. Lembrava-me as melhores bandas de pop que eu curtia. Lá estava eu, na maior banda pop do Brasil. E feliz. No começo, nessa época do CD Surf, houve um deslize de minha parte. De tão estragado que estava, não consegui levantar para ir ao primeiro ensaio com o Kid. O pessoal poderia ter me limado ali. Paula entendeu meu primeiro erro, o ensaio em que não fui. Havia todos os motivos para ela não entender. E eu sabia disso. Depois desse dia, nunca mais dei mole. Fiquei envergonhadíssimo por estar sem condições de ensaiar. Era uma chance que tinham me dado na parada do Barão, e eu lá deixando a doença falar mais alto. Paula também foi extremamente gentil ao me chamar para abrir os backing vocais com ela e George. Era uma responsa, pois no disco ela gravava os lindos vocais, e eu teria de tentar fazer timbrar ao vivo. E timbrou legal. Paula é bem perfeccionista, cuida minuciosamente da carreira e isso é sensacional, e fui chegando aos poucos, entrando com baixos e depois com vocais. Suas composições com George são maravilhosas. Ela conduzia a banda com maestria, para públicos gigantes e lotados. Só tenho a agradecer pela oportunidade de gravar e excursionar com o Kid, sendo convidado para vários discos. O acústico MTV foi uma época de ouro para todos nós, e Paula me enviou um e-mail carinhoso, no qual dizia que eu havia acertado todos os vocais e baixos da gravação, e não precisava regravar nada. Deu-me parabéns. Fiquei envaidecido e orgulhoso. E chorei, emocionado. No final da turnê, em 2004, depois de três anos tocando juntos, eu deixaria o Kid para voltar a tocar com o Barão. Fizeram uma festa de despedida para mim no camarim, com todos da equipe, e cheguei a novamente chorar de emoção. Foi um carinho de todos, inesquecível. Uma família bacanérrima, liderada por uma diva do rock — como assim a bem definia Ezequiel Neves, nosso guru-barônico, que também amava a Paula. Só tenho admiração e orgulho de ter sido aceito por ela e contribuído com minha parte musical para aqueles anos todos.

Bruno Fortunato – eu o encontrava de vez em quando e tocávamos sempre ideias no Baixo Leblon, na porta do Real Astória. Mas vim a conhecê-lo mais quando comecei a tocar direto com Kid. Um guitarrista sensacional, muito musical, acabei convidando-o para gravar no meu primeiro CD solo. Gravou várias guitarras em *"A Vida Não Dói"*. Nas turnês com Kid, descobri um Bruno super engraçado, que se preocupava também com a nossa saúde e nosso bem-estar. Quando meu pai morreu, ele foi ao enterro também. Achei muito carinhoso da parte dele. Brunaço é um amigo que fui conhecendo aos poucos, e nos divertimos muito também.

George Israel – Pessoa rara, figuraça, talentosíssimo e grande compositor. Criou uma marca no rock nacional. O sax com melodias marcantes. Até hoje, clássicos são lembrados pelo sax. Com a saída de Leoni do Kid, o lado compositor do George apareceu mais. E veio muito bem. Quando Kadu entrou no Kid, em 1992, ele me aproximou do George, e nos tornamos grandes amigos. Daqueles de andar junto o tempo todo. Apresentei-o a outros amigos, e a galera tornou-se uma só. De repente, montamos Os Britos, com Guto e Nani. E fomos à Inglaterra, etc. George é dos grandes amigos que tenho, desde 1994. Compusemos 30 músicas juntos, incluindo "Cidade Partida", do meu primeiro CD. Houve uma época em que montamos um núcleo de composições: George, Mauro Sta Cecília e eu. Toda segunda nos encontrávamos, e com folhas em branco. Dali saíram umas 20 músicas, incluindo "Motel Maravilha", título do meu quinto CD solo. George é diversão e música em sua maior essência. Isso nos aproximou muito. A vontade de tocar e criar.

Nilo Romero – O prazer de ver o Nilo Romero produzindo meu disco de 2013 foi praticamente o mesmo que tive ao vê-lo brilhando nos palcos com

Cazuza, em 1986, no Teatro Ipanema. Um grande caráter, perfeccionista e um baixista sensacional, essas qualidades me fizeram rapidamente ficar amigo do Nilo. Tínhamos muitos amigos em comum, já nos anos 80. E por aí o caminho encurtou para nos aproximarmos. As parcerias com Cazuza também era uma coisa em que eu prestava a maior atenção. E quando comecei a andar mais com George Israel, Nilo se tornou muito presente também. Ele já estava no Kid Abelha, nessa época. Então, nos anos 90 pudemos nos encontrar em milhares de situações e nos Baixos Gáveas da vida. Um papo sempre ótimo, Nilo é daqueles caras que cativam rápido. Me lembro de várias noites (em especial uma, na praia de São Conrado) em que ficávamos horas trocando ideia sobre música, política, tudo. Eu sempre tive vontade de ter um disco inteiro produzido por ele. No Barão não tivemos essa possibilidade, já existia o Ezequiel Neves, e todos os Barões dando pitacos e coproduzindo. Em 2009, na minha carreira solo, eu o convidei para produzir uma faixa, a de trabalho, "Não Vá". Nilo me levou pra gravar no estúdio do Lazão do Cidade Negra, na Barra. A faixa foi tocada por todo o Cidade, banda na qual Nilo estava como sócio na época. Só sei dizer que o som da música ficou internacional, e pude reparar mais de perto o perfeccionismo do meu amigo. Entretanto, não era um perfeccionismo que atrapalhava, e sim que extraía de cada músico o melhor que este poderia dar. E isso me impressionou. O método de trabalho. A dedicação. No Kid, eu encontrava mais nos shows, etc. Com o Moska também, apesar de ter gravado o primeiro disco do Moska já com produção do Nilo. Gravei também duas músicas, no disco do Paulo Ricardo *Rock Popular Brasileiro*, com Nilo produzindo. E o chamei pra gravar um disco inteiro, em 2013. O meu Motel Maravilha. Ali, pude perceber mais coisas: o Nilo tocava guitarra pra cacete, criava pianos e gaitas, e além de tudo gravou baixos que eu não ousei regravar. Pensei assim: *"O disco será de cantor. Os baixos do Nilo já estão foda!"* E foi difícil tirar as linhas pra tocar no lançamento — e cantar ao mesmo tempo. Então, no show de lançamento, chamei o Nilo pra tocar umas guitarras e me esmerei em tirar os baixos. A produção de Motel Maravilha foi IMPECÁVEL. E trabalhar com um cara de humor inteligente e afiado como o Nilo, foi um momento excepcional, que pretendo repetir. Um músico extraordinário. Um produtor fantástico e um amigão do peito. Dividimos noites de loucura, nas décadas de 80 e 90, mas eu sempre ia mais além, sem freio. Nilo é dos amigos que presenciaram meus dois lados, Dr. Jeckyll and Mr. Hyde. E acho que conviveu bem com os dois! Rsrs.

Cássia Eller — Por que citar a Cássia na biografia? Porque na época em ela morreu andávamos muito juntos, encontrávamos na casa de amigos, na casa dela, e também em levações de som. Ela era das poucas pessoas no meio que prezavam o encontro, as levadas de viola e muita improvisação. Não encontrei mais ninguém assim no meio. Cássia dava canja com os Britos, ia pro meu quarto de hotel, tocávamos violão durante oito horas sem parar, me convidava à sua casa, aonde fui umas quatro vezes (em Ipanema e em Laranjeiras), e era uma amiga de violadas e noitadas na casa de amigos. Ficávamos muito doidos, mas nunca deixamos de levar som por causa disso. Uma vez tocamos todo o Álbum Branco dos Beatles no meu quarto de hotel, no Othon de BH. Depois, às 6 da manhã, já loucos, fomos tocar no primeiro barzinho que encontramos. E tocamos horas a fio! Ela era dessas pessoas. Eu também. Fiquei muito abalado com sua morte, apesar de estarmos um pouco afastados naquele momento em razão dos nossos compromissos. Nando Reis foi o grande parceiro dela em seu último ano de vida. Mas a Cássia que conheci – levadora de som e curtidora da *night* – eu nunca vou esquecer. Mais do que a Cássia que fez sucesso, pra mim ela era a Cássia das violadas!

Moraes - novo baiano - Moreira! Caramba, parece que foi ontem! Como escutei aqueles discos "Acabou Chorare" e "Novos Baianos Futebol Clube"!! E como a partir dali tive uma aula do que é ser músico e nômade. E também de como é trilhar carreira solo, quando cada um foi para um canto. E nesse canto, pude escutar, para meu deleite, os brilhantes LPs *Alto-Falante* e *Lá Vem o Brasil Descendo a Ladeira*. Foi uma aula de brasilidade pra mim. E foi uma aula de baixo, além disso. Lá continuavam os também "novos baianos" Dadi e Didi Gomes – presentes nos discos solos de Moraes – a me fazer prosseguir no caminho de tirar as maravilhosas linhas de baixo das fantásticas composições de Moraes. Escutei tudo daqueles discos. Tirei todos os baixos. Lá estavam minhas aulas, no pequeno escritório do meu pai, com uma vitrola 3 em 1, e os professores a me ensinar. Encontrei Moraes algumas vezes, nos aviões e aeroportos da vida. Um astral muito bom. Uma vez, na Warner Chappell, pedi que ele me mostrasse o violão de "Preta-Pretinha". Foi outra aula. Descobri que não sabia tocar nada da música... eu tocava tudo errado... rs. Tem vários truques que só um exímio violonista como ele sabe criar e executar. E fiquei bobo ali, observando e me lembrando da casa da minha tia Biti em Samambaia, onde, na década de 70, alguns dos Novos Baianos (não lembro quais) apareciam para levar um som. Eu – criança pequena – deixava os acordes brincarem dentro da minha mente, armazenando-os para um futuro próximo, quando aos 11 anos pedi um violão de aniversário e pude tentar aprender algumas daquelas canções. Quando cresci um pouco mais, lá estava eu fazendo a "baixaria" junto com os discos. Era colocar o LP *Alto-Falante* na vitrola, e subir feliz a ladeira do Brasil que estava começando a me (a) pegar! Valeu Moraes!!

Leoni foi dos meus grandes parceiros na carreira solo. Um grande compositor e cantor. E um grande amigo. Fizemos três parcerias: "Vai Ser Melhor Pra Você" (no CD saiu errado: "Vai Ser Melhor Assim") para o meu primeiro solo; "O Diário do Homem Invisivel" (foi faixa título) e "A Última Vez", para o segundo solo. Leoni participou dos meus primeiro e quarto discos – no DVD *Ao Vivo em Ipanema* cantamos "Exagerado" e "O Diário do Homem Invisível" – e de inúmeros shows da carreira solo. Eu também participei de alguns shows dele, cantando nossas parcerias. Cheguei a abrir cinco shows do Leoni nas Lonas Culturais RJ, em 2008. Sempre foi um cara querido, que abriu espaço pra composições e parcerias. Um cara do bem, que me influenciou como baixista também – escutei todas aquelas linhas de baixo dos dois primeiros discos do Kid. Leoni sabe tudo do mercado fonográfico, lançando livros sobre o assunto. Fez o livro de entrevistas de compositores do rock nacional. É antenadaço com tudo o que acontece e usa as mídias digitais muito bem. Lança discos maravilhosos e está sempre apresentando coisa nova. Eu diria que dos parceiros de quem me aproximei em carreira solo, ele foi o mais presente em trabalhos meus. Um cara doce, gentil, adorável e extremamente talentoso. Grande Leoni!!

Pepeu Gomes - O que dizer desse cara, que participou de shows dos Britos e da minha carreira solo? Eu escutava Pepeu quando eu tinha 14 anos de idade. E desde os Novos Baianos, fiquei impressionado com seu bandolim e sua guitarra. Aprendi a tocar baixo escutando seus discos, com os baixos fantásticos de Didi Gomes, seu irmão. E Pepeu era chorinho misturado com Hendrix. Vi shows dele em vários lugares e nunca imaginei que um dia dividiria palco com esse ícone. O Barão nos aproximou. Os Britos também. E de repente me vi ao lado de um ídolo, em vários momentos da minha história musical. Além disso, descobri um amigo, um cara muito do bem, que tem o astral lá em cima. Isso foi uma tônica de nosso relacionamento. Música e amizade. Pepeu é um dos maiores guitarristas do mundo, e seja nos Novos Baianos, seja na carreira solo, ou em participações que o vi fazer, a cada dia me impressiona mais e mais. Pela parte musical eu já nem preciso falar. Mas pela parte pessoal, é um cara nota 1.000. Em 2010, ele participou do meu DVD *Ao Vivo Em Ipanema*, solando e cantando com a maestria de sempre. Dessa vez, em cima de uma Kombi na praia do Arpoador. Orgulho e honra em tê-lo por perto. Pepeu é um cara muito do bem, que sempre está na maior vibe. E além da guitarra sensacional que mandou em "*Satisfaction*" e "*While My Guitar Gently Weeps*", cantou muito também. O Arpoador foi à loucura! E eu também. Pepeu é "foda"! Um dos grandes da história do rock nacional. E uma pessoa sensacional.

João Barone – João Barone! Quando eu vi o Paralamas no sarau do colégio São Vicente, fiquei impressionado com a performance do João. Éramos todos garotos. Minha banda Prisma (com Marcelo Serrado) ia se apresentar antes do Paralamas. O Front também estava lá. E o sucesso "Vital e Sua Moto" estourando na Fluminense. O show foi impecável. E o baterista era foda! Fã de Police, claro que me identifiquei imediatamente com João, um fenômeno que já estava integrado à *New Wave* e ao *reggae*, mistura que o Police tanto sabia fazer. A cena do rock ganhava asas próprias, capitaneadas pelos Paralamas. Acompanhei-os no Petropolitano, no Morro da Urca, na Mamão com Açúcar, em todos os lugares. A partir dali, elegi os Paralamas a melhor banda do Brasil. Fui a uns 50 shows deles, naquela época. E no *Rock in Rio* fui especialmente para vê-los, aí já com as músicas "Óculos" e "Meu Erro" estouradaças na rádio. O show da BB Vídeo também foi maravilhoso. Fiquei impressionado com o som do disco *O Passo do Lui*. Um sonzaço de bateria, guitarra e baixo. E também em "Solange", versão de "*So Lonely*" gravada por Leo Jaime no disco *Sessão da Tarde,* a base foi feita pelos Paralamas. A batera era foda!! E quando comecei a tocar com Leo Jaime, pude conhecê-los mais de perto. A bateria de "Alagados" também foi um assombro! Estar ali em contato era muito legal. Éramos da mesma idade, praticamente, porém eu era fã absoluto. E adorava tudo aquilo. Na mesma época conheci Roger, do Ultraje, e Fernanda Abreu, da Blitz. O estúdio Nas Nuvens, do Liminha, recebia essa galera toda nas gravações do Leo, de Juba da Blitz, etc. E Barone foi um dos caras daquela turma que mais me marcaram. Ele e o Bi são gente finíssima. Andei um tempo com o Bi, e encontrei o João em alguns projetos, como o tributo a Bangladesh, no Teatro Rival, em 2014. Idealizado por Pugialli, o tributo teve a participação especial do João no show, cantando e tocando "*It Don't Come Easy*". Nós com Os Britos + Bulldog Classic Rock. E João mais uma vez arrebentou. Os milhares de encontros entre Barão e Paralamas (sim, fizemos shows em dobradinha na década de 90), eram sempre o maior astral. A série que o Barone lançou sobre a Segunda Guerra Mundial também foi espetacular! Um monstro sagrado em qualquer área! Um prazer tê-lo como amigo. Como baterista, eu nem preciso falar, a história do rock fala por si só. O maior!

Evandro Mesquita - Amigo dos meus irmãos, Evandro sempre foi o cara do *surf*, da música e do teatro. E de anos pra cá, da TV e cinema. Um exemplo de variedade e pluralidade desde o Asdrubal Trouxe o Trombone. Nos encontramos depois no meio musical, eu já tocando com Leo Jaime, etc. Jogamos Rock Gol MTV juntos e fomos vice-campeões. Nos entendemos também nos gramados. Quando ele me chamou pra fazer os shows com a Blitz, fiquei emocionado, pois simplesmente era a banda que abrira a porta nas rádios para todas as outras bandas, em 1982. E fui amarradão. Depois, chamei a Blitz toda para minha temporada solo 1 na Letras e Expressões. E foi de novo muito legal. Tive a ideia de convidá-lo para cantar na Kombi, no meu primeiro DVD. E ele foi, super brother – era num campeonato de *surf*, no Arpoador. Rolou a maior *vibe*. Foi bem a cara do Evandro, que levou também um ukelele pra dar um toque havaiano ao som. Evandro é dos meus – gosta de levar som, de Stones, de Beatles. No show da Blitz eu cantava três músicas: *"Honky Tonky Women"*, *"I Saw Her Standing There"* e *"Bete Balanço"*. Evandro tocava gaita nessa hora. No DVD, cantamos "*Knockin on Heavens Door*", "*Dois Passos do Paraíso*" e "*One Love*". Numa praia linda, e emblemática, como deveria ser. Evandraço – astral lá em cima!

Juba - Conheço o Juba desde o início da década de 1980. Acho que por volta dos meus 19 anos. Eu tocava com Leo Jaime, e ele na Blitz. Entre 1985 e 1986. E sempre foi essa pessoa carismática, alegre e um grande companheiro. Valoriza a amizade e é um grande batera! Engraçadíssima, não tem como não se divertir 24 horas do lado dele. Histórias mil e um humor sensacional. Eu encontrava o Juba sempre na praia. Ele sempre de moto. E os aniversários em sua casa (praticamente uma loja de discos, um museu do rock) são sempre com uma galera *brother*. Juba é *brother* e curte a vida como poucos!

Billy Forghery - Um cara superengraçado, cheio de tiradas e um músico fantástico. Eu não conhecia o Billy até ele entrar na Blitz. E foi grata surpresa. Como eu, ele adora o Yes. Trocamos ideias nas viagens. E depois de eu parar de tocar com a Blitz, continuamos a nos falar e nos encontrar. Ele deu canja no meu show. Billy é uma grande pessoa! Teclados marcantes do rock nacional.

Sérgio Serra - Três cordas de baixo foram suficientes para começar uma amizade duradoura. E desde o sarau do colégio Souza Leão, onde Serginho me viu tocar pela primeira vez, com o Prisma, até os dias de hoje, foram milhares de aventuras inenarráveis. De uma porta de carro arrancada no Baixo Gávea, a saltos de marquises e entradas em clínicas de recuperação, de tudo aconteceu! Jules e Jim! Santos e Serra! Esse era o apelido que nós nos demos ao sair do cinema depois de assistir ao belo filme. Eu e Serginho andávamos juntos direto, quando fomos convocados pelo Lobão para gravar o disco *Cuidado!*, de 1988. Serginho vinha do Ultraje a Rigor (para onde voltaria após a gravação do disco), e eu de Leo Jaime, com quem Serra também tinha tocado. Aliás, ele tocou com quase todo mundo: Barão, Legião, Cássia, Lobão, Léo Jaime, Ultraje, etc. E nós sempre andamos juntos. Nossos trocadilhos e emenda de piadas começavam com uma centelha, só parando nas câimbras das gargalhadas. Serginho é inteligente e rápido. Muito rápido. Essa rapidez o levou a ter parte da vida comprometida pela prisão das drogas. Assim como eu tive também. E saiu. Nadou pra superfície e está no bote. Esse bote é o bote da liberdade pra sempre. É muito melhor do que o bote da cobra, que nos picava com seu veneno letal. Demos sorte. Saímos dessa. Mas arregaçar a manga é preciso, pra salvar a pele. Peles de cordeiro e lobo, fomos juntos ao AA uma vez, assim como fomos juntos para a estrada das Canoas ensaiar com Lobão, em 88. No LP *Cuidado!*, lembro do solo antológico de "por tudo que for", Serginho gravando. A gente delirando no estúdio. Um dos melhores solos do rock nacional. E não é que "nosso Jeff Beck" ainda repete a dose em "*Just for Today*" no meu terceiro disco solo *Waiting on a Friend*, em 2010? Um solo lindo, pura inspiração. Serginho é alma, é a verdade em cada letra, em cada disco, em cada poema, em cada nota na guitarra, em seu jeito de viver. Agora, limpo, vivendo um dia de cada vez, mais e mais, no sentido pleno da palavra. Fomos muito loucos, mas da nossa cartola, sempre saía algo que surpreendia o mágico. E o coelho que saía, não era um coelho qualquer, era o coelho de Alice no País das Maravilhas!! Serginho é maravilha!! Plugado a 220 volts, o amplificador da vida se curva a seu talento. E o alto-falante saúda e pede passagem. Serginho é um baile a rigor! Valeu Jules! Jim agradece!

Marcelo Serrado - Conheci Serrado quando eu tinha uns 18,19 anos. Fui chamado para entrar no Prisma, banda que arrebentava em saraus e tinha também André Estrella, Nito Lima e Felipe Leite (amigo pessoal, baterista e exímio goleiro que levei para o Rock Gol anos depois). Depois entraria João Estrella. Entrei no lugar do Alexandre Moreira (hoje no BossaCucaNova), que começara a tocar teclado. Tocamos nos saraus de Souza Leão e em outros colégios. Marcelo e eu começamos a andar bastante juntos, eu frequentava a casa dele em Arraial do Cabo e depois em Angra. Ele levava som comigo e com Kadu lá em Petrópolis, na minha casa em Samambaia, e pelos arredores de Nogueira e Araras. Era um grande gaitista!!! Quando ele teve de deixar o Prisma, sentimos sua falta. Tanto do carisma, quanto da gaita, que dava personalidade à banda. Havíamos gravado algumas músicas para tocar na rádio Fluminense, quando ele teve de se dedicar ao teatro integralmente. Aos poucos a banda foi acabando. Mas antes disso fizemos um show, abarrotado, no Teatro da Galeria. Todas as meninas do Rio de Janeiro estavam lá. Éramos populares. Anos depois, em 2001, na parada do Barão, encontrei Marcelo na rua e perguntei se ele conhecia alguma banda que precisasse de baixista. Ele me disse que estava com uma banda assim. Os Impossíveis. E me chamou pra entrar. Fizemos mais de 30 shows lotados até 2002, quando tive de me dedicar à Blitz e ao Kid Abelha. Mas foram tempos ótimos também. Do Prisma, só boas lembranças. De Marcelo, sempre um cara pra cima e um grande amigo.

Liminha - Entre os três maiores baixistas do mundo pop rock, na minha opinião, Liminha sem dúvida se inclui.. Os outros dois são Paul McCartney e Sting. Então já dá pra ter uma idéia da minha idolatria pelo mestre. Esses três caras me fizeram ver o baixo de outra maneira. Me fizeram passear pela magia do instrumento, das linhas maravilhosas dentro do pop, do reggae e do rock. Os discos de Lulu Santos, Mutantes e Gilberto Gil eram uma aula pra mim. Eu tirava nota por nota daqueles baixos. E pensava. Que absurdo isso! São perfeitas!! "Como Uma Onda no Mar", "Vamos Fugir", "Ultimo Romântico", "Certo Alguém", "Palco", "Luar" — enfim, muitas e muitas linhas sensacionais. Apesar de Liminha já ser amigo da minha irmã, só pude conhecê-lo quando eu estava tocando com Leo Jaime. Foi no show do *Cidade Live Concert*, no Estádio de Remo da Lgoa. Foi muito bacana, falei que era seu fã, e ali passamos anos chamar de "papai" e "meu filho", em virtude da nossa semelhança física. Gravei discos do Leo com produção dele e pude conferir de perto seu outro lado "fodaço". O de produtor. E depois de ver os discos de Gil, Lulu, Kid, Marina, Titãs, etc., agora estava eu gravando no Nas Nuvens, com produção dele. E depois gravamos, em Los Angeles, o disco *Sob o Sol de Parador*, do Lobão – um mês em LA, onde tivemos uma convivência bastante harmoniosa dentro do estúdio, na casa dele, ou na Disney e na Universal Studios. Andamos bastante juntos, nós todos. E o vi tocando piano e guitarra também. Sempre em alto nível. Eu diria que o Liminha é o mestre dos mestres pra mim. Não tem pra ninguém.

Dadi - Dadi é "foda"! Se existe a palavra "musicalidade", deveria ser trocada pra "musicaliDADI".... Era amigo da minha irmã nos anos 70 e início dos 80. Eu ia assistir a TODOS os shows da Cor do Som. Já o acompanhava dos Novos Baianos, mas A Cor do Som mudaria minha vida naquele momento. Um show impecável, no qual Dadi dava um SHOW de baixo. Eu ficava boquiaberto vendo aqueles baixos, que eu tanto tirava dos discos, sendo magistralmente executados pelo baixista em pessoa! Pedi a minha irmã para me apresentar e ficamos grandes amigos. Nas épocas de "dureza" – no meio dos 80 – , eu comprava baixos dele e ele comprava os meus, sempre que um ou outro estava duro...rs. Encontrei-o quando assisti a um show do Benjor em que ele tocava, depois de ele ter me visto com Leo Jaime. Era em 86, no Nordeste. Ali ambos nos elogiamos, e fiquei surpreso de ele ter me visto tocar e curtido. Quando ele entrou no Barão, após minha recusa em 89, achei que substituiu muito bem o Dé, acrescentando outras coisas à banda. Dadi e Dé, grandes baixistas. Eu seria o terceiro a empunhar as 4 cordas, no Barão. Que responsa! Mas segui os passos de ambos. E com Dadi não tem tempo ruim. Só leveza. Seja na guitarra, seja no teclado, no baixo. Seja nos Tribalistas, na Cor do Som, com Caetano, Barão, ou Marisa Monte, é sempre um show à parte – de astral e de contrabaixo. Uma influência enorme pra mim. Um dos grandes. Com alma de garoto. Dadi não envelhece, e seus baixos estão cada vez mais jovens, também, sempre que coloco um disco da Cor do Som no carro. Parecem se renovar com o tempo. O desafio de tocar "Arpoador" era o *must* dos meus 18 anos. Enquanto eu não acertasse o solo do show de Montreaux, não sossegaria. Um dia consegui, mas confesso que deu MUITO trabalho. Dadaço!!

Didi Gomes - Didi foi uma grandíssima influência. Escutei todos os discos em que entravam os baixos dele. Tirava tudo de ouvido. Era impressionante o que ele fazia com o instrumento, principalmente nos discos do Pepeu. Muito virtuose, jogava pra música e tinha umas linhas que até hoje não consigo entender como criou. Maravilhosas. Eis que em 2009, eu já em carreira solo, fui fazer um show em Salvador, e Nino Moura – grande amigo guitarrista – montou uma banda de lá pra tocar comigo. E o baixista era quem? Didi Gomes! Já nos encontrávamos em shows de Gil, Pepeu e Barão. Mas na minha carreira solo? Nunca imaginei ter ao meu lado um cara em que me espelhei para tentar ser baixista, na adolescência. E foi de um astral incrível, tocando muito, como sempre, e eu fiquei maravilhado e honrado de ter tido esse prazer de "levar um som" com um dos meus mestres do baixo.

Arnaldo Brandão - Arnaldo foi o responsável por eu ter sido baixista. Ele mudaria a minha vida, sem saber. Eu escutava todos os discos do Caetano, com a Outra Banda da Terra, e era fã dos baixos do Arnaldo. Quando comprei o LP *Outras Palavras*, escutei-o compulsivamente, e aquele timbre e aquelas linhas marcantes dos baixos, eram de muita personalidade. Eu ficava horas tocando com o disco, em casa. Um dia, resolvi começar a ter aulas de guitarra com o Valladão (Jorge). Era inicio da década de 80. Resolvi que ia ser guitarrista, e pronto. Fiz 3 ou 4 meses de aulas lá em casa – escala de *blues*, *jazz*, etc. E deixei o baixo de lado. Só que veio um show do Caetano no Canecão. Lançamento de *Outras Palavras*. Aquela magia dos shows de Caetano, Gil e A Cor do Som, me pegavam de jeito. Eu sempre via esses três artistas com frequência. E lá estava eu no Canecão, lá atrás, em pé, quando começou o show. As primeiras notas do baixo já bateram no meu peito. Amaciei, coloquei a bola no terreno, e nada mais consegui escutar do show a não ser os baixos, que tanto me marcaram naquele disco. Saí de lá com a certeza de que era aquilo que eu queria fazer pro resto da minha vida. Parei com as aulas de guitarra e voltei ao baixo. Dali em diante, minha vida nunca mais deixou a música. Portanto, devo ao Arnaldo tudo isso. Foi bem antes de ele montar o Hanó Hanói, banda que participou também do *Rock in Rio 91*, no Maracanã. E quando o conheci pessoalmente, fiquei mais fã ainda. Um grande cara. Nos encontramos muito, e comecei a ensaiar no seu estúdio, com outras bandas que tive. Um papo bacana! Grande compositor e cantor também. Arnaldo, você é *The Bass*!!

Magrão - Escutei muito 14 Bis quando era garoto. Foi uma das bandas que colocaram a mistura folk-rock, o que me remetia às melhores coisas que eu escutava lá fora. E Magrão foi outra grande influência no baixo. Eu já o escutava nos shows e discos do Terço (assisti a um show da banda, aos 13 anos), e quando ele montou o 14 Bis com Flávio Venturini, eu já virei fã imediatamente. Foi uma das bandas que mais escutei nesse período. Tirava os baixos das músicas "Natural", "Planeta Sonho", "Mesmo de Brincadeira", etc. Não só os baixos, tirava os vocais, os violões, aprendi a tocar tudo dessas músicas. Tinha todos os discos. As composições de Magrão eram muito boas. "Caçador de Mim" escutei muito. Sabia fazer todas as vozes da canção. A banda tinha muita coisa que eu curtia, os vocais de Beatles, a guitarra influenciada por Dire Straits, letras bacanas, melodias ótimas. Assim como escutei A Cor do Som, com influências de chorinho e pop, eu gostava da variedade de sons, e o 14 Bis era outro tipo de rock, com influência mineira do Clube da Esquina. Representava pra mim uma vertente da banda América, que eu tanto escutava. Assisti aos shows do Planetário, nos quais passava um aviãozinho por cima da plateia. E quando conheci pessoalmente o Magrão (eu estava na estrada fazendo shows, não me lembro com quem), falei isso pra ele. Sempre foi um cara com quem troquei ideias, seja sobre música, seja sobre o lado empresarial, que ambos temos. Moramos no mesmo bairro, e volta e meia nos encontramos nos Correios, ou na rua. E sempre paramos para um breve papo. Na *Festa da Música*, em Canela (2014), pude estar com ele e com o pessoal do 14 Bis. Assisti à passagem de som e me emocionei. Os baixos criados por ele têm uma marca registrada. E as canções também. E é um cara muito gente boa. Excepcional músico, cantor e compositor!

Sérgio Brito - Os Titãs eram foda. Quando saiu *Cabeça Dinossauro* eu pirei. Escutava o dia inteiro com o Nani, do Front. O Front já havia feito shows em dobradinha com os Titãs no Mistura Fina, mas um pouco antes do lançamento do *Cabeça*. Segui a banda depois, nos discos seguintes e em shows bombásticos. Mas foi como integrante do Barão que pude ter mais contato direto com eles. Fizemos um show memorável em Curitiba na Pedreira Paulo Leminsky, e depois todos saímos juntos. Barão, Titãs e Paralamas. Eu me lembro que na coletiva, à tarde, eu já estava muito doido – bêbado! À tarde! Imagina à noite.... Eu gostava muito da loucura criativa dos Titãs. E o Britto, desde a música "Insensível" já era um dos meus cantores favoritos. E compositor também. Pude identificar isso mais à frente, na sua excelente carreira solo, lançando cada disco melhor do que outro. Essa história de carreira solo acaba aproximando as pessoas mais um pouco...Banda também, mas no trampo solo, voos diferentes são alçados.

E o trabalho do Sérgio é impecável, mistura ritmos e vem com canções sempre muito bem resolvidas. Me identifiquei muito com ele. Procuro me espelhar na sua trajetória. Ele já era um cantorzaço de rock, desde o início da banda, nos anos 80. E manteve a personalidade com mais ingredientes, a cada empreitada dos Titãs. Sempre misturou as vozes rasgadas dos *punk rocks*, com as vozes mais claras e límpidas das belas baladas que compôs. Uma variedade de timbres excepcional. Da categoria de um samba sofisticado, ao volume 1.000 do rock !! E afinadaço, com aquela super presença de palco e teclados maravilhosos! Um Artista completo e um cara muito bacana.

Branco Mello - O Branco Mello era dos meus. Vivia intensamente e muito louco. Pelo menos na estrada, quando nós nos encontrávamos em shows do Barão e dos Titãs. Uma vez, num show antológico pra 45.000 pessoas na Pedreira Paulo Leminsky, em Curitiba, fizemos a entrevista coletiva com as 3 bandas juntas: Titãs, Barão e Paralamas. Havíamos almoçado juntos também, e muitos de nós tínhamos bebido pra cacete. E fomos pra coletiva. Obviamente alguns de nós tinham cocaína no bolso (eu tinha, com certeza), o que possibilitaria dar uma "consertada" no álcool. Ou não. Quando começou a coletiva, todo mundo animado, muitos falavam, todos criativos, etc. E era tanta gente que não cabia na mesma mesa gigante, feita só pra entrevista no auditório. Eu estava já descacetado. Branco também. E mais uns oito. Como não havia vaga sentado, alguns ficaram em pé, atrás dos outros. Entretanto, havia uma cortina preta, que vazava pro ambiente de trás, uma sala escura. Alguns de nós deram um teco atrás da cortina, entre eles eu e Branco, e ficaram só nossas "cabecinhas de fora" entre as frestas da cortina, olhando a coletiva e participando das fotos, naquele estado. Rimos muito, ao mesmo tempo estava foda ficar concentrado na entrevista. E aí saímos fora pra conversar em outro lugar. À noite, as 45.000 pessoas que estavam no show, foram à loucura com as 3 bandas. A chegada no show foi por um elevador panorâmico. Linda cena. Todo o público vendo a descida. Recorde da Pedreira, batido só pelo Paul McCartney, anos depois. E no final, todos para a *night*, num bar qualquer. Me lembro de todos os shows dos Titãs que vi, e a figura do Branco era sempre muito forte. Uma vez nós nos encontramos na casa da Malu Mader e do Tony Belloto, aniversário deste último, no RJ. Ficamos Branco, Sérgio Serra e eu falando muitos absurdos engraçadíssimos no corredor da festa. Branco tinha sempre esse lado muito fértil e criativo! Independentemente de como estivesse. Esse lado ele também usa nas músicas, composições, nos papos, nos trabalhos com livros e peças infantis, no programa com Fátima Bernardes, e em todo processo que pude acompanhar, desde a música "Televisão", quando vi os Titãs pela primeira vez na TV. Branco casou e teve filhos com uma grande amiga da minha irmã e do meu irmão, a atriz Ângela Figueiredo. Eu conhecia a Ângela desde meus 10 anos de idade. Então ainda havia esse carinho e ligação que nos aproximava um pouco mais. A doideira era só um dos lados da moeda. E depois Branco foi um guerreiro, passou por um maremoto e saiu dele. Um cara foda! Só que bem antes disso, ainda pude acompanhar a banda Kleiderman, dele, do Britto e da Roberta. Abriram um show do Barão em SP. Vi o show. Era punk rock. E o Branco no baixo! Já era uma prévia do que ele faria nos Titãs, anos depois, quando Lee Marcucci deixou o posto de músico acompanhante e saiu da banda. Branco assumiu o baixo, e confesso que adoro vê-lo tocando! Tem uma puta personalidade e combinou com os Titãs nessa nova fase. Um baixista de Rock! Mais um! Estávamos em extinção. Ganhamos reforço!! E sobre o táxi que pegamos juntos do Santos Dumont para nossas casas, nos anos 90 e poucos eu acho — e que ele lembrou bem — eu nunca vou me esquecer de tanta coisa que não lembro! Rsrs. Só sei que falamos tantas coisas absurdas, engraçadas, com raciocínio rápido, trocadilhos e observações louquérrimas. Lembro perfeitamente do dia. E da cena! O maior sol! Deixei o Branco em casa e fui pra minha casa. O papo? Fluiu até a despedida (isso me lembro, uma ultima piada no ar), e se você me perguntar o que conversamos, eu tenho duas respostas: 1) não faço ideia, mas foi divertidíssimo! 2) pergunta ao taxista!! Hahaha. Hoje em dia, ambos sob nova direção. Branco é fantástico. Humor puro! Valeu!!!!

Dado Villa Lobos - Dado, sempre foi um cara que acompanhei de perto, nos inesquecíveis shows da Legião! O primeiro que vi foi em 1984, no Mistura Fina da Barra! Festa da revista *Bizz*. Dali em diante, eu já era um fã da banda. Ao longo da estrada nos anos 80 e 90, nos encontramos pouco. Os compromissos com Barão e Legião nos impediram um pouco. Mas começamos a ter vários amigos em comum. E nas carreiras solo, a dele e a minha, a parceria começou. No futebol e na música. Dado participou do meu primeiro show do CD *Um Pouco Mais de Calma* no RJ — Cinematèque (2007). Tocamos juntos também no festival *Thermas do Rockem* Presidente Prudente. Além das inúmeras peladas no Caiçaras, no Clube dos Macacos e nos *Rock Gols* da MTV. Nos encontramos em vários eventos. Num desses eventos — show do R.E.M no HSBC —, que teve abertura do Fernando Magalhães, combinamos de compor uma música juntos. E ali se estabeleceu a parceria "Linhas Pontilhadas", para o CD *O Diário do Homem Invisível*, em 2009. O futebol é uma paixão em comum. Já a música ...é a vida! E Dado vive muito bem dela, sempre com projetos bacanérrimos, que incluem livros, trilhas para cinema, shows e programas de TV. Grande Dado!!

Luis Carlini - Conheci Carlini nos discos maravilhosos de Rita Lee & Tutti Frutti. O solo de "Ovelha Negra" é um dos dois maiores da história do rock nacional. Senão o maior. E as guitarras de "Agora Só Falta Você", "Jardins da Babilônia", etc, etc, fizeram a minha cabeça na adolescência. Carlini é um dos 5 grandes da guitarra nacional. Uma referência para todo mundo da minha geração em diante. E o que eu não sabia ainda é a pessoa maravilhosa que ele era. Fui descobrir na década de 90, eu já no Barão. Mas antes nos encontramos nos shows do Lobão. Com o Barão e a Midnight, foram inúmeras as canjas que Carlini deu com a gente. E pude sair na noite, conversar, trocar ideias sobre música, sobre rock! Carlini é *ROCK*! Um especialista. Uma guitarra fenomenal. E um cara super gentil e amigo. Ele pôde presenciar minha luta pra sair do personagem *junkie*. Não foi fácil. Eu era dos rockers mais rockers. E conversamos muito sobre isso, antes e depois de eu ter parado. Somos da mesma filosofia. Que a música é que tem que falar mais alto. Dei canja num show dele em São Paulo, se não me engano, em 2008. Eu já em carreira solo. Assisti ao seu show semanal na "A Marcenaria", casa bacana da Paulicéia. E antes de eu subir pra cantar uns Barões e Stones, fiquei vendo o show de pertinho. E pude ver Carlini andar pelo balcão do bar ao lado do palco, com passos lentos, fazendo o solo maravilhoso de Ovelha Negra, ecoar pelo salão, ovacionado pela multidão (entre eles eu). Um assombro. Uma loucura. E me emocionei muito! Enquanto algumas lagrimas desciam de meus olhos marejados, eu pensava. "*Sim, é isso! A música venceu!*" E o simples toque da guitarra mágica de Carlini, fez a minha cabeça dar uma volta de 360 graus, mais ou menos entre 1978 e 2008. 30 anos de história rodando na mente, e um balcão de bar estava sendo resignificado pra mim. Obrigado Carlini!

Rick Ferreira - Rick, grande *brother*, gente da melhor qualidade. Eu o escutava em todos os discos do Raul Seixas, de quem Rick foi parceiro e amigo de longas aventuras. E eis que o tempo se encarregou de nos aproximar. Eu, já no Barão, fui participar do Baú do Raul, no Circo Voador e em Cabo Frio. Eram dois baixos no Circo: eu e Dadi. Rick na guitarra e voz, Frejat na guitarra e voz, Guto na bateria, Vid na voz. Muita gente boa! E Rick comandava a festa. Ficamos amigos desde então. Em vários shows do Barão, nós nos encontramos. Rick deu canja, sempre super musical e um especialista no *steel guitar*. Trocamos muitas ideias sobre isso, o mesmo gosto, Dire Straits, George Harrison, Crosby Stills Nash & Young, James Taylor, etc. E não demorou muito, convidei-o para gravar no meu terceiro disco solo, *Waiting On a Friend* (2010). Rick gravou guitarras maravilhosas em *"Helpless"* (Neil Young) e *"Positivelly 4th Street"* (Bob Dylan). Em sua casa, pude presenciar, no quarto onde era o estúdio, a gravação dessas belas guitarras. Uma aula de *folk*, de *pedal steel*, de simpatia, generosidade e musicalidade. Um guerreiro e um mestre no assunto. Uma honra tê-lo como amigo e parceiro! Não à toa, Raul Seixas o idolatrava. Rick é história, é respiração na música. É o vento, o sopro das nuvens, com a delicadeza da técnica dedicada à canção. Um dos grandes mestres brasileiros. E o papo flui organicamente, assim como uma única nota esticada no *pedal steel*. Uma única nota de Rick vale por metade do rock nacional inteiro. No dia em que a Terra parou – há uns 30 anos mais ou menos – tudo congelou, as pessoas ficaram estáticas, o mar serenou.... Bem...quase tudo... ao fundo...eu conseguia escutar o som da guitarra de Rick...fazendo os anjos dançarem ...e o sol brilhar. Imagina com a Terra em movimento!!

Miquinhos – Difícil. Difícil falar de Abreu, Avellar, Gallo e Leandro. Foram eles os primeiros a acreditar em mim para segurar o baixo em LPs e turnês. Participaram do meu CD *O Diário do Homem Invisível* e do DVD *Ao Vivo Em Ipanema*. Quando do meu primeiro disco, de 2007, eles participaram da temporada no Letras e Expressões. Não cantavam os três juntos, havia quatorze anos. E se reuniram lá no palco do Letras, no meu show. Cantamos "Pop Star" e "Lágrimas de Crocodilo". Além de "Psicodelismo em Ipanema". Foram encontros maravilhosos, era sempre uma festa! O tempo todo em que toquei com eles, de 1984 a 1986, foi incrível. Três caras de um astral e humor incríveis. Somos amigos até hoje. Eu os considero os mais criativos do *BROCK*. E o *Rockabilly*, foi praticamente com eles que aprendi. Uma escola de rock. Fiz muita participação em shows deles, mesmo depois de 1986. Abreu, Avellar e Gallo, pessoas e artistas nota 1.000.... Que sorte eu tenho de tê-los conhecido! Não tem tempo fechado. Surfamos juntos, jogamos bola, tocamos, nos divertimos, e sempre com leveza. Um prazer. Leandro saiu dos Micos em 1985, mas eu o encontro sempre aqui na minha rua. Trocamos altas ideias sobre tudo. Grandíssimo compositor. Abreu, um cara muito divertido, sempre de alto astral, dono de muitas tiradas maravilhosas. Saca tudo de *Rockabilly*. Uma pessoa agradabilíssima e muito brother. Estendo esses adjetivos ao Avellar e Gallo também. Avellar, com sua voz forte e grave, fazia o som tremer com suas notas. Engraçadíssimo, com muita presença de palco, foi um dos grandes amigos que fiz nos Micos. Gallo é sensacional. Quando nos encontramos é sempre como se fosse ontem! Muito engraçado, excelente cantor, grande amigo. Nas participações em que os três fizeram no DVD "Ao Vivo em Ipanema" e no CD "O Diario do Homem Invisível" – além dos shows da Letras e Expressões - os três continuaram dando uma aula de amizade, diversão, astral e talento. Tocar com os Miquinhos, só quem teve esse prazer sabe como é. Uma dádiva ser "iniciado" no meio musical com eles. Viva aos Micos!

Abreu – "Selvagem Big Abreu! " Assim o conheci em 1984, quando cheguei ao ensaio do João Penca pra fazer um teste. Fiquei amigo, logo de cara. Abreu, assim como os outros Miquinhos, me recebeu super bem e mostrou a simpatia costumeira pra dar as boas vindas! Me senti à vontade. Ao longo dos anos, fui ficando mais amigo ainda. A guitarra do Abreu era singular, totalmente limpa, rockabilly na veia. E ele tinha aquele ar de líder da turma da praia. Eu poderia pescá-lo do seriado de Eric Von Zipper. Avellar e Gallo também. Sei que ficamos amigos e viajamos juntos tocando pelo Brasil afora. Mesmo depois que fui para o Léo Jaime, Abreu sempre manteve contato comigo. Era ele quem me ligava pra alguma gravação, ou um show com os Micos. E mais tarde, participou de vários momentos da minha carreira solo, do primeiro show, ao DVD Ao Vivo em Ipanema. Abreu joga bola a sério. Não gosta de perder. E surfa também! O engraçado é que agora, como se tivéssemos voltado a 1985, estamos combinando de surfar juntos novamente. Um cara sensacional! Nossas mulheres são grande amigas, e o fato de ele ser dono de uma escola, nunca tirou seu prazer de ser um grande artista. Um verdadeiro artista!

Avellar - Avellar, a voz grave dos Micos! Eu escutei a primeira vez e fiquei impressionado. Um cara engraçadíssimo, com presença de palco única, e a voz de barítono. Avellar fazia um número de Elvis, e as mulheres urravam na plateia. E as sacanagens que ele falava ao microfone eram sensacionais. Mais um grande artista, que encontrei muito na minha carreira solo também. Participamos de vários eventos juntos. E, em 1985, rodamos o país com roupas de caçador! Por conta da música "Como o Macaco Gosta de Banana". Eles, de tanga de oncinha. Nós, de roupa de caçador. Como era bom ser "músico" em vez de artista nessa hora! Rs. Mas eles assumiam os personagens na cara de pau. E Avellar não tava nem aí. Tirava sarro com a plateia direto. E até hoje mantêm esse bom humor de garoto. Um humor que faz falta ao rock nacional hoje em dia. Avellar é um dos caras mais bacanas dessa época de ouro do rock 80. No DVD Ao Vivo em Ipanema, ele mandou a clássica frase no final, "Beijinho Beijinho Pau Pau"! E na voz grave de sempre!!"

Leandro Verdeal – Conheço o Leandro desde 1984, quando o encontrei com os Miquinhos. Leandro era compositor dos grandes *hits* e conhecido como "guitarrista mascarado". Eu já os vira em certa participação num festival da PUC, em 81. Mas nove no palco me confundiam. Então o conheci mesmo quando fui ao primeiro ensaio, em 85. Assim que o baixista Binho saiu, Kadu me indicou para fazer o teste com eles. Eu escutei uma fita cassete e vi que aquele *rockabilly* era variado. Bom e difícil de tirar. Cheguei com tudo pronto, no estúdio 69. O Leandro era o cara mais *underground*, no sentido de "não querer muito o sucesso". Era alternativo, e isso era bem interessante. Ao mesmo tempo escreveu "Pop Star" e "Lágrimas de Crocodilo". Um *hitmaker*. E essa dicotomia era divertida. Era um guitarrista bom, cheio de ideias legais. Junto com Abreu, compunha bem os timbres. Fizemos shows em SP (Pool), onde também joguei num campeonato de *squash*, no RJ, em Petrópolis, etc. Leandro era o único dos quatro "Micos" que não pegava onda. Não surfava. E era curioso compor "Pop Star", e depois compor "Surfista Argentino", pra banda Pororocas, na década de 2000. Muito bacana era a nossa interação. Leandro fez músicas pro Front, escreveu letras com a gente. Eu o encontro quase sempre na minha rua. Sempre está produzindo coisas novas, compondo, fazendo bandas alternativas. Ama a arte. Ama a ralação também. E é muito bom ver os Micos sempre se encontrando. Em nossos encontros na rua, lembramos sempre de várias histórias engraçadas no início do nada, 1981, 82. Sem nostalgia, mas com carinho. Quando Leandro saiu dos Miquinhos – depois do compacto –, chamamos o Ricardinho (Front) para substituí-lo. O que faltaria para a continuidade dos Micos seria uma pitada de *hits* do Leandro. Mesmo assim, com idas e voltas dele, a banda, nunca perdeu o contato com todos e vive de música até hoje, com milhares de projetos muito interessantes. Leandro é a nova geração! E muito engraçado também!

Bob Gallo - O Gallo canta pra caramba. E não é trocadilho. Bob Gallo, meu querido "Miquinho", é um dos ótimos vocalistas do BROCK. Além de ser uma pessoa super generosa e extremamente criativa, o Gallo também é muito engraçado. Impressionante como eles se completam. E o Gallo era o cara que me chamava pra cantar "Pop Star", ou "Lágrimas de Crocodilo", dividindo o microfone com ele, mesmo quando eu não tocava mais com eles. Alguns shows dos Miquinhos eu abri com o Front. E nessas ocasiões, era sempre convidado pelo Gallo. "*Chega aí, Rodriguinho!!*". Ouvi muitas vezes essa frase! Na minha carreira solo, Gallo também participou de todos os momentos que relatei no livro. O show no Letras e Expressões, o CD O Diário do Homem Invisível e o DVD Ao Vivo em Ipanema! Sempre no maior astral e na maior categoria. No Teatro Ipanema repetimos as lembranças de cantar junto o "Pop Star" e "Lágrimas". E ele mandou no final o texto: "*Boa sorte Rodriguinho, tudo de bom!*". Como sempre o fez! Bob Gallo, meu querido amigo, você é foda!

Kadu Menezes é o amigo-irmão, o cara com quem toco desde os meus 14,15 anos de idade. Formamos dupla de baixo e bateria com Choque Geral; Front; João Penca; Leo Jaime; Lobão; Kid Abelha; e na carreira solo. Sempre foi um grande amigo e temos muita historias juntos. Histórias da estrada e de amizade. Kadu é um dos melhores bateristas do mundo, e sempre nos divertimos muito na estrada. Não faltam curiosidades, histórias loucas, nesses quase 35 anos juntos. Sempre fomos muito amigos, e os shows eram consequência disso tudo. Um cara sensacional. Perdeu os pais cedo, aos 6 anos. E sempre conversamos dizendo que aos 14 ele arrumou uma segunda família. Meus pais praticamente o adotaram também como um quase filho. E assim nos tornamos irmãos. De estrada, de batalhas, de vitórias, de amizade e de música. Irmão é assim: a gente pode contar a qualquer hora. Somos irmãos desde nossos 14,15 anos de idade. E como dupla de baixo e batera, quase insuperáveis. Tocamos muito juntos. Quando eu olho pro lado, já sei o tipo de virada que vem. E acompanho com o baixo. A bateria do Kadu foi mais uma de minhas escolas para aprender o instrumento. "Cola no bumbo", dizia ele. Colei até hoje e nunca mais desgrudei! Rs

Fernando Magalhães é joia rara. Pessoa do bem, totalmente espiritualizado, e companheiro não só de Barão, mas de toda a minha carreira solo.

Fernando é, em minha opinião, um dos maiores guitarristas do Brasil e do mundo. Junto com Frejat, os dois são muito "foda". Uma presença de palco maravilhosa, no astral e na *vibe* o tempo todo. Quando Fernando dá um *power chord*, é como se fosse um *jab* de direita (como diz o Luiz Carlini). A amizade é a tônica da nossa continuidade juntos na estrada. Fizemos músicas juntos, também, como "Pão-Duro" (que entrou na novela *Os Sete Pecados*); "Tão Inconveniente"; "Longe, Perto de Você", e outras.

Maurício Barros – Mauricio sempre foi meu amigo de saídas no Rio e de viagens pra Petrópolis. Andamos muito juntos durante os anos de Barão – Baixo Gávea, Baixo Leblon, Portugal – e jogamos bola toda semana até hoje (o futebol de segunda-feira já dura quinze anos). Sempre foi um companheiraço e um cara também super presente nas horas boas e ruins (como todos os Barões o foram). Uma figuraça. Muito engraçado. Mauricio é fora de série. Um grandíssimo compositor de sucessos do Barão. Juntos, compusemos "Estrangeiros", do meu primeiro CD solo, e estamos preparando outras músicas novas.

Peninha foi o cara que me salvou de algumas roubadas e quem me indicou logo pra capa do disco, quando entrei. Sempre foi um coração enorme. Um cara que vive intensamente e tem muita emoção no que faz. Músico sensacional, tocou com vários artistas da MPB. Quando entrou no Barão, trouxe uma mudança fundamental para a era pós-Cazuza: o tempero latino. Temos muitas histórias juntos – de doideiras ou não. Um grande companheiro de estrada. Figura sensacional e um amigo dos bons.

Guto é o meu *brother* de Barão e Britos. Vivemos momentos juntos dos mais variados. Momentos únicos no Barão, e na Inglaterra com Os Britos. Assim como Frejat e os outros Barões, é um grande amigo e ser humano. Compositor de mão-cheia também, fizemos algumas músicas juntos, como "Cara a Cara"; "Mesmo Que Seja Tarde"; "Coração Legendário"; "Dia Comum"; "Amor de Bicho"; Britomania"; "Como Criar os Filhos"; "Pra Você Passar"; e muitas outras. Jogamos em vários *Rock Gol* juntos. Divertidíssimo. Um batera "foda" também. Com ideias diferentes e pensando sempre na canção.

Dé Palmeira - Conheci o Dé quando comecei a frequentar a casa dele, antes mesmo do primeiro disco do Barão sair. Kadu me apresentou a ele. Eu já havia escutado a "demo" de uma banda dos dois juntos e me espantei com aquele baixo, muito bem tocado e com solos precisos. Falei pro Kadu me apresentar a ele, pra dizer que eu queria ter umas aulas de baixo. Ele era mais novo do que eu. Fomos apresentados e me lembro dos toques que me deu, da escala pentatônica que me passou. Ficamos bem amigos ali, amizade que dura até hoje. Logo em seguida entrei pra banda do Ricardinho — irmão de Dé —, o Front. Essa banda também era do Kadu e do Nani Dias. Então passei a freqüentar a casa da família Palmeira. Éramos bem novos, Dé devia ter uns 15, e eu 17. Depois disso, acompanhei toda a trajetória dele com o Barão e depois como super produtor de Adriana Calcanhoto. Dé é também um excelente compositor, autor de clássicos como "Pense Dance" e "Eu Preciso Dizer que Te Aamo". Hoje em dia também provou ser um grande cantor, na banda Panamericana. Grande músico! Presença de palco impecável e vai do rocknroll ao samba com a maior categoria. Na volta do Barão, em 2012/2013, pudemos trabalhar juntos, e ele foi uma das pessoas com quem mais tive afinidade nessa volta. Nunca havíamos estado juntos num palco, a não ser num show solo meu, em 2011, mas foi uma participação. Dessa vez estávamos nós todos juntos fazendo imprensa e TV, além dos shows. Dé cuidou de todo o processo de remixagem e remasterização do primeiro LP do Barão, motivo da comemoração dos 30 anos. Junto com Frejat, Mauricio e Guto, ficou à frente dessa parte, enquanto ensaiávamos no estúdio ao lado. E a convivência foi sensacional. Adorei trocar idéias com ele. Sempre espirituoso e bem-humorado, Dé se tornou um amigão ali. Além do talento de sempre, claro!

Duda Ordunha - Duda foi o primeiro cara a me convidar pra entrar no Barão. Estávamos todos no camarim do *Hollywood Rock*, depois de beber muitas cervejas, ao final do show do Lobão — que veio logo em seguida ao show do Barão, no festival. Comemoramos juntos! E à noite, a festa foi parar no meu quarto. Mas ficamos só eu e ele conversando, usando drogas e álcool. Era 1990. E ele me convidou pra ser do Barão, caso o Dé saísse. Eu disse que adoraria, mas estava muito envolvido com a estrada e o disco ao vivo do Lobão naquele mesmo dia. Recusei o convite naquele momento, mas fiquei muito honrado e amigo do Duda (que tinha um cabelão enorme, com rabo de cavalo, e usava uma camisa do PV, partido do qual éramos adeptos). Ali eu e Duda ficamos *brothers*. Ele, Frejat e Guto sempre foram sócios da BV shows. Antes do Duda, o grande Mário Almeida e Rosa

Almeida eram os empresários do Barão. Duda os substituiu, e foi 10 também. E aceitei o convite pra entrar em 1992. Tudo tem seu tempo. Duda sempre foi centradaço, um enorme amigo e um grandíssimo empresário. Elegante, paciente, humor afiado, inteligente, ótimo agenciador de carreira de bandas e grande companheiro de festas. Nos demos muito bem. Foram 23 anos juntos. E Duda estava na reunião em que o Barão deu o ultimato pra eu parar de beber, etc. Ou seja, estava lá profissionalmente e também como amigo. Sou grato a ele. Temos muitas histórias. Depois trabalhamos juntos com o Kid Abelha — nas férias do Barão. Mais uma vez estávamos juntos, o que foi demais! Sempre coloco o Duda entre as pessoas mais honestas com quem já tive o prazer de trabalhar. Divertido, se eu fosse começar a contar nossas aventuras, daria outro livro. Enfim, ele é um Barão honorário e teve muita paciência com todos nós. É difícil ser empresário de rock e administrar todas as vaidades dos integrantes. Fiquei muito feliz em estar junto dele na volta do Barão, em 2012/2013, e também no meu show solo no Bourbon Street SP, em 2012. E sempre direi: Duda é único. Diferente da maioria. Resolveu pepinos inimagináveis e, sempre ponderado, deu conselhos pontuais. Sei que ele torceu muito por mim na hora de eu me tratar. E sei que o amamos tanto que ele nem tem ideia. Tomara que estejamos juntos em mais uma turnê do Barão! Quem sabe em 2017? Duda é Figuraça! Nó o chamamos de DADU. Valeu! Um prazer ter passado mais da metade da minha vida contigo na estrada! *Great* DADUUUUUUU.

Ezequiel Neves - Zeca. Zeca. Zeca. O que dizer de um cara que era tão criança quanto eu? Rs. Ezequiel era travessura e descompostura em pessoa. Inteligentíssimo e bem afiado nas críticas, fez do Barão Vermelho sua turma, ao roubar a fita esquecida na mesa da gravadora. Levou-a ao Guto Graça Mello, entusiasmado: *"Tem de gravar os meninos!"* O Barão estava feito. Ali começou tudo. Ezequiel produziu todos os discos da banda, e me lembro do meu primeiro ensaio, quando entrei, em 92. Foi a primeira pessoa a quem eu disse *"Oi"*, logo na entrada. Ele respondeu: *"Bem-vindo, garotinho. Fica aí que a turma é boa!"* E era mesmo. Ele tinha razão, eu ficaria pra sempre. Zeca era muito brincalhão, e aprontamos várias juntos. Uma delas foi nos desgarrarmos da guia num museu em Portugal, quando lá estávamos com o Barão, em 96, e ficarmos mais para trás. Estávamos de saco cheio da guia turística. E de repente vimos a cama da rainha "Maria, A Louca". Eu não resisti, e como estava com o companheiro certo, pedi: *"Zeca, bate uma foto minha na cama dela?"*.

Era proibido cruzar a faixa que isolava a cama. Avisei: *"Tem que ser rápido! Depois eu faço uma sua"*, e ele bateu a foto, rindo. Depois correu e saltou na cama também, com olhar sorrateiro e sapeca para os lados, vendo se alguém nos observava. Bati a foto dele. Éramos dois peraltas, como se estivéssemos no ginásio da escola. Burlar a proibição era uma coisa saudável até então. Essa não fazia mal a ninguém. E quando ele se foi, não se foi apenas um grande amigo de todos nós barões, mas sim um pedaço da história lúdica e travessa do nosso rock. Um cara que transgredia, mas sempre com um humor impecável. Uma vez ele ouviu alguém no estúdio falar *"aumenta o bumbo"*. E ele, já doido de uísque, chegou pro Frejat, e perguntou bem baixinho: *"Frejazinho... o que que é bumbo, hein?"*. Gargalhada geral. Mas nenhuma gargalhada era igual à dele. Era uma gargalhada gostosa, que abrangia muito mais do que um momento engraçado. Abrangia o rock em sua essência. Abrangia e abraçava o mundo! E nunca me esquecerei dele me dando o apelido de Brad Pitt quando entrei no Barão. Era muito engraçado. Tudo era *"Braaaaad!"* *"Braaaaddd!"*. Eu ria muito. Que falta faz um personagem como o Zeca pra quebrar a mesmice. Lá de cima ele nos guia!

Serginho Trombone - Caretas ou loucos, foram várias as aventuras que vivemos! Que cada um lembra ou enxerga de maneiras diferentes. Em termos de Doideira, eu acho que me encaixei bem no naipe! Kkk.... Viramos um quarteto legal! Era uma honra pra mim, ter por perto três dos maiores músicos do Brasil. E todos nós paramos com drogas depois! Muito bom!! E ainda abrimos juntos os Rolling Stones, etc.! Midnight Blues Band foi outra banda em que fizemos muito som juntos. Uma história da qual vocês falaram muito: Camarim do Serginho Groisman, e eu deitado no chão, muerto da noitada anterior! E vocês viram isso. Em dois minutos, viram minha transformação: do estragado no chão do banheiro, ao cara pronto para entrar no programa, de banho tomado, roupa de show, e de pé, falante e em forma – isso um minuto depois!! Era como se fosse outro Rodrigo. Ali começou o apelido "capitão". Vocês se impressionaram com a recuperação recorde. Depois, Serginho gravou, no meu disco *Waiting On A Friend*, um solo maravilhoso de trombone, numa música inédita de John Lennon. Serginho, Bidinho e Zé Carlos, minha trinca de ases do instrumento, que me efetivaram como um D'Artagnan do naipe. Por vários motivos. Foram sete anos intensos. E de muita diversão e gargalhadas.

Mauro Sta Cecília, o meu poeta maravilhoso. Autor de grandes sucessos do Barão e da carreira solo do Frejat, também fez mais de vinte músicas comigo. "Pão-Duro"; "Quando o Amor era Medo"; "A Folha em Branco"; "Motel Maravilha"; "Carta Pra Nós"; "Estrangeiro"; "O Chiado do LP"; "Mais Perto do Sol"; "Tão Inconveniente"; "Longe Perto de Você"; e muitas outras. Muito mais do que isso, Mauro se tornou um dos meus melhores amigos. Conto ele nos dedos de uma das mãos também. Andamos juntos desde que nos conhecemos (com "Por Você" no disco *Puro Êxtase* do Barão). Hoje, nossos filhos andam juntos. Uma emoção incrível. Ele é seguramente um dos melhores letristas e poetas que conheço. Se adapta muito ao meu som também – já emplacamos duas músicas em novelas da Globo. Que nossa amizade seja sempre criativa!

Guilherme Fiuza (Gugui) - Guilherme também começou a tocar violão cedo. Nossas mães sempre foram amigas, desde a escola. E nós obviamente nos tornamos grande amigos. Éramos Beatles da cabeça aos pés. Quando estávamos com nossos 17,19 anos, cantávamos juntos em casas de amigos, ou em Samambaia, ou em Arraial d'Ajuda, local onde fomos várias vezes juntos. Na terceira vez em que fui pra Arraial, eu e Gugui alugamos uma casa juntos e passamos mais de um mês por lá. Conhecemos o Simion, cara que marcou nossa viagem, por tocar todos os clássicos do *folk* que escutávamos à época. Guilherme é amigo do peito, sempre um ótimo papo, e nos encontramos em milhares de situações até hoje. O Clube Federal é um desses lugares. Sempre que nos esbarramos por lá, lembramos os velhos tempos, a paixão por Beatles, as milhares de aventuras em Arraial d'Ajuda (levávamos som na areia da praia com a maior galera). Foi Gugui quem me deu a ideia de fazer um livro que me ligasse aos Beatles. Segundo ele, desde os 5 anos de idade, quando já nos conhecíamos, a paixão pela música falava muito alto. Beatles! Beatles! Beatles!. Concordei com ele. Seria assim que eu faria o livro. Por isso o convite ao Pugialli, um beatlemaniaco como nós. Quando Gugui e eu fizemos 17 anos, entramos na PUC, assistimos a algumas aulas juntos, mas depois, foi cada um para um curso diferente; ele se dedicou ao jornalismo, e hoje é um dos mais perspicazes e sensatos jornalistas que conheço. Um cara inteligente, talentosíssimo, que transborda vontade de escrever sobre tudo o que acontece em nossa sociedade, nosso país. Sou seu leitor assíduo, não apenas por conhecê-lo desde criança, mas principalmente por nossa afinidade de ideias, de conceitos, de pensamentos. E tudo ao som de *"All You Need Is Love"* na vitrola!!

Humberto Barros - Um artista completo, videomaker, compositor, desenhista, ilustrador. Humberto gravou e participou comigo dos discos *Um Pouco mais de Calma*, *O Diário do Homem Invisivel* (onde foi o produtor musical), *Waiting On a Friend,* e do DVD Ao *Vivo em Ipanema* (parte Teatro). Musico extraordinário, eu o conheci há muitos anos, e viemos a nos reencontrar depois quando fui tocar com Kid Abelha. Astral sensacional, fomos companheiros de quarto durante três anos na estrada. Ele me deu pilha também pra fazer meu primeiro CD solo, num papo durante uma viagem em 2003. Humberto também dirigiu vários vídeos dos meus três primeiros discos. Foram 4 clipes oficiais. Grande parceiro. Sensibilidade e musicalidade muito fortes. Compusemos juntos "O Homem da Máscara de Ferro", "E Agora?", "Vamos Dormir Em Paz", e outras.

Billy Brandão foi o guitarrista que tive a grata surpresa de conhecer quando montamos os Bizarros, banda que incluía também o Moska e o Marcelinho da Costa! Estávamos ensaiando nós três, quando perguntei, "Galera, quem será o guitarrista?". E os dois vieram com "o Billy Brandão!! Ele é o cara perfeito pra banda. Completamente Bizarro, como nós!". Concordei: "Legal!!!!". Eu conhecia o Billy do Buana 4 (banda que tinha também Mauricio Barros), bem como da banda de um amigo meu chamada "Esquina do Pecado" (acho que era esse o nome). Mas eu não conhecia o Billy pessoalmente. E quando o conheci, que surpresa agradabilíssima! Ele é engraçadíssimo, espirituoso e cheio de idéias malucas! E eu adoro isso! Além de tocar muita guitarra! Fazia aqueles efeitos loucos com milhões de pedais da gigantesca "nave" onde eles se hospedavam. Billy se tornou logo um grande amigo e passamos a andar juntos durante muitos anos seguidos. Baixo Leblon, Baixo Gávea, shows, etc. Os Bizarros se tornaram companheiros e amigos até hoje. Gravamos também o primeiro disco do Moska, fizemos shows de lançamento, etc. Quando saí do Lobão pra entrar no Barão, eu estava ensaiando todo dia com Os Bizarros. E em virtude da entrada na outra banda, tive de sair. Entretanto mantivemos o contato, e hoje em dia — mesmo tocando com Frejat e Erasmo Carlos — Billy arruma tempo pra fazer alguns shows comigo e apagar alguns incêndios na estrada, no lugar do Fernandão. E fico muito feliz de vê-lo tocando com muitos artistas, cantores e cantoras do mais alto escalão da MPB. Billy merece. Ele é "fodão!!". Um dos grandes!

Marcelinho da Costa - Marcelinho, queridaço! Nos conhecemos há muitos anos, desde a época do Front! Me lembro de assistir ao Marcelinho tocando com Cecelo, no Mistura Fina da Barra, e já trocar ideias com ele. Eu estava procurando baterista pra tocar comigo. Estava sem banda na época. E já ficamos amigos. Eu o considerava um tipo de Stewart Copeland. Depois disso, ficamos muito amigos e começamos a andar juntos. Quando Léo Jaime parou com shows, em 1988, Marcelinho e eu formamos dupla de baixo-batera em alguns "bicos" – um irlandês chamado Billy MacDonnell – engraçadíssimo –, e um guitarrista milionário que prometera um show que nunca aconteceu!! Uma história de doideira minha: na época em que eu tocava com Lobão, fui com Marcelinho e Nani tocar num *réveillon* em Angra – eu como cantor. Levamos o maior som na festa – era uma casa alugada da Xuxa. Montamos uma banda, um trio, prendemos o microfone em uma palmeira, e saímos tocando de tudo. No meio disso a festa toda enlouqueceu de ácido, e as pessoas urravam, quicavam, etc. Eu tomei 2 ou 3 ácidos, e depois de viajar durante umas quatro horas, bateu a parte ruim. Deprê total. Casa sem comida, 200 pessoas deitadas no chão duro, tentando dormir e esperando as lanchas nos buscar pela manhã. E eu só querendo que a onda passasse. E Marcelinho me ajudou muito. Falava, pra me acalmar, que tava tudo certo. Dali em diante, melhorei. Fomos todos pra praia, mergulhos na ilha, etc. E finalmente a lancha chegou. Além dessa e de outras milhares de histórias juntos, Marcelo era companheiro de Baixo Gávea, Baixo Leblon e Mirante. Andamos juntos na década de 90 e montamos os Bizarros, com Moska e Billy. Na minha carreira solo, Marcelo tocou algumas vezes no lugar do Kadu, quando este tinha compromissos na ocasião. Marcelinho gravou um DVD no Canecão comigo em 2008. Também tocamos juntos com Lobão, em 1991. E hoje em dia, é o baterista oficial da carreira solo de Frejat. Alto astral e companheiro de todas as horas. *Great* Marcelo!!!

Milton Guedes é um grande amigo e participou do meu DVD tocando gaita e sax. Um músico da maior qualidade, e uma pessoa do bem, astral lá em cima. Um cara por quem tenho profunda gratidão e admiração. O que ele fez no DVD foi sensacional. E espero sempre poder retribuir com gravações, músicas, ou cantando juntos. Um prazer ter como amigo um cara tão musical e tão do bem.

Bruno Levinson - O maior agitador cultural do Rio de Janeiro, foi responsável por renovar a cena do rock carioca com seu festival Humaitá pra Peixe, no espaço Sérgio Porto. Quando tudo parecia perdido, Bruno juntou Planet Hemp, Chico Science, Los Hermanos e muito mais. Sempre foi um cara democrático que batalhou pela cena em evolução. Um guerreiro da criação e persistência. E foi parar na TV também, como diretor de vários programas. Porém, nunca perdeu a essência do começo. Da ralação. Da descoberta. Da felicidade em andar pra frente, sempre ok, maior astral, vivendo e curtindo cada projeto em que se envolve. Já o encontrei comandando a rádio MPB FM. Aliás, já o encontrei comandando várias rádios e programas diferentes. Fiquei muito feliz quando ele me convidou para um projeto do qual era curador, no teatro Oi Casagrande, em 2013. Pude assim lançar meu novo CD Motel Maravilha, com muita qualidade. Depois o encontrei dirigindo o *Superstar Web* da rede Globo. Adorei participar cantando com meu trio. Do Bruno já se pode esperar: o hoje é o amanhã. O passado é só registro e passaporte pro bom futuro! Sempre em atividade. Incansável! Preza pela boa música e pelos projetos que agregam pessoas. Um cara fundamental no cenário nacional!

Bruno Gouveia – Estávamos no início da década de 1980. Eu precisava trabalhar com o FRONT. A coisa estava ficando seria e eu precisava tirar carteira de musico. Senão não se podia tocar na noite. E lá fui eu para o centro da cidade, no RJ. A OMB era um prédio antigo - fica até hoje na Almirante Barroso. Eu fui preparado para fazer prova pra cantor, baixista e violonista. Levei o violão e o baixo. Mas esqueci de levar amplificador. Achei que já tivesse lá. Engano meu. Enfim, fiz a prova de cantor popular e violonista tocando a música "sapato velho", do Roupa Nova. E precisava fazer a de baixo. Nesse meio de caminho, conheci 5 garotos da minha idade, que estavam lá para assumir esse mesmo desafio. Se tornar musico profissional. O caso deles era diferente. Os rapazes já estavam com a música "Tédio" estourando nas rádios. Era o Biquini Cavadão. Trocamos várias ideias durante o tempo de espera. E ficamos amigos rápido. Bruno, Coelho. Miguel, Sheik e Birita estavam lá. Todos. E na hora em que fui fazer a prova como baixista, não havia amplificador. Então eles se prontificaram a me emprestar o amplificador BAG 7 do Sheik. Fiquei amarradão. Eles ficariam esperando eu acabar a prova, pra depois partir. Acabaram assistindo a minha prova. Super gente boas. E resolvi escolher uma música do Kid Abelha pra passar no teste – "Alice" – que tinha uma linha de baixo antenada e moderna, gravada pelo Leoni. Toquei sem acompanhamento. Cantei e toquei baixo ao mesmo tempo e passei no teste. Agradeci a eles todos e ficamos amigos desde aquele dia. Isso deve ser lá por 83, 1984... depois disso encontrei todos em muitos lugares, mais especificamente em shows! O Biquini era uma banda que já foi estourando um *hit* atrás do outro. Bruno e Coelho eram quem eu mais encontrava e depois de um tempo, eram os caras que davam canjas nos shows dos Britos e na minha carreira solo. Coelho participou de outra banda comigo. "Quarto de Hóspedes". Fizemos o Luau do Jammil em 2008. Bruno é um grande compositor e vocalista! Presença de palco fantástica e um vozeirão. E passou por um momento muito difícil na vida. Uma superação sem tamanho. Um guerreiro dos grandes. Voltando no tempo, eu me ofereci em 2001 para ser baixista do Biquini quando o Barão parou. Li no jornal que o Sheik saíra. E eu estava sem o Barão. Liguei! Eles estavam com medo de me colocar, por conta da Doideira de álcool, etc. E com razão. Acho que ali foi a minha primeira porta q se fechou. Comecei a me analisar como um cara que estava queimando filme. Não via como doença ainda. Mas isso me deu um alerta vermelho. Foi em 2001. Quatro anos depois eu pararia. Mas essa atitude deles foi pontual, bem tomada. Éramos diferentes na estrada. Mas eu gostava muito deles e da banda. Fiquei sentido. E isso foi importante. Depois dessa época eles presenciaram o meu dia fatídico em 2005 pós passada-mal no avião. Fomos na mesma van para o festival em Recife. Eu saindo do hospital. Depois de soro, etc. Contei isso na van pra eles. Devem ter pensado "que loucura". Mas 6 meses depois eu pararia com tudo. E eles seriam convidados da minha primeira temporada solo no Letras&Expressões, em 2007. E foram lá na maior gentileza. Nos conhecemos já há 32 anos! E Bruno é um dos grandes seres humanos que conheço na vida. Um cara sensacional. Alma rara! *Showman*. Em todos os sentidos. Da prova na OMB, aprendemos a viver de música juntos!

Carlos Coelho - Mais um grande amigo e companheiro de estrada desde muito tempo. Coelho comanda as guitarras do Biquini Cavadão com maestria, e o conheço desde o meio da década de 80. Compositor, me apresentou ao Manno Goes (Jammil), tocamos juntos no Luau do Jammil e depois montamos o grupo Quarto de Hóspedes – em 2008. Uma grande pessoa e um músico extraordinário, com presença de palco muito bacana! Coelho participou de várias canjas com Os Britos e também na minha carreira solo. Na primeira temporada, no Letras e Expressões de Ipanema, pude contar com ele, Bruno, Birita e Miguel canjeando comigo. Sem contar os shows em que nós nos encontrávamos, na Bb Vídeo, no Mistura Fina e em centenas de lugares, entre 85 e 2015. Somos da mesma turma da cena carioca! São uns trinta anos dedicados à música e, principalmente, ao *rock'n'roll*!! E isso faz a diferença. Amar o que faz. E Coelho é desses que se dedicam a música diariamente. Da cartola não param de sair música boa e notas mágicas! Grande amigo!

Alec Haiat - No meio da década de 80, conheci a galera do Metrô. A banda estava também na CBS, e na trilha do filme *Rock Estrela*. Eu tocava com Leo Jaime, na época. Leo teve um namorico com a vocalista Virginie, e passaram um fim de semana na minha casa de Petrópolis. Bem bacana. Eles tinham dividido os vocais numa das músicas do Metrô, "*Johnny Love*". E essa música tocou muito na rádio e no filme, o que aproximou as duas turmas. Fiquei amigo da rapaziada toda, e encontrei o baixista Zavier no show que fiz com Andy Summers, em 2015. Entretanto, foi com Alec que mantive a amizade seguidamente durante todos esses anos. Alec também é amigo de George Israel, e sempre tivemos essa trinca interligada. Ele já deu canja no meu show solo em Sampa, e já saímos pra noite dessa cidade junto com George, algumas vezes. Encontrei-o numa festa fechada, há pouco tempo, e conversamos. Alec sempre foi um excepcional guitarrista, com texturas já modernas em 1986. Hoje em dia, é dono da Habro — instrumentos musicais — e roda o mundo todo se atualizando das informações. Já comprei alguns equipamentos com eles. E o Metrô está de volta em 2015, para turnês aqui no Brasil e na Europa. Pra minha felicidade. O Alec é um cara muito do bem!!

Lelo Zaneti - Lelo é um grande baixista, um personagem e uma grande figura humana! Deu canja no meu show solo em BH (turnê Motel Maravilha), e foi sensacional. Aliás, três dos quatro "Skanks" já subiram separadamente ao palco comigo. Lelo, Henrique e Haroldo, os dois últimos em 2015. Lelo participou em 2014 e foi muito bacana, sempre um astral lá em cima e uma companhia agradabilíssima. O Skank, pra mim, são os Beatles brasileiros. Um hit atrás do outro, e um carisma excepcional de todos os integrantes. Além de tudo, são todos gente finíssima e parceiros de estrada e de bola! No primeiro Rock Gol da MTV, o Barão empatou na final contra eles. Mas o Skank ganhou nos pênaltis, e eles levaram o caneco. O chato é que estava 4x2 pra gente, e no último minuto Samuel fez dois golaços, e empataram. Os pênaltis haviam sido antes do jogo, e eles jogavam pelo empate. Bem, foi merecido. Os garotos eram bons de bola! Eu, já em carreira solo, pude fazer duas dobradinhas de shows com eles, na Praia de Copacabana (2008) e em Juiz de Fora (La Rocca - 2013). Sempre demais o carinho dos quatro pela gente, e vice-versa. Nos aeroportos da vida eu os encontrei diversas vezes, e são sempre encontros muito divertidos e espontâneos, como se eu já os conhecesse desde a infância. O futebol nos une também. Barão e Skank são bandas que se admiram mutuamente. E Lelo é referência no baixo. Linhas poderosas e precisas! Foi ao vê-lo tocar com um Yamaha semiacústico, que tive a ideia de encomendar um pra mim. Pedi um *Sunburst*, igual ao do Lelo. Tom Capone pediu um azul. E troquei com Tom, quando abrimos os cases e vimos os baixos. Mas a primeira pessoa que vi usando esse baixo — que virou o principal da minha carreira solo e dos Britos — foi o Lelo. Um puta som de baixo ele tirou, como lhe é de costume! Afinal, um "Beatle" brasileiro tem de ser foda !! E o Lelo é !!

Tchello é um dos grandes baixistas do rock nacional. Personalidade e carisma, tem presença de palco e linhas de baixo muito boas! Peso e definição ao mesmo tempo. Conheci-o há tempos, quando Fernando produziu os Detonautas. E sempre que nos encontrávamos era muito bacana. Alguns programas de rádios, alguns campeonatos de futebol da MTV, algumas participações em shows, Tchello sempre foi essa figura super bem-humorada e astral, além de um batalhador e criador de bandas. Escreve muito bem e mantém sempre acesa a chama do rock, em variados projetos. Em 2014, ele fez uma participação no meu show na Sette Leblon, quando já fazia parte de sua nova banda, o Motel 11-11. Foi super bacana. Tocou baixo e cantou também. Fizemos alguns clássicos do *rock*, e ele assumiu o baixo. Eu fiquei na voz. É mais uma das grandes e gratas surpresas que aconteceram na minha estrada. Um cara super do bem e excelente artista, na mais ampla concepção da palavra. Joga em várias posições e conduz sua carreira para férteis horizontes! Tchello mantém o baixo pendurado nos ombros com olhar firme. Olhar do cara que luta e batalha pelo nosso principal sonho: viver de música. Através das 4 cordas, ele está presente no que está chegando de novo na área! Vida longa a todos os projetos!

Marco Túlio - Quando vi o Jota Quest a primeira vez, me impressionei com o poder de fogo do som da banda. Todos com umas perucas coloridas, num VMB na década de 90. A partir dali nos encontramos nos bastidores, tanto da MTV, quanto dos camarins de festivais, onde rapidamente a banda começou a participar. E fiquei amigo dos caras. Marco Tulio abriu uma boate uma época, em BH. Me lembro de irmos juntos os Barões. E claro, eu que adoro uma canja, subimos ao palco improvisado e levamos uns covers. Frejat também subiu e tocou. Marco Tulio é um grande guitarrista e sempre colocou sua marca registrada em *riffs* e solos muito bem timbrados. O Jota se tornou uma das maiores bandas de rock do Brasil. Falavam antigamente que foram influenciados por nós, do Barão. A verdade é que a amizade entre as bandas sempre rolou. E já em carreira solo, encontrei todos em várias situações. Numa delas, em 2015, Marco Túlio deu uma canja no meu show em BH. Foi demais. Muito legal ter nesse momento da vida, participações dos amigos de várias vertentes e épocas! *Rock'n'Roll*!

Pedro Paulo Carneiro - PP, como nós dos Britos o chamamos, sempre foi um dos loucos mais adoráveis que conheci. È daqueles caras com quem me identifico. Primeiro ele cria. Depois vai à luta da realização, custe o que custar. Conheci-o na "toca" do Lobão, porém não me lembro direito em que situação se deu nosso encontro. Mas em 2002, depois de um programa que fizemos com Os Britos na TVE (onde ele era o diretor), ele anunciou: *"Vou levar vocês pra Inglaterra"*. E não é que três anos depois isso aconteceu? E duas vezes. Shows no Cavern Club, etc. Antes disso fizemos várias TVs com ele, e um especial gravado no Espaço Cultural Sergio Porto. Mas acima disso tudo, PP tem um lado carinhoso e amigo, que o transforma numa das pessoas mais legais que tive o prazer de conhecer. Fez o clipe de "Não Vá", na "brodagem". Sempre ajuda os outros. Sempre se preocupa com todos, e tem uma mão estendida pra todas as horas. PP é uma alma generosa, boa, humilde, carinhosa, tem o talento da perseverança e da criação como baluarte de suas convicções. Não tem tempo fechado. Devemos a ele, também, a melhor viagem de nossas vidas, com Os Britos em 2005, pra gravar um DVD pela Som Livre. Ele realmente nos levou com todas as pompas à Inglaterra e à Irlanda. Lançou um grande documentário do Hendrix, também. E está para sair um canal de televisão dele. Sempre juntando o novo e arejado aos mestres consagrados. PP é agregador, é batalhador, é um mago da diversão e do trabalho. Um grande amigo. Uma pessoa do BEM. Emoção à flor da pele, sempre. Isso o torna especial!

Mauro Berman - Maurinho me chamou bastante a atenção quando o vi pela primeira vez como baixista do Marcelo D2. Ele estava super antenado com a mistura dos baixos de *hip-hop*, samba e *rock*. E com o baixo acústico, às vezes. Foi uma surpresa muito agradável encontrá-lo depois em várias festas da MTV, levando o maior som. Começamos a trocar ideias sobre música nas muitas vezes em que nos encontramos, e o considero uma das grandes performances dentro da cena musical de hoje. Tocou com a banda dos 30 anos no *Rock In Rio 2015* e foi muito preciso. Com D2, eu o vi em diversas oportunidades mostrar seu marcante baixo, cheio de suingue e linhas bem construídas. Um excelente músico. E depois vim a descobrir que ele já me admirava, também, do Barão. Do Lobão. De Arraial D'Ajuda. De outros carnavais, vindos de 1988! Coisas da vida que a gente não percebe, e um dia, por estar conectado com a cena, descobre que você também ajudou em algo para a formação daquele músico que você tanto admira. Isso é muito bacana. Ainda assim, nada é por acaso. Não escolhi Mauro à toa para esta biografia. Escolhi-o porque ele representa o novo, a linguagem da cena misturada. E eu tenho profunda admiração pela sua trajetória. Um baixista-produtor-tecladista de presente e futuro brilhantes!

Manno Góes - Um dos maiores compositores da música baiana se transformou num grandíssimo amigo meu. Carlos Coelho me apresentou o Manno Góes, do Jammil. Manno me convidou para tocar no luau do Jammil, em 2008, com George Israel. Coelho e Moinho + Carlinhos Brown. 10.000 pessoas, e Manno me confidenciou que tinha começado a tocar baixo por minha causa, depois de me ver num show do Lobão na Concha Acústica em Salvador (1989). Adorei essa informação. Ele me convenceu a tocar no luau uma música minha que era executada na rádio em Salvador. E funcionou. Dali, acertamos de fazer um quarteto pra se apresentar de vez em quando, o Quarto de Hóspedes (Rodrigo Santos, George Israel, Manno Góes e Carlos Coelho (Biquini). E foram shows divertidos. Manno, além de *hitmaker,* é um cara super querido no país todo. E um grande baixista. Convidei-o para tocar no meu DVD Ao Vivo em Ipanema, na parte da Kombi. E foi demais! Essa Concha Acústica com Lobão, em 89, me fez influenciar um menino, que se tornaria um GRANDE da música brasileira. Que honra isso!!!!

Felipe Cambraia - Cambraaaaaaa! Esse é o apelido pelo qual carinhosamente o chamo até hoje. Tom Capone avisou, Tom Capone falou: "Vocês são retados, véio! Os dois baixistas mais Rocks do Brasil!" Bem, se Tom falou, tá falado. Mas o que vem ao caso aqui, é que nossa amizade já dura uns vinte e cinco anos e começou lá atrás, com uma turma bacana, mais jovem, que conheci em Petrópolis e no RJ. E que depois também teve a Cássia Eller incluída. Cambraia tocava em várias bandas, e eu sempre curti me misturar a todas as gerações. Pra minha surpresa, nos tornamos (eu, ele, Fábio Almann, Walter Villaça e Ronaldo Oest) grandes amigos, rapidamente. Amigos de andar junto todo dia, durante uns quinze anos. Era o "clube da bossa nova", da casa do Ronaldinho em Ipanema. Comecei a namorar a Paty nessa época – na verdade um pouco depois –, e o Cambraia já era um dos meus cinco melhores amigos! Eu frequentava a casa dele, e ele a minha. Viu todo começo do meu namoro, e o dia em que comecei a compor "O Sono Vem", pra minha nova namorada. A música seria gravada um mês depois pelo Barão. Cambra sempre foi extremamente musical. Então íamos da casa dele à minha, a pé, pra levar som, beber, cheirar e conversar. E muitas vezes íamos até a nossa terceira casa, o Mirante do Leblon! Se vacilar, o Mirante era até mais confortável, e se exigíssemos, até travesseiro teríamos lá! Kkk. E a vista pra praia do Leblon era demais. Cambraia é um cara muito engraçado, divertidíssimo, e fiquei amarradaço quando ele assumiu o baixo com Nando Reis (posto que ocupa desde então, há décadas). Os Infernais. Doce, criativo, amigo, generoso e muito musical, Cambra tem um tipo de ligação com Nando Reis, parecida com a que eu tenho com Lobão. Isso é muito bom. Sobre a loucura, sempre usamos para o lado criativo. Com percalços curtos de olho mágico. No geral da história, o que interessa é que ele sempre esteve bem, e eu, que me encalacrei com as drogas, consegui tomar outro rumo há uma década. E nem por isso paramos de nos encontrar e divertir. O "clube da bossa nova" agora é o rocknroll no Saloon, ou nas estradas da vida! Dá-lhe Cambra! O sono veio!!!!! :))

Flavia Couri - É muito bom quando você tem a certeza de que descobriu mais uma pessoa que escolheu MESMO viver de música. Você vê isso nos olhos dessa pessoa. E a Flavinha (como a conheci nos Autoramas, como baixista e vocal) tem esse desígnio. Um domínio excepcional do baixo e da presença de palco. Nasceu pra isso. Quando a vi, já saquei que a nova geração tinha representante. E uma mulher no baixo, arrebentando! Ficamos amigos – eu e os Autoramas –, desde que nosso empresário, Lúcio Maia, se tornou o mesmo. Começamos a fazer muitas coisas juntos – eles participaram do meu show solo no Canecão, em 2008, gravaram comigo no CD *O Diário do Homem Invisível* (2009), e abriram a turnê dos 30 anos do Barão, em 2012/2013. Também participei do lançamento da outra banda da Flávia, Doidivinas. Foi uma honra. Ela e seu *Rickenbaker* são de uma precisão incrível. Também a vi acompanhando Arnaldo Brandão. E com Autoramas, no *Rock In Rio 2013*. Flávia foi morar na Europa há pouco tempo, mas já montou uma nova banda, que está arrasando! Fico muito feliz em saber que sou um dos " Barões" que a influenciaram a ser roqueira. O maior prazer do mundo é ver alguém com tanto talento brilhando pelo mundo todo, e saber que a cena está salva! Bola pra frente, Flavinha!

Rodolfo Krieger - Mais um grande talento da nova geração do BROCK. Acho que nós, do Barão, o influenciamos também, de alguma maneira, na sequência do *rock'n'roll*. O Rodolfo é um grandíssimo baixista, *rocker* de primeira. Sempre gostei do Cachorro Grande. Banda com "pegada" Beatles e Stones, ao mesmo tempo. Banda gaúcha de rock é sempre foda. E eles são da melhor safra! Quando fui pra *Festa da Música*, em 2014, fiquei direto com a galera do "Cachorro". Muito engraçados, e nossa *vibe* bateu muito bem! Passamos o dia conversando, e à noite tocamos juntos numa *Jam*. Rodolfo é *Jam* também, como o bom rock precisa! A personalidade musical é fortíssima. E nos falamos pelo facebook sempre. Tenho muita felicidade em ver um grande baixista seguindo carreira de sucesso e com uma inspiração que vem das mesmas coisas que eu curto. Das grandes bandas inglesas que ensinaram o rock ao mundo. Rodolfo é rock. Rock inglês e brasileiro. Rock de gente grande!! De Cachorro Grande! *Yeah*!

Rodrigo Suricato - Rodrigão "xará" Nogueira Suricato é um dos mais talentosos músicos da nova geração. Grande cantor, compositor e guitarrista, Rodrigo criou um som que faz a minha cabeça! Fui convidado por ele, creio que em 2012, a participar do show *No Reino do Suricato*, um projeto feito no estúdio Eco Som, e transmitido ao vivo aos domingos, pela internet. Na época não tive tempo pra participar, porém dois anos depois, lá estava eu como convidado a assistir à final ao vivo do primeiro programa *Super Star* da Rede Globo, no Projac, torcendo fervorosamente para os queridos amigos do Suricato. Rodrigo já vinha fazendo um trabalho impecável como guitarrista, com Moska. E nesse programa, com sua banda, deu um show de qualidade, competência, composições e musicalidade. Uma banda diferente! Com um astral incrível, imediatamente ganhou o palco do *Rock in Rio 2015*, fazendo um dos melhores shows da edição! Fico muito orgulhoso de vê-lo arrebentando no palco com seus amigos de banda, provando ao mundo inteiro que o rock de qualidade e letras boas não morrerá jamais! E está de volta! Agradeço ao Suricato e ao Rodrigo! Me deram novo ânimo na carreira solo.

Maurinho Nastacia - Governador Valadares ficou pequena para tanto encontro musical. Em 2014, encontrei o pessoal do Tia Nastácia no hotel. Estávamos no mesmo festival. Já nos conhecíamos de outros carnavais, vários encontros "Barão-Tia". Eles sempre foram da vertente rock que ia mais pro lado "Raul Seixas". E estouraram nas rádios com várias músicas. Nos encontrávamos muito em MG, ou no Rock Gol. Sempre adorei o rock do Tia Nastácia. A banda dos 90 com a qual eu me identificava mais. Mas dessa vez, comigo já em carreira solo, estávamos lá passando a limpo a história do rock, tanto no quarto de hotel – em levações de som antológicas – quanto no show à noite. Participamos uns dos shows dos outros. A cidade agradece. Foi muito rock'n'roll. O mais legal, é que pude conhecer Maurinho e Podé mais de perto. Caras super criativos e da mesma vibe que a minha, no melhor estilo levadores de som de fogueira! Passamos o dia juntos. Depois disso fui convidado a tocar com eles numa ação acústica pra a Claro em BH. Numa loja lotada no centro da cidade, com caixas de som no meio da rua. Foi muito legal. E à noite participei do show de Maurinho (com seu outro projeto de clássicos do rock, Maurinho & Os Malditos). Cantamos alguns rocks malditos juntos. Odair José e Raul. Grandes noites e grande espírito de rock! A importância da levação de som descompromissada, pra mim, como músico de rock, é vital. Não se deve parar nunca com isso. E no quarto do hotel, onde fizemos uma jam session, mais uma coisa bem legal: eu ainda não tinha passado por isso...de tocar violão horas a fio, sem beber, sem cheirar, em quartos de hotel, principalmente com "novos amigos". Tocar violão em quarto de hotel pra mim, era álcool + álcool. E nesse dia pude me divertir durante horas, vendo todos beberem e fumarem, e eu na maior vibe, felizaço de ter passado por cima dessa história ileso, e com a mesma vontade de tocar músicas ao luar. Resignifiquei o personagem. E foi bem importante esse encontro em Governador Valadares. Let's Rock! And Roll!

Fabio Allman (Fabão) - Conheci Fabão da década de 1990, nas bandas A Bruxa, MCkeys e Mermãos. Eram três bandas, nas quais se revezavam vários amigos meus, e Fabio era o cantor em todas elas. E ficamos amigos desde então. O Clube da Bossa Nova era completo, com todos nós. Tocávamos violão em fogueiras, jogávamos bola, etc. Num determinado momento montamos uma banda pra divulgar, em Garopaba, a *Skipper*, pizzaria em que eu e Robertinho Freitas éramos *promoters*, no Rio de Janeiro. Fomos duas vezes a Garopaba para passar dez dias. Uma no carnaval, e outra logo depois. Éramos eu, Fábio, Robertinho Walter Willaça, George Israel, Marcelo Serrado e Sérgio Serra. Alguns foram nas duas viagens. Robertinho, Fabão e eu estivemos nas duas. Montamos a Frozen Marguerita Blues Band, em homenagem à máquina de *frozen* que havia ao lado do palco, na qual nos servíamos sem parar. Fabão sempre foi um grande cantor e com presença de palco bem bacana. Não foi surpresa pra mim quando ele entrou no Monobloco e se tornou um dos cantores da banda. Muitos carnavais se passaram. Já fizemos dobradinha Barão e Monobloco, na Praia de Copacabana. Antes disso ele havia cantado no antológico show da Cássia Eller, em 2001, no *Rock In Rio*. Cássia o adorava! Fabão repetiu a dose no tributo à cantora, em 2015. Andamos muito juntos, e nossa temporada em Garopaba foi sensacional. Lá levamos oito horas seguidas de som, na pousada em que estávamos hospedados. Me lembro que, às 9 da manhã, restávamos só eu e Fabio, além de um torcedor do Boca Juniors, forte, cabeludão. Estávamos tentando convencê-lo de que o Flamengo era muito maior do que o Boca. E o cara vinha com um grito que começava baixinho e depois engolia nossos gritos de Mengo. Era "BoooooooooooooOOOOOOOOCAAAAAAA!!!". Nós, mesmo a plenos pulmões, éramos abafados por esse solitário torcedor. Muito hilário, ficamos umas duas horas nessa brincadeira. Outro dia nos encontramos no mar, ambos surfando. Foi demais! Bem mais saudável que o Clube da Bossa Nova. Mas tão divertido quanto.

Roberto Freitas (Robertinho) - Robertinho é amigo das antigas!!! Da barraca do Pepê, onde disputávamos espaços com nossas bandas. Ele tocando bateria com o Desvio Padrão, e eu com o Front! Já até nos conhecíamos, pois tínhamos amigos em comum quando mais adolescentes. Mas, no encontro das bandas e da música, nos tornamos *brothers*. Nos encontrávamos também no *surf*, nas praias do Country e do Pepê. Robertinho já me viu tão doido, mas tão doido – e se divertia com isso –, que me chamava de "bonequinho da Trol – já vem com defeito"...rs. Isso porque eu podia tocar violão durante horas sem parar, ou beber, cheirar durante dias e não cair. "Bonequinho da Trol" se referia ao fato de eu tocar violão sem parar; e "já vem com defeito" se referia a cheirar sem cair.

Trabalhamos juntos na Skipper Leblon, nos anos de 1996 e 1997. Marcávamos as bandas que tocavam lá. Eu estava com Barão também. Mas arrumei tempo pra fazer esse "trabalho". Eu me divertia muito com ele. Era também uma desculpa pra estar toda noite bebendo e coordenando bandas novas lá. Depois fomos a Garopaba divulgar a nova Skipper de lá. Montamos uma banda de amigos e curtimos muito juntos. Parceiraço e divertidíssimo! Depois dessa viagem, Roberto conheceu a mulher da vida dele, e eu conheci a mulher da minha vida. Os filhos nasceram na mesma época, também por coincidência. Ambos paramos com tudo e ficamos muito mais produtivos na vida, sempre apresentando novidades. Vi muitos shows do Desvio Padrão. E um tempo depois, Robertinho estava tocando com a galera do Casseta e Planeta. Obviamente eu sacaneava ele: *"Tá tocando na casseta, Roberto?"*. Era sempre zoação de ambas as partes. Sempre repetíamos um pro outro *"Tá "in concert", hein?"*, quando emendávamos piadas uma atrás da outra, depois de porres homéricos. Robertinho também frequentou o Clube da Bossa Nova. Nos encontramos amiúde em eventos, seja naqueles em que ele faz a produção, seja naqueles em que estou tocando. Sempre no maior astral. Um cara sensacional. Amigo de verdade!

Bruno Araújo - Brunão sempre foi um músico excepcional, e um cara fantástico. Nossa turma vem das antigas, desde que entrei no Front. Na verdade, Bruno me indicou pro Eletrodomésticos, de sua irmã Lu Araujo. E depois disso passamos a andar juntos, trocar ideias sobre música, rock, *New Wave*. Bruno já sabia, em 1980 e poucos, tocar linhas de baixo bem econômicas e super musicais. Aprendi com ele bastante coisa, ao tirar as linhas quando entrei no Front. E entrei justamente no lugar dele, que resolveu partir pros EUA a fim de estudar música no BIT. Voltou alguns anos depois — eu já como cantor do Front também — e começou a estudar cello, contrabaixo com arco, contrabaixo acústico. Muito determinado sempre. Montou um estúdio (Kabrun), onde gravei parte do meu primeiro disco solo e também fiz várias gravações para tributos, etc. Em 2010, Bruno fez um show inteiro comigo. Ele no baixo, eu no violão. Em cima de uma Kombi no Leblon, para divulgação do CD *O Diário do Homem Invisível*, em frente à Livraria Argumento. Foi demais! Ele tocou muito bem as músicas do disco novo. Bruno é daqueles caras doces, gente boa. Louco a pampa também. Mas nada que o atrapalhe na vida. Velocidade na bicicleta era um dos esportes preferidos. Houve uma época em que saímos bastante na noite, mas mesmo quando nos drogávamos, sempre era astral positivo, pois tínhamos a música em comum. Bruno tocou com Legião Urbana e Lobão. Foi sempre um baixista requisitado e agora também produz e tem o estúdio como fonte de energia. Outro dia, para um tributo do Marcelo Fróes, juntamos todos os Fronts que continuaram na música e gravamos, no estúdio do Bruno, uma música dos Beatles: "*Ballad of John & Yoko*". Eu gravei violão, e Bruno o baixo. Também gravamos "*Across the Universe*" e outras. Brunão é sangue bom, maluco-beleza, e curte a vida leve, numa boa. Sempre foi assim!

Ricardinho Palmeira - Um dos maiores guitarristas que vi tocar também. Ricardinho sempre foi um cara bacanérrimo, tocamos juntos durante uns dez anos no Front, Miquinhos e Leo Jaime. Sempre foi do mesmo jeito. Astral pra cima, sorridente. Hoje pilota programas da Globo também. Quando foi tocar com Cazuza, nos afastamos um pouco em razão dos compromissos. E nos reencontramos na Xuxa, em 2013, quando cantei "Exagerado" e "Azul". Ricardinho era o diretor musical. Um cara muito do bem. Talento puro. Toca *rockabilly* como ninguém, e lá nos Miquinhos, seu apelido era "Cabelo"... rs.

Nani Dias sempre foi o cara com quem mais andei no Front. Éramos inseparáveis na década de 1980. Íamos a todos os lugares, fazíamos músicas juntos e sempre fomos muito amigos. Um guitarrista maravilhoso. Um companheiraço. Muitas aventuras também com os Britos. Fomos à Inglaterra, à Irlanda e tocamos em Manchester, Liverpool, Londres e Dublin. Nani é daqueles amigos de quem você só tem coisas boas a dizer. Nunca brigamos. Sempre foi uma amizade maravilhosa. Dividíamos quarto nas turnês, com Lobão ou Leo Jaime. Nani participou do meu primeiro CD e da turnê solo.

Luciana Lumyx Araújo - Conheci a Lu há muito tempo, quando fui tocar no Eletrodomésticos, banda que já tinha uma música na coletânea da CBS, *Os Intocáveis*. A música era "Choveu no Meu Chip" e a banda era *New Wave*. Eu não entendia nada de *New Wave*, pois eu era do rock clássico. Então, o Eletro foi uma escola pra mim. A super Lu comandava os teclados – Poly 800 eu acho – com a maestria e a simplicidade que lhe eram (e são) peculiares como pessoa. Lu sempre foi demais. O Eletro de Manfredo,

Márcio, Ricardão, e do casal Lu e Guilherme (falecido tempos depois) era a nossa "versão B´52s brasileira". Muito bacana e antenadaço com a música que se fazia na época. As influências da banda Devo eram claras também. Um pouco de Kraftwerk... E confesso que cheguei meio que de paraquedas lá na turma, mas a galera me tratou tão bem, me deixou tão à vontade, que fui aprendendo com eles e acho que em determinado momento já estava tocando direito aquelas linhas de baixo...rs. Lu, maravilhosa como sempre, me deu muita força. Era uma líder nata, e o Eletrodomésticos era a cara dela. Fizemos muitos ensaios e alguns shows juntos. Me lembro muito bem do show no Let It Be - Copacabana. Meu primeiro show com eles. Jamari França fez uma crítica boa da banda pro jornal, e me citou como a novidade recém-chegada. Falou coisas boas e usou a expressão, que eu achei carinhosa, "o penteado mais certinho do rock nacional" — na época eu tinha aquele cabelo meio "menino do rio", meio "Romeu"... rs. A verdade é que a proximidade entre as bandas Front e Eletrodomésticos era única. Depois eu migraria para o Front e para os Miquinhos Amestrados. Entretanto, nunca deixamos de andar juntos. Encontro a Lu até hoje. E vi vários shows do Eletro com Adriano no baixo (ex-dono do estúdio Nanico, em Botafogo), inclusive o do BB Vídeo, na Lagoa. As roupas futuristas foram acopladas aos shows e também à capa do compacto que a CBS lançou. Sim, eles gravaram um compacto, e depois um LP, pois a música "Choveu no Meu Chip" estourou no Brasil todo. Na gravação original, o baixo era tocado por Bruno Araujo, irmão da Lu. E eu entrei já tirando aquele baixo e fazendo os vocais de apoio. Fiquei super feliz com o estouro da banda. Acompanhei-a em programas de TV, shows e muita coisa boa. Devo (sem trocadilhos...rs) muito à Lu e à sua gangue, por me ensinarem a ser mais moderno e atualizado com o que estava acontecendo e com o que viria a seguir. Isso seria uma escola para tocar também com outros artistas do rock nacional. Valeu Lu !! *Yeah*!!

André Estrella - No início dos anos 1980, André e eu andávamos bastante juntos. Sua mãe era amiga da minha mãe desde os tempos de escola. E nós nos conhecemos bem garotos!! Surfávamos juntos e entramos na PUC na mesma sala também. Frequentávamos a casa um do outro. André me chamou para entrar no Prisma em 1981, ou 1982, quando Alex Moreira deixou a banda. Já estreei no Sarau do Souza Leão lotado. Eu com três cordas no baixo (fato esse que impressionou o então iniciante guitarrista Sergio Serra - depois do Ultraje a Rigor). Eu e André também tivemos aulas de regência com o maestro Ugo Marotta e gravamos no disco dele, só de violões. Depois disso - e dos solos à la Dire Straits de André no Prisma - passamos a levar som em Arraial D'Ajuda também. Junto com Guilherme Fiuza e João. Éramos uma turma boa. Mais recentemente, na verdade em 2007, André deu aula de violão e guitarra pro meu filho Leo. Veio aqui em casa direto. André é um excelente professor. Íamos ao Maracanã juntos e sempre jogamos bola na pracinha do horto. O Prisma era feito de gente muito musical. E André era um dos maiores, com certeza.

Jorge Valladão - Tocamos juntos desde os 14 anos de idade. Valladão me apresentou o Kadu, aos 15 anos. Tivemos bandas como Choque Geral, em 1982. A primeira vez em que subi num palco foi com ele, no sarau do Iban. Ele e Kadu. E viemos juntos por essa trajetória. Vallada trabalhou com Leo Jaime, Lobão e Kid Abelha. E o chamei para ser o baixista da minha carreira solo na estrada. Ficou até 2010, quando eu passei novamente do violão pro baixo e montei Os Lenhadores. Gravou comigo o DVD *Ao Vivo Em Ipanema* - parte Teatro. Gravei meu primeiro disco e outras coisas em seu estúdio, *Jam House*. Vallada é companheiro e amigo dos grandes. Ele e Kadu estão entre os amigos mais antigos que tenho. E viajamos por esses 35 anos através da música, sempre juntos. Um amigão também.

Alonso Cunha é talento puro como cantor. Uma voz sensacional. Um grande amigo da rua, da infância, com quem comecei a compor e montar banda, bem cedo. Andava três passos, e já estava na casa dele. Todo dia levávamos som. Queríamos ser John e Paul. Tocávamos tudo dos Beatles e começamos a compor juntos. Me lembro de colocar uns versos na ótima "Burguês e Hippie", que ele já havia composto. Era totalmente Bob Dylan. Inclusive o baixo era inspirado em Hurricane. A música "Sob o Signo da Lua" foi a primeira que fizemos juntos. E virou nome do show que fizemos no Planetário. Seu irmão, o famoso pintor Albery, deu o novo nome da banda (que até então se chamava Disritmia) e também criou o cartaz do show. Depois de Alonso ser convocado para o exército, a banda acabou. Convivemos muito durante todo esse período, e a banda tinha futuro quase certo. Depois ele viajou pros EUA, e daí em diante nos vimos bem pouco. Alonso hoje em dia mora em Londres e tem tocado muito por lá! Canta um Neil Young como nunca vi ninguém fazer. Excepcional. Toca gaita e compõe até hoje. Um grande brother das antigas, quando tudo começou!

Alexandre Saieg foi o meu primeiro baterista! Na verdade, eu é que entrei na banda dele, o Disritmia. E foi logo no início dos anos 1980. Mas antes de sermos da mesma banda, já éramos muito amigos. Éramos vizinhos. Eu morava na Icatu, e ele morava na rua paralela à minha, já no Largo dos Leões. Todos nos conhecíamos na rua, pois era uma época de pouco trânsito nessa região. Então andávamos de *skate*, jogávamos bola, ou tocávamos. Quando fui chamado pra banda, pedi pros meus pais liberarem a garagem lá de casa a fim de fazermos os ensaios. Antes de ensaiarmos lá em casa, ensaiamos na casa do Saieg no Rio uma vez. Me lembro de tocar o baixo de *"I saw Her Standing There"* na guitarra. Foi uma citação. Era o primeiro baixo que eu queria aprender, e tirei uma parte. Eu não tinha baixo ainda. Então fiz as linhas de baixo na guitarra emprestada do Marcos. Logo a seguir estávamos tocando América, "*Lonely People*" (foi o primeiro baixo que tirei quando ganhei um Hofner para ensaiar na garagem da minha casa). Saieg montava a bateria, e lá íamos nós passear pelos mundos de América, Beatles, e das canções que eu e Alonso compúnhamos. Ensaiamos também em sua casa em Paty de Alferes. Já tínhamos umas 10 músicas autorais no repertório do Disritmia, e passamos um feriadão lá ensaiando o tempo todo. Escutávamos A Cor do Som, Pepeu, Moraes. Saieg tinha um macacão estilo Gustavo, da Cor do Som. Ele se tornou um dos meus grandes amigos. Passávamos horas escutando música no escritório do meu pai. Um cara adorável, íntegro, engraçado, doce, e que esteve presente também em diversos momentos da história do rock nacional com a gente. Com Léo Jaime, Miquinhos, etc. Depois ele foi trabalhar com Paralamas e Marisa Monte, já como técnico de som. Passamos a nos encontrar de novo na estrada, sempre no maior astral. Ele foi o cara que começou tudo!

Pedro Henrique Moura Costa - Eu e meu primo éramos mais do que primos. Éramos irmãos. Aprontávamos muito e tínhamos a mesma idade. Aos 11 anos, começamos a tocar violão juntos, a partir das aulas de sua mãe. Musicoterapeuta formada, Tia Clarice nos ensinou Beatles e Bob Dylan. E já na primeira semana de aulas na casa do Pedro, começamos a compor – sessões intercaladas de risadas estrondosas nas leituras de Mortadelo e Salaminho. Compusemos umas 30 músicas. Fomos tocar no *Globinho* (da Paula Saldanha), aos nossos 11,12 anos. Éramos uma dupla boa. Aprontávamos muito, mas éramos bem criativos! Pedro sabia afinações diferentes. Sempre dedicado a inovar, sabia as afinações de Hendrix e Pat Metheni. E isso me impressionava muito. Surfávamos juntos. Fomos colegas de escola e de classe também. No Santo André. E de lá cada um passou para uma universidade diferente. Mas ambos fizemos concurso pra Rural. Ele escolheu a Rural. Eu escolhi a PUC, fui fazer administração. Nesse momento nos separamos um pouco, pois Pedro teve de morar na Rural. Ganhou mestrado e doutorado em Londres e se mudou cedo pra Inglaterra. Morou na Malásia, dentro da selva, trabalhando no reflorestamento da região. Mais tarde formou uma empresa e se tornou cidadão da ONU, com seu empreendimento na Bolsa. Deu várias voltas ao mundo. E de repente retornou ao Brasil, em 2013, para morar novamente. Este ano, começamos a nos encontrar pra trabalhar no disco dele. No Jam House, estúdio do Valladão, de quem Pedro era amigo em 82 também. E tudo se interliga. Começamos a compor juntos novamente, e a música "Não Foi Dessa Vez" entrou no CD que está encartado na biografia. Como se fosse o início repaginado. Isso está sendo emocionante. O bumerangue da vida.

Barral - Muitos movimentos deram a tônica musical da minha formação. De esquina em esquina, fui moldando minha própria personalidade. E pude me deliciar com Beto Guedes, Lô Borges, Milton Nascimento e tantos outros da cena mineira. Um tipo de composição única, diferente e muito sofisticada. E um grande baixista acabou tocando com todos desse seleto "clube". O Clube da Esquina!!! Barral passeou por todos os cantos, todos os lados e ângulos daqueles quarteirões. Por uma dessas boas surpresas com que o destino nos brinda, conheci Barral na turnê que fiz com Andy Summers, em 2015. E daí veio a ideia de lançar a biografia pela editora dele. Barral, além de passear pelas 4 cordas, se tornou editor especializado em livros de música, *songbooks*, biografias...e o papo fluiu muito rápido. Lá estava eu, trocando ideias com ele sobre baixos e palavras! Muito gente fina, um cara super do bem! Nos demos bem de cara, e ele topou esse desafio do livro. A verdade é que acabou saindo quase que um almanaque da história do rock, capitaneada por dois baixistas que tocaram com muitos artistas diferentes, de décadas diferentes. Escutei tanto aqueles discos de Beto Guedes e Lô Borges, que quase quebrei a agulha da vitrola. Pela janela lateral, estamos entrando com tudo nessa nova empreitada. E é tudo novo pra mim. Pra ele, que passeou por todas essas ruas, a esquina é diferente...tem outro foco, mas a estrada também é contínua. Pra mim, que tive o prazer de conhecê-lo, o inesperado aconteceu. Mais uma aventura a trilhar, sem curvas. Nesse caso, a esquina não tem desvio, é uma linha reta até o infinito. E ele comprou esse sonho. Valeu Barral! Quem tem um sonho não dança!

ANEXOS E FOTOS

ANEXO 1

MEUS INSTRUMENTOS

Ate 1988 meus baixos haviam sido uma réplica do Hofner, um Giannini preto, um Fender Squire preto, um Honner modelo Steinberg (época do Front), e um ou outro baixo que eu trocava ou comprava do Dadi. E depois vendia de novo pra ele. Foi assim com um Music Man prata, e depois — já no Barão — com um Yamaha Branco de 5 cordas.

Mas em 1988 chegou meu G&L (nova fabricação da Fender, pós-Music Man), também preto. E foi com ele que fui tocar com Lobão.

Toquei anos com esse baixo 3 discos do Lobo. Até eu comprar do Dé um Yamaha BB 4000. Com esse Yamaha eu fiz alguns shows com Lobão e gravei O *Inferno É Fogo* (1991), onde também usei um Rickenbacker, que depois vendi. Com o Yamaha eu gravaria o disco *Supermercados Da Vida*. Eu o usaria na turnê toda.

E eis que encontro meu Music Man 20th Anniversary. Em 1994, antes da gravação do CD *Carne Crua*. E foi quase por acaso, na fábrica da Condor, em Brasília. Eu estava virado do aeroporto do Rio e queria ir dormir no hotel. Frejat, Fernando e eu havíamos combinado de ir à fábrica. Cedo, ao chegar ao DF. Eu estava morto. Convenceram-me a ir. Eu não queria gastar dinheiro, mas fui. Chegando lá, o cara me mostrou uns cinquenta violões Taylor e uns trinta Music Mans. Eu testava todos, mas nada me sensibilizava. Fernando comprou um ótimo violão Baby Taylor. E eu testando baixos e baixos. E já estava querendo ir embora, quando o cara da fábrica falou: "*Tá bom Rodrigão...experimenta esse aqui. Prometo que é o último*". Quando dei a primeira nota no baixo, já vi minhas outras "notas" voando. Em quatro cheques. O baixo era "foda". "Fodaço". E está comigo até hoje. Virou minha marca registrada no Barão, e todo mundo tentou comprar de mim depois. Eu sempre recusei. Em 2009, duro, já na carreira solo, tive de empenhar ele com Frejat, que gentilmente guardou pra mim até eu ter condições de comprar de volta. Foi um super amigo, como sempre. E comprei de volta em 2011, uma semana antes de me apresentar no *Rock in Rio* solo.

Ficou até na reserva. Eu estava já usando o Yamaha Semi-acústico Azul BEX4, que comprei na época da volta do Barão, em 2004 (o tal baixo que troquei com Tom Capone). Esse Azul me acompanha até hoje. Usei no DVD dos Britos, na Inglaterra (Nos clipes dos Britos e no Cavern Club usei o Music Man), e usei em quase toda minha carreira solo.

De 2009 a 2011 eu só leveva ele na estrada. Foram 400 shows só com ele, sem reserva. Os meus dois outros baixos, que comprei em 2005 (um Zaganin e um Fretless), eu dei pro Humberto Barros para produzir meu CD *O Diário do Homem Invisível* (2009).

Para gravar o *Acústico MTV Kid Abelha*, usei um baixolão Strinberg, emprestado pela Yamaha. Na estrada eu usei o meu da Condor, o mesmo do *Balada MTV*, preto. A temporada foi toda feita de baixolão. Da gravação até o último show.

E com a Blitz em 2002, usei o Music Man.

Só consegui ter mais instrumentos, na carreira solo, a partir de 2014. Comecei a usar Fender Precision Hot Rod e Jazz Bass 79 também, além dos MM e Yamahas.

Os violões que me acompanharam sempre foram (por ordem de existência e aparição: Giannini nylon, Del Vechio 12 aço, Craviola Giannini aço de 6, e Fenders de 6 e 12.

ANEXO II

DISCOGRAFIA

Vinil / CD

FRONT
"Dengosa" / "Olhos de Gata"
(Epic 46.104) - 1985
(compacto-simples)

JOÃO PENCA E OS MIQUINHOS AMESTRADOS
OK My Gay (RCA 103.0662) - 1985 (LP)

JOÃO PENCA E OS MIQUINHOS AMESTRADOS
Além da Alienação (RCA 130.0027) - 1988 (LP)

LEO JAIME
Vida Difícil (CBS 144.504) - 1986 (LP)

LEO JAIME
Direto do meu Coração pro Seu (CBS 144.515) - 1988 (LP)

LOBÃO
Cuidado
(RCA 140.0005) - 1988 (LP)

CARA A CARA

LOBÃO
Sob o Sol de Parador (RCA 150.0001) - 1989 (LP)

LOBÃO
Vivo (RCA 150.0011) - 1990 (LP)

LOBÃO
O Inferno é Fogo (RCA 150.0015) - 1991 (LP)

PAULINHO MOSKA
Vontade (EMI 827531 1) - 1993 (LP)

KID ABELHA
Meu Mundo Gira em Torno de Você (WEA) - 1996 (CD)

KID ABELHA
Autolove (WEA) - 1998 (CD)

KID ABELHA
Coleção (WEA) - 2000 (CD)

KID ABELHA
Surf (Mercury) - 2001 (CD)

KID ABELHA
Acústico MTV (Mercury) - 2002 (CD)

KID ABELHA
Pega Vida (Mercury) - 2005 (CD)

BARÃO VERMELHO
Supermercados da Vida (WEA 670.8248) - 1992 (LP)

BARÃO VERMELHO
Carne Crua (WEA 996728-1) - 1994 (LP)

BARÃO VERMELHO
Album (WEA) - 1996 (CD)

BARÃO VERMELHO
Album - Ao Vivo e Remixes (WEA) - 1997 (CD)

BARÃO VERMELHO
Puro Êxtase (WEA) - 1998 (CD)

BARÃO VERMELHO
Balada MTV (WEA) - 1999 (CD)

BARÃO VERMELHO
Barão Vermelho (WEA) - 2004 (CD)

BARÃO VERMELHO
Ao Vivo (WEA) - 2005 (CD)

CARA A CARA

OS BRITOS
Os Britos Cantam Beatles
(Som Livre) - 2006 (CD)

RODRIGO SANTOS
Um Pouco Mais de Calma
(Som Livre) - 2007 (CD)

RODRIGO SANTOS
O Diário do Homem Invisível
(Som Livre) - 2009

RODRIGO SANTOS
Waiting on a Friend
(Discobertas) - 2010

RODRIGO SANTOS
Ao Vivo em Ipanema
(Musikeria) – 2012

RODRIGO SANTOS
Motel Maravilha
(Independente) - 2013

DVD / VHS

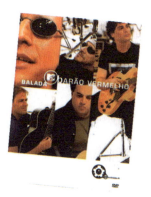

BARAO VERMELHO
Carne Crua (WEA) -
1994 (VHS)

BARAO VERMELHO
Balada MTV (WEA) - 1999
(DVD)

BARAO VERMELHO
Luau MTV (WEA) - gravado
originalmente em 1998, mas
lançado em 2006 (DVD)

RODRIGO SANTOS

BARAO VERMELHO
MTV ao Vivo (WEA) - 2006 (DVD)

KID ABELHA
Acústico MTV (Mercury) - 2002 (DVD)

OS BRITOS
Os Britos Cantam Beatles (Som Livre) - 2006 (DVD)

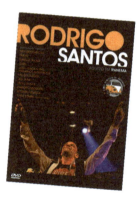

RODRIGO SANTOS
Rodrigo Santos ao Vivo em Ipanema (Musikeria) - 2011 (DVD)

RODRIGO SANTOS
A Festa Rock Vol.1 (Coqueiro Verde) - 2015 (DVD)

COLETÂNEAS (participações)

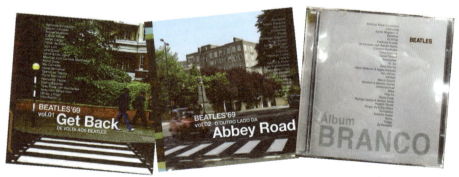

Beatles'69 Vol. 1
Get Back - De Volta aos Beatles (Discobertas)

Beatles'69 Vol. 2
O Outro Lado da Abbey Road (Discobertas)

Beatles Álbum Branco
(Discobertas)

CARA A CARA

George Harrison – Tudo Passa (Discobertas)

Tributo a Michael Jackson (Discobertas)

Estrelas do Bem – campanha beneficente pelo Retiro dos Artistas. Rodrigo fez a trilha sonora e a gravação contou com artistas convidados.

PRODUÇÕES

Além das produções compartilhadas nos discos do Barão Vermelho e da produção dos discos dos Britos, Rodrigo produz outros artistas:

Mauro Sta Cecilia
Vou à Vila (Independente) - 2013

FOTOS 1964 A 2015

FOTOS SHOWS 2014/2015

CD EXCLUSIVO

1 - Anna (Rodrigo Santos)
Rodrigo Santos - voz, violão e baixo
Roberto Menescal - guitarra
Marcos Suzano - percussão
Adriano de Souza - teclados

2 - Nunca Desista do Seu Amor (Rodrigo Santos)
Rodrigo Santos - voz, violão e baixo
Rodrigo Bianchinni - violão e gaita
Marcos Suzano - percussão
Adriano de Souza - teclados

3 – A Mágica do Dia (Rodrigo Santos / Frejat)
Rodrigo Santos - voz violão e baixo
Leonardo Lattavo Santos - guitarra
Rodrigo Bianchinni - violão e slide
Marcos Suzano – percussão

4 - Por Aqui (Rodrigo Santos)
Rodrigo Santos - voz violão e baixo
Rodrigo Bianchinni - violão, slide e gaita
Marcos Suzano - percussão
Adriano de Souza - teclados

5 - Não Foi Dessa Vez (Rodrigo Santos/ Pedro Malasarte)
Rodrigo Santos - voz e baixo
Pedro Malasarte - guitarras e violão
Marcos Suzano - percussão

Música 1:
Homenagem de Rodrigo à sua irmã, composta aos 11 anos de idade.

Música 2:
Rodrigo compôs para sua mulher, Patricia, em 2005. Foi a primeira música de Rodrigo a tocar em rádios.

Música 3 :
Composta para os filhos de Rodrigo, Leonardo e Pedro.

Música 4:
Composta para o Dr. Jaderson, no dia da sua morte.

Música 5:
Depois de 40 anos, Rodrigo e Pedro se juntam de novo e compõem esta música para o livro.

Ficha técnica do CD

Engenheiro de som Jam House: Jorge Valladão

Engenheiro de som Warner Chappell: Cezar Delano

Produção e direção musical: Rodrigo Santos

Músicas editadas na Warner Chappell (com exceção da parte de Frejat).

Gravadas nos estúdios Jam House, Warner Chappell, na casa do Suzano, e em Brusque

Masterização: Ultra Estudio (BH), por Henrique Soares